O QUINTO DOMÍNIO

**RICHARD A. CLARKE
e ROBERT K. KNAKE**

O QUINTO DOMÍNIO

DEFENDENDO NOSSO PAÍS, NOSSAS EMPRESAS *E* NÓS MESMOS *NA* ERA *DAS* AMEAÇAS CIBERNÉTICAS

ALTA BOOKS
EDITORA
Rio de Janeiro, 2021

O Quinto Domínio

Copyright © 2021 da Starlin Alta Editora e Consultoria Eireli.
ISBN: 978-65-5520-379-0

Translated from original The Fifth Domain. Copyright © 2019 by Richard A. Clarke and Robert K. Knake. ISBN 978-0-5255-6196-5. This translation is published and sold by permission of Penguin Press an imprint of Penguin Randon House LLC, the owner of all rights to publish and sell the same. PORTUGUESE language edition published by Starlin Alta Editora e Consultoria Eireli, Copyright © 2021 by Starlin Alta Editora e Consultoria Eireli.

Todos os direitos estão reservados e protegidos por Lei. Nenhuma parte deste livro, sem autorização prévia por escrito da editora, poderá ser reproduzida ou transmitida. A violação dos Direitos Autorais é crime estabelecido na Lei nº 9.610/98 e com punição de acordo com o artigo 184 do Código Penal.

A editora não se responsabiliza pelo conteúdo da obra, formulada exclusivamente pelo(s) autor(es).

Marcas Registradas: Todos os termos mencionados e reconhecidos como Marca Registrada e/ou Comercial são de responsabilidade de seus proprietários. A editora informa não estar associada a nenhum produto e/ou fornecedor apresentado no livro.

Impresso no Brasil — 1ª Edição, 2021 — Edição revisada conforme o Acordo Ortográfico da Língua Portuguesa de 2009.

Erratas e arquivos de apoio: No site da editora relatamos, com a devida correção, qualquer erro encontrado em nossos livros, bem como disponibilizamos arquivos de apoio se aplicáveis à obra em questão.

Acesse o site www.altabooks.com.br e procure pelo título do livro desejado para ter acesso às erratas, aos arquivos de apoio e/ou a outros conteúdos aplicáveis à obra.

Suporte Técnico: A obra é comercializada na forma em que está, sem direito a suporte técnico ou orientação pessoal/exclusiva ao leitor.

A editora não se responsabiliza pela manutenção, atualização e idioma dos sites referidos pelos autores nesta obra.

Dados Internacionais de Catalogação na Publicação (CIP) de acordo com ISBD

C597q   Clarke, Richard A.
       O Quinto Domínio: defendendo nosso país, nossas empresas e nós mesmos na era das ameaças cibernéticas / Richard A. Clarke, Robert K. Knake ; traduzido por Cibelle Ravaglia. - Rio de Janeiro, RJ : Alta Books, 2021.
       352 p. ; 16cm x 23cm.

       Tradução de: The Fifth Domain
       Inclui índice.
       ISBN: 978-65-5520-379-0

       1. Segurança cibernética. 2. Guerra cibernética. I. Knake, Robert K. II. Ravaglia, Cibelle. III. Título.

2021-2653   CDD 001.53
                 CDU 007

Elaborado por Vagner Rodolfo da Silva - CRB-8/9410

ALTA BOOKS EDITORA
Rua Viúva Cláudio, 291 — Bairro Industrial do Jacaré
CEP: 20.970-031 — Rio de Janeiro (RJ)
Tels.: (21) 3278-8069 / 3278-8419
www.altabooks.com.br   altabooks@altabooks.com.br

Produção Editorial
Editora Alta Books

Gerência Comercial
Daniele Fonseca

Editor de Aquisição
José Rugeri
acquisition@altabooks.com.br

Produtores Editoriais
Illysabelle Trajano
Thiê Alves
Thales Silva

Marketing Editorial
Livia Carvalho
Gabriela Carvalho
Thiago Brito
marketing@altabooks.com.br

Equipe de Design
Larissa Lima
Marcelli Ferreira
Paulo Gomes

Diretor Editorial
Anderson Vieira

Coordenação Financeira
Solange Souza

Produtor da Obra
Maria de Lourdes Borges

Equipe Ass. Editorial
Brenda Rodrigues
Caroline David
Luana Rodrigues
Mariana Portugal
Raquel Porto

Equipe Comercial
Adriana Baricelli
Daiana Costa
Fillipe Amorim
Kaique Luiz
Victor Hugo Morais
Viviane Paiva

Atuaram na edição desta obra:

Tradução
Cibelle Ravaglia

Copidesque
Hellen Suzuki

Capa
Paulo Gomes

Revisão Gramatical
Thamiris Leiroza
Thaís Pol

Diagramação
Joyce Matos

Ouvidoria: ouvidoria@altabooks.com.br

Editora afiliada à:

ASSOCIAÇÃO BRASILEIRA DE DIREITOS REPROGRÁFICOS

ASSOCIADO Câmara Brasileira do Livro

Para o falecido Michael A. Sheehan:
Soldado, Diplomata, Patriota, Iconoclasta e Amigo

— RICHARD A. CLARKE

Para meu filho, William, cujo interesse profundo pelas raízes da guerra é influenciado por seu desejo ainda mais profundo por paz.

— ROBERT K. KNAKE

Prefácio

Este prefácio está dividido em duas partes: a primeira, escrita pelos fundadores e representantes da Clavis Segurança da Informação, patrocinadora da tradução da obra; e a segunda, pelo coordenador da tradução, Tulio Alvarez.

Parte I

É com muito orgulho que a Clavis Segurança da Informação finaliza mais um projeto de tradução de livros relevantes sobre o tema Cibersegurança. Desta vez, foi escolhido o livro *O Quinto Domínio*, dos autores Richard A. Clarke e Robert K. Knake.

Nessa linha, vale ressaltar que a Clavis vem se consolidando como uma referência na tradução de livros sobre Segurança da Informação, lembrando que já foram realizadas as traduções de outras obras sobre este assunto, entre elas:

- *Guerra Cibernética: A próxima ameaça à segurança e o que fazer a respeito*, de Richard A. Clarke e Robert K. Knake.
- *Fundamentos de Segurança da Informação: com base na ISO 27001 e na ISO 27002*, de Jule Hintzbergen, Kees Hintzbergen e outros.
- *Contagem Regressiva Até Zero Day*, de Kim Zetter.
- *Clique Aqui para Matar Todo Mundo: Como sobreviver em um mundo hiperconectado*, de Bruce Schneier.
- *Sandworm: A New Era of Cyberwar and the Hunt for the Kremlin's Most Dangerous*, de Andy Greenberg.

A Clavis é uma empresa de alto nível técnico e reconhecida como uma das mais inovadoras no setor de Segurança da Informação. Ao longo de quase duas décadas, a Clavis vem executando projetos de Pesquisa e Desenvolvimento que deram origem a soluções baseadas em tecnologia totalmente dominadas pela empresa e fortemente orientadas à realidade brasileira. Em seu portfólio podem ser encontradas soluções e serviços como: Centro de Operações de Segurança (SOC); ferramentas de gerenciamento de informações e eventos de segurança, como o OCTOPUS SIEM, e de análise de riscos e vulnerabilidades, como o BART; consultoria personalizada em que os clientes são considerados parceiros do negócio; análises de gap e implementação em diversos padrões de segurança e compliance, como Lei Geral de Proteção aos Dados (LGPD), Normas do Banco Central (BACEN), ISO 27001, ISO 27701, PCI-DSS; além de ser uma das principais organizações de ensino de segurança da informação, por meio da Academia Clavis. Conheça mais sobre a empresa em www.clavis.com.br.

Ao entregar esta tradução, nós, da Clavis, agradecemos à editora Alta Books pela consolidação de uma excelente parceria e oportunidade de nos permitir traduzir mais uma importante obra para nosso idioma, com a qual temos o objetivo de ampliar e disseminar a cultura de segurança da informação aos profissionais e demais interessados.

Fazemos questão de nos referir ao seleto time que realizou este projeto de tradução do livro *O Quinto Domínio*, no qual encontram-se os revisores Antonio Carlos Pereira Borge, Luciano Lima, Ricardo Salvatore e Tulio Alvarez de Souza, bem como toda a equipe de apoio da Clavis e da editora Alta Books, que fizeram um excelente trabalho. A todos, agradecemos o empenho e dedicação neste grande projeto.

Desta forma, convidamos os leitores a apreciarem esta obra a respeito de um tema moderno, atualizado e altamente relevante para os dias de hoje, cujo prefácio foi escrito pelo coordenador da equipe de tradução.

Boa leitura!

BRUNO SALGADO
*Fundador e Presidente do Conselho Administrativo
da Clavis Segurança da Informação*

DAVIDSON BOCCARDO
Chief Operating Officer da Clavis Segurança da Informação

RAFAEL SOARES
Fundador e Diretor Comercial da Clavis Segurança da Informação

VICTOR SANTOS
Fundador e CEO da Clavis Segurança da Informação

Parte II

Com muita honra escrevo este prefácio agradecendo e parabenizando a Clavis Segurança da Informação, em particular Bruno Salgado, por ter me convidado para coordenar e executar este projeto de tradução da obra *O Quinto Domínio: Defendendo nosso país, nossas empresas e nós mesmos na era das ameaças cibernéticas*.

PREFÁCIO

A obra foi escrita por dois autores de reconhecida notoriedade sobre o tema Cibersegurança, com experiências nos setores público e privado, às quais propiciam aos leitores um texto fluido, de fácil leitura e compreensão, a despeito da complexidade dos temas discutidos. O *Quinto Domínio* foi originalmente publicado em julho de 2019, após dez anos da publicação do livro *Guerra Cibernética: A próxima ameaça à segurança e o que fazer a respeito* — também traduzido pela equipe da Clavis Segurança da Informação. Os autores, Richard A. Clarke e Robert K. Knake, brindam os leitores com este novo livro, que atualiza o tema e apresenta questões de como a sociedade deve se organizar para se defender no campo virtual.

A tradução desta obra foi resultado de um grande trabalho em conjunto entre a equipe da Clavis, a editora Alta Books e o seleto grupo de revisores, do qual tive a grata satisfação de fazer parte — são eles: Antonio Carlos Borge, Luciano Lima e Ricardo Salvatore, aos quais agradeço pela confiança, pelo aprendizado e pelo profissionalismo com que atuaram ao longo do projeto. Tenho certeza de que esta tradução trará uma contribuição significativa para a comunidade de cibersegurança e interessados.

As perspectivas trazidas por esta obra são bem mais amplas e completas que muitas outras referentes ao tema. A começar pelo nome do livro, *O Quinto Domínio*, que diz respeito ao termo utilizado pelo Pentágono e muitos outros países para se referir ao domínio do campo de batalha cibernético. Ao todo são cinco domínios da guerra, que vêm sendo considerados pelas forças militares: "terrestre", "marítimo", "aéreo", "espacial" e, criado recentemente, o "cibernético".

O quinto domínio, o cibernético, tem uma característica especial de permear todos os demais, e é neste domínio que os autores nos presenteiam com seus trabalhos de vasta pesquisa e experiências profissionais, trazendo ideias importantes de como pode ser evitada uma guerra cibernética, de como prevenir o crime cibernético e reduzir o ressentimento, divisão e instabilidade.

Este livro apresenta a ideia de que é possível travar uma batalha nesse vasto território, com ações ofensivas e defensivas no cenário atual e futuro; e vai muito mais além ao fornecer aspectos relevantes da cibersegurança sob o ponto de vista dos setores público e privado, suas limitações, possibilidades e sugestões para tentar resolver um problema que pode afetar toda a nação.

Ao longo do texto o leitor se percebe em contato com os bastidores de uma corrida armamentista cibernética. É possível visualizar o que ocorre dentro das salas de conferências de empresas, comunidades de inteligência e laboratórios de software, onde a defesa cibernética é travada contra adversários hostis conhecidos e atores não estatais.

Demonstrando que a proteção e defesa cibernética é e deve ser uma preocupação de todos, esta obra apresenta pontos relevantes a serem considerados nas seleções de profissionais de segurança. É necessário exigir novas metodologias para a busca de profissionais qualificados, além de disseminar a cultura de segurança para toda a sociedade.

As relações de poder entre militares, diplomatas e nações são um capítulo à parte, que no mostra a complexidade do tema. Aqui, a preservação da democracia é debatida quando se vê a necessidade de resguardar as eleições, cada vez mais envolvidas com a tecnologia.

A análise contextualizada de casos concretos é um diferencial, que apresenta uma riqueza de ideias para a construção de reflexões críticas na demanda sobre a cibersegurança. Isso pode ser observado quando os autores tratam da guerra do futuro, com novas tecnologias, quântica, inteligência artificial, 5G e Internet das Coisas (IoT) — áreas em que ainda há muito o que fazer.

No Brasil, há uma grande lacuna que precisa ser tratada, e algumas recomendações existentes nesta leitura podem servir de lições aprendidas para os profissionais de tecnologia da informação, particularmente os que tratam de cibersegurança. O leitor vai perceber que a verdadeira essência deste livro está relacionada a uma mudança de postura em relação à construção de uma infraestrutura de tecnologia robusta que possa combater e resistir a um adversário cada vez mais sofisticado. Detalhes técnicos de cibersegurança são discutidos junto com uma visão estratégica mais ampla para proteger recursos de infraestrutura crítica, como redes de energia e serviços públicos de ataques cibernéticos. A palavra-chave é a RESILIÊNCIA, capacidade de resistir e se recuperar de um ataque.

Este é um livro de alto nível, uma leitura obrigatória não somente para os profissionais da área de tecnologia da informação ou de cibersegurança, mas para todos aqueles que desejam conhecer um pouco mais sobre esse tema. Este texto fornece uma ampla e atual visão de como a cibersegurança precisaria ser abordada para proteger o país, sua infraestrutura, suas empresas e todos os indivíduos. Essa visão do todo oferece ao leitor as bases conceituais necessárias a seu posterior aprofundamento técnico.

É com orgulho e grata satisfação que apresento e recomendo a presente obra. É uma leitura extraordinária! Boa leitura a todos e a todas!

TULIO ALVAREZ DE SOUZA
Consultor de Segurança da Informação
Coordenador da Equipe de Revisão e Tradução

Sumário

PARTE I
A GUERRA DOS VINTE ANOS   1

    1. No Banco de Trás da Besta   3
    2. Eternalblue, a Guerra Eterna   17

PARTE II
O PAPEL CORPORATIVO   31

    3. Dois Tipos de Empresas?   33
    4. Ciber Kill Chain   49
    5. Pilha de Tecnologia   63
    6. Resiliência Cibernética: A Melhor Ideia Ruim que Tivemos   87

PARTE III
O QUE O GOVERNO DEVE OU NÃO FAZER   109

    7. Empurrões e Grandes Empurrões   111
    8. É Você Mesmo?   133
    9. Resolvendo o Problema das Pessoas   147
    10. Redes de Energia e Jogos de Poder   159
    11. Assegurando Agentes do FBI   173

PARTE IV
GUERREIROS, DIPLOMATAS E CANDIDATOS 187

12.	Forças Armadas, Domínios e Hegemonia	189
13.	Um Acordo de Schengen para a Internet	213
14.	Protegendo a Democracia	227

PARTE V
O FUTURO (PRÓXIMO) NO CIBERESPAÇO 245

15.	Inteligência Real e Artificial	247
16.	Um Pouco de Consolo para a Segurança	261
17.	5G e IoT	275

PARTE VI
O CAMINHO QUE VOCÊ DEVE SEGUIR 291

18.	Reduza Seus Próprios Riscos	293
19.	Tudo Feito, Exceto o Código	305

Glossário	309
Agradecimentos e Informações	317
Notas	321
Índice	335

::::::::::::: **PARTE I** :::::::::::::
A GUERRA DOS VINTE ANOS

Capítulo 1

NO BANCO DE TRÁS DA BESTA

O futuro já chegou; só não é distribuído de maneira igualitária.

— WILLIAM GIBSON

Sentado no banco de trás da Beast, "A Besta" — veículo blindado feito sob medida para o presidente dos Estados Unidos, Bill Clinton queria falar a respeito de seu primo da cidade de Hope, Arkansas. Ele não desejava falar sobre o importante discurso que estava prestes a fazer na Academia Nacional de Ciências dos Estados Unidos. Era janeiro de 1999, e Clinton havia acabado de propor medidas orçamentárias para combater ameaças emergentes, incluindo aquelas do domínio cibernético. Poucas pessoas enxergavam as ameaças cibernéticas como um problema sério. Mas ele o fazia. Dick Clarke estava sentado ao seu lado, com slides de PowerPoint e uma versão comentada do discurso, mas o presidente estava encarnando sua persona típica do sul dos Estados Unidos, contando uma história sobre o Arkansas, e não queria ser interrompido.

Quando a Beast entrou no estacionamento subterrâneo da Academia, Clinton se voltou para o assunto em questão. "Eu li o discurso. Está tudo certo." Significava que não estava.

"Mas, realmente, não podemos dizer algo do tipo: ao longo da história, há uma competição entre tecnologias ofensivas e defensivas e uma lacuna entre seu desenvolvimento. Em uma caverna, alguém esculpe uma pedra, prende-a a um graveto e cria uma lança; então, as pessoas precisam se defender disso, conseguem alguns couros de animais e, assim, criam um escudo. Mais tarde, as pessoas defendem as cidades com muros e, depois, outra pessoa inventa os aríetes e as catapultas. No entanto, há um espaço de tempo entre a criação de uma arma ofensiva e o surgimento de um contra-ataque defensivo." Um agente do Serviço Secreto, parado ao lado de fora do veículo, abre a pesada porta da Beast. Você não consegue abrir nenhuma porta do lado de dentro.

O presidente continuou, animando-se com seu tema. "E agora, o problema é que as novas tecnologias ofensivas entraram na área/esfera militar e agora têm vantagens em relação às coisas que temos para nos defender contra elas. Neste caso, o que precisamos fazer é investir em novas tecnologias que possibilitarão que a defesa tenha vantagem novamente ou, pelo menos, que equilibre a balança neste jogo. Agora, está certo?"

Perplexo, Clarke encarou o presidente, lembrando-se mais uma vez da habilidade sobrenatural que ele tinha de tornar algo complexo em algo compreensível. Clarke colocou de lado sua cópia do rascunho do discurso e os slides de PowerPoint, suspirou e disse: "Sim, Sr. Presidente, você deveria dizer isso hoje." E ele disse.

Dezenove anos e três meses depois, Clinton disse a mesma coisa, palavra por palavra, ao responder a uma pergunta sobre seu livro voltado ao tema cibernético, enquanto estava sentado no palco do Warner Theatre, em Washington, D.C. Aquilo ainda era uma realidade. Os vinte anos de intervenção, as centenas de bilhões de dólares de investimentos públicos e privados em pesquisa, desenvolvimento e implementação de cibersegurança não mudaram essa vantagem de maneira substancial. Permanece sendo um caso que os teóricos militares denominam como vantagem ofensiva ou preferência ofensiva.

Preferência Ofensiva no Ciberespaço

Qualquer cenário entre inimigos é uma questão de equilíbrio entre o ataque e a defesa. Segundo os teóricos militares, quando o atacante tem a vantagem, por causa de alguma combinação de superioridade tecnológica ou econômica, haverá conflito. Quando a realidade é o oposto — quando atacar custa mais ou quando as chances de um ataque derrotar as linhas defensivas são pequenas —, mais estabilidade prevalecerá. Acreditamos que esses princípios se apliquem atualmente às animosidades vigentes entre hackers e corporações, às espionagens clandestinas atuais feitas por Estados-nação e à possibilidade de uma futura guerra cibernética entre Estados-nação. No presente, assim como nos últimos 25 anos, o senso comum nos domínios da ciência da computação, tecnologia da informação e redes representa uma preferência ofensiva descomunal. Talvez, para a maioria das pessoas, isso não seja lá grande coisa, exceto pelo fato de que, nos últimos 25 anos, fizemos com que quase tudo dependesse das redes de computadores. Na verdade, em uma situação de crise de uma possível guerra tradicional, visto que se especula que o ataque tenha vantagem atualmente, existe uma tendência de que essa guerra comece com um ciberataque.

Este livro discute como esse equilíbrio está mudando e como se pode acelerar o ritmo dessa mudança para que ela nos coloque no caminho rumo à estabilidade. Acreditamos que é possível reajustar a estrutura atual para mitigar os riscos decorrentes das tecnologias e dos agentes cibernéticos ofensivos, aumentar a estabilidade em tempos de paz para as empresas e minimizar as crises para as nações.

Em 2019, à medida que escrevíamos estas páginas, víamos um padrão de atividades maliciosas no ciberespaço, que dá a entender que já estamos envolvidos em um conflito brando, mas latente, contra a Rússia, e que também estamos começando a reverter essa situação de forma positiva. O investimento em cibersegurança cresceu, ultrapassando os US$5 bilhões só em 2018. Mais de 3 mil empresas tecnológicas surgiram, apoiadas por um amplo capital de risco para desenvolverem novas soluções. O seguro cibernético foi, por muito tempo, um produto marginal. Hoje, o mercado está (finalmente) crescendo e prosperando, com quase US$2 bilhões em apólices só em 2017.

Problemas criados pelo governo há muito tempo, como barreiras ao compartilhamento de informações, foram resolvidos, e as empresas estão efetivamente começando a organizar comunidades não apenas para compartilhar informações, mas também para fornecer ajuda mútua durante as crises. Conversamos com um diretor de segurança da informação (*chief information security officer* — CISO) de um banco importante e ele acredita que, em cinco anos, o banco estará imune a ciberataques, à medida que faz o upgrade dos sistemas legados inerentemente inseguros para sistemas projetados para serem seguros. Muitos líderes no Vale do Silício, onde o otimismo nunca é pouco, estariam propensos a concordar.

Se você é um pequeno empresário, é possível fazer a maior parte do seu trabalho online e ainda contar com o suporte de provedores de serviço em nuvem que têm milhares de pessoas e bilhões de dólares dedicados a proteger os seus dados. A automação e a inteligência artificial têm o potencial de erradicar boa parte da vantagem dos criminosos virtuais. Mas, ao mesmo tempo, esses criminosos também estão buscando modos de utilizar essas ferramentas. A computação quântica pode viabilizar uma proteção de dados intransponível, bem como a decodificação de todas as atuais formas de criptografia. O blockchain, que muitos tecnólogos acham que poderia resultar em uma proteção de dados efetivamente mais segura, por ora, é usado em grande escala no Bitcoin — tecnologia que, sem sombra de dúvidas, está fornecendo uma vantagem aos criminosos virtuais, possibilitando que delinquentes movimentem seus ganhos ilícitos de forma anônima.

O Pentágono há muito tempo reconheceu os quatro domínios elementares de um conflito: terra, mar, ar e o espaço sideral. Nos últimos anos, o ciberespaço passou a ser conhecido como o "quinto domínio". Diferentemente dos outros, o ciberespaço é obra do homem. Logo, pode ser mudado por ele. Uma das características positivas do ciberespaço é que, uma vez que uma arma tenha sido usada e descoberta, ela pode ser inibida — o que corresponderia a mudar a atmosfera de modo que as bombas não caíssem mais.

Há quinze anos, estamos trabalhando juntos no problema cibernético. Nós dois prestamos consultorias a empresas de grande porte, empresas de cibersegurança, empresas de capital de risco e de capital privado (private equity). Ambos somos membros de um corpo docente universitário e ensinamos sobre cibersegurança para alunos de pós-graduação. E, para pagar nossos pecados, passamos um tempo em agências governamentais — Dick, no Departamento de Defesa e no Departamento de Estado dos Estados Unidos; Rob Knake, no Departamento de Segurança Interna dos Estados Unidos. Contudo, a melhor parte de nossas experiências no governo foi na Casa Branca, na equipe do Conselho de Segurança Nacional. Dick trabalhou nas equipes de George H. W. Bush (41º presidente dos EUA), Bill Clinton (42º) e George W. Bush (43º). Rob trabalhou na equipe de Obama (44º).

Quando trabalhávamos na Casa Branca, nós dois tivemos a oportunidade de elaborar documentos para a tomada de decisões (decretos presidenciais e diretrizes de decisão presidencial) sobre cibersegurança. Dick redigiu também a primeira estratégia nacional de cibersegurança, o que nenhuma outra nação jamais fez. Então, sim, você pode nos culpar por parte da bagunça, mas acreditamos que também temos algumas perspectivas diferenciadas. Só nós dois temos mais de três décadas acompanhando atentamente a evolução das ameaças cibernéticas e as respostas governamentais e corporativas. Há dez anos, quando escrevemos o livro *Guerra Cibernética: A próxima ameaça à segurança e o que fazer a respeito,* nosso objetivo era chamar a atenção para o perigo. Sabíamos que Washington encarava com seriedade as ameaças cibernéticas, mas não víamos o mesmo nível de preocupação no setor privado. Infelizmente, estávamos certos sobre muitas dessas ameaças; no entanto, as coisas mudaram muito desde então, inclusive nossas orientações.

Quando escrevemos *Guerra Cibernética,* o Vale do Silício ainda estava preso naquela fase "Não Seja Mau". O pessoal de lá não aceitava que suas invenções tivessem o potencial de ocasionar efeitos nocivos reais. Nosso intuito era alertar os líderes governamentais e corporativos para que enfrentassem a ameaça, antes que a possibilidade de uma guerra cibernética se materializasse em uma guerra de verdade. Ao longo dessa década, muito pouco aconteceu para responder à ameaça, ao passo que muitas de nossas previsões sobre o advento da guerra no ciberespaço lamentavelmente se tornaram realidade. No entanto, a cibersegurança continua sendo um problema que pode ser solucionado, e com mais facilidade do que muitos outros que enfrentamos hoje, como as mudanças climáticas.

Acreditamos piamente que, com o tempo, encontraremos soluções viáveis para os problemas que assolam o ciberespaço hoje por meio do processo indigno e disruptivo de tentativa e erro. Mais cedo ou mais tarde, as empresas passarão a reconhecer o valor que podem agregar se estiverem globalmente conectadas e começarão a investir de forma adequada para assegurar esse valor. Mais cedo ou mais tarde, os governos terão noção de seus papéis e começarão a ajudar o setor privado a se ajudar.

Entretanto, a menos que sejamos inteligentes e proativos, apenas resolveremos os desafios que enfrentamos no ciberespaço após várias crises. Depois que ciberataques causarem apagões nos Estados Unidos, faremos os investimentos necessários para preveni-los. Depois que ocorrerem descarrilamentos de trens, colisões de embarcações e acidentes aéreos provocados por agentes mal-intencionados que operam no ciberespaço matando pessoas, criaremos sistemas com tolerância quase zero a falhas causadas por hackers.

O perigo é que, após eventos como esses, não faremos somente o trabalho árduo de tornar nossos sistemas resistentes a ciberataques. Atos violentos precisarão ser respondidos com violência. Temos quase certeza de que a próxima grande guerra em que os Estados Unidos entrarem será provocada por um ciberataque. Talvez seja uma provocação fortuita, talvez seja intencional. Contudo, os Estados Unidos não têm o histórico de oferecer a outra face. E, desse modo, à medida que pensamos no que precisa ser feito para melhorar a cibersegurança, nosso objetivo fundamental é garanti-la para que não acabemos envolvidos em uma realidade de guerras ainda mais devastadoras e onerosas.

Como uma comunidade de especialistas, nosso entendimento coletivo a respeito desses problemas aumentou imensamente nos últimos anos. Agora, temos uma perspectiva clara dos muitos problemas que fazem do ciberespaço um domínio sedutor para militantes e de como podemos torná-lo menos atraente. À medida que desenvolvíamos o conceito deste livro, sempre nos voltávamos à conclusão de que a perspectiva de uma guerra cibernética não ofusca todas as coisas boas que são possibilitadas pela internet. A velocidade e a conectividade que possibilitam a guerra cibernética também possibilitam o e-mail, as mídias sociais, o Amazon Prime e os numerosos jogos multiplayer. Ainda que alguns possam questionar se esses aplicativos representam resultados positivos para a sociedade, essa rede global possibilitou a colaboração e a comunicação que há algumas décadas eram inimagináveis e tem sido a força motriz por trás do enorme crescimento na produtividade e na criação de riqueza.

Segundo algumas estimativas, a economia digital, separada e independente da economia tradicional, está crescendo três vezes mais do que esta. Mas, como ressalta a empresa de consultoria global McKinsey, é cada vez mais difícil separar a economia digital de todo o restante, uma vez que hoje todas as empresas estão conectadas. A McKinsey estima que 98% da economia esteja sendo impactada pela digitalização. Não é coincidência que as empresas que prosperam hoje são aquelas que levaram a cibersegurança a sério. Em 2018, testemunhamos os primeiros golpes reais provocados por ciberataques nos resultados das empresas. O malware NotPetya deu um prejuízo de bilhões às empresas que operam na Ucrânia, na Europa e nos Estados Unidos, levando muitas a reportarem as perdas em seus relatórios trimestrais e anuais com a Securities and Exchange Commission [Comissão de Valores Imobiliários]. No entanto, muitas empresas multinacionais, se não a maioria, que operam na Ucrânia não foram impactadas, tiveram um impacto mínimo ou dispunham de alguns advogados realmente bons que alegaram que as perdas não precisavam ser relatadas (falaremos a respeito mais adiante).

Empresas como Microsoft, Apple e Google — todas as que antes consideravam que as ciberameaças eram superestimadas — agora investem religiosamente em cibersegurança, como se fossem fanáticos convertidos. Elas enxergam a cibersegurança como uma vantagem competitiva em um mercado cujos consumidores têm cada vez mais receio de fazer negócios online. Grandes bancos como Citi, Bank of America e JPMorgan Chase também enxergam a cibersegurança como um diferencial competitivo para clientes comerciais e consumidores.

Na imprensa, as notícias quase diárias sobre novos incidentes e o fluxo constante de notificações de que suas informações pessoais foram roubadas criaram a impressão de que o ciberespaço é irremediavelmente inseguro. Mas, escondidos bem debaixo de nossos olhos, há muitos exemplos de empresas que são grandes alvos desses ataques e que têm sido capazes de derrotar até as melhores equipes ofensivas dos Estados-nação, ano após ano. Embora essas empresas tenham equipes e orçamentos de centenas de milhões de dólares, suas inovações, muitas reconhecidas pelos militares, estão pouco a pouco chegando ao mercado geral.

A vantagem ofensiva no ciberespaço está mudando lentamente, à medida que a defesa fecha essas brechas, se aproveita das novas tecnologias, se estrutura melhor e começa a entender o valor do que está em jogo. Acelerar essa mudança é um dos pré-requisitos para conquistar algo mais parecido com a paz e menos parecido com a guerra no ciberespaço.

Empreender uma guerra cibernética será mais difícil e mais caro. Os cibercriminosos, que atuam como representantes dos Estados-nação e causam danos significativos em seus esquemas de ganhar dinheiro, devem ser abatidos. As barreiras de acesso para o engajamento em atividades maliciosas no ciberespaço vêm diminuindo progressivamente, ano após ano, e devem ser restabelecidas.

Muitos daqueles que analisaram o espectro da guerra cibernética exigiram ações drásticas. "Reinventar a internet" para torná-la segura é um refrão que se ouve com frequência, mas ninguém ainda elaborou um plano de como fazer isso sem provocar mais danos econômicos e sociais, ao contrário do que os agentes mal-intencionados faziam em seus piores dias. Os apelos para um "Projeto Manhattan cibernético" ou um *"cyber moonshot"*[1] são ainda mais tolos. Essas demandas por um grande empenho nacional norte-americano sempre carecem da mesma coisa: um objetivo claro.

Na década de 1940, o Projeto Manhattan levou ao desenvolvimento da física teórica, conforme exposto em uma breve carta de Albert Einstein ao presidente Franklin Roosevelt, e estabeleceu um desafio tecnológico de transformá-la em uma arma atômica. O objetivo de Kennedy com o *"moonshot"* era ainda mais claro: chegar à Lua. A guerra cibernética não tem uma solução tão clara, visto que conquistar a paz no ciberespaço não é uma questão de resolver um problema tecnológico ou chegar a um local específico. Ao contrário, exige identificar e resolver uma série de problemas complexos e inter-relacionados.

Alguns dos desafios que bloqueiam o caminho para a paz cibernética são técnicos, porém a maioria, em sua essência, é econômica. Com o pacote adequado de incentivos econômicos, os problemas técnicos podem ser resolvidos. Portanto, embora este livro mergulhe nos 1s e 0s para explicar o desafio, boa parte das soluções está relacionada a fazer com que mercados e governos trabalhem a fim de promover a segurança. Antes de tudo, nosso princípio norteador é evitar soluções que sejam ainda mais disruptivas do que os próprios

---

[1] N. da T.: O termo *cyber moonshot* [voo à Lua] foi inspirado no discurso do presidente John F. Kennedy no Congresso dos Estados Unidos, em relação ao plano de levar o homem para a Lua e trazê-lo de volta com segurança. O termo *moonshoot* também se refere às tecnologias inovadoras destinadas a solucionar problemas espinhosos com o emprego de soluções drásticas.

problemas que estão tentando resolver. No ciberespaço, esta parece ser uma armadilha fácil.

O pior exemplo dessa tendência se originou no final do governo Obama, quando autoridades do Departamento de Justiça propuseram que as empresas deveriam enfraquecer a criptografia para que as informações digitais ficassem facilmente acessíveis à polícia e, consequentemente, aos criminosos. Elas não tiveram êxito; no entanto, muitas ideias semelhantes ainda estão sendo apresentadas. No ciberespaço, quando as coisas dão errado, é provável que essas ideias sejam introduzidas e reintroduzidas, e acabem sendo implementadas, se nós, como comunidade, não desenvolvermos alternativas convincentes.

Acima de tudo, enquanto buscarmos soluções nesse espaço, estaremos visando a uma evolução rápida, não uma revolução. Acreditamos que diversas empresas, que descobriram como lidar com a ameaça que esses desafios criaram, estão desenvolvendo um pacote de incentivos adequado para disseminar esses modelos e continuar inovando mais do que os invasores. Conforme o autor cyberpunk William Gibson disse: "O futuro já chegou; só não é distribuído de maneira igualitária." Assim, de alguma forma, a tarefa em questão é descobrir como distribuir de maneira mais igualitária um futuro cibernético seguro.

Uma Ameaça Diferente, um Modelo Diferente

Já que buscamos por soluções para problemas que há muito tempo assolam o ciberespaço, nossa premissa fundamental — de que a cibersegurança é uma responsabilidade compartilhada entre o governo e o setor privado, com o ônus de proteger os sistemas computacionais caindo sobre seus proprietários e operadores — não mudou. Dick primeiro criou o conceito de "parceria público-privada" para a política oficial dos EUA de cibersegurança com a Presidential Decision Directive [Diretiva de Decisão Presidencial] 63 (PDD 63, para aqueles que a conhecem) em 1998. Essa diretiva também forneceu muitos dos alicerces para concretizar a perspectiva que mantemos até hoje, como os centros de análise e compartilhamento de informações (*information sharing and analysis centers* — ISACs). Desde então, nos governos Bush, Obama e Trump, políticas específicas foram revogadas e reescritas, mas o sentido geral da política cibernética dos EUA permaneceu basicamente inalterado. Tamanho grau de continuidade ao longo de vinte anos e quatro mandatos presidenciais seria notável em qualquer outra área de política pública. E isso é ainda mais notável em uma época na qual republicanos e democratas estão nitidamente divididos em relação a mudanças climáticas, política de imigração e política tributária (para dar alguns exemplos).

Desde o governo Clinton, nossa estratégia cibernética mudou pouco, apesar de muitas tentativas de apresentar uma diferente. Assim, quando pensamos em como proteger as redes proprietárias operadas de forma privada, voltamos à ideia básica de que as empresas são donas e operam a internet e tudo o que está conectado a ela — sejam empresas de mídia multinacionais, prestadoras de serviços essenciais ou fabricantes de pequenos dispositivos de IoT —, e são as responsáveis por se proteger. E elas farão isso por meio da defesa de suas redes, e não do ataque.

O papel do governo será limitado a apoiar as vítimas de ciberataques, por meio do recrudescimento das leis; compartilhar informações; exercer a diplomacia; e, nos raros casos em que isso for viável e de interesse da segurança nacional, usar a força militar. O papel do governo também será ajudar o setor privado a se ajudar, dando aquele empurrão para incentivar o investimento e a cooperação em cibersegurança por meio de pesquisas, treinamento, convocações e, em última instância, regulamentação.

Ainda assim, essa divisão de responsabilidade, com frequência, é ridicularizada nas corporações norte-americanas. Muitos CEOs não acreditam que são responsáveis por defender suas empresas contra os inimigos externos dos Estados Unidos. A frase "Mas eu pago imposto para isso mesmo" repercute em todas as salas de reuniões executivas. Em geral, os líderes em segurança nacional compartilham da mesma opinião e acreditam que é responsabilidade do Exército dos EUA defender a nação no ciberespaço. Eles querem equiparar os ciberataques aos mísseis nucleares e defendem que o papel do governo é interromper esses ataques.

Muitos acreditam na ideia de que o governo deve encontrar uma fórmula mágica de solucionar o problema e nos deixar livres para fazer nossos negócios online. É uma ideia bastante falha. O domínio cibernético é bem diferente do domínio aéreo, assim como as ameaças que se escondem nele. Relegar a responsabilidade da cibersegurança às

Forças Armadas exigiria uma nova arquitetura de internet, de modo a fornecer às agências de defesa os pontos únicos de acesso (*choke points*) necessários para tentar filtrar as ameaças hostis. Isso exigiria também a permissão de acesso irrestrito ao conteúdo trafegado — o sonho de qualquer espião e o pesadelo de qualquer defensor da privacidade. Essa abordagem provavelmente caíra por terra, ao mesmo tempo que incorrerá em custos altíssimos e em uma imensa disrupção social.

Quando os ciberataques ocorrem, o desejo de todo CEO é considerá-los como uma crise de segurança nacional, para transferir a responsabilidade ao governo e fazer com que os militares "comecem a guerra". A vontade de contra-atacar é compreensível, mas imprudente. Até agora, o governo dos EUA tem demonstrado um comedimento excepcional, evitando aprofundar-se nos conflitos ao se envolver em contra-ataques inconsequentes. Se esse comedimento prevalecerá ou não, é difícil saber, mas temos quase certeza de que o uso desses ataques será baixo.

A imputação da responsabilidade — identificar quem está por trás de um ataque — é um desafio constante no que se refere às respostas a esses ataques. Agentes mal-intencionados, cada vez mais avançados, aprenderam como manter seus sistemas de computadores nas sombras e são capazes de substituir rapidamente quaisquer recursos perdidos por outros recursos computacionais, provavelmente roubados, ou fazer parecer que outro grupo foi o responsável por um ataque. Tendo isso em vista, o contra-ataque é, na melhor das hipóteses, como disparar um míssil de cruzeiro em um acampamento vazio, e, na pior, dispará-lo em um complexo civil de apartamentos. Mas, obviamente, além de confiar mais nas Forças Armadas, devemos também desconfiar do vigilantismo no ciberespaço e esperar que em breve vejamos o Departamento de Justiça indiciar alguém por alegados contra-hackeamentos.

No final do mandato Obama, o governo finalmente deixou de operar a última parte da infraestrutura da internet gerenciada por ele, o Domain Name System [Sistema de Nomes de Domínio]. Com esse sistema agora solidamente implementado pela entidade sem fins lucrativos Internet Corporation for Assigned Names and Numbers (ICANN), o governo federal finalmente concluiu a transição de trinta anos de internet, de um experimento científico do DARPA (Departamento de Pesquisa e Projetos Avançados dos Estados Unidos) para um empreendimento totalmente comercial. Passaram-se trinta anos para que o governo deixasse de operar a internet; não queremos que a segurança seja a razão pela qual ele volte a fazê-lo.

Esse fato se coaduna com a abordagem que sempre defendemos: a construção de sistemas para que a maioria dos ataques não provoque danos, e que possamos respondê-los e nos recuperarmos dos ataques bem-sucedidos com o mínimo ou nenhuma desestruturação. Adotamos uma forma diferente de falar sobre este conceito: resiliência cibernética. Temos também ideias para compartilhar sobre como podemos implementá-la.

Resiliência Cibernética

As melhores estratégias podem ser resumidas em uma única palavra. Na Guerra Fria, tínhamos duas estratégias: contenção e dissuasão. O famoso "longo telegrama" de George Kennan explicou em algumas centenas de palavras a estratégia de contenção, de restringir a esfera da influência soviética. Na era nuclear, centenas de milhares de artigos e livros sobre a dissuasão acabariam sendo escritos (e reescritos na era cibernética), mas essas estratégias de uma palavra agruparam todas as ideias básicas. Uma vez estabelecidas na década de 1940, elas se sustentaram por quase cinquenta anos, variando muito pouco, conforme os anos passavam e os governos mudavam.

Ao longo deste livro, recorreremos muitas vezes à ideia de trabalhar para tirar a vantagem dos atacantes e passá-la para os defensores. Esse empenho deve ser o objetivo final da política nacional norte-americana e de países e empresas que pensam da mesma forma. Essa é a ideia correta, mas o linguajar das teorias de defesa e ataque sugere, frequentemente, que cibersegurança é apenas mais um problema, como o terrorismo ou as ameaças nucleares, com o qual os militares lidarão.

Hoje, a realidade da internet como a conhecemos e amamos não se adéqua completamente às abordagens tradicionais de segurança nacional. Uma das lições orientadoras que consideramos ao escrever esta obra foi a necessidade de buscar soluções por analogia e que não fossem extraídas do mundo das operações militares. Isso pode parecer ambicioso, vindo de dois caras cujo último livro se chama *Guerra Cibernética*, mas acreditamos que, se o objetivo que queremos alcançar é a cibersegurança, devemos procurar soluções para problemas fora do quinto domínio ou de qualquer um dos outros quatro. Se tentarmos identificar alegorias nos corsários berberes, na batalha de Fallujah ou na resposta aos ataques do 11 de Setembro, sem dúvida as encontraremos, só que elas nos levarão a um tipo de solução. Em vez disso, então, procuramos analisar nesta obra outros campos de estudo, como a ecologia, a saúde pública, o gerenciamento de emergências e até mesmo a psicologia. E, à medida que fazíamos isso, uma questão central continuava a vir à tona: a resiliência.

No nível corporativo, muitos líderes estão reconhecendo que suas estratégias de cibersegurança precisam ser feitas em torno da resiliência. Eles precisam tentar prevenir quantos incidentes puderem, mas também responder e recuperar rapidamente quando a prevenção falhar. No seu livro *Digital Resilience* ["Resiliência Digital", em tradução livre], Ray Rothrock, CEO da RedSeal, identifica o conceito de resiliência como "uma estratégia vitoriosa de perder uma guerra", arguindo que a ameaça dos atores cibernéticos tornou a resiliência "fundamental para qualquer empresa interessada em sobreviver". Enquanto o mundo corporativo está abraçando a resiliência, muitos em Washington estão apenas adotando o conceito da boca para fora. Orçamentos e programas sugerem que a política cibernética está presa à mentalidade da guerra.

Caso pesquise alguma palavra-chave sobre as estratégias de cibersegurança nos últimos governos, sem dúvida você encontrará a palavra "resiliência" escondida em alguma parte. No entanto, essa ideia nunca foi adotada como objetivo central de nossa estratégia. Essa palavra sempre passou um conceito mal definido e vago. No fim das contas, o que queremos é ser capazes de ignorar os ciberataques, ser capazes de tratá-los como algo insignificante e continuar com nossos negócios, em vez de sermos forçados a dar o próximo passo. Como insistimos em traçar paralelos com a Guerra Fria, a comunidade cibernética geralmente se refere a esse conceito como "dissuasão por negação" — a ideia de que nossas linhas defensivas sejam tão boas que os adversários nem sequer ataquem, e que, se o fizerem, não haveria consequência. Propomos uma pequena mudança. Queremos que nossas linhas defensivas sejam tão boas, e nossas arquiteturas, tão robustas, que nem ao menos nos importemos se estamos sendo atacados, simplesmente porque os ataques não nos afetarão.

A resiliência cibernética diz respeito à capacidade rápida de resposta quando a confidencialidade, a integridade e a disponibilidade são comprometidas. É sobre a habilidade de regressar ao estado ideal e gerenciar os resultados ruins, para que os incidentes futuros tenham menos probabilidade de ocorrer. Neste ponto, é importante observar que pensar em "resiliência" como a capacidade de recuperar um estado anterior, ou como a capacidade de se recuperar, nos limita. Para que a resiliência seja um conceito útil no campo de cibersegurança, é necessário que ele incorpore a ideia de voltar mais forte ou melhor que antes.

No âmbito da psicologia, em que o conceito de resiliência foi desenvolvido de forma mais complexa do que em qualquer um dos outros campos que usam o termo, existe um reconhecimento intrínseco de que a resiliência não se trata de retornar ao estado anterior ao trauma, e sim de se adaptar a esse trauma. Após a morte de um cônjuge, pai ou filho, após perder um membro ou ter vivenciado o trauma de uma guerra, a superação dessas experiências não significa esquecê-las ou retornar ao que era antes dela. Ninguém consegue fazer isso.

Ao aplicar essa realidade psicológica ao mundo físico, Judith Rodin, que tem formação em psicologia e é ex-chefe da Fundação Rockefeller, apresenta uma definição que se serve tanto para lidar com ameaças cibernéticas como para, por exemplo, construir cidades resilientes. Rodin define a resiliência como a capacidade de qualquer "organismo... se preparar para uma ruptura, se recuperar dos ataques e das tensões e se adaptar e crescer a partir de uma experiência turbulenta". A nosso ver, essa definição se encaixa ao mundo cibernético.

Este livro começa com uma advertência sobre a ameaça e os danos que ela pode causar. Em seguida, analisamos as empresas e o progresso que algumas delas estão fazendo para proteger suas redes. Examinamos o potencial de parcerias público-privadas aperfeiçoadas e o papel da regulamentação. Questionamos o que o governo e os militares deveriam fazer e observamos o papel da comunidade internacional. Uma vez que o ciberespaço está em constante mudança, analisamos as novas tecnologias e o que elas podem representar para a luta entre defesa e ataque. Por último, damos algumas sugestões do que você deve fazer em sua casa para proteger seu pedaço no ciberespaço.

Neste livro, tentaremos mostrar que precisamos fazer uma escolha sobre o futuro que queremos no ciberespaço. Nos capítulos a seguir, apresentaremos um breve panorama da razão pela qual é necessário estarmos alertas às ameaças cibernéticas e traçaremos um plano de como evitar as piores consequências. Podemos escolher dois futuros. Cabe a nós decidir em que queremos que o ciberespaço se transforme.

Capítulo 2

ETERNALBLUE, A GUERRA ETERNA

As Forças Armadas Russas lançaram o ciberataque mais destrutivo e oneroso da história. Foi também um ciberataque inconsequente e indiscriminado, que terá consequências internacionais.

— DECLARAÇÃO DO ASSESSOR DE IMPRENSA
DA CASA BRANCA, FEVEREIRO DE 2018

Lorina Nash levou sua mãe às pressas ao pronto-atendimento do Hospital Lister em Stevenage, Inglaterra. Os médicos disseram que precisavam diagnosticar o problema. Eles fizeram um exame de sangue na mãe de Nash, mas depois os computadores travaram, e eles não conseguiram finalizar o diagnóstico. Os médicos entregaram a amostra nas mãos de um motoboy e o enviaram para uma clínica que ficava a três horas de distância do hospital, cujos computadores ainda estavam funcionando. Lorina e a mãe ficaram aguardando no que se tornou um hospital completamente vazio, pois a maioria dos pacientes foi transferida para outros lugares.

As ambulâncias que corriam para o Hospital de Essex foram redirecionadas para outros lugares, uma vez que o pronto-socorro dele também havia parado de aceitar pacientes. No Hospital North Hampshire, os aparelhos de tomografia computadorizada e de raios X deram pane. O Hospital Colchester cancelou 25 operações. No Hospital Chesterfield Royal, o problema era o inverso: como os computadores não estavam funcionando, os pacientes não podiam ser liberados e precisaram passar mais uma noite no hospital. Era 12 de maio de 2017, e o British National Health Service [Serviço Nacional Britânico de Saúde] fora atingido por um ciberataque de ransomware que inutilizava os serviços de muitas empresas e estabelecimentos em toda Europa e América do Norte e bloqueava computadores, exigindo pagamento em Bitcoin para desbloqueá-los.

A ferramenta de ataque usada ficou conhecida como WannaCry, e, sete meses depois, os governos australiano, britânico e norte-americano identificaram o culpado. Era um dos grupos de hackers do governo norte-coreano, às vezes chamado pelos analistas ocidentais de Lazarus Group. Embora o WannaCry tenha despertado a atenção da mídia nos Estados Unidos e em tantos outros países, os acontecimentos de maio foram somente o prelúdio de um ataque ainda mais devastador que ocorreria um mês depois, pelas mãos de outro ator estatal. Na verdade, o que estava por vir era o ciberataque mais avassalador da história, que até agora custou US$20 bilhões aos cofres corporativos. E, o mais importante, era o tipo de ataque que desabilitava a estrutura de criptografia de chaves.

À medida que o WannaCry despertava a atenção da opinião pública, os profissionais de segurança de TI corporativos e governamentais já estavam cientes do risco crescente do ransomware. Um ano antes, um vírus conhecido como Petya (em homenagem a uma arma soviética de um filme do James Bond) se mostrou bem-sucedido ao atacar sistemas Windows e disseminar a criptografia pela rede infectada. As empresas de cibersegurança norte-americanas que analisaram o Petya revelaram mais tarde que o vírus empregava uma técnica de ataque baseada na arma EternalBlue, da Agência de Segurança Nacional dos Estados Unidos.

À vista disso, no final de junho de 2017, um malware semelhante ao Petya se espalhou a uma velocidade sem precedentes em todo o mundo ao atacar servidores da Microsoft e invadir todos os dispositivos conectados às redes corporativas afetadas. Nas grandes empresas e em suas dependências, supostamente escolhidas ao acaso, as telas dos computadores congelavam e mostravam uma mensagem que exigia pagamento. Ao que tudo indicava, era um ransomware de novo. Só que não.

Uma vez que os analistas detectaram que não era mais um ataque do Petya, eles usaram a criatividade e chamaram o novo ataque de NotPetya. Mas os especialistas em cibersegurança rapidamente deduziram que o pedido de resgate era falso, uma distração. O software que atacou era, na verdade, conhecido como um malware wiper, que apagava todos os programas nos dispositivos infectados. Qualquer dispositivo conectado a uma rede infectada era apagado: desktops, notebooks, servidores de armazenamento de dados, roteadores, telefones IP, telefones celulares, tablets e impressoras.

Nas principais corporações globais, as operações subitamente pararam. Na empresa farmacêutica Merck, que faturou mais de US$40 bilhões em 2017 e empregava mais de 60 mil trabalhadores, as linhas de produção foram paralisadas. A distribuição de vacinas, medicamentos oncológicos e centenas de outros produtos farmacêuticos parou. Posteriormente, a empresa alegaria que os danos lhe custaram quase US$900 milhões.

A Maersk, uma gigante marítima e de navios porta-contêineres, do nada parou de conseguir operar os guindastes que movimentam os milhões de contêineres em seus megaportos ao redor do mundo, incluindo Nova York, Nova Jersey, Los Angeles e Roterdã. Além disso, ninguém fazia ideia da localização de determinado contêiner, o que havia dentro de qualquer um deles ou para onde um contêiner deveria ir. Mais tarde, a empresa admitiu publicamente que teve um prejuízo de até US$300 milhões; no entanto, um informante da empresa nos disse que, quando os custos de oportunidade foram contabilizados, a verdadeira perda chegava ao triplo desse número.

Centenas de empresas, algumas em quase todos os setores, tiveram suas atividades paralisadas, incluindo a empresa de logística TNT Express (subsidiária da FedEx); a Mondelēz, empresa de snacks; e o escritório de advocacia DLA Piper. Se existia alguma dúvida de que um ciberataque pudesse se alastrar globalmente em questão de segundos, de que pudesse desabilitar sistemas físicos ou afetar as engrenagens que fazem a economia global funcionar, essa dúvida se dissipou em 27 de junho de 2017. Era uma guerra cibernética?

Outras Denominações para uma Guerra Cibernética

Se o NotPetya foi ou não um ato de guerra cibernética depende, logicamente, da sua definição. Segundo as investigações, o NotPetya foi uma operação orquestrada por uma unidade militar — especificamente, pelo Departamento Central de Inteligência das Forças Armadas da Rússia, frequentemente chamado de GRU ou Inteligência Militar Russa. (No cômico mundo de nomes dos sabe-tudo cibernéticos, a equipe de hackers do GRU também é conhecida como Fancy Bear.)

Suspeitamos que os militares russos não tinham a intenção de atacar indiscriminadamente as corporações globais. O que eles pretendiam fazer era um ataque que paralisasse a Ucrânia na véspera do feriado nacional do país, o Dia da Constituição. O GRU descobriu um vetor de ataque bastante criativo, um canal que poderia ser usado para disseminar um ataque.

O GRU percebeu então que quase todas as empresas e os órgãos governamentais da Ucrânia usavam o mesmo software de contabilidade. Pense na hegemonia do software QuickBooks nos Estados Unidos e você terá uma ideia. Somente na Ucrânia, o software equivalente era conhecido como M.E.Doc, da empresa ucraniana Linkos Group. Como qualquer aplicativo semelhante, o M.E.Doc era atualizado periodicamente. As atualizações eram enviadas a usuários licenciados a partir de um servidor na Linkos. As atualizações eram validadas pela Linkos e reconhecidas pelos firewalls dos usuários, o que possibilitou que as atualizações do M.E.Doc passassem livremente para as redes corporativas.

Assim sendo, o GRU hackeou a Linkos e implementou algo a mais na próxima atualização do M.E.Doc: um pacote de ataque que fazia o exploit de uma vulnerabilidade já conhecida no software do servidor da Microsoft, aliado a uma ferramenta de password-hacking [violação de senhas] e instruções que se espalhavam por qualquer dispositivo conectado à rede, apagando todos os softwares.

O ataque do GRU foi quase perfeito e destruiu cerca de 10% de todos os dispositivos da Ucrânia, em todos os Ministérios, mais de vinte instituições financeiras e, pelo menos, quatro hospitais. *Quase* perfeito. Aparentemente, o que o GRU não reconheceu (ou talvez reconheceu) foi que as empresas globais que operam na Ucrânia também seriam atingidas e, de suas sedes ucranianas, o ataque se alastraria pelas redes privadas virtuais (VPNs), pelas conexões de fibras alugadas e voltariam direto para as sedes corporativas na Inglaterra, na Dinamarca, nos Estados Unidos e em outros países.

Esse tipo de efeito colateral equivocado não é exclusivo do NotPetya ou do GRU. O software utilizado no chamado ataque Stuxnet à usina de enriquecimento nuclear do Irã, supostamente realizado pelos Estados Unidos em 2010, de alguma forma se alastrou mundo afora, ainda que a usina de Natanz não estivesse conectada à internet ou a qualquer outra rede. O Stuxnet se espalhou rapidamente em escala global, e as equipes de cibersegurança de muitos países o identificaram e o descompilaram, mas posteriormente algumas de suas partes foram reutilizadas em novas ferramentas de ataque.

Contudo, o Stuxnet não prejudicou nada mais além das fronteiras de Natanz, uma vez que o vírus foi escrito de um modo que danificaria apenas as centrífugas iranianas de enriquecimento nuclear. Apesar disso, o fato de o software ter se disseminado para além de seu alvo foi uma das motivações da diretiva do presidente Obama, a Presidential Policy Directive 20 [Diretiva Política Presidencial 20], que supostamente limitava o uso ofensivo de ferramentas cibernéticas sem a aprovação dele. (Há relatos de que o presidente Trump baniu essas restrições em 2018.)

O Stuxnet provou ao mundo, ou pelo menos a qualquer um que se preocupasse o bastante em fazer uma cópia dele, ser uma das ferramentas de ataque mais sofisticadas de todos os tempos, com mais de 50 mil linhas de código e incontáveis truques nunca vistos antes (por exemplo, o chamado exploit zero-day). O NotPetya não revelou nada a respeito das ferramentas de ataque russas do GRU. A ferramenta não expôs absolutamente nada, porque ela não era dos russos. Era dos Estados Unidos.

Usando Nossas Armas Contra Nós

Uma das discussões mais importantes, obscuras e polêmicas entre os especialistas de cibersegurança diz respeito a se o governo dos Estados Unidos é responsável ou não por informar aos desenvolvedores de software — digamos, a Microsoft — os erros em códigos identificados pelos hackers da NSA que possibilitariam um ataque novo e malicioso, como hackear e copiar dados dos clientes, roubar dinheiro ou usar um malware wiper que apaga todos os programas em um rede. No linguajar dos formuladores de políticas cibernéticas dos EUA, essa discussão se chama "dilema de equidade", uma vez que envolve equilibrar os interesses das agências de inteligência que tentam bombardear de preocupações os departamentos governamentais, como o Departamento de Segurança Nacional dos Estados Unidos, interessados em redes corporativas mais seguras.

Se o governo informar o desenvolvedor do software, a empresa disponibiliza um "patch" que pode solucionar o problema. Se não informar, ele pode hackear redes estrangeiras que os interessem, usando essa vulnerabilidade para aprender coisas com o objetivo de proteger o país. (O governo desenvolve um "exploit", uma ferramenta de hackeamento que tira vantagem de um código mal escrito.)

Depois que Edward Snowden, funcionário da Booz Allen Hamilton, roubou informações confidenciais da NSA e as entregou para o WikiLeaks (e para os russos), Obama designou um grupo de cinco homens para investigar e apresentar recomendações. Dick Clarke fazia parte do grupo que ficou conhecido como Five Guys, em homenagem à rede de fast-food Five Guys de Washington.

A Casa Branca de Obama tornou públicas, palavra por palavra, as recomendações dos Five Guys. Uma das recomendações era a de que, quando a NSA identificasse uma brecha em um software amplamente utilizado, ela deveria informar ao fabricante, salvo raras exceções. Essas exceções passariam pela aprovação do alto escalão governamental e teriam uma data limite de validade. O governo Obama aceitou essa recomendação.

A Microsoft acusou a NSA de que a agência já sabia há cinco anos de uma grande vulnerabilidade do software de servidor deles e não havia informado nada. Ao contrário, a NSA desenvolveu uma ferramenta de ataque, ou de exploit zero-day, e a chamou de EternalBlue. A NSA teria usado o EternalBlue para acessar redes estrangeiras. Após ter sido informada pelo governo dos EUA sobre as vulnerabilidades de seu software, somente em março de 2017, a Microsoft disponibilizou um patch para o problema.

Como sempre ocorre quando uma empresa de software disponibiliza um patch, nem todos os usuários recebem a mensagem ou acreditam no aviso de que aquele é um patch crítico que deve ser instalado imediatamente. Logo, apesar do patch, os criadores norte-coreanos do WannaCry conseguiram empregar a mesma técnica de ataque dois meses depois, em maio de 2017, e o GRU a utilizou mais uma vez, combinada com outros ataques que culminaram no desastre do NotPetya em junho de 2017.

Se o governo norte-americano tivesse informado a Microsoft anos antes — pelo menos foi o que a Microsoft alegou publicamente depois de descobrir o que ocorreu —, esses ataques destrutivos, muito provavelmente, seriam evitados.

Mas por que o governo acabou contando à Microsoft? Nosso palpite — e é apenas um palpite — é que, em março de 2016, o governo descobriu que a ferramenta de ataque norte-americana caíra nas mãos da Rússia, que os russos sabiam do exploit zero-day e estavam usando-o ou prestes a usá-lo.

É possível que o GRU tenha roubado a ferramenta dos Estados Unidos em 2016 ou até mesmo em 2013. Sabemos que outro funcionário da Booz Allen Hamilton designado para trabalhar na NSA, Harold Martin, aparentemente deixava a unidade da NSA em posse de documentos e softwares altamente sigilosos, de acordo com as acusações feitas pelo Departamento de Justiça, depois que o FBI o prendeu em 2016.

Em casa, Martin usava um software antivírus a fim de proteger seu computador pessoal; especificamente, o antivírus Kaspersky. Largamente utilizado em todo o mundo, o Kaspersky é fabricado na Rússia. Segundo relatos da mídia, o GRU obteve acesso à sede da Kaspersky em Moscou e, depois, usou os milhões de pacotes do antivírus instalados em computadores ao redor do mundo para procurar documentos com determinadas palavras-chave. (A Kaspersky nega que isso aconteceu.)

Possivelmente, o GRU ficou sabendo dessas palavras-chave, que talvez fossem codinomes de Informações Extremamente Controladas e Secretas (Top Secret Exceptionally Controlled Information), por meio da valiosa coletânea de documentos de Edward Snowden. Em todo caso, uma possibilidade é que, ao usar um backdoor no antivírus Kaspersky instalado no computador pessoal de Harold Martin, o GRU tenha encontrado um monte de ferramentas de ataque da NSA, quem sabe até mesmo o exploit EternalBlue.

Mas como alguém saberia que o GRU da Rússia havia feito isso? Veja bem, talvez a Unidade de Inteligência Militar 8200 de Israel estivesse espionando a rede da Kaspersky e assistindo ao circo pegar fogo. No entanto, se isso ocorresse, os israelenses mais do que depressa teriam informado à NSA. É possível também que o GRU tenha hackeado o servidor secreto que não ficava dentro da NSA e era usado para armazenar as ferramentas de ataque, o chamado staging server, no segundo semestre de 2013. Talvez tenha sido assim que os russos conseguiram acesso às ferramentas mais valiosas da NSA.

No mais, não bastava apenas conseguir invadir. Sabemos disso porque, além de invadir, em meados de 2016, eles disponibilizaram as ferramentas online para todo o mundo ver e usar. Ao se passar supostamente por um grupo de hackers fictícios conhecido como Shadow Brokers, o GRU começou a distribuir publicamente as ferramentas de ataque da NSA. Eles não as chamavam de ferramentas da NSA, é claro, mas de propriedade do "Equation Group" [Grupo Equação, em tradução livre]. No entanto, os slides do PowerPoint da NSA forneceram uma dica sobre quem realmente era o Equation Group. Os Shadow Brokers se propuseram a vender algumas das melhores ferramentas do Equation Group. Ao que tudo indica, todas datavam de 2013, o que, por sua vez, leva a crer que o ataque ao staging server pode ter sido a fonte para as ferramentas da NSA.

A NSA não é a única organização do governo dos Estados Unidos envolvida em ciberataques. O Comando Cibernético do Pentágono também é, assim como a CIA. Atualmente sabemos mais a respeito das ações da CIA porque, como a NSA, a agência sofreu um grande ataque que roubou e expôs publicamente seus segredos cibernéticos. No entanto, no caso da CIA, existem poucas dúvidas sobre como os segredos foram roubados ou por quem.

Em agosto de 2017, Joshua Schulte, um funcionário da CIA, foi preso pelo FBI, acusado de passar mais de 8 mil páginas de informações extremamente sigilosas para Julian Assange, que posteriormente as publicou no site WikiLeaks. Assange, um australiano que se refugiou na embaixada do Equador em Londres, foi acusado por diversas autoridades norte-americanas de agir em cooperação com a inteligência russa.

Os documentos da CIA foram chamados de Vault 7 pelo WikiLeaks e revelavam inúmeros exploits zero-day amplamente usados, inclusive nos produtos da Apple, Microsoft e Samsung (por exemplo, supostamente existe uma ferramenta que ouve tudo o que se passa nas salas com TVs Samsung, mesmo quando as televisões estão desligadas). Uma vez que os documentos vieram a público, o presidente da Microsoft, Brad Smith, reclamou que ninguém no governo dos EUA havia lhes informado sobre as vulnerabilidades descobertas.

No entanto, ao menos uma outra empresa sediada nos EUA havia detectado alguns dos supostos exploits do Vault 7. No decorrer de seis anos, a empresa de cibersegurança Symantec vinha relatando ataques de um grupo chamado Longhorn. Segundo consta, as técnicas de ataque empregadas pelo grupo Longhorn em mais de dezesseis países têm uma correspondência quase exata com os detalhes técnicos de algumas revelações nos documentos Vault 7. Caso isso seja verdade, a CIA pode estar explorando falhas no software fabricado nos EUA há anos sem informar as empresas envolvidas.

O WikiLeaks, que não é a fonte mais confiável de informações imparciais, alegou que os documentos Vault 7 mostravam a existência de um programa da CIA apelidado de UMBRAGE. Supostamente, a CIA utilizava essas ferramentas de ataque, que havia roubado de outros governos, com o objetivo de deixar um rastro dissimulado para que, assim, os investigadores acreditassem que os ataques da CIA eram efetuados por outros países.

Em 2018, o uso de outras ferramentas cibernéticas, bem como outro grupo, vieram a público, o que assumiu grandes proporções. Um grupo anônimo autointitulado Intrusion Truth começou a divulgar regularmente as invasões, as ferramentas e as pessoas associadas a grupos de hackers chineses conhecidos como APT 3 e APT 10. As comunidades de especialistas cibernéticos ainda não chegaram a um consenso geral sobre quem seria o Intrusion Truth, mas está claro que eles estão revelando a atividade secreta do governo chinês.

O que isso significa para nós? Primeiro, roubar as ferramentas de ataque alheias pode ser uma prática mais comum do que imaginávamos, e isso pode estar sendo feito por, pelo menos, algumas nações.

Segundo, quando se analisam esses incidentes, fica evidente que a segurança das unidades de ciberataques dos Estados Unidos ainda é lamentável, mesmo depois de um presidente frustrado emitir um decreto presidencial (EO 13587) e outras diretrizes para solucionar a questão. Boa parte do roubo de ferramentas de ataque dos EUA poderia ter sido evitada pelo emprego de procedimentos simples de segurança física.

Terceiro, não devemos supor que o GRU precise roubar ferramentas de ataque dos Estados Unidos, mesmo porque os russos têm ferramentas ótimas que eles mesmos desenvolveram. A razão pela qual os russos roubam e divulgam publicamente o arsenal cibernético norte-americano é para envergonhar o país, para passar a impressão de que os Estados Unidos são o hacker mais problemático do mundo, e possibilitar que as nações (incluindo amigos e aliados) voltem atrás e reconheçam que os EUA fizeram operações de inteligência contra eles (plantando, assim, desconfiança entre os aliados).

Por último, é claro que existe uma grande quantidade de atividades hostis em andamento no ciberespaço, praticadas pelos militares. E tudo isso pode até não significar guerra segundo a definição tradicional, mas está bastante claro que os Estados Unidos e seus aliados estão sendo regularmente atacados pelos militares russos que usam armas cibernéticas. As Forças Armadas Russas não apenas usaram armas cibernéticas a fim de coletar informações, como também desenvolveram armas cibernéticas para prejudicar, desestruturar e destruir alvos físicos no mundo real, além do domínio binário. E os russos não são os únicos. Parafraseando o Ministério das Relações Exteriores Britânico, os russos são simplesmente os mais "imprudentes e inconsequentes".

O GRU da Rússia penetrou com sucesso na intranet sigilosa do Pentágono, bem como nos sistemas do Departamento de Estado e na Casa Branca. Em outubro de 2018, a agência governamental United Kingdom's National Cybersecurity Center [Centro Nacional de Cibersegurança do Reino Unido] alegou que há anos o GRU estava se engajando em uma ofensiva permanente de guerra cibernética de baixo nível e voltou à ativa, no mínimo, nos ataques de 2007 à Estônia e no ataque de 2008 à república da Geórgia.

Segundo o Reino Unido, o GRU, executando operações de bandeira falsa com o nome Sandworm, atacou a rede elétrica ucraniana em 2015 e mais uma vez em 2016. Ao executarem operações de bandeira falsa usando o nome Cyber Caliphate (parece um grupo terrorista árabe, não é?), o GRU interrompeu a programação de uma rede de televisão francesa, a TV5Monde. A agência russa tentou interferir nos assuntos globais, por meio de ciberataques às investigações sobre a tentativa de homicídio de um russo em Bristol, na Inglaterra, sobre o doping de atletas olímpicos russos e a respeito do abatimento do voo 17 da Malaysia Airlines.

O GRU notoriamente invadiu o Comitê Nacional Democrata (o que, convenhamos, exigia poucas habilidades), como parte de uma ampla ofensiva para impactar o resultado das eleições presidenciais nos EUA. E, obviamente, houve o ciberataque mais nefasto da história, o NotPetya, o que fez com que a Casa Branca se pronunciasse publicamente sobre a imputação de responsabilidade do ciberataque, algo raro de acontecer.

Em uma operação na Holanda, os hackers do GRU foram detidos no estacionamento de uma organização internacional que investiga o uso de armas químicas, tentando invadir o Wi-Fi. De acordo com a polícia holandesa, os militares russos tinham recibos de táxi da sede do GRU para o aeroporto de Moscou. Ou seja, isso comprova que as despesas comerciais são a perdição de todas as organizações, até das unidades de guerra cibernética.

Independentemente de você chamar ou não toda essa atividade de guerra cibernética, fica evidente que uma organização militar está causando uma série de prejuízos. E muito disso se enquadra na definição sugerida em *Guerra Cibernética*, em 2010 (danos, desestruturação e destruição de alvos físicos provocados por um ciberataque de Estado-nação). Naquela época, especialistas e críticos acreditavam que nossas previsões eram exageradas. Mas agora aparentemente todos reconhecem que esse tipo de guerra pode ocorrer. Na verdade, o diretor da U.S. National Intelligence [Inteligência Nacional dos Estados Unidos], Dan Coats, declarou publicamente que o governo russo havia invadido os sistemas de controle de algumas empresas norte-americanas de energia elétrica, que estávamos vivendo um período semelhante aos meses anteriores ao atentado de 11 de Setembro e que "os sinais de alertas estão claros".

As equipes russas do GRU, como a Unidade 26165 e a Unidade 74455, não são as únicas organizações militares que circulam pelo ciberespaço invadindo tudo. As equipes do Exército de Libertação Popular Chinês, como a Unidade 61398 e a Unidade 61486, invadiram milhares de redes nos Estados Unidos e dezenas de milhares em todo o mundo. Embora o presidente Obama e o presidente Xi tenham assinado um acordo para restringir os ciberataques entre os dois países, visando a fins comerciais (falaremos sobre eles mais adiante), as invasões chinesas nas organizações militares norte-americanas continuam.

Do mesmo modo, o Bureau 121 e a Unidade 180 da Coreia do Norte ajudaram a financiar o desenvolvimento de mísseis e armas nucleares por meio de suas atividades criminosas de roubo mundo afora, inclusive invasões contra o sistema internacional de transferências financeiras SWIFT. A Coreia do Norte também atacou a infraestrutura e empresas na Coreia do Sul, incluindo bancos e redes de televisão. O ataque global WannaCry demonstrou o caos que os norte-coreanos podem instaurar.

As Forças Armadas do Irã, por meio da Guarda Revolucionária do Irã (IRGC) e do Ministério da Inteligência e da Segurança Nacional, também andam se comportando de forma nociva e desordeira no ciberespaço. Em 2012, durante semanas, os sistemas bancários online dos oito maiores bancos norte-americanos foram paralisados. Mais tarde, o Departamento de Justiça atribuiu os ataques ao IRGC. Os iranianos invadiram a intranet da Marinha dos EUA e resistiram por mais de dois anos às tentativas norte-americanas de se livrar dos ataques. As unidades iranianas assumiram o controle de redes que operam em sistemas tão diversos quanto uma barragem de abastecimento de água no estado de Nova York até o Sands Casino em Las Vegas.

Os empenhos destrutivos do Irã também incluem o ataque de 2012 à empresa petrolífera saudita Aramco, usando um wiper que apagou o software de milhares de máquinas, e a invasão de um sistema instrumentado de segurança chamado Triconex, de uma planta petroquímica na Arábia Saudita em 2017. Ao que tudo indica, o ataque tinha como objetivo impedir que os alarmes da petroquímica disparassem durante um vazamento químico letal, a ser planejado posteriormente.

Depois, temos os Estados Unidos. Em setembro de 2018, o presidente concedeu autoridade ao Departamento de Defesa para conduzir ciberataques e instruiu os militares a "se defenderem", a fim de interromperem as atividades cibernéticas de outras nações. Analisaremos isso no Capítulo 12.

Identificando os Atores Cibernéticos

Uma das formas pelas quais o governo norte-americano decidiu responder a esses ciberataques dos militares estrangeiros foi empregando o "constrangimento público". Ao correr o risco de comprometer suas fontes e seus métodos, as agências de inteligência dos EUA permitiram aos advogados do Departamento de Justiça denunciar, mostrar fotos e emitir mandados de busca e apreensão para indivíduos em unidades cibernéticas militares estrangeiras envolvidas em ataques contra os Estados Unidos. Essa tática dos EUA tem como objetivo expor a dimensão do problema, mostrar o país fazendo alguma coisa a respeito e, em raríssimos casos, prender e interrogar a equipe militar envolvida. Não encontramos nenhum governo ou ex-funcionário do governo que acreditasse que isso impediria novos ataques.

Entre os militares indiciados nos tribunais dos EUA estão Park Jin Hyok, do Gabinete Geral de Reconhecimento da Coreia do Norte. Do Exército de Libertação Popular Chinês, Huang Zhenyu acusou-se publicamente, e uma ordem de prisão foi emitida contra ele, entre outros. O oficial da GRU, Dmitriy Sergeyevich Badin, está entre os muitos oficiais militares russos que agora são procurados por agências internacionais de repressão ao crime, mediante mandado de busca e apreensão dos Estados Unidos. Ehsan Mohammadi está entre os iranianos denunciados pelo Departamento de Justiça dos EUA por ter hackeado organizações norte-americanas em nome do governo iraniano.

Ainda que historicamente tenha sido um desafio capturar hackers estrangeiros, devido à capacidade deles de efetuar operações cibernéticas em seus próprios países, alguns desses hackers militares acusados foram realmente detidos. Yanjun Xu, do grupo PLA, foi preso em uma viagem à Bélgica. Alexei Morenets, do GRU, foi capturado pela polícia de contrainteligência holandesa, em um estacionamento na Holanda.

Fica por conta da sua imaginação deduzir como os Estados Unidos sabem os verdadeiros nomes desses e de tantos outros oficiais cibermilitares, como conseguiram suas fotos e como souberam que eles estavam envolvidos em determinados ataques. À medida que você, leitor, pondera a respeito, lembre-se do importante: são oficiais militares estrangeiros encarregados de invadir sistemas nos Estados Unidos.

Instabilidade no Agravamento de Riscos do Ciberespaço

Todas essas atividades por parte da Rússia, da China, da Coreia do Norte, do Irã e, sim, dos Estados Unidos indicam um padrão perigoso de instabilidade da crise. Boa parte dos hackeamentos expressivos costuma ser realizada por pessoas, individualmente ou em associações não estatais. Mas os ataques importantes geralmente são obra das forças armadas de alguma nação.

Os países estão empregando reiteradamente suas próprias forças armadas não apenas para roubar segredos, como também para prejudicar, subverter e destruir os sistemas sigilosos das nações inimigas em potencial. Essas operações podem facilmente resultar no agravamento de uma guerra mais abrangente, seja ela intencional ou não. As Forças Armadas dos EUA, por exemplo, alegaram que se reservam o direito de responder aos ciberataques com qualquer arma de seu arsenal.

Para que fique claro, os atuais e recentes níveis, ritmo e escopo das atividades subversivas no ciberespaço por parte das unidades militares de diversos países são sem precedentes, perigosos e insustentáveis em "tempos de paz". As coisas não podem continuar assim. Ou controlamos e atenuamos a situação, ou teremos qualquer coisa, menos tempos de paz.

Se não tomarmos medidas coordenadas para mitigar os riscos de uma guerra cibernética, se não nos envolvermos em um programa multifacetado para nos aproximar de algo semelhante à paz cibernética, correremos o risco de ciberataques extremamente destrutivos, que podem desmantelar as sociedades modernas e desencadear o tipo de conflito entre as potências mundiais que não vemos há mais de 75 anos. Portanto, esta deve se tornar a prioridade nacional mais premente, a fim de que encontremos meios de nos defender contra os hackers de Estados-nação. Algumas empresas talvez já saibam como fazer isso.

Podemos tirar duas lições a partir do ataque do NotPetya à Ucrânia. A primeira é que as organizações militares e de inteligência dos Estados-nação já estão derrubando empresas globais de peso, como a Maersk e a Merck, com ciberataques. Mas a segunda lição é que as coisas não saíram como deveriam. Havia outras empresas norte-americanas e globais na Ucrânia durante o ataque do NotPetya, como Abbott Laboratories, Boeing, DowDonto, Eli Lilly, Johnson & Johnson, Cargill, Pfizer, Delta Air Lines e John Deere. Aparentemente, o NotPetya não provocou danos significativos nelas. Agora, nos debruçaremos ao que mantém algumas empresas mais seguras em comparação a outras.

PARTE II
O PAPEL CORPORATIVO

Capítulo 3

DOIS TIPOS DE EMPRESAS?

Se temos dados, analisaremos os dados. Se só temos opiniões, ficaremos com a minha.

— JIM BARKSDALE, EX-CEO DA NETSCAPE

"Existem dois tipos de empresas. Aquelas que foram hackeadas e sabem disso; e aquelas que foram e não sabem." Essa máxima se tornou uma constante de todos os palestrantes nas conferências de segurança, a versão aristocrática da piada de todo diretor de segurança da informação (CISO). Todo mundo usa alguma variação dela, mas seu criador é Dmitri Alperovitch. Diretor de tecnologia e cofundador da CrowdStrike atualmente, Alperovitch alertou sobre as ameaças de Estado-nação quando estava na McAfee, uma das maiores empresas de antivírus. Ele elaborou alguns dos primeiros relatórios sobre as séries de invasões chinesas e russas, e identificou o hackeamento generalizado contra as empresas norte-americanas por grupos estrangeiros. Hoje, Alperovitch não tem tanta certeza de que os atores das ameaças persistentes avançadas (APT) possam ser impedidos.

Em 2015, na ocasião em que o governo Obama concluiu as demoradas negociações com o presidente Xi sobre a espionagem econômica, o premier chinês se comprometeu a dar um basta na espionagem das agências governamentais de seu país contra as empresas norte-americanas. Não tardou para que a CrowdStrike descobrisse que os espiões cibernéticos chineses não haviam mudado de *modus operandi*. Mas, em vez de elaborar relatórios detalhando o que os chineses roubaram, a CrowdStrike informou que havia detectado e frustrado os ataques. "Sete das companhias são empresas do setor tecnológico ou farmacêutico. Pelo visto, a principal vantagem de invadir essas empresas está relacionada à chance de roubar a propriedade intelectual e os segredos comerciais, em vez de realizar a coleta tradicional de informações sobre a segurança norte-americana, proibida pelo acordo cibernético", escreveu Alperovitch no blog da CrowdStrike.

Na época, esta foi uma contribuição importante para o debate sobre a eficácia do acordo. Foi também o tipo de exaltação pessoal disfarçada de humildade. Alperovitch e George Kurtz, cofundador da CrowdStrike, não se intimidaram com o fato de terem enfrentado ofensivas por parte de um dos grupos hackers mais avançados da China. Quando perguntamos a Alperovitch se ele defendia a sua máxima de "dois tipos de empresas", a resposta foi simples: não.

Alperovitch está vendendo alguma coisa, é claro. Em junho de 2018, a CrowdStrike anunciou que teve um aumento de 200 milhões no valor estimado de 3 bilhões. Em 2019, a empresa abriu seu capital. Ou seja, o que Alperovitch vende, as empresas compram. E o que ele está vendendo é uma plataforma para detecção e contenção rápidas, além de serviços de resposta e acompanhamento de incidentes. É tentador fazer piada com o fato de Alperovitch dizer agora que existem três tipos de empresa: aquelas que foram hackeadas e sabem disso; aquelas que foram e não sabem; e aquelas que compram da CrowdStrike. Mas isso seria injusto, uma vez que ele enxerga as ferramentas de sua empresa como a pequena parte de uma solução mais abrangente, e ele tem muitos concorrentes à altura, como Dragos, Cylance, FireEye, entre outros.

Alperovitch deve estar feliz. A CrowdStrike está em franca expansão. No entanto, ele se sente frustrado. O que o frustra não é o fato de sua tecnologia não encontrar um mercado — é claro que ela já o encontrou —, mas porque acredita que mais empresas poderiam estar seguras, mas não estão. Ele tem evidências contundentes de que as empresas que adotam um modelo de detecção e contenção rápidas são capazes de reprimir os agentes maliciosos e ainda impedi-los de alcançar seus objetivos. Estes objetivos podem ser roubar propriedade intelectual, fraudar ou sequestrar os computadores de uma empresa para pedir resgate, mas o alvo não é de forma alguma, ressalta Alperovitch, apenas para obter acesso à rede. Este é somente mais um passo de uma grande cadeia de eventos que os adversários precisam percorrer juntos a fim de alcançar seus objetivos (algo que investigaremos a fundo no Capítulo 4). E dar esses passos contra uma empresa capacitada e determinada é mais difícil do que as pessoas imaginam.

É Tão Fácil Assim Invadir uma Empresa?

"Eu simplesmente não acredito que esses ataques tenham uma vantagem", diz Dave Aitel. Aitel deveria saber. Durante toda sua carreira, começando aos 18 anos de idade na NSA, ele esteve no lado que ataca. Após seis anos na NSA, ele foi trabalhar na lendária empresa de cibersegurança @stake e, depois, fundou a Immunity, empresa que desenvolve ferramentas hackers para testes de intrusão e clientes governamentais. Em 2018, vendeu a Immunity a uma empresa de cibersegurança, a Cyxtera, por um valor não revelado.

Quando trabalhava na NSA, Aitel foi um dos últimos hackers de espectro total, ou seja: ele desenvolvia exploits, implementava-os e os empregava contra os alvos Estados-nação mais sofisticados do país. Ele tinha o hábito de trabalhar em horários estranhos: chegava depois que todos saíam e trabalhava até a manhã do dia seguinte. Uma vez, pegaram Aitel em flagrante fazendo sabe-se lá o que, pois ele havia esquecido de sair antes que o pessoal chegasse para trabalhar. Na época, o então diretor da NSA, o general Michael Hayden, chegou na agência e encontrou o carro de Aitel estacionado em sua vaga. Ele não ficou nada contente.

Aitel tem ótimas qualidades, mas humildade não é uma delas. Logo, o fato de ele não ostentar a típica rebeldia hacker merece um pouco de atenção. Segundo Aitel, "Quando falamos de ataques de Estados-nação, a coisa mais importante é não ser pego, então você não tem uma vantagem tão grande assim". Ao longo de sua carreira, seu trabalho foi meticuloso e deliberado. Mesmo que as informações passem de um computador para o outro à velocidade da luz, para um hacker, passar do reconhecimento à prática de seu objetivo pode levar meses. E, hoje, o trabalho de um hacker está ficando cada vez mais difícil.

No começo da carreira de Aitel, as únicas ameaças que as ferramentas de segurança conseguiam detectar eram aquelas já conhecidas e aquelas que os analistas sabiam serem maliciosas. Essas tecnologias "blacklist", como os programas legados de antivírus, faziam uma varredura dos arquivos com assinaturas maliciosas e os bloqueavam. Evitar essas tecnologias pode ser tão simples quanto fazer uma única alteração no arquivo para que ele não corresponda mais a um arquivo malicioso.

Agora, Aitel está preocupado com as constantes descobertas das superarmas de seu ofício. Como vimos, um exploit zero-day é uma vulnerabilidade desconhecida pelas linhas de defesa, ou seja, ainda não foi corrigida. Seguindo a perspectiva ofensiva de Aitel, seu receio é que as empresas de segurança estejam identificando cada vez mais exploits zero-days, a ponto de eles passarem pelo processo de comoditização. "A Detecção Avançada de Ameaças da Microsoft, a CrowdStrike, a Kaspersky, as novidades da FireEye, tudo isso funciona e configura uma grande mudança", afirma ele. Ao pensarmos do ponto de vista de um invasor, Aitel não está nada feliz.

Está ficando mais difícil identificar vulnerabilidades em novos sistemas e ainda mais difícil explorá-las. Sistemas confiáveis modernos podem realmente ser confiáveis. O iPhone, um dispositivo comercial onipresente, é mais bem protegido do que um sistema de ataque de última geração desenvolvido por Aitel no começo de sua carreira. Até a mal-afamada versão mais recente do sistema operacional Microsoft Windows é muito segura.

Na visão de Aitel, a melhor detecção e os alvos menos acessíveis geralmente significam que as linhas defensivas agora têm uma vantagem. Para começar, é óbvio que muitas empresas abrem mão dessa vantagem ao investirem pouco em TI e deixarem também de investir para se manterem seguras. "Os hackers trabalham duro: eles têm uma missão, métricas e sabem quando vencem e quando perdem", diz Aitel, considerando que muitas empresas na linha defensiva simplesmente não valorizam a proteção de seus bens, a não ser que os ataques ofensivos os roubem (ou os destruam).

Agora, quando se trata de uma empresa que ganha dinheiro com sistemas de defesa, a apreensão de Aitel parece não estar relacionada à forma de proteger os dados, e sim como seu antigo empregador conseguirá realizar operações de inteligência, frente à melhora da segurança. "Em termos ofensivos, não estamos nos planejando para o futuro", alega. Aitel tem sido um opositor ferrenho das regras da era Obama, que exigem que a comunidade de informações sigilosas divulgue as vulnerabilidades, em um processo conhecido como Vulnerabilities Equities Process [Processo de Equidade de Vulnerabilidades, VEP, em tradução livre]. "A teoria do VEP é você não precisar de um grande repositório de vulnerabilidade. Agora, imagina se todo exploit zero-day que você usa funcionasse só duas vezes. É para esse mundo que estamos avançando." Para Dave e para seu ex-empregador, este seria um mundo difícil de viver. Para o resto de nós, pode significar que já começamos a minar a vantagem ofensiva.

Em 2009, quando escrevemos *Guerra Cibernética*, mencionamos que um funcionário sênior da inteligência nos disse, de forma bem direta e clara, que suas equipes na NSA realizavam um número não revelado de ataques mensalmente e que nunca eram pegos. Isso naquela época. Somente alguns meses após a publicação de *Guerra Cibernética*, a comunidade de cibersegurança e o público geral souberam do Stuxnet, um ataque de malware extremamente sofisticado às centrífugas nucleares do Irã. Como o Stuxnet, outras ações e malwares também foram vinculados à NSA. No caso do sistema operacional Longhorn, não apenas o grupo que o hackeou foi pego em flagrante, como a Symantec traçou sua ofensiva contra quarenta alvos em quinze países.

Finalmente, com o vazamento dos arquivos roubados do governo dos EUA pelo WikiLeaks, as suspeitas foram confirmadas. Logo, em um período de dez anos, os melhores profissionais dentro da Fort Meade — sede da NSA — e da CIA passaram de agir impunemente no ciberespaço a serem pegos com atribuições cibernéticas inquebrantáveis. Isso sugere que a vantagem ofensiva foi e continuará sendo minada.

Como observamos, o NotPetya foi um ataque devastador à FedEx, DLA Piper, Mondelēz, Maersk e Merck, entre outras companhias; só que muitas empresas internacionais que fazem negócios na Ucrânia não foram atingidas, ou continuaram funcionando durante o ataque e não divulgaram seus prejuízos. A Ucrânia é o centro global das operações terceirizadas em TI. Para se ter uma ideia, Samsung, Oracle, Boeing, Ericsson e Siemens estabeleceram centros de pesquisa e desenvolvimento no país. A Microsoft, cujo Exchange Server foi o alvo do ataque, tem escritórios lá. E, no entanto, essas empresas continuaram com suas operações, apesar dos ataques que paralisaram tantas outras que fazem negócios no país.

A intenção não é dizer que defesa cibernética seja fácil ou barata. Na prática, o custo da defesa é muitas vezes maior que o do ataque. Aqueles que discordam levam em consideração o custo provável do projeto da arma Stuxnet usada pelos Estados Unidos para atacar a instalação de Natanz, no Irã. Não sabemos os detalhes desse programa secreto, mas reconhecemos que é bem provável que o custo de executar um ataque como esse é absurdamente alto. No entanto, os objetivos da maioria dos hackers são mais limitados e alcançados com mais facilidade e baixo custo.

Caso o objetivo de um hacker seja roubar informações, sequestrar os dados de uma empresa em troca de pagamento (ransomware), deletar permanentemente o software de todos os dispositivos conectados a uma rede (wiper) ou sobrecarregar a rede até o ponto em que ela não possa mais operar (os chamados ataques distribuídos de negação de serviço, ou DDoS), o custo de um desses ataques contra uma rede mal protegida é incrivelmente baixo. Na verdade, existem sites na chamada dark web em que hackers vendem essas ferramentas de ataque. As ferramentas de acesso remoto (RATs) podem custar somente US$500. Um kit para fazer um ataque de ransomware pode estar disponível por US$1.000. Essas ferramentas não possibilitarão que você acesse a rede do Bank of America ou do Citibank; no entanto, a maioria das redes não é tão protegida. Quando as empresas de software ou especialistas em defesa cibernética falam publicamente sobre a necessidade de etapas específicas para bloquear técnicas de ataque recém-descobertas, boa parte das empresas nem se apressa para corrigir suas vulnerabilidades. Custa caro e é trabalhoso. Por isso, os kits de ataque baseados em vulnerabilidades conhecidas há anos ainda funcionam em muitos alvos.

Imagine que você esteja tentando encontrar uma forma de invadir a rede de um grande banco norte-americano para roubar informações ou dinheiro. Você pode tentar usar todas as ferramentas de invasão disponíveis por alguns milhares de dólares. É bem provável que elas não funcionem em um banco grande, uma vez que a empresa já detectou e corrigiu todas as vulnerabilidades conhecidas. Se fosse um hacker, talvez você usasse uma ferramenta de invasão zero-day desenvolvida ou comprada por algumas centenas de dólares. Digamos que você a tenha comprado por US$500 mil. Agora sim talvez consiga invadir o banco.

Na contrapartida defensiva, o banco está desembolsando mil vezes mais do que o preço da sua ferramenta de ataque de meio milhão para detê-lo. Os grandes bancos dos EUA gastam, cada um, mais de meio bilhão de dólares em defesa cibernética por ano. Centenas de funcionários dos bancos e prestadores de serviços contratados que protegem a rede estão contra você — e contra a equipe de desenvolvimento das ferramentas de invasão da quadrilha de criminosos cibernéticos. Você está utilizando um software de ataque, talvez com diversos kits de ferramentas integradas para ajudá-lo a encontrar e extrair os dados que procura. Mas o banco está usando mais de cinco ou seis dúzias de ferramentas diferentes de software e de arquitetura em camadas, desenvolvidos por centenas de fornecedores de cibersegurança, a fim de detectar e coibir o ataque.

Agora, imagine esse combate em um antigo campo de batalha. Em ambos os lados do campo, haveria exércitos do mesmo tamanho equipados com 100 mil soldados cada e com cavalarias, catapultas, lanças e escudos. Os dois exércitos entrariam em confronto e haveria milhares de mortes em ambos os lados. No ciberespaço, em um lado do campo de batalha, haveria uma pequena equipe profissional munida com uma ou duas ferramentas de ataque contra uma linha defensiva, muitas vezes de igual número, equipada com dezenas de ferramentas variadas de proteção e rede do outro lado. Geralmente a linha defensiva não ataca, porque não pode. Por lei, as empresas não estão autorizadas a contra-atacar.

Mas, se os hackers não conseguem penetrar, eles não morrem. Eles passam para a próxima vítima e continuam até conseguirem invadir algum lugar e roubar dados, dinheiro ou paralisar a operação de uma empresa. Como um goleiro, os ciberdefensores podem perder o jogo se a bola passar por eles. Mas, em vez de haver um número limitado de chutes ao gol durante um intervalo de noventa minutos, em uma grande rede corporativa ou governamental, há milhares de tentativas de gols diariamente.

E, em termos metafóricos, se os ciberdefensores de alguma forma conseguem encarar os invasores e identificar seus rostos ou até mesmo reconhecerem quem são, geralmente nada acontece. Hoje, os hackers são sofisticados e estão bem mascarados; e, quando identificados, eles pouco ou nada temem, já que estão operando remotamente, de um país que não cooperará com os pedidos das autoridades de repressão ao crime norte-americanas nem com os pedidos de países da Europa Ocidental. Tudo isso faz parte da visão sombria e pessimista que precisamos urgentemente combater de que a "cibersegurança é irremediável".

Por último, o banco não está gastando meio bilhão de dólares para impedir a entrada de um hacker. Ele está gastando meio bilhão de dólares para proteger outros trilhões de bens contra mais de duzentos grupos avançados de ameaças persistentes. Segundo estimativas, só na China existem 77 grupos APTs. E, o mais importante, o objetivo deles não é conseguir invadir a rede, e sim obter informações, transferir fundos ou destruir recursos computacionais. Logo, as empresas que são boas em defesa cibernética estão acumulando um histórico impressionante de impedir o impacto vindo até mesmo dos melhores adversários cibernéticos.

O que os Dados Dizem

É no mínimo estranho que, em uma área cujos alicerces são binários, as informações sejam tão difíceis de se obter. A maioria das empresas que foram invadidas não precisa divulgar o ocorrido. E, como Alperovitch ressalta, muitas delas nem sabem que foram invadidas. Além disso, as empresas que têm uma base sólida para acreditar que conseguiram frustrar seus adversários não querem divulgar e fazer alarde. Nenhum diretor de segurança da informação quer provocar a ira de grupos de hackers que possam persegui-lo apenas por uma arrogância (na linguagem dos hackers, coisas incompreensíveis que alguns grupos fazem apenas pelo "lulz"[1] ou pela diversão). Mas alguns setores da economia são obrigados a divulgar as brechas por onde as informações confidenciais vazaram. E, quando essas informações confidenciais aparecem na dark web, a polícia geralmente bate à porta. Ou seja, a abordagem de enfiar a cabeça em um buraco como um avestruz quando o perigo se aproxima e não procurar os ladrões de informações nem sempre funciona.

Quem acompanhou as notícias sobre cibersegurança nos últimos cinco anos pôde concluir que as companhias de assistência médica e plano de saúde mais importantes foram alvos de um ataque chinês e perderam o banco de dados de seus clientes. Mas, quando essas empresas perdem os dados das pessoas que usam seus planos de saúde, elas são obrigadas a notificar os clientes e informar o Departamento de Saúde e Serviços Humanos dos EUA (HHS, na sigla em inglês). Por sua vez, o HHS publica esses dados em seu site.

Todd Inskeep, membro de longa data da comunidade de cibersegurança, decidiu investigar a fundo esses dados para descobrir o que eles revelavam. Atualmente consultor na Booz Allen Hamilton, Inskeep é frequentemente convidado para ser diretor de segurança da informação interino nas empresas depois de elas terem sido hackeadas e de demitirem seus então diretores. Mas ele está totalmente convencido de que é possível prevenir a maioria das invasões. Não raro, os erros que possibilitaram uma invasão são dolorosamente óbvios, ainda mais depois do ocorrido. Figuras da área argumentam que, se os hackers forem impedidos no meio do caminho, eles simplesmente encontrarão outra brecha e acabarão tendo êxito. Inskeep acha que os dados contam uma história diferente.

Quando Inskeep e outros pesquisadores da Booz Allen analisaram os dados, o que descobriram sugere que muitas das principais empresas de planos de saúde fizeram um bom trabalho para manter os dados de seus clientes seguros. À medida que a Anthem, a segunda maior companhia de seguros de saúde dos Estados Unidos, perdia

---

N. da T.: *"For the lulz"* é uma expressão usada para se referir a ações de hackeamento com o objetivo de fazer chacota. Baseia-se no termo *laughing out loud*.

todos os dados de seus clientes em 2015 — cerca de 78 milhões de registros — nos últimos cinco anos, as empresas nas posições número um e número três no mercado não perderam. Essas empresas, a United Health e a Aetna, respectivamente, perderam um total de 12 mil registros em incidentes cibernéticos. Na verdade, a United Health não perdeu nenhum (embora a empresa tenha relatado um pequeno número de perdas em arquivos impressos que sumiram). Quatro das dez principais companhias de assistência médica também relataram que não tiveram perdas causadas por roubo cibernético. As três empresas que estão no ranking das top 10 reportaram um total de 37 mil registros perdidos dos 28 milhões que armazenam.

É possível que essas empresas tenham sofrido prejuízos tão consideráveis que nem elas, nem a polícia, tampouco o ecossistema de cibersegurança descobriram? Talvez. É possível que elas não fossem alvos? Improvável. Os registros das operadoras de seguros de saúde valem um bom dinheiro na dark web porque possibilitam que os cibercriminosos fraudem os seguros — um negócio bastante lucrativo. Por isso, visando evitar fraudes financeiras que pudessem ser cometidas contra elas por meio das informações que armazenam, a resposta mais provável é que essas empresas conseguiram lidar com a ameaça. E, considerando a atenção pública voltada à assistência médica e aos recursos de inteligência mobilizados para a descoberta das invasões chinesas, também é improvável que essas empresas tenham sido atacadas por atores estatais e que esses invasores conseguiram esconder seus roubos.

Entramos em contato com várias dessas empresas para sabermos a opinião delas sobre a questão. Jim Routh, diretor de segurança da Aetna de longa data (agora parte da CVS Health, onde tem o mesmo cargo), concordou em falar conosco. Como a maioria das pessoas na área, Routh, compreensivelmente, não quer provocar a ira dos deuses cibernéticos anunciando por aí que sua empresa não foi hackeada, mas concorda que é possível chegar a uma conclusão racional com base nas informações disponíveis.

Há um velho ditado em cibersegurança que diz que estar nesta área é como ser perseguido por um urso. Você não precisa escapar dele; só precisa sair na frente das outras empresas (para que o urso as devore). A abordagem da Aetna para escapar do urso (seja o do ditado ou a Rússia) é focar a inovação. Routh tem um dos melhores registros de informações entre os CISOs e inova continuamente para mantê-lo. A Aetna vai muito além dos requisitos que lhe são passados pelas agências governamentais ou pelos seus clientes. A empresa faz auditorias que não são exigências regulatórias nem costumam ser registradas voluntariamente. Ela rastreia os atores das ameaças, estuda a tática, as técnicas e os procedimentos deles e trabalha para entender o ecossistema criminoso que os envolve.

Embora a Aetna tenha bons registros, se um APT passar por alguma brecha da empresa, Routh não está disposto a deixar para lá. Seu objetivo é atingir a resiliência, ou seja, impedir que um incidente de segurança paralise a produção, interrompa-a ou arruíne a reputação da empresa. Segundo Routh: "Resiliência não é driblar uma invasão; é evitar as consequências ruins." Mas até agora, aparentemente, ele tem driblado as invasões.

Para tal, Routh e sua equipe estão constantemente mudando a superfície de ataque do ambiente da rede corporativa para que os hackers nunca tenham certeza sobre as condições do ambiente e não fiquem confiantes de que conseguirão manter o acesso. A Aetna implementa mais de seiscentos tipos de auditorias diferentes e altera aquelas que são implementadas todos os dias. Eles têm trezentos modelos de aprendizado de máquina sendo executados em nove plataformas para monitorar a segurança. Montam red teams (as chamadas equipes vermelhas, que fazem testes de penetração na própria rede para avaliar a segurança) a cada trimestre. As decisões de permissão de acesso à rede da Aetna são tomadas por um programa centralizado de aprendizado de máquina que leva em consideração sessenta atributos diferentes antes de conceder acesso. Parece complicado? É é. "Ensino nossos auditores a testar a eficácia matemática de nossas inspeções", diz Routh. "Quando falo sobre autenticação contínua, baseada em comportamento, os auditores acham que é vodu."

Obviamente, não é vodu. Nem sorte. E, claro, a Aetna não é a única empresa fazendo isso. Além do setor de assistência médica e planos de saúde, não existem informações públicas sugerindo que outras empresas foram hackeadas. Talvez isso signifique que elas tenham programas de segurança bastante robustos, mas também pode sugerir que tenham advogados ainda melhores. De acordo com a legislação dos EUA, atualmente, apenas as empresas de assistência médica e seguro de saúde são obrigadas por lei a informar seus clientes sobre as perdas dos registros e divulgar isso publicamente. A divulgação de outros tipos de dados pessoais é exigida legalmente em todos os cinquenta estados, mas essas leis são restritas a dados pessoais — cartões de crédito, números de previdência social e outras informações de identificação pessoal.

Uma parcela significativa de atividades maliciosas nunca é divulgada ou contabilizada, desde simples invasões a contas bancárias até roubo de propriedades intelectuais basilares para a economia. Isso porque somente as empresas públicas são obrigadas a divulgar essas informações, se as próprias empresas as considerarem um "material de risco", de acordo com as diretrizes vagas da Comissão de Valores Imobiliários. Em nossas análises de informações públicas sobre incidentes de cibersegurança, descobrimos que apenas 222 das empresas que fazem parte da Fortune 500 haviam relatado incidentes significativos de cibersegurança na última década. Isso significa que (se tivermos feito as contas corretamente) a maioria das empresas que estão na mira dos ataques hackers conseguiram frustrar esses adversários ou convenceram seus advogados de que, seja lá o que tenha acontecido, não valia a pena divulgar.

Acreditamos piamente que algumas empresas nessa lista gerenciaram o risco de forma inteligente e bem-sucedida, a fim de proteger seus bens mais valiosos. Mas sabemos que outras os perderam. Infelizmente, esse conhecimento é protegido por medidas regulatórias que nos impedem de tornar públicas as empresas que a comunidade de inteligência dos EUA identificou serem vítimas de ataques contínuos da China, com o intuito de roubar os segredos mais valiosos do país.

É paradoxal que, em 2013 (último ano em que os números foram divulgados), o FBI e outras agências federais norte-americanas informaram a mais de 3 mil empresas dos Estados Unidos que elas teriam sido invadidas, mas um número relativamente pequeno delas tenha lidado com os hackeamentos. Keith Alexander, ex-diretor da NSA e primeiro comandante do Comando Cibernético dos Estados Unidos, chamou o roubo de propriedade intelectual por parte da China de "a maior transferência de riqueza da história". Ainda que concordemos com essa afirmação, analisar os dados divulgados pelas empresas invadidas não nos possibilita ter um panorama honesto dos prejuízos que sofremos.

Dada essa realidade, qualquer lista de empresas hackeadas será imprecisa, e a identificação de empresas que não sofreram ataques é ainda mais difícil. Mas acreditamos que há evidências concretas de que algumas empresas estão conseguindo lidar bem com ofensivas contínuas realizadas pelos atores mais avançados e persistentes. Lutar contra eles requer habilidades avançadas e igual persistência por parte da linha defensiva. Exige o uso de inteligência contra as ameaças e o rastreamento desses atores dentro de redes. Requer a estruturação de uma comunidade cooperativa para arquitetar um campo de detecção global de comportamento inimigo. Contudo, a maioria das empresas não está sendo atacada por atores APT. Para boa parte dos setores econômicos, uma cibersegurança "suficientemente boa" é uma premissa clara.

Fazer o Básico da Maneira Certa

James Mickens é uma das pessoas mais engraçadas que já trabalharam em cibersegurança. Formado em ciência da computação, ele publicou um comentário inusitado sobre as questões da cibersegurança, antes de sair da Microsoft e ingressar como professor em Harvard. Ao se descrever como uma "versão medíocre e sarcástica de Neil deGrasse Tyson", Mickens explicou o universo da ciência da computação a seus leitores. Em um de seus artigos que se popularizou, "This World of Ours" [Este Nosso Mundo, em tradução livre], ele explica como analisar as ameaças cibernéticas. "Você basicamente está lidando com o pessoal do Mossad e com aqueles que não são do Mossad", escreve, referindo-se ao aclamado serviço de inteligência de Israel. "Agora, se o seu adversário não for o Mossad, vai ficar tudo bem, é só escolher uma senha forte e não responder a e-mails do tipo ChEaPestPAiNPills@virus-basket.biz.ru." Por outro lado, se for o Mossad, Mickens gostaria que você entendesse que "VOCÊ VAI MORRER E NÃO PODE FAZER NADA A RESPEITO", porque, se o Mossad — ou outro ator APT — estiver atrás de você, ele não vai parar até conseguir o que quer.

Em termos de influência, Mickens está exagerando em ambos os lados, mas, como em muitas piadas, há um fundo de verdade. No Capítulo 18, falaremos sobre o que as pessoas precisam fazer para se proteger online: envolve um pouco mais do que simplesmente usar uma senha forte, mas, ainda assim, é possível se proteger. Por outro lado, no Capítulo 4, analisaremos o que estão fazendo as empresas que têm derrotado até os adversários mais avançados — desde já, afirmamos que é possível. No meio de tudo isso, é claro, o lugar em que maioria das empresas precisa estar é entre praticar uma boa higiene cibernética pessoal e procurar ameaças em sua rede.

Em 2011, o governo Obama apresentou uma proposta legislativa abrangente para regulamentar a cibersegurança em setores críticos. Depois que o Congresso se recusou a aprová-la, graças à irredutível Câmara de Comércio dos EUA, a equipe cibernética da Casa Branca começou a pensar em como poderia estimular as empresas a investirem cada vez mais, e de forma inteligente, em cibersegurança sem exigir que elas fizessem isso. A ideia era simples. Se não é possível regulamentar, a melhor coisa a se fazer é o governo estipular padrões voluntários e incentivar as empresas a adotarem eles. E assim nasceu o National Institute of Standards and Technology [Instituto Nacional de Padrões e Tecnologia], o NIST.

O framework do NIST pega a tarefa extremamente complicada de proteger uma empresa e a divide em partes gerenciáveis. Tudo o que uma empresa precisa fazer para se proteger encaixa-se em uma das cinco "funções" principais: Identificar, Proteger, Detectar, Responder e Recuperar. Essas funções fornecem um vocabulário básico que todos na empresa, desde o conselho administrativo até a equipe de programação, conseguem entender. Cada função é dividida em categorias que abrangem atividades de alto nível, como gerenciamento de ativos na função Identificar; segurança de dados na função Proteger; monitoramento contínuo de segurança na função Detectar; planejamento de respostas na função Responder; e comunicações na função Recuperar.

Cada categoria é dividida em subcategorias que especificam o resultado desejado. Por exemplo, na função Identidade, a primeira subcategoria de Gerenciamento de Ativos é "Dispositivos e sistemas físicos inventariados na organização". Então, as subcategorias são cruzadas com os documentos de normas existentes, como o Center for Internet Security's Critical Security Controls [Centro de Controles Críticos de Segurança de Defesa à Internet] ou com os guias técnicos do NIST, conhecidos como NIST 800 Series de publicações especiais.

Os críticos do framework dirão, com certa razão, que a lista de 5 funções, 22 categorias e 91 subcategorias — que, por sua vez, se vinculam a centenas de controles técnicos minuciosos — não serve como ponto de partida para empresas que não sabem por onde começar. No NIST, a equipe que desenvolveu o framework argumentaria que as empresas precisam compreender seus próprios riscos e a propensão ao risco e, depois, elaborar seu próprio perfil de segurança, ao escolher os controles de segurança adequados para seu nível de risco. O NIST deixou claro que o framework não foi arquitetado para ser um checklist. Mas, se as empresas procuram uma lista simples, nele há uma série de informações que podem indicar o caminho.

Todos os anos, o departamento de cibersegurança da Verizon publica seu Data Breach Investigations Report [Relatório de Investigações de Violação de Dados] — VDBIR. O VDBIR é uma dose para lá de necessária de dados para um mundo orientado por opiniões. No mundo em que vivemos, todos acham que sabem tudo sobre segurança. Quando Inskeep analisou o relatório do ano passado, alguns fatos básicos chamaram a sua atenção. Ele viu claramente que a maioria dos ataques envolvia senhas fracas ou roubadas — 81%, de acordo com o VDBIR. Assim, ele colocou as senhas fortes ou, melhor ainda, a autenticação multifator no topo da lista das cinco coisas que uma empresa deveria fazer. Se os invasores não puderem penetrar na rede usando senhas adivinhadas ou roubadas, os dados indicaram à Inskeep que os hackers apelam para o golpe de e-mail spear phishing.

O Relatório de Ameaças à Segurança na Internet da Symantec concluiu que 71% dos grupos organizados, que praticam ataques Estado-Nação e compõem grupos de hackers contratados, dependiam do e-mail spear phishing para começar os ataques. Os dados do VDBIR confirmam isso, demonstrando que 66% dos malwares foram entregues em anexos de e-mail. Assim, Inskeep analisa como abordar a situação. Ele propôs dois controles: um conjunto de controles técnicos, como filtragem de e-mails, e um conjunto de controles focados no treinamento dos funcionários.

Mas Inskeep sabia que os adversários não desistiriam e usariam suas habilidades de invasão em outras brechas, caso ele bloqueasse o roubo de credenciais e o spear phishing. Então, procurou proteger os sistemas que poderiam ser explorados remotamente. Em vez de tentar proteger tudo, Inskeep acredita que as empresas precisam se concentrar nas brechas que os hackers penetrarão se forem bloqueados. Bloquear, monitorar e corrigir vulnerabilidades em sistemas voltados para a internet traria muitas vantagens.

Por último, se não é possível manter um hacker fora de seus sistemas, é necessário impedir que ele trafegue pela rede. Com base em dados convincentes da CrowdStrike, Inskeep demonstrou que a maioria dos invasores usava vulnerabilidades conhecidas que possibilitavam que eles se movimentassem lateralmente em uma rede. Portanto, identificar essas vulnerabilidades e corrigi-las deve ser prioridade. Esta é a quinta coisa a se fazer da lista.

Essas coisas impedirão os russos e os chineses? Não. É por isso que usamos a sigla APT [*advanced persistent threats*] para descrevê-los. Ameaças persistentes avançadas são, no mínimo, persistentes. Mas isso com certeza dificultará o trabalho deles. Nenhum grupo desperdiçará um exploit zero-day se puder usar o Metasploit, uma ferramenta de teste de penetração open-source, para obter acesso à sua rede. Forçá-los a usar um zero-day é do interesse das empresas e da comunidade de cibersegurança, porque aumenta o custo do ataque.

Impedir os ataques fáceis indica que haverá menos ataques no geral. Se os hackers criminosos novatos não conseguirem invadir com sucesso uma rede, eles nunca conseguirão desenvolver habilidades avançadas. Não é o tipo de higiene cibernética básica necessariamente fácil ou barata, e não quer dizer que as empresas não precisem investir em detecção e resposta, mas isso reduzirá o número de hackers que penetrarão nas redes corporativas e dará muito mais trabalho para aqueles que tentarem. Mudar o equilíbrio para as linhas defensivas exige, fundamentalmente, a identificação de falhas técnicas e outras inovações que forneçam aos ciberdefensores uma vantagem decisiva.

No próximo capítulo, veremos como as melhores empresas do setor enfrentam ameaças que uma boa higiene cibernética nunca será capaz de impedir.

Capítulo 4

CIBER KILL CHAIN

Se alguns animais são bons em caçar e outros são apropriados para serem caçados, logo os deuses devem ver com bons olhos a caça.

— ARISTÓTELES

Possivelmente, a maior inovação em cibersegurança na última década não foi uma tecnologia, e sim um artigo. O "Intelligence-Driven Computer Network Defense Informed by Analysis of Adversary Campaigns and Intrusion Kill Chains" [Defesa de Rede de Computadores Orientada por Inteligência Informada com Análise de Ofensivas Adversárias e Kill Chains de Intrusão, em tradução livre] foi escrito por Eric Hutchins, Michael Cloppert e Rohan Amin, um grupo de pesquisadores da Lockheed Martin, a grande empresa de Base Industrial de Defesa (BID). O artigo foi publicado em 2011, sem muito alarde, em um evento desconhecido, a Conferência Internacional sobre Guerra de Informação. "Não era black hat ou RSA", diz Amin, agora diretor de segurança da informação do JPMorgan Chase. "Não tínhamos ideia de que as coisas assumiriam essas proporções." Mas assumiram, abrindo caminho para vários imitadores e dezenas de empresas que desenvolveram tecnologias para ajudar seus clientes a encontrar, consertar e frustrar os adversários dentro de suas redes.

Reunimo-nos com Amin em seu escritório na sede do JPMorgan, localizada em um arranha-céu na Park Avenue. O prédio foi reformado em 2011 para conferir um toque tecnológico e amistoso da Costa Oeste, preenchido com cafeterias (duas), mesas de coworking (muitas), cápsulas retráteis para reuniões e telefones, além da certificação LEED de construção ambiental responsável. Se a imagem de alguém que trabalha no JPMorgan evoca um cara com terno da Brooks Brothers e uma gravata Hermès, você ficaria decepcionado ao descobrir que as calças sociais estão em desvantagem, perdendo para o jeans. A realidade do JPMorgan, como de qualquer outro banco global com sede em Midtown ou no Financial District, é que agora os bancos respeitáveis e tradicionais são empresas de tecnologia que emprestam e investem dinheiro. Ou seja, é necessário um ambiente corporativo que atraia o tipo de funcionário que o banco precisa e, por isso, eles tiveram que relaxar o código de vestimenta.

Neste cenário de desenvolvimento vertiginoso, depois de trabalhar cinco anos no JPMorgan, Amin já sobreviveu à maioria dos diretores de segurança da informação da área. Obviamente, ele é bem mais jovem do que muitos de seus colegas, sendo parte de uma nova geração de CISOs — que, ao contrário da geração mais velha (que entrou na cibersegurança por meio das áreas de TI, jurídica, militar ou policial), passou a carreira inteira na área de cibersegurança.

Amin começou a trabalhar na Lockheed em 2002, logo após se graduar bacharel na Universidade da Pensilvânia em engenharia de computação e telecomunicações e terminar seu mestrado em telecomunicações e redes. Trabalhar na Lockheed, uma empresa que está constantemente na mira dos mais habilidosos agentes de Estado-nação, propiciou a Amin uma exposição precoce ao que hoje chamamos de ameaças persistentes avançadas. "No início dos anos 2000, a perspectiva das pessoas girava em torno de 'worms e vírus', ameaças automatizadas que eram indiscriminadas", afirma Amin. "Mas estávamos vendo adversários focados com a mão na massa — pessoas cujo trabalho é roubar nossas informações."

Poucos anos depois, Amin e outros membros da equipe de resposta a incidentes de segurança em computadores (CIRT) da Lockheed Martin começaram a desenvolver o processo de kill chain. "Estávamos analisando um monte de testes de intrusão chineses e nosso alvo era o DIB (Defense Industrial Base). Já estávamos cansados da mentalidade de vítima e da atitude derrotista do tipo: 'coitadinhos de nós, não podemos fazer nada.'" Por trás dessa mentalidade de vítima, estava a ideia de que os invasores tinham a vantagem. Amin e sua equipe estavam procurando uma forma de reverter essa situação.

A equipe de desenvolvimento da metodologia se inspirou na Força Aérea, que cunhou o termo "kill chain" [cadeia de destruição, em tradução livre] para dividir o processo de localização de um alvo com o intuito de lançar uma bomba contra esse mesmo alvo: localizar, corrigir, rastrear, segmentar, envolver e avaliar. Ao aplicar o conceito à cibersegurança, a equipe CIRT da Lockheed queria minar a eficácia e a eficiência de seus adversários no ciberespaço. "Fomos também expostos ao pensamento da JIEDDO", alega Amin, referindo-se à Joint Improvised Explosive Device Defeat Organization [organização conjunta do Pentágono para derrotar os dispositivos explosivos improvisados], um empenho do início dos anos 2000 para lidar com a ameaça de bombas nas estradas do Iraque e do Afeganistão.

Ao arquitetar a kill chain, a equipe da Lockheed começou com as mesmas fases que a JIEDDO usou para dividir as etapas da construção de um terrorista, desde colocar uma bomba até detoná-la à beira da estrada: reconhecimento, armamento, entrega e tudo que "restou da exploração". Eles substituíram "detonação" por "exploração", a etapa em que um hacker obtém acesso inicial, tendo frustrado as proteções de segurança do perímetro.

Etapas da kill chain

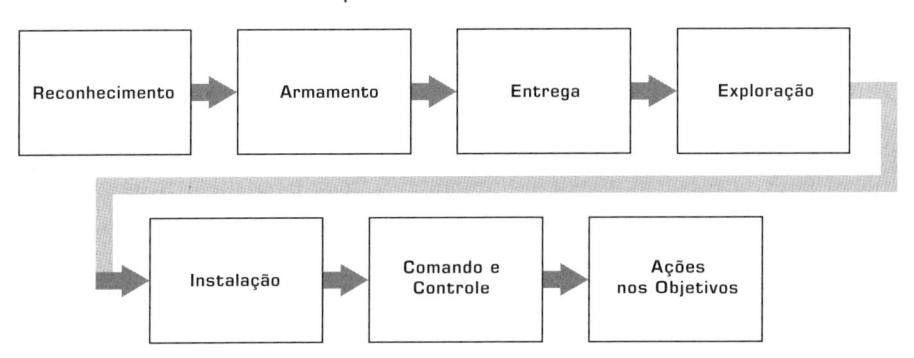

Reconhecimento → Armamento → Entrega → Exploração → Instalação → Comando e Controle → Ações nos Objetivos

Muitos ciberespecialistas enxergavam o fracasso em interromper a exploração como uma vitória por parte dos hackers. No entanto, a equipe da Lockheed enxergava isso como uma etapa em que os hackers estavam em seu terreno. No gráfico, à direita da etapa de exploração, eles identificaram mais três etapas: instalação; comando e controle; e ações nos objetivos — os estágios que um adversário precisava percorrer para de fato conseguir o que queria, seja o roubo de propriedade intelectual, seja a destruição da rede.

O artigo que a equipe da Lockheed escreveu revolucionou a ideia de que o ataque tem vantagem em relação aos ciberdefensores. O que os autores sugerem é que os invasores precisam encadear uma série complexa de eventos para, assim, conquistar seu objetivo. Em contrapartida, os ciberdefensores só precisam detectá-los e frustrá-los em qualquer uma das diversas etapas possíveis. Esse tipo de pensamento se revelou uma inovação.

Nos dias de hoje, é difícil abrir mão do conceito de kill chain em cibersegurança. "Costumo participar de apresentações de negócios na área da tecnologia e, pelo menos na metade das vezes, essas apresentações citam o modelo kill chain", diz Amin. "Em geral, o pessoal nem sequer fez o dever de casa e não faz ideia de que sou coautor do artigo que estão mencionando."

Quebrando os Elos da Cadeia

O conselho mais antigo em cibersegurança é pensar como um hacker mal-intencionado. No entanto, poucas das boas pessoas que trabalham com defesa cibernética conseguem fazer isso. Se você pensar como um adversário, logo fica claro que existe muito mais trabalho envolvido em perseguir um alvo bem protegido do que parece. E, ainda que hoje existam muitos modelos diferentes de kill chain com nomes distintos — como "ciclo de vida do invasor", que tem como intuito burlar a violação de direitos autorais da Lockheed —, o modelo continua sendo basicamente o mesmo. E ele sempre começa com a etapa de reconhecimento.

Caso queira hackear a Lockheed Martin ou qualquer outra empresa, primeiramente é necessário pesquisar algumas coisas. Esse reconhecimento inicial pode envolver o uso de um escâner de rede para identificar vulnerabilidades, mas provavelmente começa com algumas ferramentas que todos que estão lendo este livro já usaram: Google e LinkedIn. Os invasores descobrirão tudo o que conseguirem a respeito da empresa. Onde estão seus escritórios? Quem são seus funcionários? Como a empresa está organizada? Qual software usa? Quais sistemas utiliza?

Agora, se as linhas defensivas dificultarem as estratégias de reconhecimento da empresa, ao restringir as informações sobre quem são os funcionários e quais sistemas operam, os adversários podem desistir e passar para outros alvos. Mas, se as empresas plantarem informações falsas, como, digamos, funcionários falsos no LinkedIn com perfis que apontam para tecnologias que eles não usam e endereços de e-mail falsos para contatá-los, elas conseguem detectar o reconhecimento nas fases iniciais e identificar as tentativas de acesso aos seus sistemas e de entrar em contato com os funcionários que nunca existiram.

Após o reconhecimento, um adversário precisa utilizar como arma o que identificou. Ele coleta informações sobre as empresas em questão e monta um plano para conseguir acessá-las. Talvez isso envolva a identificação de uma vulnerabilidade conhecida em um sistema de hardware ou software da empresa e, depois, a aquisição ou o desenvolvimento de um malware, a fim de explorar a vulnerabilidade. É difícil contra-atacar diretamente a etapa de armamento, mas a próxima etapa, a entrega, não é.

Os ataques mais sofisticados de hoje dependem do spear phishing, o envio de e-mail a um funcionário específico e desprevenido, com um malware anexado em um pdf ou outro documento. Não raro, o e-mail fornece um link para um site, no qual o download do malware será feito automaticamente. Mas, caso o ataque não seja sofisticado e reutilize um malware conhecido pelas empresas de antivírus, uma simples comparação do payload (código malicioso ou carga viral) com as pegadas do malware conhecido pode bloqueá-lo.

Se a ferramenta de ataque for nova ou tiver sofrido alguma alteração, empresas como a Fire-Eye podem "detonar" a tentativa de spear phishing colocando o e-mail suspeito em quarentena e clicando automaticamente em cada pdf ou link para verificar o que acontece. Caso o anexo seja malicioso, o sistema o bloqueará. Outras empresas farão o mesmo com os weblinks — elas verificam os downloads feitos quando se conectam ao link para determinar se são arquivos maliciosos ou não. Outras ainda avaliam a confiabilidade do site e impedem que seus funcionários se conectem a sites não confiáveis.

É óbvio que esses sistemas são imperfeitos, e os adversários testarão seus payloads contra essas ferramentas de defesas, antes de usá-los contra alvos valiosos. Por isso, as empresas que adotaram o modelo de kill chain não abrem mão de treinar seus funcionários como uma linha de defesa.

Há anos, circula um cartoon na comunidade de cibersegurança. Ele mostra um ringue de box. O apresentador da luta aponta para uma pilha gigante de equipamentos de TI em um canto e anuncia: "Deste lado, temos firewalls, criptografia e software antivírus etc. E deste, temos Dave!" No lado oposto, está um homem de meia-idade com excesso de peso, desleixado, com um sorriso forçado e bobo no rosto, vestindo uma camiseta que diz: ERRO HUMANO. O pobre Dave representa aquele cara de TI em cada organização que simplesmente não consegue resistir a uma armadilha inteligente (ou não tão inteligente assim) e morde a isca abrindo um e-mail phishing. Dave acha a oferta de férias grátis ou o relatório de política de um think tank de D.C., que ele nunca ouviu falar, tentadores demais para resistir.

Desde que o cartoon apareceu pela primeira vez em 2014, a pilha de tecnologia no canto direito evoluiu substancialmente. Hoje, as palavras da moda como "aprendizado de máquina", "IA avançada" e "virtual detonation chambers" [sandbox virtualizada ou ambientes isolados] se popularizaram, mas Dave é basicamente o mesmo. Nenhum treinamento funciona com Dave. Não importa quantos slides de PowerPoint vejam ou a quantos vídeos de conscientização sobre segurança assistam, os Daves do mundo sempre clicarão no que não devem. No entanto, existe um treinamento que funciona para a maioria dos outros funcionários.

As empresas que transformaram seus funcionários em uma linha de defesa forte conseguiram tal feito usando seus próprios funcionários como alvos em ataques simulados. Elas enviam e-mails na tentativa de enganar a equipe, de modo que os funcionários cliquem em links ou abram documentos de fontes que se pareçam com aquelas que um hacker pode usar. Caso mordam a isca, em vez de conseguirem acessar o documento ou o site pretendido, eles recebem a mensagem: "Você caiu na armadilha do phishing!" Em geral, a equipe de segurança e o gerente também são notificados. Se morderem a isca com muita frequência, pode haver consequências, como um dia de folga sem remuneração. Cachorro mordido por cobra tem medo de linguiça.

Claro que o fator Dave ainda existe. Se mil funcionários resistirem à tentação de clicar no e-mail phishing, mas Dave ainda clicar, o invasor encontrará uma brecha por onde entrar. A fim de eliminar esse problema, as empresas perceberam que precisam não somente treinar seus funcionários para detectar o spear phishing, mas também usá-los como um sistema de detecção. Vamos supor que Dave abra um e-mail que também foi enviado aos seus colegas de trabalho, e alguém identifique que é um spear phishing. As empresas como a Phishme habilitam um botão que pode ser integrado ao e-mail de seus clientes, de modo que o destinatário possa clicar para denunciar o phishing.

Quando alguns destinatários recebem um e-mail spear phishing, eles podem estar em reunião. Outros podem ver o e-mail e considerá-lo irrelevante. No entanto, alguns funcionários atentos podem tê-lo aberto, chegado à conclusão de que era uma tentativa de phishing e terem avisado o departamento de TI ou recorrido ao botão Phishme. Caso a empresa tenha sorte e Dave não tenha clicado no e-mail ainda, ele pode ser excluído antes de ser lido ou pode ser colocado em quarentena para ser analisado posteriormente.

Às vezes, o e-mail spear phishing é tão bom que até o funcionário mais bem treinado do mundo acaba clicando nele. O hacker pode realmente ter feito seu dever de casa e identificado um fornecedor da empresa. Ele pode até mesmo ter comprometido a rede menos protegida de um fornecedor e invadido o sistema de e-mail dele. Não raro, o e-mail spear phishing não vem de um endereço de e-mail desconhecido ou falso. Talvez tenha vindo de alguém com quem o pobre Dave troca e-mails o tempo todo. Ou, quem sabe, pode ter vindo empacotado em um documento que o fornecedor enviou, por exemplo, uma fatura mensal. Nenhum treinamento pode coibir isso. Mas a máquina de Dave ter sido comprometida não significa que a ofensiva levou a melhor. No tradicional modelo kill chain, isso significa que o invasor não está nem na metade do caminho.

Uma vez que o pobre e desavisado Dave clica no pdf, o malware escondido em segundo plano tentará assumir o controle da sua máquina e implementar-se nas profundezas do sistema operacional. No entanto, a linha defensiva pode impedir a instalação ou, ao menos, detectá-la. As técnicas de sandbox, como um software que coloca as mensagens suspeitas em quarentena, podem ser utilizadas a fim de manter o malware isolado; assim, ele não consegue obter o controle do sistema. A proteção endpoint em aplicativos, de empresas como a Cylance, bloqueia qualquer atividade que seus modelos considerem suspeita. A detecção e resposta de endpoint — de empresas como a CrowdStrike, instalada no sistema de Dave — observa comportamentos anômalos que podem indicar que o sistema foi comprometido.

Os produtos dessas empresas buscam bloquear o adversário à medida que ele explora as vulnerabilidades na tentativa de executar um código no sistema de Dave, instalar um malware, comunicar-se de volta com o controller ou circular pela rede, que são as próximas etapas na kill chain. Em empresas mais avançadas, equipes de pessoas extremamente qualificadas caçam os rastros desses fantasmas que espreitam seus computadores.

Os Caçadores

A ideia de caça à ameaça é imprescindível para o modelo kill chain. Ao mesmo tempo que cada etapa da kill chain viabiliza uma oportunidade independente de frustrar o adversário, cada uma delas também proporciona maiores chances de sucesso às empresas que estão verificando os próprios sistemas em busca de ameaças. Pessoas que mandam bem na matemática reconhecem isso imediatamente. Se em cada etapa o adversário tiver 95% de sucesso, ele estará confiante de que conseguirá fazer qualquer coisa ruim a que se propôs. Porém, se os ciberdefensores da rede procurarem em todas as etapas, essa vantagem começa a encolher. Ao longo das sete etapas da kill chain, uma taxa de sucesso de 95% em exceder as barreiras de segurança se transforma em 70%. Essas chances ainda não são nada boas para a empresa. Por isso, elas estão trabalhando para dividir essas sete etapas da kill chain em muitas outras.

A MITRE Corporation não é uma empresa de grande porte se comparada a outros fornecedores de defesa, mas ela é importante. A MITRE é uma organização sem fins lucrativos que administra centros de pesquisa e desenvolvimento financiados pelo governo. Devido a isso, a organização pode estar trabalhando com o objetivo de usar inteligência artificial na detecção dos primeiros surtos de uma doença, para o Centro de Controle e Prevenção de Doenças (CDC), ou estar trabalhando para transformar as asas de um drone em coletores solares, possibilitando que eles voem por tempo indeterminado. Concorrentes em escala mundial, sejam eles corporações ou órgãos governamentais estrangeiros, querem a propriedade intelectual e os segredos de Estado que a MITRE está determinada a guardar.

Em 2009, a MITRE Corporation sofreu sua primeira invasão significativa. Na época, o diretor de segurança da informação era Gary Gagnon. Em seu lugar, muitos diretores chamariam uma empresa de resposta a incidentes e já estariam atualizando os currículos, mas Gagnon não é um CISO típico. Ao contrariar seus instintos, ele deu o aval para que sua equipe de resposta a incidentes colocasse em prática uma ideia ousada. A equipe alegou que, em vez de tentar bloquear rapidamente o adversário, era necessário mantê-lo dentro da rede para tentar compreender suas intenções e seus interesses. Todos se propuseram a proteger o intruso com um firewall para restringir as informações que ele poderia acessar e, depois, eles fariam o próprio ataque man-in-the-middle, a fim de prejudicar seu comando e controle e identificar suas táticas e técnicas.

"Eu estava no trabalho fazia três meses e pensei: 'Puta merda, isso só pode ser brincadeira.'" No entanto, Gagnon enxergou o valor das informações que a equipe podia coletar. "Eu disse que faria isso uma vez só, que nunca mais faria." Mas ele fez de novo. Na verdade, fez isso mais de 2 mil vezes.

Esse primeiro incidente fez Gagnon perceber que os ataques que sua empresa estava sofrendo não eram oportunistas, e sim bem planejados. "A mentalidade de boa parte dos ciberdefensores é que os ataques são aleatórios, em vez de terem um objetivo planejado que pode ser compreendido. A maioria das empresas acredita que os hackers não as veem como alvos." Mas elas são alvos, e agora Gagnon tinha as informações para afirmar isso com toda a certeza.

Gagnon olha para os adversários cibernéticos com alguma incerteza. Os hackers que invadiram sua rede sabiam que as informações que queriam estavam na MITRE, só não sabiam onde encontrá-las. A tarefa de um hacker era reduzir essa incerteza e conseguir se estabelecer dentro da rede e, em seguida, mapeá-la e se movimentar lateralmente até localizar e extrair as informações pretendidas. A abordagem de Gagnon foi reintroduzir a incerteza. Para isso, ele iniciou uma ofensiva que tinha como intuito ludibriar o adversário durante anos, para induzi-lo a perder tempo e revelar suas ferramentas e técnicas, ao mesmo tempo que a equipe de caça às ameaças de Gagnon o observava.

"No mundo da enganação, enganar o adversário é uma coisa boa", alega Gagnon. Por esse motivo, ele não se acanha em discutir a ofensiva de ludibriar o adversário na MITRE. "O fato de estarmos divulgando publicamente que utilizamos subterfúgios como ferramenta para ludibriar os adversários começa a reintroduzir a incerteza. Se um adversário conseguir invadir nossa rede, como ele saberá que burlou nossas linhas defensivas ou se o deixamos invadir? Se ele conseguir exfiltrar os dados, como saberá se são os dados reais ou se nós os plantamos?"

Gagnon e a MITRE apostaram tudo na tática de ludibriar os adversários e criaram o que chamam de "fun house": uma "casa de espelhos onde podemos deixar os adversários brincarem". Em 2010, eles tinham um modelo totalmente replicado de toda a infraestrutura da MITRE. Interceptaram os dados coletados sobre as atividades dos adversários e os transformaram em indicadores, a fim de alimentarem seus controles, como também desenvolveram o Collaborative Research into Threats [Pesquisa Colaborativa em Ameaças] (CRIT), um banco de dados que identifica uma ampla gama de atividades adversárias. Por volta de 2014, o pessoal da Fort Meade sugeriu que a MITRE estudasse o que haviam descoberto e analisasse como isso poderia ser usado para informar as linhas defensivas.

A equipe de Gagnon criou um procedimento que dividiu ainda mais o conceito tradicional da kill chain. Em vez das sete etapas-padrão — três à esquerda da etapa de exploração e três à direita —, o gráfico que a equipe mostrou a Gagnon representava uma versão ampliada, que dividia as três etapas à direita da etapa de exploração em nove outras etapas diferentes, que correspondiam às características comportamentais que poderiam ser usadas para detectar o adversário em cada estágio. Foi como uma revelação para Gagnon.

"Eu já sabia que não queria jogar esse jogo de cibersegurança na fase de exploração. Era como a vulnerabilidade da vez. Minha preocupação não era com o comprometimento; era com o que aconteceria depois que o sistema estivesse comprometido", disse ele.

A divisão da etapa de exploração em outras nove etapas que tinham como base cinco anos de observação no *modus operandi* do adversário revelou a Gagnon algo espantoso: os hackers não mudavam as ferramentas ou táticas utilizadas para penetrar na rede a partir da etapa de exploração. Não raro, os grupos de ataques estavam usando há anos as mesmas ferramentas. Isso sugeria que a linha defensiva estava facilitando as operações dentro de sua rede-alvo — ainda que pudesse controlar este pedaço do ciberespaço. Se conseguissem descobrir como detectar e impedir os adversários, de forma semelhante ao que se consegue fazer para defender um território, as defesas poderiam reequilibrar a balança a seu favor.

Mais do que depressa, Gagnon divulgou o gráfico. "Eu queria construir uma comunidade que tivesse o direito de explorar o comportamento adversário. Naquele momento, percebi que, para mim, aquilo era um problema fácil de manejar. Eu passei do 'Não sei o que está acontecendo' para 'temos agora nove objetivos que o adversário está tentando alcançar'." A equipe de Gagnon também identificou as ferramentas que os adversários estavam usando e onde havia lacunas em suas habilidades de detecção. "Isso se tornou um modelo no qual deveríamos investir." Então, ele buscou adquirir produtos de endpoint que pudessem preencher essas lacunas. Gagnon apelidou o gráfico de Matriz ATT&CK, de *Adversarial Tactics, Techniques & Common Knowledge* ["Táticas, Técnicas e Conhecimento Comum dos Adversários", em tradução livre].

Desde 2014, a Matriz ATT&CK tem evoluído continuamente. Hoje, ela divide as etapas que um adversário precisa percorrer dentro da rede em onze fases distintas, de modo que os caçadores de ameaças possam procurar por vestígios que indiquem o escalonamento de privilégios, a partir do qual os invasores tentam obter as permissões de usuário administrador para se movimentar lateralmente e tentar circular pela rede por meio do ponto inicial de acesso. A MITRE subdividiu cada etapa da kill chain em mais de duzentas táticas.

Arquitetar um modelo kill chain como esse demonstra como o trabalho dos invasores pode ser difícil se os caçadores de ameaças estiverem de olho neles. Ainda que a detecção seja eficaz apenas 5% das vezes, em geral, as chances de detecção agora chegam quase a 56%. Se aumentarmos as chances de detecção em apenas 5%, as chances de sucesso do invasor caem para menos de 30%. Se obtivermos 25% de chance de detecção em cada etapa, a chance de sucesso do adversário é quase zero.

Defesa Coletiva

Em última análise, a estrutura ATT&CK é uma tentativa de instaurar uma defesa coletiva entre as empresas ameaçadas por adversários avançados. E, como tal, é um exemplo atualizado do conceito mais temido em cibersegurança: "compartilhamento de informações". Em cibersegurança, falar sobre compartilhamento de informações geralmente é como dar murro em ponta de faca, e chega a um ponto em que esse conceito pode significar qualquer coisa. Mas o compartilhamento de informações tem sido o foco da política de cibersegurança há vinte anos justamente porque é uma questão muito importante e difícil de resolver.

Acabamos de analisar o valor que uma única empresa agregou ao reunir os insights de seus funcionários a respeito do que poderia ser um e-mail spear phishing. Agora, imagine o valor que uma empresa poderia agregar se compartilhasse esses insights com outras semelhantes e, em troca, recebesse insights dos funcionários destas? Isso poderia efetivamente prejudicar os adversários que essas empresas têm em comum. Por quê? Enquanto as empresas não estiverem compartilhando informações, o adversário fica livre para usar a mesma mensagem de e-mail, da mesma conta, com o mesmo payload, usando a mesma URL, explorando a mesma vulnerabilidade e se comunicando com a mesma infraestrutura de comando e controle, em várias empresas diferentes.

Se uma empresa detectar isso, pouco importa, uma vez que outras tantas não detectarão. Agora, se elas compartilham informação umas com as outras e identificam um ataque de modo que todas fiquem sabendo, o hacker precisará ser bem mais metódico e seletivo. Talvez o grupo precise desenvolver padrões de ataque separados para cada alvo, e isso seria muito trabalhoso.

Ao compartilharem e-mail spear phishing, malware ou qualquer outro indicador de comprometimento de sistema, as linhas defensivas aumentam e muito a carga de trabalho dos invasores. Quando se combina a metodologia da kill chain com o compartilhamento de informações em todas as etapas, o invasor tem pouca ou nenhuma vantagem. Claro que compartilhar esses tipos de informações é difícil e talvez seja ainda mais difícil justificar isso em relação a tantas outras prioridades de cibersegurança dentro de uma empresa. Afinal, compartilhar um malware com outras empresas do mesmo setor não lhe traz nenhuma vantagem direta. A empresa só se beneficia se, em troca, as outras também compartilharem as informações delas. Algumas pessoas descrevem essa situação como uma cibertragédia dos comuns. Políticas governamentais e dezenas de artigos acadêmicos e de think tanks têm se concentrado em solucionar o problema incentivando o compartilhamento de informações há mais de uma década.

Quando o PDD 63 exigiu que o setor privado criasse o primeiro centro de compartilhamento e análise de informações, Dick Clarke esperava que o setor conseguiria reunir e mobilizar os recursos para construir somente um centro. Desde então, surgiram mais de uma dúzia de organizações no setor. O mais bem-sucedido deles é o Financial Services Information Sharing and Analysis Center [Centro de Análise e Compartilhamento de Informações de Serviços Financeiros] (FS-ISAC). Ao englobar quase todo o setor de serviços financeiros da América do Norte (e, portanto, do mundo), o FS-ISAC abordou o problema de compartilhamento criando níveis de associação. Nos níveis mais altos, informações mais recentes, melhores e de maior qualidade são compartilhadas entre os membros do mesmo nível. O segredo é que você só consegue informações se devolver na mesma moeda. Os maiores e mais sofisticados membros do setor de serviços financeiros formaram o FSARC, um órgão credenciado e independente, que trabalha diretamente com o governo federal para compartilhar informações.

Por outro lado, a MITRE ajudou a construir uma série de organizações regionais de compartilhamento e análise de informações — grupos sem fins lucrativos que reúnem empresas na mesma área geográfica a fim de incentivá-las a elaborar processos de compartilhamento de informações. Essas iniciativas tiveram algum êxito, mas também levaram muitas empresas menores e menos sofisticadas à conclusão de que elas não podiam dedicar o tempo e o esforço de compartilhar informações por conta própria.

É aqui que fornecedores como a CrowdStrike entram mais uma vez em cena. Em vez de precisar definir um processo para, então, compartilhar um malware detectado pela CrowdStrike em um de seus computadores, por que não deixá-la fazer isso por você? Melhor ainda: por que não permitir que a CrowdStrike compartilhe esse malware detectado por meio da nuvem com todos os seus clientes, para que eles possam bloquear a ameaça antes mesmo de serem infectados? Este é o conceito por trás das soluções de compartilhamento de informações oferecidas pela CrowdStrike e por seus concorrentes.

No entanto, muitos desses concorrentes querem ir além. Em geral, a cibersegurança atrai pessoas com mentalidade de dever cívico. Uma boa parte dos profissionais da área começou a carreira nas Forças Armadas, no governo ou nas agências de repressão ao crime. Para eles, "a missão" nunca muda, não importa para quem trabalhem. O negócio é capturar os bandidos. Logo, ainda que um economista afirme que não é do interesse de um fornecedor de ferramentas de cibersegurança compartilhar informações com os demais, eles compartilham do mesmo jeito.

Rick Howard se formou em 1982 na West Point, Academia Militar dos Estados Unidos, e seu último trabalho no Exército foi liderar sua equipe de resposta a incidentes de segurança em computadores. Como diretor de segurança (CSO) da Palo Alto Networks, Howard trabalha para o tipo de empresa que alega que pode fazer tudo por seus clientes. A Palo Alto oferece um vasto leque de ferramentas de segurança de rede e alguns dos melhores dispositivos de segurança do mercado. Mas, ao contrário de argumentar que tudo do que você precisa é o kit e produtos da Palo Alto, Howard estimula sua empresa e seus concorrentes não apenas a compartilharem informações entre os clientes como também a compartilhá-las entre si.

Howard convenceu seu então CEO, Mark McLaughlin, também graduado na West Point e com mentalidade de dever cívico, a iniciar a Cyber Threat Alliance [Aliança Contra Ciberameaças] (CTA). Junto com a Symantec, McAfee e Fortinet, a Palo Alto concordou que, sob a bandeira da CTA, essas empresas compartilhariam umas com as outras as novas ameaças que descobrissem. Além do mais, não seria um acordo permissivo. A associação exige o compartilhamento de mil malwares únicos por dia. Era uma exigência tão alta que somente participantes do alto escalão e com interesses sérios podiam entrar. Mas teve o efeito que Howard queria. Em vez de escolher seletivamente o que compartilhar a cada dia, essas empresas optaram por compartilhar automaticamente tudo o que identificavam. O objetivo de Howard era simples. Ele queria fazer com que um adversário só pudesse usar uma parte do malware ou outro elemento da infraestrutura de ataque uma vez antes de ser detectado e compartilhado em escala global. Em suma, ele queria conquistar a imunidade coletiva.

Hoje, os membros do CTA estão compartilhando cerca de 4 milhões de indicadores por mês. "Setenta por cento desses indicadores vêm com algum tipo de contexto", afirma Neil Jenkins, diretor analítico da CTA. "Não se trata apenas de um hash de arquivo e um endereço de IP, mas também do contexto em que o setor vira um alvo, de qual país vem isso, de qual estrutura de ataque ou TTP [Táticas, Técnicas e Procedimentos] está sendo utilizada." E todas essas informações estão sendo compartilhadas com cada fornecedor-membro. "Se essas informações forem compartilhadas e colocadas em nossos produtos, poderemos proteger milhares de empresas e milhões de pessoas."

A ideia (e a sua concretização) foi tão atraente que o antigo coordenador de segurança cibernética da administração Obama, Michael Daniel (e o chefe de Rob Knake, uma das pessoas mais pacientes na Casa Branca), decidiu se tornar o diretor da organização quando deixou o cargo. Na opinião de Daniel, não havia mais nada que ele pudesse fazer fora do governo que tivesse mais impacto do que trabalhar para concretizar a visão da Cyber Threat Alliance. Desde que assumiu o comando, Daniel chamou mais uma dúzia de membros, incluindo gigantes do ciberespaço, como Cisco, Sophos e Rapid 7. Embora ainda não tenha conseguido conquistar a CrowdStrike ou muitos dos outros fornecedores de endpoint que enxergam a inteligência da CTA como uma vantagem competitiva, ele continua tentando. Muitos dos clientes dessas empresas (incluindo o governo dos EUA) estão pressionando-as para se associarem à CTA, simplesmente pelo fato de que o melhor sistema de detecção endpoint do mundo provavelmente não será nada comparado aos dez melhores sistemas combinados.

Capítulo 5

PILHA DE TECNOLOGIA

O software não foi desenvolvido para ser usado; ele foi desenvolvido para ser comprado por alguém no topo da pirâmide.

— STEPHEN O'GRADY, FUNDADOR DA REDMONK

No filme *Amadeus,* o jovem Wolfgang Mozart pergunta ao imperador se ele gostou de uma nova composição musical que o pupilo acabara de tocar. O imperador responde: "Tem muitas notas." No caso de Mozart, as notas musicais eram movimentos que, juntos, formavam uma sinfonia cadenciada que seria tocada por uma centena de instrumentos. Cada um deles vibraria na série harmônica e em tempos exatos, culminando, assim, no efeito desejado. Estamos longe de conquistar esse tipo de orquestração na cibersegurança. Costumamos falar que o todo é maior do que a simples soma de suas partes, mas, quando se trata de cibersegurança, o todo é menor do que a simples soma de suas partes.

No Vale do Silício, se tem uma coisa que não falta é ambição. E, mesmo assim, dificilmente um negócio que prometa revolucionar alguma coisa em cibersegurança chega até os investidores. Ao contrário, as empresas de capital de risco pouco ou nada fazem para melhorar os produtos de cibersegurança existentes, buscando apenas o lucro rápido. Embora o Google busque adotar a melhoria "10X" em seus investimentos de risco, a empresa não conseguiu alcançá-la e, ao que parece, sua nova plataforma de cibersegurança, a Chronicle, não é muito diferente de outras. Mas, em todos os Estados Unidos, o Vale do Silício e os investimentos de capital de risco financiam centenas de empresas de cibersegurança, ocasionando uma enorme sobreposição de recursos que são direcionados a um pequeno grupo de compradores do setor financeiro.

Inúmeras instituições financeiras desembolsam quantias astronômicas em muitos produtos, tanto para acalmar os ânimos dos órgãos de regulamentação como para proteger seus bens contra os cibercriminosos. Mas, se para as grandes empresas a integração e o gerenciamento desses produtos são um pesadelo, imagine para as pequenas empresas, que nem tentam usá-los. Sempre que aparece uma nova exigência regulamentar ou uma ameaça emergente, surge alguém querendo vender uma ferramenta nova.

Por exemplo, você nunca saberá o quão popular é ou quantos amigos tem até se tornar o diretor de segurança da informação de uma grande instituição financeira. Porque até seu melhor amigo do ensino médio, com quem você não fala há mais de vinte anos, aparecerá do nada em seu escritório com um cartão novo de visitas. Ele apenas quer lhe mostrar uma nova ferramenta de cibersegurança que está desenvolvendo. Na maioria das vezes, a ferramenta pode realmente lidar com uma ameaça ou atender a uma exigência regulatória. Então, você decide comprá-la e adicioná-la a todas as outras ferramentas de segurança em sua pilha de tecnologia. O problema é que depois você precisa gerenciá-la e fazê-la funcionar.

Trabalhamos com uma empresa de consultoria bem-sucedida que ajuda os clientes a definir estratégias para selecionar essas ferramentas. Em geral, essa empresa mostra aos seus clientes que certas funcionalidades constam em produtos que eles já têm e que é possível substituir um ou mais produtos avulsos. Mas, acima de tudo, a consultoria trabalha com os clientes para determinar quais ferramentas de fato eles precisam e podem utilizar, partindo do princípio de que um pequeno grupo de ferramentas gerenciadas é mais eficaz do que uma quantidade enorme de computadores não monitorados que acabam ganhando vida própria! O recorde da consultoria foi reduzir oitenta ferramentas para oito. Talvez esta seja a abordagem adequada para a maioria das empresas. No entanto, para aquelas que estão em uma batalha incessante contra os agentes de ameaças avançadas, essas ferramentas novas continuam necessárias, tanto para combater as novas ameaças e proteger as novas classes de bens como para estar um passo à frente.

Conhecemos uma empresa de serviços públicos que está passando por um intenso processo de reconstrução tecnológica. Ela começou a implementar o maior conjunto de requisitos de segurança que encontrou, proveniente do NIST 800 (além de muitos que nem sequer estavam na documentação técnica do NIST 800), um total de 614 controles de segurança. Depois, começou a procurar ferramentas que implementassem esses controles. No final de tudo, a empresa tinha 114 ferramentas diferentes, das quais 67 eram independentes. As outras 47, consideradas essenciais, englobavam diversos controles. Seis programas integravam todas elas e analisavam os dados em diversas ferramentas utilizando o behavioral analytics (UBA). Mas poucas empresas têm os recursos ou a paciência para esse tipo de esforço de integração, que pode durar anos e custar milhões de dólares.

Conseguimos exemplificar melhor esse problema ao analisarmos as coisas necessárias para proteger um simples notebook ou desktop — chamados pela comunidade de cibersegurança de terminais ou hosts. A empresa de consultoria Gartner elenca 22 categorias diferentes de tecnologias endpoints, desde antivírus legado a software de rede privada virtual. Em um jantar com os principais diretores de segurança da informação de corporações importantes, Dick Clarke perguntou quantas ferramentas esses diretores estavam implementando somente nos terminais. O mínimo foi 6. O máximo, 32. A média girava em torno de 10. Tantas ferramentas assim bloqueiam os sistemas e causam problemas de compatibilidade. Atualmente, o orçamento para programas de segurança não tem a ver com a quantia gasta, e sim com o consumo de memória e o poder de processamento.

Talvez esses clientes que precisam integrar todas essas ferramentas devessem começar a exigir que os fornecedores atendam a alguns requisitos. E é exatamente isso que Sounil Yu está tentando fazer.

A Matriz de Defesa Cibernética

Sounil Yu trabalha para uma instituição financeira de peso, cuja identidade é um dos segredos mais bem guardados da cibersegurança. Ele passa seus dias à procura de novas tecnologias que possam ajudar seu banco a implementar uma forma de cibersegurança melhor, mais em conta e mais rápida. O banco tem um orçamento que gira em torno de US$400 milhões por ano. O trabalho de Yu é descobrir como gastar esse montante.

Toda startup que queira fazer uma apresentação de negócios tecnológicos para seu banco passa por ele antes — centenas de soluções, todas elas consideradas únicas pelos seus criadores. Muito jargão, mais do mesmo. Para não se perder nessa bagunça, Yu começou a classificar as tecnologias que lhe eram apresentadas no que chamou de Matriz de Defesa Cibernética. Essa matriz tenta registrar tudo o que um programa de cibersegurança precisa fazer em alto nível. Ele usou como base as cinco funções do Framework de Cibersegurança do NIST: Identificar, Proteger, Detectar, Responder e Recuperar (o que ele chama de "Coisas que Eu Faço"). Elas ficam no topo da sua matriz. Ao lado, Yu colocou as cinco classes de ativos comuns: Dispositivos, Apps, Redes, Dados e Usuários (o que ele chama de "Coisas que Me Interessam"). E então começou a preencher a matriz com as tecnologias.

Quando terminou, a matriz registrava altas concentrações de tecnologias em áreas como proteção de dispositivos, mas grandes lacunas para qualquer coisa associada à recuperação. Pouquíssimos produtos preenchiam mais de uma coluna na matriz, e uma análise minuciosa demonstrava que nenhum deles poderia atender ao que era necessário em uma única coluna (apesar das alegações feitas pelo departamento de marketing dos fornecedores). Uma vez que Yu levou a análise para além das fronteiras tradicionais de TI da empresa e voltou sua atenção às ferramentas que monitoravam a segurança dos dispositivos dos funcionários ou as redes de fornecedores, ele percebeu que a maior parte da matriz ficava em branco. Aquilo não fazia sentido. Segundo algumas estimativas, existiam mais de 3 mil empresas de segurança. Mas, se 3 mil empresas estavam desenvolvendo produtos de cibersegurança, por que elas estavam estreitamente agrupadas e ainda não atendiam aos requisitos da matriz de cibersegurança? Além do mais, como as empresas, tirando os bancos de grande porte, poderiam mobilizar recursos e paciência para lidar com essa bagunça?

Yu logo concluiu que o mercado precisava de plataformas. Todas essas ferramentas faziam uma de quatro coisas: detecção, entendimento, tomada de decisão e ação. Ele usa uma analogia para explicar esses conceitos: um livro de receitas pode lhe dar instruções como "dourar a carne na panela e tirá-la do fogo, antes que comece a queimar".

E muitas ferramentas faziam todas essas coisas (ou tentavam fazer) em um pacote único e completo. Mas essa abordagem gerava dois grandes problemas. Primeiro, isso significava que cada ferramenta de detecção precisaria de seu próprio sensor, e cada ferramenta que executasse uma ação precisaria de seu próprio atuador. Segundo, elas estariam apenas fornecendo entendimento aos dados coletados a partir de seus próprios sensores. É necessário implementar os sensores e os atuadores em redes, dispositivos e aplicativos; logo, é necessário gerenciar todos eles. Não é nada fácil implementar e fazer a manutenção desses sensores e atuadores, mas o valor real desses produtos reside no data analytics e na inteligência artificial, que aprende com os dados e pode tomar decisões sobre o que fazer. Assim sendo, Yu fez uma apresentação de negócios para tentar separar a pilha de tecnologia.

Então, ele teve uma epifania: uma plataforma de detecção e atuação que poderia ofertar diversas ferramentas de análise e orquestração. Em 2016, em uma conferência patrocinada pela Tanium, fornecedora endpoint, ele defendeu que as empresas passassem a ofertar uma plataforma de detecção e atuação para qualquer tipo de ferramentas, quer fossem de analytics ou de orquestração. Empresas como McAfee, Cylance ou CrowdStrike poderiam extrair os dados de que precisavam do sensor Tanium e, depois, enviar ações ao atuador Tanium com base em suas análises. A Tanium poderia fornecer antivírus "desenvolvido" pela McAfee ou pela Trend Micro, ou detecção de ameaças internas "desenvolvida" pela Exabeam. Só que a Tanium não comprou essa ideia.

Como as outras empresas do setor, a Tanium queria ser "a plataforma", queria ofertar o produto completo e ser a única fornecedora, não "uma plataforma" que outros concorrentes usassem. No segundo semestre de 2018, a Tanium levantou mais de US$200 milhões, somado a sua avaliação total de US$6,5 bilhões, que ocasionou um aumento de US$800 milhões ao valor total da empresa. No entanto, nem mesmo US$800 milhões em financiamento de risco seriam o bastante para desenvolver todos os recursos da matriz de Yu.

Turismo de Risco e Estratégia "Manteiga de Amendoim"

Se podemos culpar alguém pela atual situação, esse alguém é o Vale do Silício. E se tem um lugar especial no inferno de cibersegurança reservado para os facilitadores dos vícios de toda a ordem, esse lugar é a Sand Hill Road. O grito de guerra das startups tecnológicas "mova-se rapidamente e quebre coisas", cunhado pelo CEO do Facebook, Mark Zuckerberg, fora promovido pelos capitalistas de risco em um empenho para erguer monopólios gigantescos e indivisíveis à custa dos consumidores, das regulamentações, da ética ou da cibersegurança. E eles agiram rapidamente e quebraram coisas: desde o conceito, atualmente arcaico, de emprego estável até a liberdade de imprensa nas eleições dos Estados Unidos.

A pressão incessante e contínua para lançar produtos e, depois, resolver a questão da cibersegurança nos levou à situação atual. A ideia de criar um produto seguro — desde o início, em vez de repará-lo depois de fabricado — é defendida há muito tempo pela comunidade de cibersegurança. O problema é que essa visão nunca fez sentido para os "visionários" do Vale do Silício. Mas quando os ventos da euforia tecnológica pararam de soprar, ao mesmo tempo que as invasões se acumulavam, o mundo do capital de risco passou a se interessar pela cibersegurança. Era como se o corpo de bombeiros ateasse fogo em algum lugar e depois corresse para apagá-lo. Bilhões de dólares foram para as empresas de cibersegurança e continuam indo. Ainda assim, estamos bem longe de atingir um alto nível em cibersegurança. Uma parte substancial do problema reside no modelo de capital de risco que temos nos Estados Unidos para financiar pesquisa e desenvolvimento na área.

Para tentarmos entender como chegamos a esse ponto, fomos procurar Bob Ackerman. Em determinados aspectos, Ackerman não chegou muito longe. Ele começou estudando ciência da computação na Universidade de São Francisco e agora trabalha em um escritório da Embarcadero, quase em cima da Bay Bridge. Mas, em outros, ele faz parte da história da cibersegurança e está ajudando a moldar seu futuro.

Desde o início da carreira, quando trabalhava com UNIX e com o sistema operacional pioneiro BSD, além de projetar um telefone/computador móvel para a InfoGear, anos antes de o iPhone nem sequer aparecer, Ackerman passou a fazer investimentos de risco em seu próprio ecossistema de cibersegurança. Atualmente, esse ecossistema inclui a DataTribe, a AllegisCyber e o Founders Equity. Quando se trata de capital de risco no Vale do Silício, essas três empresas e seus muitos investimentos bem-sucedidos em cibersegurança fizeram Ackerman ser apelidado de Mr. Cyber.

A DataTribe, com sede em Baltimore (perto da NSA) e em São Francisco, é o meio de Ackerman identificar as necessidades não atendidas no mercado de produtos de cibersegurança e, posteriormente, montar equipes, fazer pesquisas de cibersegurança e abrir empresas que atendam a essas necessidades. "Não sou um investidor", explica ele. "Eu construo empresas." Ao fazer esse investimento semente e a rodada série A de investimentos, ele trabalha bastante com o pessoal recém-aposentado da NSA.

Já a Allegis é seu meio para investimentos posteriores em empresas cibernéticas, em rodadas série B e C. A Founders Equity é "para aqueles que estão no início", um fundo para comprar ações de empresas cibernéticas privadas de pessoas que estão começando e que querem ganhar um dinheiro, antes de as empresas abrirem o capital.

A cibersegurança, junto com outras áreas tecnológicas e de biotecnologia em geral, atrai dinheiro do capital de risco como mel atrai formigas. Na verdade, a maioria das pesquisas de cibersegurança aplicada é financiada pelos investidores de capital de risco, na esperança de apoiar a próxima startup unicórnio, desde o seu nascimento até ela valer bilhões de dólares no mercado de ações. Embora Ackerman seja um ciberinvestidor de capital de risco por excelência, ele vê um lado negativo no fato de o dinheiro dos investidores dominar a área.

Ackerman chama as empresas de capital de risco que pensam que devem investir nas startups de cibersegurança de "pastores visionários", alegando que "o problema é que boa parte delas não sabe absolutamente nada sobre cibersegurança, só quer a palavra 'ciber' em seus portfólios. Elas estão fazendo turismo de risco" no mundo da cibersegurança. "Na realidade, existe somente meia dúzia de empresas de capital de risco que entendem sobre cibersegurança e sobre tecnologia."

O resultado desse turismo financeiro, segundo ele, é o investimento em excesso, e muitas dessas empresas acompanham irracionalmente as atividades de suas concorrentes. "Isso subverte por completo a economia da inovação."

Nas palavras de Ackerman, permitir que essas empresas com um provisionamento limitado de especialistas em cibersegurança e engenheiros de software atuem é como "espalhar uma camada de manteiga extremamente fina" em inúmeros pedaços de pão. Os compradores corporativos também têm dificuldade em escolher fornecedores, devido à imensidão de empresas semelhantes que competem pela atenção e pelos dólares dos diretores de segurança da informação.

Boa parte das 3 mil empresas de cibersegurança "são um recurso, não uma empresa", afirma Ackerman. Elas solucionaram meia dúzia de problemas e realmente devem fazer parte de uma plataforma corporativa que fornece uma rede de suporte, com produtos de segurança integrados. Em um mundo racional, muitas dessas startups seriam incorporadas a empresas de grande porte, mas a vontade dos investidores de capital de risco de que essas startups se tornem um unicórnio de bilhões de dólares prevalece e impossibilita a consolidação necessária. Desse modo, ainda que o financiamento de capital de risco seja um meio de o dinheiro do setor privado custear pesquisa e desenvolvimento em cibersegurança, atualmente, ele se tornou um obstáculo para a eficiência do mercado. Felizmente, se o setor de produtos cibernéticos não resolver esse problema, temos a esperança de que o de produtos tecnológicos, com o incentivo adequado, consiga.

Segurança Integrada

A apresentação de Yu na RSA 2017, a conferência anual de cibersegurança corporativa realizada em São Francisco, no Moscone Center, foi intitulada de "Solving Cybersecurity in the Next Five Years" [Resolvendo a Cibersegurança nos Próximos Cinco Anos]. Inicialmente, ele perguntou quantas pessoas achavam isso possível. Poucos dentre os mais de cem participantes levantaram a mão. Sem deixar se abater, ele fez sua apresentação. O que Yu queria dizer com "resolver" não significava que os problemas de cibersegurança desapareceriam, e sim que poderiam ser tratados e que a situação estava melhorando — ou seja, as empresas poderiam conquistar a resiliência no reino cibernético.

Para isso, ele pegou emprestado um conceito da Força Aérea chamado ciclo O.O.D.A: observar, orientar-se, decidir e agir. O intuito era ajudar os líderes militares em campo a descobrir como agir quando enfrentavam um tiroteio e quando a estratégia principal ia por água abaixo. O hacker percorre o ciclo O.O.D.A em cada etapa da kill chain. Assim, pode-se identificar onde ele está, para onde ir e como chegar lá. Com o objetivo de derrotar o adversário, Yu argumenta que os ciberdefensores precisam "entrar" no ciclo O.O.D.A do invasor para contra-atacar com mais rapidez e agilidade.

O problema é que atualmente a cibersegurança nem sequer percorre o ciclo O.O.D.A de um invasor. Demora um dia para que um hacker penetre em um sistema e duzentos para que a equipe de segurança o encontre. Ou seja, a segurança é lenta, ocasiona atrasos e dá uma série de autorizações de acesso. O custo real da segurança não tem a ver somente com o consumo de uma parte razoável do orçamento de TI, mas também com a desaceleração do ritmo em que as empresas lucram. O que é mais rápido do que o ciclo O.O.D.A do invasor? O ciclo de negócios — o ritmo que as empresas desejam seguir sem estarem sobrecarregadas pela segurança.

Mais uma vez, ao tomar como base o Framework de Cibersegurança do NIST, Yu nos brinda com a seguinte lição histórica sobre cibersegurança: na década de 1980, à medida que a tecnologia da informação se tornava acessível para o mundo corporativo, as empresas começaram a introduzi-la em todas as facetas de seus negócios. Ao mesmo tempo que a tecnologia da informação se disseminava, era cada vez mais difícil para as empresas terem controle de quantos ativos possuíam ou como gerenciá-los. A segurança estava na forma de programas de gerenciamento de ativos. Assim, Yu classifica a década de 1980 como a década da "identificação".

Depois, veio a década de 1990, quando os vírus e os worms começaram a aparecer e tomamos medidas para "proteger" nossos ativos de TI. Nessa altura, os softwares antivírus e firewalls, configurações seguras e gerenciamento de vulnerabilidades entram em cena. (Yu alega que, quando os consultores dizem que os programas de segurança de seus clientes estão literalmente presos na década de 1990, eles querem dizer: estão confiando em antivírus e firewalls e torcendo para que dê certo.)

Na década de 2000, vimos que os invasores conseguiam burlar antivírus, firewalls e outros controles de proteção. Precisávamos encontrar um modo de detectar essas invasões. Então, nasceram as tecnologias como os sistemas de detecção de intrusão (IDS) e o gerenciamento de eventos e informações de segurança (SIEM), que ajudavam as organizações a monitorar atividades incomuns detectadas em seus logs. As organizações de segurança mudaram, a fim de incorporarem programas de gerenciamento de ameaças, e começaram a construir centros de operações de segurança, com equipes para monitoramento contínuo que interferem de acordo com os alertas gerados pelos sistemas de detecção.

Atualmente, estamos na era da resposta. Percebemos que nossos sistemas de detecção estão longe de ser perfeitos e que nossos analistas estão sobrecarregados com alertas de falsos positivos. Somos instruídos a "assumir a invasão", caçar as ameaças e tentar contê-las. Hoje, estamos presenciando o surgimento da capacidade de resposta a incidentes resultantes do fator humano auxiliada por outras tecnologias. Vemos também o desenvolvimento de equipes de caça cujo objetivo é identificar invasões. As organizações de segurança se adaptaram melhor aos programas de gerenciamento de risco, conseguindo priorizar as questões de cibersegurança entre as outras demandas de efetivo e recursos.

Agora, você pode ver que rumo isso está tomando: 1980 foi a década da identificação; 1990, a década da proteção; 2000, a década da detecção; 2010, a década de resposta; e 2020 (rufem os tambores, por favor...) será a DÉCADA DE RECUPERAÇÃO! No entanto, em vez de pensar na recuperação como um longo e demorado processo de reconstrução após um incidente, Yu acredita que recuperação significa resiliência — a adaptação rápida às ameaças emergentes por parte dos sistemas que ainda são vulneráveis. Ele também considera uma série de tecnologias online que proporcionam mais resiliência às empresas: redes de entrega de conteúdos (CDN), como a Akamai; contêineres Docker, que possibilitam que as aplicações sejam provisionadas ou desprovisionadas com segurança; arquiteturas sem servidor; infraestrutura imutável; e, claro, a nuvem. Não são ferramentas de segurança, mas, quando os problemas surgem, elas ajudam as empresas a realizarem mudanças rápidas em seus ambientes de TI.

Yu ainda cita Ryan McGeehan, responsável pelo gerenciamento de resposta a incidentes no Facebook: "As empresas mais novas estão conseguindo mitigar os riscos nas áreas mais importantes, logo nos primeiros estágios. E, muitas vezes, a segurança nem era o objetivo delas." Ou seja, essas tecnologias neutralizam a persistência do invasor na infraestrutura, passam a reconstruí-la com frequência e proporcionam uma vantagem às linhas defensivas. Elas ainda fornecem visibilidade, facilitam a detecção de anomalias e geram dados valiosos sobre as condições de segurança. Em resumo, essas tecnologias estão sendo projetadas com segurança integrada.

Segundo as observações de Yu, ainda que a segurança e a TI estejam em conflito desde a década de 1980 e que os CISOs e os CIOs estejam cada vez mais se reportando a diferentes líderes (e se digladiando entre si), ele acha que tendências como DevOps, levar seus próprios dispositivos para o trabalho e o espectro sempre presente da Shadow IT [TI invisível] estão reaproximando-os.

O DevOps, abreviação para desenvolvimento e operações, encurta o ciclo de vida de desenvolvimento de software e faz com que a equipe de desenvolvimento e a equipe de operações se alinhem, de modo que possam lançar rapidamente novas versões de software. O fato de os funcionários costumarem levar consigo um dispositivo em vez de dois obrigou a maioria das empresas a permitir que o trabalho fosse realizado em dispositivos pessoais. A Shadow IT e os sistemas de tecnologia da informação não fornecidos ou não autorizados pelo departamento de TI da empresa, e que são utilizados pelos funcionários para realizar suas tarefas, são há muito tempo considerados um problema nas organizações tradicionais de segurança. Mas algumas empresas estão começando a adotar essas tendências, apesar do receio de suas equipes de segurança. E, ao serem feitas de forma segura, as empresas descobriram que essas tendências trazem benefícios.

Yu argumenta que, se adotarmos essas tendências em vez de lutar contra elas, a segurança pode surfar na onda dos negócios contemporâneos e ser usada como uma arma contra os ciberatores maliciosos. Por meio do DevOps, as empresas conseguem lançar versões atualizadas de seus softwares várias vezes por dia. Ou seja, uma vez que os bugs são identificados, a equipe consegue corrigi-los imediatamente. Mas significa também que se pode eliminar os bugs ainda na reprogramação, antes de um invasor conseguir identificá-los ou explorá-los. As políticas corporativas que permitem que os funcionários levem seus próprios dispositivos para a empresa podem viabilizar a proteção de celulares e computadores pessoais, em vez de barrarem ou permitirem que somente alguns dispositivos sejam usados em determinadas tarefas, processo que foge totalmente ao controle das empresas. E normalmente a Shadow IT é um indicativo de que as tecnologias existentes e autorizadas pela empresa não acompanham o ritmo dos negócios.

Yu acredita que, quando adotarmos o ritmo dos negócios, a segurança fará parte do ciclo O.O.D.A do invasor. Para simplificar: os negócios avançam mais rápido do que um hacker. E os novos designs resilientes que possibilitam às empresas avançar mais rápido estão sendo desenvolvidos predominantemente na nuvem.

Possibilidade de Segurança na Nuvem

Quando se participa de uma das principais convenções hackers, como a DEF CON ou a Black Hat, podemos notar que existe um adesivo onipresente na parte de trás de todos os notebooks. Nas entrelinhas, lê-se: MY OTHER COMPUTER IS... YOURS ["O meu outro computador é... o seu computador", em tradução livre]. O roubo de recursos computacionais de universidades, corporações e pessoas costuma ser uma prática comum, mesmo no mundo hacking dos "gray hat", indivíduos que se interessam mais em pesquisa do que com o lucro do crime. E, embora, os cibercriminosos usem recursos computacionais roubados para minerar criptomoedas e realizar ataques DDoS, quando precisam de capacidade de processamento ou esconder seus rastros, eles procuram a mesma empresa onde você compra suas meias e seus acessórios de cozinha: a Amazon.

Com um cartão de crédito roubado em mãos, os cibercriminosos conseguem provisionar um servidor virtual na Amazon com a mesma facilidade com que você compra um e-book. De acordo com dados da Spamhaus, entidade sem fins lucrativos que monitora a disseminação de spam online, a Amazon é uma das piores fontes de todos os tipos de atividades cibernéticas maliciosas. Sem contar que os data centers da empresa despejam milhares de anúncios de medicamentos baratos e de esquemas Ponzi que basicamente entopem nossas pastas de lixo eletrônico. Os servidores da Amazon hospedam muitos dos domínios que os cibercriminosos usam para nos fazer clicar em links maliciosos.

É lógico que Jeff Bezos não depende de spams ou botnets para ganhar bilhões. Mas, como a própria internet, a nuvem acabou se tornando um meio neutro, um espelho que reflete as intenções, sejam elas boas ou más, de quem está nela. E, assim como o e-mail ou a World Wide Web, a nuvem mais do que depressa se tornou imprescindível tanto para as empresas honestas como para o submundo do cibercrime. Igual a toda startup do Vale do Silício, os criminosos estão aproveitando ao máximo todo o poder computacional que seja barato ou gratuito. E, embora a nuvem tenha facilitado e barateado o custo das ações cibercriminosas, ela também facilitou infinitamente as operações para empresas que não dispõem de milhares de pessoas e de orçamentos de segurança de nove dígitos para implementar o que há de melhor no mercado.

Mas claro que isso traz vantagens e desvantagens. Larry Zelvin, executivo sênior de segurança do BMO Bank e ex-funcionário sênior da Casa Branca e do DHS, morre de medo de que a nuvem seja o que os rolamentos foram para as iniciativas bélicas alemãs na Segunda Guerra Mundial — uma única faísca que, quando pega fogo, arruína toda a economia. Quando Rob Joyce, o então chefe de Operações de Acesso Adaptado (TAO) da NSA, ministrou uma palestra no Simpósio de Segurança USENIX 2016 sobre como derrotar um ator APT, ele advertiu sobre a prática de jogar tudo na nuvem e esperar pelo melhor. "Lembre-se de que a 'nuvem' é só uma forma chique de se referir ao computador de outra pessoa."

Ou seja, algumas empresas ou agências governamentais nunca confiarão no que está por trás dos hypervisors [ou monitor de máquina virtual] que criam os ambientes computacionais virtuais de seus aplicativos e acabam projetando suas próprias nuvens. O problema é que, para a maioria das empresas, ter os próprios servidores não reduz o risco, e sim o aumenta.

Ed Amoroso, diretor de segurança de longa data da AT&T e, hoje, consultor independente, alerta sobre a tentativa de replicar as práticas de segurança das poucas empresas que têm esses recursos. "Ao alegar que as empresas não estão migrando para a nuvem ou que construirão a sua própria nuvem, a Fortune 50 — composta de bancos que têm de quinhentas a setecentas pessoas em uma equipe de segurança — acaba ignorando o simples fato de que 99% das empresas e organizações não são grandes bancos." Segundo Amoroso, as empresas sempre perguntam a mesma coisa ao tomarem a decisão de migrar para a nuvem: "O produto é melhor do que o da Amazon?" Em 99% das vezes, a resposta será não.

Para o resto de nós, a nuvem tem o potencial de viabilizar os mesmos tipos de programas de segurança analisados no Capítulo 4 para as pequenas empresas e até mesmo para usuários individuais. Se você não pode gastar centenas de milhões em cibersegurança ou contratar centenas de profissionais para proteger seu sistema de TI, a segunda melhor opção é terceirizar a segurança de sua infraestrutura computacional.

Semelhante aos bancos, a Amazon, o Google e a Microsoft têm orçamentos em segurança que ultrapassam o PIB de países como Palau. Essas gigantes têm centros de operações de segurança em escala global que operam 24 horas por dia, 365 dias por ano e em turnos de 8 horas em praticamente todos os fusos horários do mundo. Pouco a pouco, essas empresas reconheceram que seus modelos de negócios se baseavam na capacidade de fornecer um ambiente de segurança tão bom, senão até melhor, que os ambientes oferecidos por uma empresa tradicional de TI.

Os pioneiros na adoção de serviços em nuvem reclamavam que ficavam às cegas. Elas não sabiam nada a respeito da segurança dos computadores que executavam suas operações mais críticas. Desse modo, a Amazon, o Google e a Microsoft, entre outras empresas, começaram a disponibilizar seus dados. Hoje em dia, as empresas podem obter um snapshot instantâneo e em tempo real sobre a segurança e ainda podem utilizar a capacidade de processamento em nuvem para analisar os dados fornecidos. Os fornecedores dos serviços em nuvem estão deixando claro quando termina a responsabilidade deles e quando começa a dos clientes.

Os principais serviços em nuvem fornecem capacidade de processamento bruta. A computação "elástica", que pode ser reduzida ou estendida de acordo com a demanda, é o que faz muitas pessoas considerarem a Amazon líder no mercado. Em vez de construir seu próprio data center ou ter à disposição milhares de servidores, a Amazon constrói e mantém um ambiente computacional a fim de alugá-lo para outras empresas a uma taxa conforme o uso. Essa é a solução perfeita para as startups que precisam de uma infraestrutura para construir seus próprios aplicativos.

Esse tipo de computação em nuvem é conhecido como IaaS (Infraestrutura como Serviço). A Amazon e outros líderes também começaram a vender plataformas como serviço que fornecem ambientes de desenvolvimento para construir aplicativos. No entanto, a melhor forma de aperfeiçoar rapidamente a segurança é passar a usar o Software como Serviço (SaaS).

A Salesforce, uma das primeiras fornecedoras bem-sucedidas de SaaS, nunca vendeu sua plataforma de gerenciamento de relacionamento com o cliente como um pacote de software que você pudesse instalar em seu próprio computador. Na verdade, desde o início, Marc Benioff e sua equipe criaram camisetas com um círculo enorme, no estilo "proibido fumar" (imagine o símbolo dos *Caça-Fantasmas*), com a palavra "software" no meio. O único modo de usar o software da Salesforce era (e ainda é) acessá-lo por meio de um navegador web, e ele fica hospedado com segurança nos servidores da Salesforce. Assim, os cibercriminosos não conseguem fazer o download do software para procurar vulnerabilidades. Uma vez que o pessoal da Salesforce identifica um problema, não existe intervalo entre a disponibilização e a instalação de um patch — os agentes mal-intencionados não têm janela para atacar a vulnerabilidade do software.

A New York Cyber Task Force [Força-Tarefa Cibernética de Nova York] tem reiterado que a computação em nuvem é uma das melhores formas de os ciberdefensores terem vantagem em relação aos invasores. Amoroso, membro da Cyber Task Force, identificou uma série de vantagens que as tecnologias em nuvem têm em relação aos ambientes tradicionais de TI. Primeiro, essas tecnologias proporcionam maior automação: tarefas como configurar dispositivos de forma segura são feitas automaticamente na nuvem. Segundo, as tecnologias em nuvem são "self-tailoring" (elásticas) — uma vez definidos os serviços, funcionam automaticamente juntas, sem a necessidade de usar patch cords ou instalar software. E terceiro, elas têm o que chamamos de característica de "autocura" (self-healing), ou seja, quando algo dá errado, as tecnologias em nuvem fazem o backup automático da infraestrutura.

As empresas fornecedoras de serviços em nuvem oferecem diferentes níveis e abordagens distintas de segurança. O Google contempla em grande parte a segurança em sua oferta — seus recursos de segurança podem ser ajustados, mas acompanham as ofertas do Google Cloud. A Microsoft fornece os recursos básicos, mas oferece monitoramento de segurança adicional por usuário em suas ofertas de SaaS, como o Office 365, pacote popular para aplicativos de e-mail e software de processamento de texto. A Amazon oferta um baseline sólido ao fazer o monitoramento de sua própria infraestrutura e fornecer dados sobre a condição dessa infraestrutura; no entanto, permite que terceiros vendam segurança, como um complemento a suas ofertas principais, em seu marketplace. O Google tem tanta confiança em seus recursos de segurança que, em vez de argumentar que não consegue impedir o acesso das organizações de inteligência governamentais, trabalha ativamente para proteger seus clientes contra essas mesmas organizações e notifica os titulares de contas individuais Google, no caso de eles serem alvos de APTs.

O perigo da computação em nuvem reside no fato de ela concentrar o risco nas mãos de alguns protagonistas que, hoje, praticamente a monopolizam. Quase todos os fornecedores de SaaS começam desenvolvendo seus serviços com base no Amazon Web Services ou no Microsoft Azure, e muitos permanecem com essas mesmas plataformas. A Netflix, que vive em concorrência acirrada com o Amazon Prime e está de olho no monopólio dos serviços de streaming, também usa o Amazon Web Services, assim como outros gigantes da era da internet, como o Airbnb. Até poucos anos, o Dropbox, empresa de armazenamento de arquivos online, também era cliente da Amazon.

Essa concentração de risco significa que, se houver um problema na Amazon (ou na Microsoft ou no Google), ele atingirá a todos. Pesquisadores descobriram falhas nos chips utilizados pela maioria dos computadores fabricados nos últimos vinte anos. Essas vulnerabilidades, apelidadas de Spectre e Meltdown, possibilitariam que um adversário acessasse os dados processados por um chip de um computador vulnerável, ainda que o software executado fosse relativamente seguro. Como a nuvem é "multilocatária" — ou seja, diversas empresas ou usuários estão usando o mesmo hardware —, um inimigo poderia explorar uma vulnerabilidade como esta e acessar vários conjuntos de dados de uma vez.

Apesar da disponibilização de patches e de soluções alternativas que visam à segurança dos ativos na nuvem, a preocupação é contínua. Os invasores identificam vulnerabilidades que os permitem acessar uma máquina virtual dos serviços de nuvem e, então, escapar dela. Esse ataque é conhecido como VM escape attack [ataque de VM escape]. Os pesquisadores da CrowdStrike descobriram a ostensiva vulnerabilidade VENOM (Virtualized Environment Neglected Operations Manipulation, ou Manipulação de Operações

Negligenciadas em Ambiente Virtualizado, em tradução livre). Ela foi encontrada em um popular pacote de virtualização de código aberto, usado por quase todos os fornecedores de nuvem. Felizmente, a vulnerabilidade foi identificada em uma avaliação de segurança, e não por meio da atividade do adversário, e os usuários do pacote de software vulnerável logo implementaram os patches.

Desde que a VENOM foi descoberta, uma nova camada de proteção foi implementada na maioria das aplicações executadas em nuvem: os contêineres. Como o nome sugere, os contêineres rodam em cima de máquinas virtuais e impedem que os aplicativos em execução na nuvem interajam com outros aplicativos executados na mesma máquina virtual. Logo, a vulnerabilidade em um software que está sendo executado dentro do contêiner não permite que um invasor acesse os dados em outro contêiner. Em vez de instalar muitos softwares em bibliotecas de sistema em uma máquina virtual, o Docker ou o Kubernetes fazem com que todos os arquivos de software sejam executados dentro de contêineres.

Os agentes de ameaças avançadas são capazes e estão mais do que dispostos a comprometer a segurança de um fornecedor de nuvem para obter dados. Logo, talvez a nuvem não seja a solução ideal para todos os aplicativos. Ainda que tenha adotado uma abordagem de "priorizar a nuvem" na administração Obama, o governo dos Estados Unidos tem demorado bastante para fazer a transição, em vez de consolidar seus próprios data centers. Quando isso se transformou em um grande esforço por parte da comunidade de inteligência, o governo contratou a Amazon para construir e implementar uma infraestrutura em nuvem que só ele poderia usar. No entanto, a realidade é que, na maioria dos casos, vale a pena aceitar o risco por causa da relação custo-benefício da nuvem. Afinal, o fato de você conseguir andar em seu próprio data center e ver as centenas de luzes piscando não quer dizer que seus servidores não serão alvos de ataque, e muito menos que uma equipe de agentes APT não os esteja vasculhando sorrateiramente.

Programar É Errar

Há uma década, quando falamos com Ed Amoroso por causa do *Guerra Cibernética,* perguntamos no que ele se concentraria caso fosse nomeado "Ciber-Czar por um Dia". Sua resposta se limitou a uma palavra: software. Um software com código mal escrito foi e continua a ser o responsável por muitos dos males que assolam o ciberespaço. Amoroso afirmou que, se tivesse um cargo como esse, faria de tudo para que a área de pesquisa e desenvolvimento governamental se concentrasse em reduzir as taxas de erro dos softwares e no desenvolvimento de ferramentas para os tornarem mais seguros. Em *Guerra Cibernética*, lamentamos que o DARPA, cuja organização predecessora financiou o desenvolvimento inicial da internet, aparentemente não se interessasse muito em proteger a invenção. Mas isso começou a mudar logo depois que publicamos o livro, em parte, graças a Mudge Zatko.

No final da década de 1990, quando Dick foi encarregado de elaborar uma estratégia nacional para a cibersegurança, ele perguntou a colegas do FBI quem eram os hackers do bem com os quais poderia conversar para que o explicassem as coisas ruins que aconteciam no ciberespaço. Isso resultou em uma reunião com membros do think tank hacker L0pht, no John Harvard's Brewery, em Cambridge. Na verdade, Mudge Zatko era o líder do L0pht.

Acatando a sugestão de Dick, Zatko e outros membros da equipe L0pht foram convidados a testemunhar no Senado, onde declararam que conseguiriam derrubar efetivamente toda a internet em trinta minutos por causa do Border Gateway Protocol (BGP), usado para rotear o tráfego da internet entre as operadoras de comunicação, que continua sendo usado, vulnerável e explorado.

Com longos cabelos castanhos, Zatko, que estava sentado no meio da extensa mesa e rodeado por seus colegas, se parecia com Jesus na Última Ceia. Uma década depois, seus cachos esvoaçantes deram lugar a um corte de cabelo mais sério, típico de um profissional de D.C. Em seu retrato oficial, o renomado hacker estava com uma gravata apertada e costas eretas, em frente à bandeira dos Estados Unidos, já se parecendo com tantos outros funcionários do governo.

Uma vez designado para o DARPA, Zatko distribuiu parte do financiamento que tinha em mãos para iniciativas que buscavam deixar os códigos mais seguros. Sua vivência consistia em invasões e exploração de software e de sistemas. Ao analisar o problema da cibersegurança, ele identificou que muitas das soluções defensivas de software oferecidas estavam, na verdade, contribuindo para o problema, em vez de reduzi-lo. Zatko examinou uma amostra com quase 10 mil fragmentos de malware, coletados do final dos anos 1980 ao final de 2008, e demonstrou que aproximadamente 125 linhas eram de código malware.

Nesse meio-tempo, um software de segurança que atuava como uma plataforma unificada de gerenciamento de ameaças compreendia mais de 10 milhões de linhas de código. Casa de ferreiro, espeto de pau: o código das ferramentas de segurança aparentemente introduzia novas vulnerabilidades a uma taxa mais elevada do que em outras classes de software. Em outras palavras: era mais fácil invadir o software de segurança do que outro software qualquer.

Em meados de 2010, ao analisar as vulnerabilidades adicionadas à lista de acompanhamento do DOD — que visa monitorar as vulnerabilidades existentes nos sistemas computacionais implementados pelas Forças Armadas — durante o período de um mês, Zatko identificou que seis das dezessete vulnerabilidades rastreadas, mais de um terço, eram provenientes do software de segurança que o DOD havia implementado. Ele mostrou que, durante os períodos mais longos, a porcentagem de vulnerabilidades em produtos de segurança subia de 18% para no máximo 44%. Como se não bastasse os invasores terem uma vantagem desigual, o DOD (e o setor comercial) ainda estava introduzindo mais riscos e vulnerabilidades por meio da implementação de um moderno software defensivo de segurança do que removendo-os.

Apesar de a programação ter melhorado nos últimos anos, a regra geral era: a cada mil linhas de código, haveria pelo menos de um a dez erros. Zatko descobriu que, em alguns casos específicos, como as práticas e técnicas de código da NASA para sistemas espaciais de missão crítica, essa taxa caía para entre um e cinco. Mas, considerando que o Windows 10 tem aproximadamente 50 milhões de linhas de código, não é difícil entender como elas podem gerar vulnerabilidades.

Após receber frequentes reclamações sobre a facilidade com que grupo de hackers, como o L0pht, e pesquisadores encontravam erros no Windows, a Microsoft acabou desenvolvendo um sistema chamado Ciclo de Vida de Desenvolvimento Seguro (SDLC), para verificar o código antes de publicá-lo. Esse sistema se tornou um padrão informal do setor e melhorou um pouco as coisas. As empresas também começaram a implementar a varredura de código. Nós trabalhamos com a Veracode, de Bedford, Massachusetts. Algumas empresas de grande porte, como a Boeing e a Wells Fargo, disseram a seus fornecedores que não comprariam o software a menos que fosse verificado pela Veracode. A IBM, a WhiteHat, a Black Duck e outras empresas oferecem serviços semelhantes.

Os desenvolvedores, pessoas que de fato programam o código para chefes que querem tudo para ontem, descobriram que o SDLC e o processo pesado de outras verificações os atrasavam. Eles tinham que esperar muito para obter os resultados da varredura de seus códigos e, depois, ainda tinham que consertar os erros. No mundo novo e vertiginoso do DevOps, um gerente solicita um código em um dia, e esse código pode levar de 24 a 72 horas para entrar em produção. Não existia tempo para análise de segurança. Então, em 2017, a Veracode lançou o Greenlight, um pacote de software que "fica de olho" no código, enquanto o desenvolvedor o escreve. O Greenlight imediatamente alerta os desenvolvedores quando alguma coisa sai errada. Outras empresas acabaram seguindo esse exemplo de varredura de código em tempo real.

Mas os erros ainda aconteciam. Nem todo mundo usava a varredura de segurança, e as análises de código nem sempre identificavam problemas. E, mesmo que os bugs de segurança fossem encontrados, a empresa de desenvolvimento precisava decidir se faria as mudanças no código ou não e qual seria o custo para testá-lo, além de analisá-las cuidadosamente para garantir que não quebrasse o código de seus clientes. Quando efetuavam a varredura, as empresas tinham que alterar o código para acrescentar funcionalidades. Ou seja: ao alterarem o código, as empresas abriam mão da varredura. Errar é humano.

Desse modo, talvez a solução fosse tirar os humanos do ciclo de desenvolvimento do código. Em 2018, o Google, com seu programa AutoML, estava usando inteligência artificial com o intuito de escrever código para redes neurais, ou seja, IA que escrevia IA. Em 2015, os desenvolvedores Fan Long e Martin Rinard, no MIT, testaram o aprendizado de máquina não somente para detectar erros no código, mas também para corrigi-los *in loco*, fazendo com que a IA escrevesse um patch. Nesse ínterim, em 2018, na Universidade Rice, em Houston, Swarat Chaudhuri e seus colegas estavam escrevendo alguns sketches. Na verdade, eles estavam usando um tipo de IA que chamaram de "sketch learning" [aprendizado sketch, em tradução livre], que usa redes neurais para reconhecer padrões e julgar a intenção de um programa. O objetivo deles era ter uma IA que conseguisse adivinhar que tipo de código você queria ou precisava, com base em uma breve descrição. Em seguida, a IA elaboraria um código Java para responder à sua solicitação, ao analisar o que aprendeu observando códigos Java escritos anteriormente no GitHub.

O projeto da Universidade Rice, chamado Bayou, foi financiado pelo Departamento de Defesa e pelo Google. Em 2018, a Microsoft também estava financiando um trabalho na Universidade de Cambridge, em que uma IA tentava determinar a intenção humana e, em seguida, encontrar ou gerar o código apropriado. Esse projeto se chama DeepCoder, e sua IA consegue escrever um código tomando como base fragmentos de algumas linhas até conseguir desenvolver um componente menor de um programa, para lidar gradualmente com tarefas maiores.

Todo esse trabalho é o início do que acreditamos ser o futuro da programação segura. Na verdade, acreditamos que seja o futuro de qualquer escrita de código. Mais cedo ou mais tarde, o aprendizado de máquina, se alimentado por um computador quântico, poderá analisar toneladas de códigos existentes e aprender o suficiente no processo para programar sozinho. É um grande passo, ainda mais se considerarmos que hoje temos APIs de IAs ou fragmentos de códigos, mas tudo leva a crer que tomaremos esse rumo.

Apesar de tudo isso ser empolgante e promissor, ainda temos que superar problemas significativos. Por exemplo, só porque um computador consegue programar, não significa que o código será seguro. O AI/ML é conhecido por incorporar preconceitos "sem querer" com base em seus modelos. Considere os scanners de reconhecimento facial que são treinados apenas em rostos caucasianos e ficam realmente bons em identificar diferentes homens brancos, mas julgam que todas as pessoas e credos são iguais (isso acontece mesmo). A maior promessa para solucionar isso é o código "verificado", ou seja, um código matematicamente verificado que limite sua execução.

Na matemática, as provas formais são bem conhecidas, mas estão começando a ser usadas no software em escala significativa. Coq, OCaml e outras linguagens de prova estão ganhando força. Em termos comprovados e formais, a melhor prática moderna para sistemas "seguros" é o código ter até 10 mil linhas. Esse número é grande o bastante quando temos microkernels, encontrados com frequência em sistemas embarcados, mas passa longe das milhões de linhas de código dos sistemas operacionais modernos ou até mesmo dos aplicativos individuais. Ainda assim, é um começo. Ao definir e verificar formalmente os componentes modulares do código, algumas partes podem ser usadas como elementos constitutivos seguros e fornecer um alicerce para um software menos seguro que esteja rodando no código.

Nesse meio-tempo, conforme esperamos que os senhores da IA comecem a escrever um código melhor, Zatko e sua esposa, a cientista de dados Sarah Zatko, começaram a classificar os tipos de software atuais em relação à qualidade de desenvolvimento. Em 2015, a pedido da Casa Branca, o casal criou o Cyber Independent Testing Lab [Laboratório de Testes Cibernéticos Independentes] para automatizar o processo de classificação da qualidade do software, com o intuito de "quantificar a resiliência dele em relação a uma futura invasão". O objetivo deles é que os consumidores consigam comparar e diferenciar os produtos desenvolvidos para serem seguros daqueles que foram construídos sem que a segurança fosse considerada. Isso pressionaria os fornecedores de desenvolvimento a blindarem seus produtos; consequentemente, tiraria a oportunidade dos invasores e aumentaria a habilidade e o tempo necessários para se identificar produtos vulneráveis.

Todas as Peças do Quebra-cabeça

Os 3 mil fornecedores de cibersegurança guardam a sete chaves muitas das soluções necessárias para impedir que a maioria dos agentes mal-intencionados provoque danos significativos. O uso da nuvem e da segurança como serviço pode ajudar a simplificar algumas coisas. As peças que faltam para montar o quebra-cabeça podem aparecer ou serem desenvolvidas nos próximos três anos ou mais. Algumas delas são:

Software que escreve software (sem erros) e progressos em integrar todos os dispositivos de segurança e orquestrar os softwares defensivos. É necessária uma solução para o paradoxo de que há poucos, mas também uma infinidade de produtos de cibersegurança disponíveis no mercado. Ainda falta preencher muitas lacunas na Matriz de Defesa Cibernética de Yu; porém, há muitos conjuntos limitados de funcionalidades para riscos cibernéticos sendo ofertados por um número tão grande de fornecedores, que até mesmo corporações de peso têm dificuldade para classificar, selecionar e integrar as melhores tecnologias.

As grandes corporações, o governo federal dos Estados Unidos — o maior comprador de produtos de cibersegurança — e os capitalistas de riscos poderiam fazer quatro coisas para facilitar a defesa das redes e maximizar o benefício das soluções existentes. Primeiro, os capitalistas de risco devem exigir que as empresas novas deixem claro como podem agregar valor no atual cenário de cibersegurança. Toda apresentação de negócios tecnológicos deve incluir a solicitação de financiamento da nova tecnologia de acordo com a Matriz de Defesa Cibernética. Os compradores de tecnologia não devem se reunir com fornecedores que não saibam explicar onde a tecnologia se enquadra na empresa. Em um estágio mais avançado, os fornecedores devem monitorar de forma rigorosa quais controles e padrões regulatórios atendem ou ajudam a cumprir, e, caso não haja tais controles, é necessário defini-los.

Segundo, os compradores devem se recusar a adquirir tecnologias que não sejam desenvolvidas e compatíveis com o conceito plug-and-play. Embora existam iniciativas de open-source que se encaixem na perspectiva de sensores e atuadores de Yu, é necessário que o setor adote essa prática como modelo de implementação tecnológica. Acreditamos também que, para o comprador de médio porte, os investidores devem buscar empresas consolidadas que possam oferecer conjuntos completos de recursos desenvolvidos sob medida para mercados específicos (como o sistema da Symantec para assistência médica).

Terceiro, os compradores devem pressionar os fornecedores a melhorar a segurança do código. Se um laboratório de teste independente classificar um produto de segurança e avaliar que ele não satisfaz os padrões básicos das melhores práticas relacionadas à segurança de código, esse produto nem deve ser comercializado. Os compradores devem insistir que o design dos novos produtos contemple a integração da segurança, em vez de esses produtos serem lançados às pressas, serem hackeados e somente depois atenderem aos requisitos de segurança.

Quarto, as avaliações de produtos feitas em laboratórios e a comparação de recursos de software para compartilhar dados de forma cooperativa sobre os sucessos e as falhas do produto devem ser deixadas de lado. Malcolm Harkins, da Cylance, sugeriu que precisamos de um processo para compartilhar dados publicamente quando os produtos de segurança deixam a desejar na detecção de incidentes, como fazemos quando uma válvula defeituosa em um tanque de combustível é responsável por um incidente na aviação. Se a Cylance, a CrowdStrike ou outra plataforma de detecção de endpoint falhar em detectar um incidente, isso deve vir a público.

Portanto, somos levados a acreditar que o que falta para equilibrar a balança ofensiva-defensiva não é a tecnologia em si, mas uma liderança holística, que considere a natureza do desafio da cibersegurança e busque soluções estruturais e cooperação entre as grandes empresas que enfrentam riscos semelhantes. O que falta é uma liderança corporativa e governamental ciente de que a cibersegurança custa caro, mas é essencial para a operação de qualquer entidade importante, e que exija uma abordagem contínua e criativa de toda a empresa. E, mais do que qualquer outra coisa, é necessário mudar radicalmente a mentalidade de que a cibersegurança é algo impossível e de que os adversários sempre conseguem o que querem quando invadem a rede.

Capítulo 6

RESILIÊNCIA CIBERNÉTICA: A MELHOR IDEIA RUIM QUE TIVEMOS

Há somente opções ruins. Temos que escolher a menos pior.

— BEN AFFLECK COMO TONY MENDEZ NO FILME *ARGO*

Os ataques começaram devagar. A primeira onda de ataques distribuídos de negação de serviço (DDoS), no final de 2011, foi apenas de sondagem e planejamento, a fim de testar a capacidade das maiores instituições financeiras do mundo. Nos nove meses que se seguiram, os ataques ocorreriam somente de forma esporádica, um dia aqui e ali, mas, em setembro de 2012, eles se tornaram mais frequentes e graves. Os sites dos bancos norte-americanos, como JPMorgan e Bank of America, foram inundados com tráfego em uma escala sem precedentes e, curiosamente, em intervalos previsíveis — de terça a quinta-feira, das 10h às 14h, horário de Nova York, como se alguém estivesse tentando passar uma mensagem.

Os veículos de comunicação, com a ajuda de autoridades anônimas do governo Obama, mais do que depressa atribuíram a culpa ao Irã, acreditando que os ataques eram uma resposta ao malware Stuxnet, que paralisou o programa de enriquecimento nuclear iraniano anos antes. Os telefones começaram a tocar em toda a Casa Branca e na Ala Oeste. Em todos os níveis hierárquicos, do CEO ao CISO, os bancos queriam que o governo fizesse algo para impedir os ataques.

O governo Obama optou por uma resposta limitada. Em vez de agravar as tensões com o Irã revidando no ciberespaço ou enviando um porta-avião ao Estreito de Hormuz, o governo escolheu tratar os ataques como qualquer outra atividade cibernética levemente perturbadora. O Departamento de Segurança Interna dos Estados Unidos coordenou a remediação, enviando informações sobre os endereços de IP de ataque aos ISPs e provedores de hospedagem, de modo que eles pudessem notificar os donos das contas infectadas para que excluíssem o malware e retardassem a velocidade dos ataques. O Departamento de Estado tomou iniciativa junto aos governos estrangeiros, solicitando ajuda para frustrar os ataques. No entanto, nenhum míssil conhecido foi disparado no ciberespaço. Os bancos não ficaram nada contentes.

Como não gostaram da resposta que obtiveram, os bancos recorreram ao *The Wall Street Journal*. "Gostaríamos que eles agissem", disse um funcionário não identificado do banco. Mas agir como? O que este e outros funcionários anônimos do banco queriam que o governo fizesse para "bloquear os ataques" ou "derrubar a rede de computadores que estava prejudicando-os"? Por mais simples que essas opções pareçam, por motivos técnicos e jurídicos, o governo dos EUA não recorreu a nenhuma delas.

Ainda que os ataques DDoS contra os bancos tenham vindo supostamente do Irã, o tráfego malicioso não saiu dos servidores localizados em Tabriz, Isfahã e Teerã — o que facilitaria a atribuição e o bloqueio nas fronteiras nacionais. Ao contrário, os invasores confiscaram computadores em todo o mundo, a maioria deles nos Estados Unidos. Ao usar um malware que se concentrava nas vulnerabilidades das plataformas de blogs populares, eles obtiveram acesso a um grande número de contas em servidores de provedores de hospedagem — empresas como GoDaddy ou HostGator — e, em seguida, utilizaram seus poderosos processadores e grande largura de banda para gerar e executar o tráfego de ataque contra os bancos.

Com o intuito de "bloquear" esse tráfego, o governo dos EUA teria que estar localizado entre os computadores que hackeavam e os alvos do ataque. Embora o bloqueio dos ataques pareça atraente, a realidade é que as fronteiras dos Estados Unidos estão abertas no ciberespaço. Nenhuma agência do governo federal fiscaliza os IXP (internet exchange points), onde os cabos submarinos chegam à terra, para inspecionar cada pacote de tráfego da internet. Sem esse recurso, o governo dos Estados Unidos simplesmente não está em posição nem em condições de bloquear o tráfego malicioso para proteger os bancos ou quaisquer outras empresas. E nem devemos querer que um sistema desse tipo seja construído. Ainda que a China tenha seu Grande Firewall, um sistema descomunal de inspeção e interceptação de tráfego implementado nas fronteiras da internet e em todo o país, chamá-lo de firewall sugere erroneamente que ele tem valor para a cibersegurança, quando, na verdade, é uma ferramenta de censura e de vigilância. Da mesma forma, um Grande Firewall nos Estados Unidos seria uma ferramenta ineficaz para a cibersegurança, mas bastante útil para espionagem e censura doméstica, algo que os norte-americanos devem ter receio de conceder ao governo.

Derrubar os botnets por meios mais agressivos também não era prático. Instruir os militares dos EUA a derrubar os computadores de ataque significaria lançar uma operação militar contra alvos tanto em países terceiros, como Alemanha, Canadá e França, quanto nos Estados Unidos. Se o governo dos Estados Unidos tomasse uma atitude dessas (provavelmente, ainda existem advogados nas profundezas do Eisenhower Executive Office Building analisando isso), as consequências seriam inimagináveis. Os governos estrangeiros poderiam, e com razão, considerá-la um ato de guerra. Empresas e cidadãos norte-americanos a enxergariam como uma invasão irracional de sua privacidade sem o devido processo legal.

Os ataques persistiram até maio de 2013. Por fim, os bancos conseguiram manter seus sites no ar, investindo em infraestrutura de tecnologia da informação para que tivessem a capacidade de atender às solicitações legítimas dos clientes e filtrar ou responder às solicitações maliciosas. Empresas de segurança, como a Akamai e a Cloudflare, fecharam muitos contratos. Enquanto os CEOs continuavam a exigir que o governo resolvesse o problema, muitos de seus diretores de segurança da informação agradeciam discretamente aos seus amigos do governo por não fazerem nada — os ataques lhes forneceram o dinheiro de que precisavam para investimentos em segurança há muito adiados. Naquele ano, de acordo com a Securities and Exchange Commission, nenhum dos bancos mencionou que os ataques impactaram financeiramente seus negócios, apesar de todos exigirem que os Estados Unidos considerassem as invasões como atos de guerra.

Se o governo dos Estados Unidos tivesse optado por uma resposta mais agressiva, as repercussões seriam abrangentes. Se resolvesse pagar o Irã na mesma moeda, os dois países provavelmente não teriam fechado um acordo nuclear dois anos depois. Em cibersegurança, uma reação mais forte teria respondido à pergunta sobre quem é responsável por proteger o setor privado no ciberespaço, em vez de querer atribuir essa responsabilidade ao governo. Se isso fosse determinado, as consequências para o futuro da internet seriam graves.

Nos últimos trinta anos, o governo dos Estados Unidos trabalhou para abrir mão da administração da internet, entregando a operação de toda a sua backbone para os provedores comerciais em 1995. A última etapa da transição da operação da internet para o setor privado ocorreu no segundo semestre de 2015, quando o Departamento de Comércio encerrou seu contrato para a operação dos root-servers da internet — sistemas que permitem a tradução de nomes de domínio como o goodharbor.net para a linguagem binária, que os computadores entendem. Como nação, devemos hesitar em convidar o governo de volta para administrar a rede.

Um Domínio Diferente, uma Estratégia Diferente

Assim que os computadores foram inventados, seus criadores perceberam os perigos de seu uso abusivo. Pouco tempo depois, os envolvidos reconheceram que proteger os computadores contra os agentes mal-intencionados seria diferente de outras missões de segurança nacional. Em outros domínios, a segurança nacional é, acima de tudo, senão exclusivamente, responsabilidade do governo. As empresas privadas podiam construir armas, e até pedir aos norte-americanos que cultivassem hortas comunitárias para assegurar o suprimento de alimentos durante a Primeira e a Segunda Guerra Mundial, construíssem abrigos antibomba e informassem quando vissem algo, mas, fora isso, todos tinham papéis limitados no enfrentamento de ameaças à segurança nacional. Após o 11 de Setembro, mais do que qualquer outra coisa, o presidente Bush queria que os norte-americanos somente "continuassem comprando e viajando". Mas, em cibersegurança, as coisas são completamente diferentes. O ciberespaço é um domínio basicamente de propriedade privada e, sobretudo, diz respeito à troca de informações, muitas das quais devem permanecer em sigilo. Desse modo, o papel do governo e o do setor privado são bastante diferentes do que em outros domínios.

Como os Estados Unidos estavam começando a admitir uma série de novas ameaças na era pós-Guerra Fria, o então presidente Bill Clinton pediu a Robert Marsh, um general aposentado da Força Aérea, que conduzisse um estudo sobre o que fazer para proteger a infraestrutura crítica, incluindo ameaças cibernéticas. Esse estudo, divulgado em 1997, preconizava a formação de uma parceria público-privada. "Como as infraestruturas são majoritariamente de propriedade e operação privadas", escreveu Marsh, "concluímos que a segurança da infraestrutura crítica é uma responsabilidade compartilhada dos setores públicos e privado". Dick Clarke e sua equipe no NSC analisaram o relatório e elaboraram a Presidential Policy Directive 63 (PDD 63) no primeiro semestre de 1998. Esse documento estabeleceu os princípios básicos de como os Estados Unidos abordariam a cibersegurança pelos próximos vinte anos.

Como todos os documentos de política presidencial divulgados a respeito da cibersegurança desde então, a PDD 63 apresentava como funcionaria uma parceria entre o setor corporativo e o governo para gerenciar a cibersegurança e outras ciberameaças à infraestrutura crítica. Exigia a criação do primeiro centro de compartilhamento e análise de informações e uma organização semelhante dentro do próprio governo. Cada governo subsequente modificou ou adicionou alguma coisa à diretiva política. O presidente Bush rescindiu a PDD 63 e a substituiu pela Homeland Security Policy Directive 7 (HSPD 7), e depois ampliou a política de cibersegurança por meio de uma série de outras diretivas e estratégias. Quando um grupo bipartidário liderado por Jim Lewis no Center for Strategic & International Studies apresentou as recomendações sobre cibersegurança para o próximo presidente, antes das eleições de 2008, o conselho básico era simples: "Não comece de novo." Assim que o presidente Obama assumiu o cargo, ele ordenou uma análise de sessenta dias da política de cibersegurança, que em grande parte determinava o que o novo governo deveria construir, e não substituir, como Bush havia feito. Era necessário "aprimorar" e "desenvolver" a parceria público-privada, mas ela permaneceria como alicerce das iniciativas de cibersegurança do país. E, para a surpresa de muitos na área, o presidente Trump também continuou a desenvolver o trabalho de seus antecessores, chegando ao ponto de mencionar positivamente as políticas e os programas da era Obama em seus próprios decretos e estratégias.

Mais de vinte anos depois, a ideia de "parceria público-privada" e "responsabilidade compartilhada" é vista, não raro, com maus olhos por parte dos profissionais da área. Essas palavras são ditas de modo brando, e já estão mais do que batidas, são proferidas em todas as palestras de cunho político nas convenções cibernéticas e usadas em comunicados à imprensa que acompanham o anúncio de cada política nova. Contudo, à medida que o escopo e a magnitude dos incidentes cibernéticos aumentam, se tem uma coisa que sabemos é que o papel do governo em proteger as empresas privadas até mesmo dos piores atores Estado-nação é e continuará sendo limitado. Mas parte do problema com essa abordagem tem sido a relutância em aceitar totalmente as suas consequências. Os conceitos de parceria e responsabilidade compartilhadas ainda geram confusão. As estratégias governamentais costumam fugir à explicação de como exatamente as responsabilidades serão compartilhadas, visto que as autoridades têm dificuldade em dizer aos cidadãos norte-americanos, quando se trata de cibersegurança, onde começa e termina a responsabilidade do governo.

No entanto, à medida que ocorrem incidentes a nível nacional, essas divisões de responsabilidade ficam mais claras. Seja lá o que os documentos políticos afirmem (ou deixem de afirmar), a responsabilidade fundamental pela proteção dos sistemas em rede da nação recai sobre os proprietários e operadores desses sistemas, com o governo desempenhando um papel coadjuvante. Em suma, as empresas privadas devem se proteger. O governo pode oferecer ajuda, mas suas responsabilidades são fazer as coisas que apenas o governo pode fazer, como investigar crimes, coletar informações e declarar guerra. As empresas são responsáveis por se defender contra os ataques de negação de serviço e impedir o tráfego malicioso. O governo indiciará os criminosos e aplicará sanções.

Na direita política, muitos criticaram essa abordagem, alegando que a cibersegurança faz parte da segurança nacional, responsabilidade mais básica do governo. Segundo eles, a cibersegurança não deve ser relegada às forças do mercado ou aos interesses privados; além disso, as empresas privadas, cujo negócio é ganhar dinheiro, não são devidamente incentivadas a assumir esta responsabilidade. Elas pagam impostos para custear a defesa nacional e não devem ser deixadas às moscas para se proteger contra criminosos estrangeiros e atores Estado-nação que querem prejudicar os Estados Unidos. Apesar da pertinência dessas alegações, elas não resultam em soluções viáveis para a cibersegurança do país, que seriam curas piores do que a doença e destruiriam mais as coisas do que protegeriam.

Por causa desse debate sobre as ciberameaças, esquecemos facilmente que os benefícios da conectividade da internet são maiores do que os riscos que a acompanham. Ao elaborar uma abordagem para a cibersegurança, é importante manter o foco na preservação e no desenvolvimento da internet como uma plataforma para potencializar a eficiência, as transações econômicas e a troca de ideias. Qualquer abordagem viável deve solucionar os problemas de forma a aumentar o valor derivado da rede. Por mais atraente que seja à primeira vista o governo intervir e tirar a cibersegurança das mãos do mundo corporativo e financeiro, os custos e as consequências de se ter o governo como protagonista seriam de longe bem piores.

Em meados de 2014, o JPMorgan Chase foi hackeado. Jamie Dimon, CEO do banco de Wall Street, passou à ofensiva na mídia, defendendo o investimento da empresa em cibersegurança e se comprometendo com muitas coisas. Com uma sinceridade pouco habitual, Jamie Dimon compartilhou publicamente o fato de que sua empresa gastava mais de US$250 milhões por ano em cibersegurança. Em um âmbito geral, essa quantia é enorme, mas existe um denominador importante aqui. O JPMorgan é o maior banco dos Estados Unidos. Seu patrimônio totaliza mais de US$2,6 trilhões. Em 2014, o lucro da empresa ultrapassou os US$10 bilhões, com uma receita de US$94 bilhões. Ao tomar como base seu patrimônio, cada dólar que o JPMorgan gasta em cibersegurança protege US$1 bilhão em ativos.

Uma métrica usada com frequência para julgar se uma empresa está gastando o suficiente com cibersegurança é a porcentagem de gastos com tecnologia da informação comparada aos gastos para proteger o empreendimento. Afinal de contas, os bancos modernos tendem a se parecer internamente com empresas tecnológicas. Nenhum outro segmento abraçou rapidamente as tantas revoluções digitais como o setor financeiro. O JPMorgan gasta US$8 bilhões por ano em tecnologia, de acordo com seu site, e emprega 25 mil tecnólogos — um em cada dez funcionários. Em comparação, o número total de funcionários do Facebook é de 10 mil. O Google tem 53 mil funcionários. Ao levarmos em consideração seu faturamento, o JPMorgan gasta um pouco mais de 3% de seu orçamento de TI com cibersegurança. No campo da segurança de TI, é um valor baixo — a faixa média é de 5% a 6% do orçamento. Uma empresa que esteja construindo sua capacidade de segurança pode facilmente gastar mais do que isso em um determinado ano, assim como uma empresa que tem ativos essenciais visados por agentes avançados, como o JPMorgan claramente tem.

Seria demais? Muitos analistas e sabichões de plantão começaram a se perguntar em que ponto, dados os riscos à segurança, a internet causou mais problemas do que resolveu. Um simples cálculo sugere que, quando o custo de proteção de uma rede excede o valor derivado de estar nessa rede, não faz mais sentido as empresas estarem online. Ainda estamos muito longe disso.

Ao reconhecer as ciberameaças que sua empresa enfrenta, Jamie Dimon afirmou que provavelmente duplicaria o valor que o JPMorgan gasta em cibersegurança. Apesar de um gasto como esse colocar a empresa diretamente na média de despesas com segurança, investimentos inteligentes permitiriam que uma empresa como o JPMorgan gastasse menos. Decisões ruins exigem demais de uma empresa. Mesmo gastando meio bilhão de dólares, o investimento vale a pena devido ao incrível valor liberado pela tecnologia de rede. Assim, vamos retomar a ideia, aparentemente injusta, de que o setor privado pode arcar com os custos de se proteger e que o governo deve, ao contrário de todos os outros domínios, ter um papel coadjuvante.

O Modelo de Negócios Home Depot

Ainda que muitas pessoas no governo queiram atribuir a responsabilidade da cibersegurança ao setor privado, no que diz respeito aos detalhes de quem e qual lado está fazendo o quê, a estratégia dos Estados Unidos é vaga. Na comunidade de cibersegurança, muitas pessoas (incluindo nós dois) deram um pouco de crédito ao governo Trump por tomar como base o trabalho das administrações anteriores para lançar a National Cyber Strategy [Estratégia Nacional de Defesa Cibernética dos Estados Unidos] em 2018. No entanto, como era de se esperar, a estratégia se esquivava da questão de onde termina o papel do governo e começa o do setor privado. Em vez de esclarecer os papéis e as responsabilidades, a estratégia estipulava que "o governo elucidaria os papéis e responsabilidades das agências [federais] e as expectativas do setor privado relacionadas à gestão de riscos de cibersegurança e resposta a incidentes" — em uma data posterior.

Embora o governo Obama nunca tenha divulgado uma estratégia formal explicitando a abordagem do presidente em relação à cibersegurança, no que diz respeito ao que as empresas privadas podiam esperar do governo e vice-versa, as coisas eram mais claras. Na Conferência de Cibersegurança da RSA, em uma palestra de 2013 de Michael Daniel, o então coordenador de cibersegurança do ex-presidente deixou claro que as empresas privadas são responsáveis pela defesa de sua própria rede; o governo apoiaria e faria as coisas que somente um governo pode fazer. Conforme Daniel explicou, existe uma gama abrangente de atividades que o governo federal pode realizar em resposta a um incidente cibernético significativo:

- "O Departamento de Segurança Interna dos Estados Unidos, com o apoio do FBI, da NSA e outras agências, pode intensificar as iniciativas de compartilhamento de informações e fornecer assistência técnica a empresas que sejam vítimas de um ataque."

- "O Departamento de Estado pode usar os canais diplomáticos a fim de exigir que alguns países interrompam as atividades maliciosas."

- "Usando outras ferramentas, as autoridades federais podem investigar, atribuir responsabilidade, prender e processar os criminosos."
- "O FBI ou o Serviço Secreto poderia trabalhar usando os tribunais e as empresas para impedir que a infraestrutura dos EUA fosse usada no ataque."
- "O Departamento de Segurança Interna pode coordenar junto aos governos estrangeiros a derrubada da infraestrutura que participa do ataque."
- "O poder executivo pode aplicar sanções financeiras ou restrições de visto contra hackers estrangeiros envolvidos em tentativas de derrubar nossas redes e infraestrutura críticas."
- "O presidente pode convocar o Exército dos Estados Unidos a tomar providências, caso os impactos de um incidente cibernético sejam comprovados."

Os cenários de Daniel podem ser resumidos em uma pequena lista de possíveis medidas que o governo poderia tomar, incluindo o compartilhamento de informações sobre as ameaças, o fornecimento de assistência técnica, o uso de ferramentas diplomáticas, a investigação do crime, as ações legais para interromper o ataque, a aplicação de sanções econômicas e, nas piores das circunstâncias, o uso da força militar dentro ou fora do ciberespaço. Nenhuma dessas definições se assemelha ao que Daniel descreveu como "o governo dos Estados Unidos chegando em um cavalo branco para salvar a pátria" no caso de um incidente. Ao contrário, a estratégia do governo é basicamente seguir uma dica da companhia varejista Home Depot: "Você pode fazer isso. Nós podemos ajudar." As empresas privadas continuam sendo as principais responsáveis por proteger seus próprios ativos e sistemas.

O Perigoso Fascínio de um Sistema de Proteção Nacional

Essa linha de raciocínio não convenceu Keith Alexander. Ele é incisivo em sua convicção de que essa abordagem na qual as empresas privadas se protegem contra as ameaças de Estado-nação não está funcionando. Atualmente CEO da IronNet, uma startup de cibersegurança apoiada por capital de risco, ele trabalha em um complexo empresarial no subúrbio, não muito longe de Fort Meade. O lema da empresa é "A missão continua". O general Alexander não é a única pessoa na empresa a sair da comunidade de inteligência dos EUA, e está claro que ele ainda pensa sobre as questões de cibersegurança do ponto de vista da segurança nacional dos Estados Unidos, e não da perspectiva de valor para o acionista (para desgosto de seus investidores de capital de risco). "Eu folheei isso antes de você chegar", disse ele, tirando do bolso um exemplar da Constituição dos Estados Unidos e colocando-o sobre a mesa. "Diz ainda que a finalidade da União é prover a defesa comum; não há parênteses que digam 'exceto no ciberespaço'."

Alexander argumenta que, do mesmo modo que não devemos esperar que as empresas norte-americanas se defendam contra bombardeiros nucleares russos, também não podemos esperar que elas se defendam contra os ciberataques da Rússia. Ao escrever para o *Financial Times* com Jamil Jaffer, ele constata: "Em nenhum outro contexto contamos com agentes do setor privado para a defesa contra ameaças de nível nacional. Afinal, nunca esperamos que o Walmart ou a Tesco posicionassem mísseis terra-ar em cima de suas lojas para nos defender dos bombardeiros russos. No entanto, quando se trata de ciberataques, estamos exigindo justamente isso do JPMorgan e do Barclays."

É um argumento convincente, mas um tanto fraco. Por mais desconcertantes que sejam os ciberataques, eles não são bombardeiros russos com ogivas nucleares. O ciberespaço também é um domínio completamente diferente do domínio aéreo, por meio do qual as bombas caem e os mísseis são lançados. Se conseguíssemos alterar a estrutura aérea para impedir que as bombas caíssem ou, depois que uma bomba caísse, conseguíssemos impedir todas as outras, seriam as opções mais aconselháveis do que posicionar mísseis nos telhados das lojas do Walmart ou criar uma estratégia de dissuasão com potencial de destruir o mundo (foi por essa razão que a estratégia da doutrina mutual *assured destruction* [destruição mútua assegurada] tem como acrônimo MAD [loucura], pois leva à destruição de quem se defende e de quem ataca). Além disso, está cada vez mais difícil diferenciar os grupos de invasores criminosos e os grupos estrangeiros de Estado-nação, visto que os grupos criminosos são tão sofisticados quanto os melhores grupos de Estado-nação hoje e, muitas vezes, são contratados por governos estrangeiros.

Até agora, já deve ter ficado claro para todo mundo que o Departamento de Defesa não está magicamente protegido contra as ciberameaças. Caso existam recursos secretos que o Pentágono não queira compartilhar com o setor privado, ninguém deveria fica aborrecido — ao que tudo indica, esses recursos não funcionam muito bem. Além disso, o DOD, assim como os grandes bancos, está se beneficiando da grande difusão de novas tecnologias do setor privado. E, na realidade, o Sharkseer, o novo programa de detecção de intrusão do Pentágono, é um amálgama de outros tantos produtos diferentes disponíveis no mercado. Para ser claro, Alexander não está exigindo que o governo assuma a defesa. Em última análise, o que ele aparentemente exige é um maior entrosamento entre o setor tecnológico e o governo, para que informações possam ser compartilhadas e medidas coletivas possam ser tomadas.

Apesar de Alexander não estar de fato argumentando em prol de uma mudança radical, outros estão. Alan Charles Raul, ex-vice-presidente do Conselho de Supervisão de Liberdades Civis e Privacidade, argumentou no *The Wall Street Journal* que "a defesa cibernética é uma responsabilidade do governo". Raul traça um paralelo com a criação da Marinha dos Estados Unidos em resposta à ameaça dos piratas da Barbária em 1794, justificando que ainda hoje a responsabilidade ainda cabe ao governo, visto que o comércio é ameaçado por "piratas digitais da Barbária". Raul argumenta que "o Congresso e o presidente devem ordenar imediatamente que o Departamento de Segurança Interna, o FBI e o Serviço Secreto — e o Departamento de Estado — protejam o comércio norte-americano contra os ataques, da mesma forma como a Marinha e os fuzileiros navais protegeram o comércio marítimo dos EUA na costa de Trípoli duzentos anos atrás".

Raul desconsidera a abordagem de parceria do governo com o setor privado e o compartilhamento de informações, e é contra uma abordagem regulatória. Ele recorre à ideia de que o governo inspecione o tráfego da internet e sugere que o governo federal deveria disponibilizar o Einstein, um programa gerido pelo Departamento de Segurança Interna para proteger as agências federais, de forma mais ampla.

Como a onda de invasões em agências federais do Escritório de Gestão de Pessoal dos Estados Unidos ao Departamento de Estado ressaltou, o Einstein não é o remédio para todos os males. Apesar de o nome "Einstein" sugerir que esta seja mais inteligente que as outras ferramentas de defesa de rede, os detalhes sobre seu funcionamento e operações, conforme revelado nas avaliações de impacto de privacidade disponíveis publicamente, indicam que ela não passa de uma combinação de ferramentas que monitoram de onde vem e para onde vai o tráfego da internet, detectam intrusões e as bloqueiam, usando assinaturas conhecidas de atividades maliciosas. A vantagem é que o Einstein pode usar assinaturas confidenciais — e, a partir da coleta de informação, conseguimos eventualmente entender a capacidade e a intenção do adversário.

A ideia de que o governo deve criar um sistema nacional para proteger o setor privado e que esse sistema deve utilizar os recursos da Agência de Segurança Nacional dos Estados Unidos não é nova. Na verdade, o programa que hospeda o sistema Einstein no Departamento de Segurança Interna sugere uma dimensão maior do que simplesmente proteger as agências federais — chamado National Cybersecurity Protection System [Sistema Nacional de Proteção de Cibersegurança dos Estados Unidos]. No governo Bush, a maior parte do foco da Comprehensive National Cyber Initiative [Iniciativa Abrangente Nacional de Cibersegurança] em 2008 se baseava na ideia de usar inteligência para fornecer uma vantagem à linha defensiva de rede. Essa abordagem teve pouco sucesso. Caso as empresas queiram essas assinaturas, elas ainda podem comprá-las. Em 2013, o presidente Obama promulgou um decreto criando um programa chamado Enhanced Cybersecurity Services [Serviços Aprimorados de Cibersegurança], que fornece essas informações sigilosas aos provedores de serviços comerciais a fim de proteger seus clientes. Cinco anos depois, as taxas de aceitação ainda são baixas.

Outros países podem ter sucesso com essa abordagem. Em países que não valorizam a privacidade e a liberdade de expressão, o receio acerca da possibilidade de um governo ler as comunicações de quem quer que seja à vontade não é um obstáculo. Em países onde as empresas privadas não têm tanta influência, comunicações mais lentas e menos confiáveis na internet não causam tanta preocupação (ainda que impactem, sem dúvida, a competitividade econômica e o investimento estrangeiro). Mas existe uma outra razão pela qual depender desta abordagem provavelmente será um erro: ela não funcionará.

À medida que a velocidade e o volume do tráfego de rede aumentam, a capacidade de inspecioná-lo nos choke points da internet diminui. A crescente onipresença da criptografia faz com que essa tarefa seja quase impossível, pois o conteúdo do tráfego não está prontamente disponível para varredura. Essa realidade técnica colocou o governo britânico na irônica posição de exigir que o tráfego da internet circule sem criptografia, medida que seria contraproducente do ponto de vista da cibersegurança.

Ao mesmo tempo que os governos falam sobre a criação de perímetros nacionais no ciberespaço para proteger suas nações, como observamos, o setor tecnológico está indo em outra direção. As abordagens de proteção de perímetro no âmbito da rede da empresa (sem mencionar o nível nacional) foram dadas como obsoletas há muito tempo. Como vimos antes, as empresas de cibersegurança inovadoras de hoje estão fazendo três coisas: análise da movimentação do tráfego *dentro* das redes da empresa, em busca de sinais de atividade maliciosa; detecção de atividades maliciosas em computadores individuais (detecção e resposta em endpoint); compras de produtos e decisões de arquitetura que forneçam vantagem às linhas defensivas. As avaliações preliminares sobre se um pacote tem conteúdo malicioso devem ser feitas no contexto da empresa ou organização alvo dos ataques — coisa que nenhuma agência governamental em qualquer lugar do mundo está preparada para fazer. Se, para garantir a cibersegurança, é necessário monitorar o tráfego interno da empresa, instalar um software em cada computador e tomar decisões inteligentes a respeito da arquitetura, qual seria o papel do governo?

Teto de Vidro

Mesmo antes de se tornar Conselheiro de Segurança Nacional, John Bolton queria mandar tudo pelos ares no ciberespaço. Falcão militarista[1], Bolton, no que deveriam ser os seus últimos anos de labuta, inflamou ainda mais o seu discurso. No mês anterior à sua meteórica ascensão à Casa Branca, ele defendia veementemente que os Estados Unidos precisavam partir para a ofensiva contra as células cibernéticas russas, chinesas e iranianas. Ninguém prestou muita atenção até que John Bolton foi escolhido como conselheiro, e Corey Bennett, um jornalista empreendedor do portal Politico, desenterrou as declarações e os artigos de opinião de Bolton e pediu para que os experts em cibersegurança comentassem. Uma vez no cargo, Bolton mais do que depressa derrubou o acordo com o Irã e tentou sabotar as negociações com a Coreia do Norte antes mesmo de iniciá-las, com um previsível pedido de rendição incondicional. Ele gosta de conflito. Após exigir que os Estados Unidos ganhassem força no ciberespaço, começou a desmantelar sistematicamente o gabinete de cibersegurança do Conselho de Segurança Nacional. E mandou Rob Joyce, o conceituado coordenador cibernético, de volta à NSA.

Em última análise, a frágil coordenação (ou a falta de coordenação) na Casa Branca proporcionaria maior liberdade ao Cyber Command. Agora o Pentágono pode simplesmente lançar os afamados mísseis, em vez de se amontoar na Sala de Crise da Casa Branca ou se reunir via teleconferência para organizar uma abordagem governamental sistêmica para a crise que

---

1 N. da T.: Falcão militarista, falcão de guerra ou simplesmente falcão se refere ao termo em inglês *war hawk* ou *hawk*. No contexto político norte-americano, os falcões costumam ter um discurso bélico mais agressivo e são partidários da política big stick.

se desdobra no ciberespaço. Ao que tudo indica, pouca gente no Pentágono fica animada com essa liberdade, pois qualquer um com mínimo de conhecimento sobre como uma ofensiva cibernética é conduzida não pensa que "contra-atacar ciberneticamente" ou "incentivar um ataque" seja prudente. A comunidade também se preocupa com o potencial efetivo de retaliação.

Em teoria, uma atividade de contra-ataque cibernético pode funcionar mais ou menos assim: vamos supor que, em um complexo empresarial nos limites de Teerã, um grupo iraniano de hackers, bebendo latas e mais latas Red Bull, tenta obter acesso a uma concessionária de energia elétrica em Nova Jersey. Talvez eles estejam fazendo o reconhecimento, com o objetivo de desencadear um apagão no estado norte-americano para um futuro conflito. Talvez queiram roubar as plantas de uma nova transposição e compartilhá-las com os planejadores de serviços públicos na região da Grande Teerã. Ou, quem sabe, é uma terça-feira, todos estão entediados e suas varreduras indicam um sistema inseguro. Seja qual for o motivo, eles começam a martelar solicitações de login para os servidores da concessionária de energia elétrica. Talvez a NSA identifique essa atividade em sua coleta rotineira ou a concessionária identifique as tentativas de login malsucedidas. De qualquer maneira, os iranianos atacaram os Estados Unidos e é hora de retribuir na mesma moeda.

É óbvio que os hackers iranianos não tentam se conectar diretamente de suas máquinas ao servidor da concessionária de energia de Nova Jersey. Ao contrário, eles escondem seus rastros em uma série de hop points. Eles podem ter comprometido os computadores da casa de alguém ou de pequenas empresas. Talvez tenham usado a VPN de uma empresa ou de um indivíduo, ou uma das muitas ferramentas de evasão para burlar a censura dos firewalls do país, a fim de circularem livremente pela internet. Ou, caso estejam por dentro das últimas tendências do submundo do crime cibernético, talvez tenham usado um número de cartão de crédito roubado, comprado por US$0,50 na dark web para abrir uma conta no Amazon Web Services e adquirir o poder de processamento computacional necessário. É bem provável que eles usem muitas dessas técnicas para criar uma string de hop points.

Do outro lado, o que isso significa para a equipe de contra-ataque em Fort Meade (ou para outros departamentos mais sombrios de lá)? Significa que revidar os ataques dos iranianos fica muito complicado. No mínimo, o último hop point usado para acessar o servidor estava nos Estados Unidos, e as chances de que diversos hop points estejam em solo norte-americano são altas. Isso cria um pesadelo jurisdicional que os tribunais precisarão resolver. Mandados terão que ser emitidos. O FBI terá de entrar em cena. E isso certamente frustra a ideia de derrubar essas máquinas. Provavelmente, antes que esses rastros levem a Teerã, todos passaram por uma trilha de proxy de servidores em pelo menos um outro país (afinal, o Irã não faz muitos negócios com os Estados Unidos). E talvez essa trilha nos leve às máquinas de aliados futuros e de outrora dos EUA, na Alemanha ou na França. Talvez nos leve a um servidor do ocasional adversário, a China. Seja como for, seguir essa trilha ocasiona uma série de riscos geopolíticos. Lançar uma "bomba cibernética" contra esses servidores não é uma resposta viável, pelo menos, não em um futuro próximo.

Agora, vamos imaginar essa situação e supor que as questões jurídicas e diplomáticas pudessem ser resolvidas. Talvez, e apenas talvez, a equipe de contra-ataque cibernética consiga rastrear a trilha até o notebook que repousa sobre os joelhos de um hacker iraniano. E aí? O tempo seria curto. O iraniano poderia estar prestes a derrubar a máquina virtual dele e reiniciá-la. A equipe derrubaria a máquina dele? Isso lhe daria uma bela lição! Mas, espere, e se o iraniano tiver meia dúzia de máquinas? Bom... E se agitássemos um pouco as coisas? E se conseguíssemos desencadear um blackout de energia em toda a cidade de Teerã? Isso criaria uma estratégia de dissuasão!

Então, conforme a equipe de contra-ataque cibernético se prepara para causar um blackout em Teerã, seus colegas em Fort Meade estão ocupados. Eles pensam que a coisa certa a fazer é manter a persistência nas máquinas do hacker iraniano e coletar informações. Afinal, derrubar uma máquina de US$600 não prejudicará os iranianos, e causar um apagão em Teerã por causa de uma tentativa de obter acesso a um servidor em Nova Jersey seria desproporcional. É melhor saber o que os iranianos estão fazendo do que não tomar nenhuma atitude para impedi-los e, assim, ficar às escuras. Óbvio que a concessionária de energia de Nova Jersey pode ter tomado uma decisão diferente. Se a empresa desconsiderar as leis que proíbem contra-atacar a invasão, ela pode muito bem ter decidido que precisava punir os hackers. Na arena cibernética, os agravamentos dos conflitos contra as empresas privadas criam a probabilidade de que elas comecem uma guerra que os militares dos Estados Unidos precisarão terminar.

Ao reconhecer que a atual legislação proíbe qualquer forma de atividade do setor privado na rede de uma empresa, e que as empresas têm uma reivindicação legítima, o Congresso tentou promulgar uma lei. A Active Cyber Defense Certainty Act [Lei de Certeza de Defesa Cibernética Ativa] é, na realidade, bastante sensata, a ponto de tornar essas operações totalmente inaplicáveis. Segundo a lei proposta, as empresas não teriam permissão para fazer nada destrutivo ou retaliatório, mas poderiam "contra-atacar" para conseguirem atribuir a responsabilidade e descobrir o que foi roubado. Antes de sair de sua própria rede, a empresa precisaria comunicar a Força-Tarefa Conjunta de Investigação Cibernética Nacional do FBI. Ela teria que compartilhar que tipo de violação ocorreu, quem as linhas defensivas da empresa enfrentaria, como preservaria as evidências para investigação posterior e quais medidas seriam tomadas para mitigar danos a terceiros. Isso tudo daria às empresas uma "defesa" contra as acusações de violação da Computer Fraud and Abuse Act [Lei de Fraude e Abuso de Computador]; no entanto, elas não estariam imunes à lei. Quando a coleta de informação ou a ação tática ou de retaliação fosse necessária, seria melhor as empresas repassarem as informações sobre o incidente às autoridades, para que o governo tomasse as devidas medidas para a segurança nacional. Contudo, há limites quando se trata de ofensiva, e há mais perigos ainda quando se depende dela.

Michael Sulmeyer, funcionário sênior de política de cibersegurança do Pentágono na era Obama, tem uma maneira elegante de resumir o problema quando se considera a ofensiva como solução para o dilema da cibersegurança. Em suas palestras enquanto estava no Belfer Center de Harvard, ele explicou as coisas de forma simples. "Todo mundo conhece o velho ditado: 'Quem tem teto de vidro não deveria atirar a primeira pedra.' Vamos apenas supor que o governo dos EUA tenha as melhores pedras no ciberespaço, as mais pontiagudas, as mais preciosas — pedras magníficas. Mas vamos admitir também que vivemos em uma casa com o teto de vidro. E, como as pedras são mais pontiagudas, o teto da casa é mais vítreo. Será que realmente nos preocupamos em jogar as nossas pedras ultrapontiagudas e incríveis na janela de outra pessoa, quando essa pessoa pode muito bem atirar um tijolo enorme em nosso teto de vidro?" Normalmente, isso acaba com o desejo de qualquer pessoa na plateia de argumentar que uma ofensiva no ciberespaço deveria ser parte importante da solução.

Alavancando Vantagem

Diversos historiadores tentaram apresentar teorias para prever por que as guerras começam, mas talvez aquela com maior teor explicativo seja a teoria do ataque-defesa. Em seu livro clássico *The Causes of War* ["As Causas da Guerra", em tradução livre], Stephen Van Evera, do MIT, apresenta evidências convincentes de que a questão de saber se as linhas ofensivas têm, de fato, uma vantagem sobre as linhas defensivas não é tão importante quanto os atacantes acreditarem que têm essa vantagem. Na véspera da Primeira Guerra Mundial, os soldados acreditavam piamente que a capacidade das tropas de se movimentar de forma rápida pelas linhas ferroviárias deixava o ataque em vantagem, mas eles não se davam conta do que os esperava nas trincheiras, onde os ninhos de metralhadoras minariam essa vantagem. Allan Friedman e Peter Singer argumentaram que a crença na vantagem do primeiro ataque é tão equivocada hoje no ciberespaço quanto era na véspera da Primeira Guerra Mundial.

Como eles salientam, ataques significativos exigem bastante *know-how* e podem levar meses, senão anos, de planejamento. Os resultados podem ser difíceis de alcançar e de prever, e possivelmente são desconhecidos. E, com certeza, existe um pequeno risco de você ser pego e preso, ou no mínimo ser impedido de viajar para fora dos países autoritários que lhe darão abrigo. Ao seguirmos essa linha de pensamento, transferir definitivamente a vantagem para as linhas defensivas se traduz em aprimorar o trabalho das linhas ofensivas; aumentar o nível de perícia necessário para atuar, por assim dizer, no mundo do cibercrime; ampliar a incerteza de sucesso; e diminuir as recompensas e aumentar os riscos de se envolver em ciberataques. Quando um grupo de executivos de segurança de Wall Street pensou em como alcançar esses resultados, eles perceberam que precisavam emprestar uma ideia do pessoal que fazia dinheiro nos pregões: alavancagem.

Por mais de uma geração, o centro da política de cibersegurança tem sido Washington, D.C. Isso faz sentido para a maioria das questões políticas, visto que Washington é, afinal, a sede do governo. Por isso, quando as pessoas que escrevem os relatórios da força-tarefa sobre diversos tópicos se reúnem, geralmente essa reunião é em um *think tank* localizado em D.C., como o Brookings Institution ou o Center for Strategic and International Studies. No entanto, a cibersegurança, como estamos aprendendo, é diferente. Se a principal responsabilidade pela cibersegurança recai sobre o setor privado, então é melhor descobrir um caminho que nos leve às empresas, não ao governo. Foi assim que nasceu a Força-Tarefa Cibernética de Nova York.

Phil Venables e Greg Rattray são presenças constantes nos círculos políticos de cibersegurança. Venables, cientista da computação de formação, construiu sua carreira de segurança nos bancos e está no Goldman Sachs há quase vinte anos. Rattray, um cientista político de formação, é coronel aposentado da Força Aérea e participou de muitas, se não da maioria, das tentativas iniciais de combater as ciberameaças no Pentágono e na Casa

Branca. Hoje, Rattray é executivo sênior no JPMorgan. No que diz respeito ao problema de cibersegurança, Venables contribui com seu profundo entendimento do que é necessário para proteger uma empresa no ciberespaço; Rattray, entre outras coisas, aconselhou o ICANN sobre segurança e considera a segurança da internet como um domínio de combate e um ecossistema global. Junto com o reitor da School of International and Policy Affairs da Columbia, Merit Janow, eles criaram uma força-tarefa. E, para colocá-la em prática, eles só conseguiam pensar em uma pessoa.

Reunimo-nos com Jason Healey em seu escritório, de número 1337, no décimo terceiro andar da Universidade de Columbia, no bairro Morningside Heights, em Manhattan. Ao lhe perguntarmos se recebeu aquela sala e o número aleatoriamente, Healey foi um pouco modesto. Se você inverter "1337", ele se parece um pouco com a palavra "LEET" — uma linguagem hacker para alguém que é da "elite".[2] Healey, que mais do que depressa afirmou não ser um hacker, com certeza faz parte da elite quando se trata de política cibernética. Seu escritório está repleto de exemplares de todos os livros já escritos sobre guerra cibernética, desgastados pelo uso. Atrás de sua porta, ficam pendurados um moletom da Black Hat, que os palestrantes usam, e cerca de cinquenta crachás de palestrantes da DEF CON, RSA e outras conferências de cibersegurança.

Healey passou toda sua carreira no domínio cibernético. Ele foi para a Academia da Força Aérea com o intuito de ser piloto de caça, mas logo percebeu que não tinha a vocação ou os reflexos necessários para voar em combate. Ele deixou sua vaga de treinamento de piloto e foi para a Signals Intelligence [coleta de informações], o que foi bom, afinal, a US Air Force Signals Intelligence estava na vanguarda da cibersegurança nos anos 1990. Seu primeiro contato com o tema se deu por causa de Morris Worm, do livro *Cuckoo's Egg*,[3] e do incidente da Solar Sunrise. (Healey mergulhou tanto nessa história que escreveu o *A Fierce Domain* ["Um Domínio Cruel", em tradução livre], o melhor livro sobre esses incidentes). Contratado por Venables na Goldman para ser o primeiro coordenador da equipe de resposta a incidentes computacionais (CERT) em 2001, Healey entrou de ca-

---

2 N. da T.: O alfabeto LEET, criado por hacker e crackers, remete à pronúncia inglesa de "elite" e hoje também é usado na internet por usuários e gamers. O alfabeto recorre a diversas combinações de caracteres ASCII para substituir letras do alfabeto latino.

3 No livro *The Cuckoo's Egg: Tracking a spy through the maze of computer espionage*, escrito por Clifford Stoll, o termo *Cuckoo's Egg* remete a um malware que um hacker usa para substituir um programa legítimo, em analogia ao pássaro cuco que bota seus ovos no ninho de outras aves.

beça na defesa do mundo corporativo. Rattray, o então diretor de ameaças cibernéticas na diretoria de defesa da equipe do Conselho de Segurança Nacional, recrutou Healey para ser seu parceiro de trabalho no Conselho de Segurança Interna dos Estados Unidos. Após o término de seu período de dois anos, Healey retornou ao setor privado, trabalhando novamente com Venables, na Goldman, e, mais tarde, com Rattray, em uma empresa de consultoria. Durante um breve período no Atlantic Council, não trabalhou com nenhum deles, mas, em Columbia, Healey estava novamente com as duas pessoas que mais contribuíram para sua carreira.

O foco acadêmico de Healey no Atlantic Council era como tornar as linhas defensivas melhores do que as ofensivas. No mundo corporativo, Venables analisava o mesmo problema. Sua obsessão era como melhorar a segurança, em suas palavras, "diminuindo o custo do controle" dentro da empresa. Como automatizar, tirar o usuário do campo da segurança, gerar desempenho e, ainda assim, manter recursos para as áreas importantes? Como vinha de uma perspectiva de segurança nacional, Rattray tinha uma visão mais ampla de todo o ecossistema. Healey se lembra de que, na década de 1990, Rattray fazia perguntas que ninguém fazia nas Forças Armadas, como: "Qual é o modo de falha da internet?"

Ao examinar um gráfico do *The Economist* sobre as formas mais eficazes de combater a mudança climática, Healey achou que uma lista semelhante era necessária para cibersegurança. Enviou um e-mail aos colegas pedindo exemplos de coisas que haviam feito a diferença para as linhas defensivas recuperarem a vantagem no ciberespaço. Uma vez que a força-tarefa começou a trabalhar, ele continuou a detalhar a lista, elaborando cerca de 115 inovações em tecnologia, política, legislação e operações que eliminavam parte das vantagens das linhas ofensivas. Mudanças de política, como disposições safe-harbor para compartilhamento de dados de ameaças cibernéticas entre concorrentes, a despeito das preocupações antitruste, eram parte da lista, bem como as inovações técnicas, por exemplo a crescente onipresença de criptografia e sistemas operacionais mais robustos.

Ao se afastar do gráfico impresso que compõe essa lista, que está pendurado na parede do seu escritório, Healey ainda fica atordoado com o espaço em branco no qual outras soluções deveriam estar. "Neste campo, todos sabemos que a defesa opera em desvantagem." E continua: "O que surpreende é pensar há quanto tempo sabemos disso." Healey faz uma citação de memória do tenente-coronel Roger Schell. Quando estava na NSA, Schell elaborou os manuais da série Rainbow, que orientavam as primeiras operações de defesa cibernética. "Poucos controles de segurança contemporâneos podem impedir uma equipe dedicada de acessar as informações pretendidas." Schell escreveu isso em 1979. "Em 1979!", enfatiza Healey. "Sabemos disso há quarenta anos e não conseguimos fazer nada a respeito. Eu costumava dizer que a defesa cibernética era o azarão da internet, mas ninguém tem uma série de derrotas tão grande quanto nós."

No entanto, como observamos, existem indícios de que a vantagem do invasor esteja diminuindo. O que precisamos agora é de investimentos coletivos que minarão ainda mais essa vantagem. Os membros da Força-Tarefa Cibernética de Nova York concluíram que a alavancagem deve ser a pedra de toque de nossa estratégia nacional, e que as iniciativas coletivas das parcerias público-privadas precisam focar os fatores capazes de reverter a vantagem das linhas ofensivas para as defensivas. Apesar de enxergarmos o conceito de alavancagem como um elemento fundamental da estratégia cibernética, ele é um meio para um fim, não o fim em si (o fim é a resiliência). Ainda assim, as recomendações feitas pela força-tarefa fornecem um roteiro para construir a resiliência. No âmbito corporativo, recomenda-se (como nós recomendamos também) melhorar a governança, adotar a nuvem, investir em software seguro e automatizar o máximo possível da higiene cibernética. Para o governo, a força-tarefa recomenda que as agências se concentrem no alinhamento das forças do mercado, a fim de promover a segurança aliada à regulamentação, com o intuito de fomentar a transparência e angariar incentivos para a segurança cibernética, como seguros apoiados pelo governo em nível federal e financiamento para pesquisas e colaborações que o mercado não financia. Claro que é mais fácil falar do que fazer.

Somente Opções Ruins

No filme *Argo,* Ben Affleck, interpretando o agente da CIA Tony Mendez, lidera uma missão para retirar seis funcionários do Departamento de Estado do Irã, após a queda da embaixada em 1979. Baseado em uma história real, Tony elaborou um plano para encobrir os funcionários forjando uma equipe de filmagem canadense produzindo um falso filme no estilo de *Star Wars.* Em *Argo,* vemos Ben Affleck apresentar a ideia a Philip Baker Hall, no papel de Stansfield Turner, diretor da CIA, e Bob Gunton como Cyrus Vance, o secretário de Estado. Ao ouvirem a ideia, os dois ficaram descrentes. Após analisarem os outros planos de fuga que a agência considerou e rejeitou, Affleck questiona seus superiores: "Há somente opções ruins. Temos que escolher a menos pior." Hall, como Stansfield Turner, diz: "Você não tem uma ideia ruim melhor do que esta?" E Bryan Cranston, interpretando o chefe fictício de Tony Mendez, apresenta o argumento final: "Sr., esta é a melhor ideia ruim que tivemos, de longe." Assim, a missão é aprovada.

Embora seja um relato fictício, o processo de aprovação retratado no filme é plausível para muitas pessoas que trabalham com política em Washington. Nunca há boas opções. Se houvesse, não precisaríamos da máquina do Estado que desenvolvemos para administrar a segurança nacional dos Estados Unidos. Em vez disso, trata-se sempre de encontrar "a melhor ideia ruim". Todas as decisões de segurança nacional abrem mão de alguma coisa, ainda mais quando o assunto é cibersegurança, em que cada escolha política tem o potencial de impactar nossa prosperidade econômica e nossos valores mais caros de liberdade de opinião, liberdade de expressão e o direito de estarmos livres de apreensões e mandados de busca injustificados.

Ao priorizar a defesa da rede e fazer com que o setor privado banque os custos de absorção desses ataques, a resiliência cibernética é, à primeira vista, uma perspectiva desinteressante para a maioria dos CEOs. Afinal, como ressalta o general Alexander, a responsabilidade fundamental do governo federal é prover a defesa comum. No entanto, cada vez que os formuladores de políticas desvendam como o governo poderia assumir essa responsabilidade, o entusiasmo do setor privado começa a desaparecer rapidamente, devido às consequências indesejadas desse envolvimento do Estado. Em cibersegurança, há somente opções ruins. A responsabilidade privada sobre a defesa da rede com apoio do governo é a menos pior. Para fazer com que as empresas privadas construam sua própria resiliência (e, assim, a resiliência da nação e do ciberespaço), uma série de procedimentos são necessários. Às vezes, as empresas precisam de um de pequeno empurrão. E, às vezes, elas precisam de um grande empurrão.

PARTE III

O QUE O GOVERNO DEVE OU NÃO FAZER

Capítulo 7

EMPURRÕES E GRANDES EMPURRÕES

O Governo no Ciberespaço Corporativo

Ao se comprometer com essa atividade, o Governo Federal pode e vai ajudá-los, em uma verdadeira parceria público-privada. O governo não ditará soluções e fugirá à regulamentação.

— PLANO NACIONAL NORTE-AMERICANO PARA A PROTEÇÃO
DE SISTEMAS DE INFORMAÇÃO, CASA BRANCA, 2000

No início da administração Obama, ficou claro para muitos no governo e no Capitólio que as forças do mercado sozinhas não estavam levando o setor privado a proteger os sistemas vitais da nação contra os sofisticados grupos de criminosos e nações estrangeiras. Assim, com o apoio dos democratas no Senado, em maio de 2011, a Casa Branca entregou ao Congresso uma proposta legislativa abrangente, que concederia autoridade ao Departamento de Segurança Interna para regulamentar a infraestrutura crítica de cibersegurança — de empresas de petróleo e gás a estádios.

O setor corporativo não se mostrou favorável. Ao adotar a perspectiva equivocada de que a regulamentação da cibersegurança restringiria a inovação e acabaria com empregos, a Câmara de Comércio logo assumiu a missão de vetar o projeto de lei — e foi bem-sucedida, argumentando que, devido à economia ainda frágil após a recente crise financeira, a regulamentação da cibersegurança prejudicaria um dos poucos setores econômicos que estava prosperando, a tecnologia da informação. E, como se isso não bastasse, a Câmara de Comércio pendurou faixas gigantescas em sua sede central, localizada em frente à Casa Branca, na Lafayette Square, com os dizeres J-O-B-S [soletrando "trabalho", em inglês]. Isso afastou muitos executivos de tecnologia que doaram dinheiro e talento técnico para eleger o presidente. Como a proposta legislativa não conseguiu obter apoio no Congresso, em meados de 2012, o governo começou a traçar uma abordagem diferente.

Naquela época, a cibersegurança era, em teoria, responsabilidade de John Brennan, o vice-conselheiro de segurança nacional do Departamento de Segurança Interna e Contraterrorismo (e mais tarde diretor da CIA). Brennan, como ele mesmo admitiu, concentrou-se essencialmente na primeira parte de sua função: a perspectiva católica do governo sobre a matança seletiva de terroristas. Ele delegava a maior parte de seu trabalho cotidiano do Departamento de Segurança Interna à sua assistente, Heidi Avery. Sob quaisquer aspectos, Avery não é um nome público conhecido. Oficial da inteligência de carreira, ela conseguiu coordenar a resposta do governo Obama à explosão da Deepwater Horizon e a uma série de grandes desastres naturais sem se expor muito publicamente, nem em postagens de blogs. E assim, agindo de modo cauteloso e visando não prejudicar a demorada e sucinta tentativa de fazer com que o Congresso aprovasse um pacote legislativo, Avery montou discretamente uma pequena equipe, a fim de analisar quais elementos da proposta o presidente colocaria em prática por meio de decretos executivos.

Com os decretos, o presidente pode determinar que as agências tomem medidas alinhadas com as leis existentes. O relatório da comissão CSIS, "Securing Cyberspace for the 44th Presidency" [Proteção ao Ciberespaço para o 44º Presidente], sugeria que o presidente recorresse aos órgãos de regulamentação existentes, como a EPA (Agência de Proteção Ambiental), quando se tratasse de sistemas hídricos, ou ao DHS (Departamento de Segurança Interna), em relação às instalações químicas, a fim de aprovar a regulamentação de cibersegurança. Avery pediu aos funcionários do escritório de cibersegurança do NSC que adotassem essa estratégia. Eles não esperavam que a ideia de regulamentar a cibersegurança encontrasse resistência dentro do governo.

Qualquer regulamentação emitida por uma agência federal é analisada pelo pequeno, mas poderoso, Gabinete de Informação e Assuntos Regulatórios (OIRA, na sigla em inglês). O OIRA fica dentro da Agência Governamental de Gestão e Orçamento, no prédio feio do New Executive Office Building, construído na década de 1960, bem ao norte do Eisenhower Executive Office Building, que abriga a equipe do NSC. Aparentemente, a Pennsylvania Avenue era uma linha divisória: a equipe de segurança nacional de um lado defendendo a regulamentação, e a Câmara de Comércio e o OMB do outro, totalmente contra.

Quando a equipe do NSC foi se reunir com o OIRA para tentar convencê-los a aprovar um decreto que detalhasse melhor a regulamentação sobre cibersegurança, a resposta obtida foi indiferente.

Jasmeet Seehra, oficial de carreira com experiência em Washington, ficou surpresa ao saber que, mesmo sem conseguir aprovar o projeto de lei — uma vez que todo mundo achava que isso acabaria com os empregos —, o presidente ainda tentasse usar sua autoridade, de forma unilateral, para ampliar a regulamentação. O desemprego ainda estava oscilando em torno de 8%. "Sei que não é da minha conta", disse a oficial, "mas lembrem-se de que é ano de eleição, certo?". Em seguida, ela sugeriu que todos recorressem à teoria do nudge, o conhecido empurrão.[1] Ninguém fazia ideia do que ela estava falando. Então, Seehra mostrou um exemplar do livro *Nudge: Como tomar melhores decisões sobre saúde, dinheiro e felicidade,* e recomendou que todos o lessem. O coautor do livro era seu chefe, Cass Sunstein.

Sunstein, um democrata, não era necessariamente entusiasta da regulamentação. Ex-colega do presidente Obama na University of Chicago Law School, ele defendia ideias simples, mas nem sempre populares, como submeter a regulamentação à análise de custo-benefício. Ele e o economista Richard Thaler haviam escrito o livro

---

1 N. da T.: Em negócios e em políticas públicas, a teoria do nudge, ou empurrão (para a escolha certa), é um conceito oriundo em parte da economia comportamental, que, por sua vez, deriva da teoria comportamental. O empurrão para a escolha certa seriam mudanças pequenas apresentadas às pessoas sob a forma de opções, visando auxiliar a tomada de decisões. Em outras áreas tecnológicas, este conceito é aplicado à arquitetura de escolha.

Nudge, e, na obra, alega que o governo poderia ser mais bem-sucedido se incentivasse a ação voluntária, em vez de estipular requisitos obrigatórios. Em seu primeiro encontro com sua futura esposa e ex-embaixadora da ONU, Samantha Power, Sunstein lhe disse que seu maior sonho era comandar o OIRA e implementar essas ideias.

O empurrão proposto pela equipe do NSC era o Framework de Cibersegurança do NIST, discutido no Capítulo 3. O objetivo era fomentar iniciativas voluntárias no setor corporativo, para que as empresas defendessem sua infraestrutura — e, convenhamos, isso funcionou bastante. A National Strategy for Trusted Identities in Cyberspace [Estratégia Nacional para Identidades Confiáveis no Ciberespaço], que veremos no Capítulo 8, usou o empurrão no setor corporativo para que as empresas resolvessem os velhos problemas que impossibilitavam que documentos, como registros médicos, fossem disponibilizados em tempo real e que dificultavam certas transações financeiras. O incentivo para que o setor criasse as próprias organizações de análise e compartilhamento de informações mútuas veio da teoria do nudge.

Todos esses empurrões contribuíram para a melhoria da área de cibersegurança de algumas empresas, e o governo deveria passar a considerar outros empurrões. Mas, para fazer com que as empresas desempenhem papéis decisivos em nossa economia no âmbito de defesa, como é possível atualmente, talvez seja necessário pressioná-las mais — vamos chamar isso de "grande empurrão". Achamos que chegou o momento de retomar o debate sobre a regulamentação e repensar como o governo deve interagir com o setor privado, a fim de minar ainda mais as vantagens que restam às linhas ofensivas.

Evan Wolff é um dos principais advogados especializados em cibersegurança de Washington. Isso significa que, durante o dia, ele ajuda seus clientes a responder a incidentes cibernéticos, fazendo as averiguações necessárias e prestando consultoria sobre exigências estaduais, federais e internacionais. À noite, como ex-cientista de dados do MITRE e Global Fellow no Wilson Center, ele analisa e escreve sobre como seus clientes podem mitigar a ameaça de incidentes cibernéticos e, acima de tudo, o que podem fazer para construir uma defesa coletiva eficaz. Por experiência própria, Wolff reconhece que são raros os casos em que as equipes por trás dos incidentes de segurança estariam dispostas a tudo para conseguir o que querem. Na verdade, a análise forense tecnológica revela que normalmente o bloqueio básico e a abordagem para lidar com a cibersegurança nem são feitos. Basicamente, na visão de Wolff, o que falta não é um controle de segurança, e sim um modelo econômico que obrigue as empresas a assumir o custo social da ausência de cibersegurança com um todo, aliado a uma parceria federal-privada mais colaborativa. No linguajar econômico, isso significa que precisamos fazer com que as empresas "internalizem as externalidades" na proteção de dados, de redes e na criação de comunicações seguras, afirma Wolff. "Até que internalizemos essas externalidades, a indústria não vai começar a se dedicar à defesa coletiva."

Ao contrário do dogma político atual, a regulamentação não destrói a inovação, e sim a cria. Quando os mercados não valorizam o que nós, como sociedade, queremos, a regulamentação pode criar mercados totalmente novos. A indústria vive repetindo que a regulamentação não acompanharia o vertiginoso ritmo da inovação. Mas temos muitos exemplos demonstrando que os padrões de segurança de vinte anos atrás ainda são válidos e precisam ser implementados em larga escala. Vemos também uma crescente relutância por parte de consumidores e empresas em usar os produtos e serviços digitais por causa dos riscos à segurança.

Mas, ao que tudo indica, a maré está mudando. Há vinte anos, quando o então presidente Bill Clinton lançou a primeira estratégia nacional de cibersegurança, ele "se esquivou" da regulamentação. Cinco anos depois, o presidente Bush assumiu basicamente a mesma postura. O governo Obama, como vimos, elaborou uma proposta de regulamentação, após a Câmara de Comércio iniciar uma campanha praticamente jihadista para vetá-la. No entanto, à medida que as perdas começam a se acumular no ciberespaço, a estratégia cibernética do governo Trump foi ficar em silêncio quanto à regulamentação. E, apesar disso, para a surpresa de todos, a estratégia da cibersegurança do Departamento de Segurança Interna de 2018 alegou que realmente usaria a autoridade dos órgãos de regulamentação: "O DHS deve, portanto, influenciar sabiamente os órgãos regulatórios de modo individualizado, engajando-se com outras agências para assegurar que suas políticas e seus empenhos considerem os riscos à cibersegurança e estejam alinhados aos objetivos nacionais, para abordar as lacunas críticas da cibersegurança."

Influenciar sabiamente os órgãos regulatórios existentes de modo individualizado é o que o governo deveria mesmo fazer. O que condenou a proposta legislativa de Obama ao fracasso foi a tentativa de centralizar a regulamentação de cibersegurança nas mãos do Departamento de Segurança Interna, em vez de adotar a abordagem setorial defendida pelo grupo bipartidário da comissão CSIS. Nessa abordagem, o DHS regularia apenas os setores industriais sob sua responsabilidade, como indústrias químicas, setores marítimos e de oleoduto, e as agências específicas de cada setor se encarregariam da regulamentação de suas áreas.

Apesar de Bill Clinton, Bush e Obama terem se esquivado, rejeitado ou se recusado a estipular um sistema federal regulatório de cibersegurança, as agências federais continuam criando um conjunto imenso de medidas regulatórias. Nos EUA, bancos, usinas nucleares, carros autônomos, hospitais, seguradoras, fornecedores de armamentos e de aeronaves para passageiros, fábricas de produtos químicos e dezenas de outras entidades do setor privado estão sujeitas à regulamentação de cibersegurança de uma miríade quase indecifrável de agências: FTC [Comissão Federal de Comércio], FAA [Agência Federal de Aviação], DHS, DOD, FERC [Comissão Federal Reguladora de Energia Elétrica], DOE [Departamento de Energia], HHS [Departamentos de Saúde e de Serviços Humanos], DOT [Departamento de Transportes], OCC [Gabinete Controlador da Moeda] e assim por diante. As variadas regulamentações federais devem ser resultado de escolhas políticas conscientes, não do acréscimo gradativo de normas elaboradas em diferentes momentos, com o mínimo de orientação. É hora de retroceder um pouco e avaliar quais dessas agências e regulamentações têm sido eficazes.

Na prática, gostaríamos que leis abrangentes fossem aprovadas pelo Congresso ou que um decreto fosse promulgado pelo presidente, para que as regulamentações fossem propositadamente diferentes, a fim de atender aos específicos setores, um tipo de abordagem inteligente e diferenciada. A divergência entre as regulamentações porque os órgãos reguladores não se coordenam é resultado da má gestão. Gastar cada vez mais com segurança por conta dos programas de compliance duplicados não é de interesse de ninguém. Para as empresas que têm que lidar com diversos órgãos regulatórios, é necessário um processo que simplifique a averiguação desses programas de compliance não apenas para eliminar a duplicidade de requisitos. O setor financeiro tem desenvolvido um bom modelo para coordenar a supervisão junto com o Federal Financial Institutions Examination Council [Conselho de Exame de Instituições Financeiras Federais].

Leis ou decretos regulatórios estabeleceriam os princípios básicos para a regulamentação da cibersegurança e as melhores práticas para os órgãos regulatórios federais, como também elencariam as regulamentações em vigor. E podem ser incluídas nas melhores práticas as diretrizes para questões políticas como responsabilidade, auditorias, relatórios de incidentes, compartilhamento de informações governamentais, recompensa pela identificação de bugs, gerenciamento de acesso de identidade, análise de segurança de código de terceiros, monitoramento contínuo, notificações públicas, segurança da cadeia de suprimentos e efetivo competente. Contudo, antes de mais nada, devemos adotar o importante princípio de que as regulamentações tomem como base os resultados — dizer aos órgãos regulatórios quais resultados precisam alcançar, e não como alcançá-los.

Já fizemos isso antes em outras áreas. Após o 11 de Setembro, os especialistas passaram a temer que os terroristas usassem nossa infraestrutura como arma contra nós, como a Al-Qaeda havia feito com os aviões; assim, muita gente voltou a atenção para a indústria química. Em todo o país, quantidades gigantescas de produtos químicos altamente tóxicos eram armazenadas, muitas vezes nas proximidades de centros populacionais. Por meio das Normas Antiterrorismo para Instalações Químicas [CFATS, na sigla em inglês], o Departamento de Segurança Interna trabalhou em parceria com o setor químico para desenvolver um programa que reduzisse substancialmente o risco desses produtos para o povo norte-americano. O programa não passou a exigir que as instalações fossem realocadas ou que as empresas passassem a ter métodos de produção mais seguros, mas, como efeito, as empresas acabaram tomando essas decisões. Caso seja necessário armazenar produtos químicos e tóxicos no centro de Boston, o programa determina a implementação de sistemas de segurança para impedir o ataque de terroristas treinados às instalações químicas. Em vez de contratar forças paramilitares e intensificar a segurança em seus complexos, boa parte das empresas escolheu (sabiamente) realocar ou alterar os processos.

No domínio de propulsão nuclear, a segurança baseada em resultados é obtida por meio da prática DBT (Design Basis Threat, ou Ameaça de Base de Projeto). Embora a DBT seja usada pela Comissão de Regulamentação Nuclear dos Estados Unidos e seus detalhes sejam confidenciais, a ideia básica é que as instalações nucleares consigam detectar e retardar um adversário que conte com um determinado número de agentes usando certos tipos de habilidades e conjuntos de armas e ferramentas. Replicar esse modelo em cibersegurança seria simples, já que a formação de equipes na área é uma prática consolidada. Uma abordagem regulatória eficiente ajudaria as agências governamentais a atestar a competência dos red teams e, então, essas equipes fariam testes na empresa.

Já temos excelentes exemplos de como criar uma regulamentação baseada em resultados sendo bem utilizados na prática para combater as ciberameaças. O Regulation E of the Electronic Fund Transfer Act [Regulamento E da Lei de Transferência Eletrônica de Fundos] exige que os bancos reembolsem os consumidores pelas perdas por fraude. Ao contrário do que se pensa, o fato de as contas-correntes serem protegidas pela Federal Deposit Insurance Corporation não isenta ninguém de cobranças fraudulentas. Então, os bancos devem arcar com esses custos. Criada originalmente quando a fraude de cheques era, em grande parte, usada pelos criminosos para roubar dinheiro do sistema financeiro, a lei funciona bem até hoje, quando as invasões e ameaças que comprometem as contas são online.

Acreditamos que a obrigatoriedade de divulgar a violação já é um começo. Poderia existir um modelo de Comissão da Verdade e Reconciliação, em que as empresas fossem obrigadas a divulgar todas as perdas de propriedade intelectual ocorridas há dez anos. No futuro, a Securities and Exchange Commission deve estabelecer um processo para emitir decisões céleres sobre as divulgações públicas, de modo que os investidores fiquem cientes de que a propriedade intelectual em que estão investindo pode ser usada por concorrentes estrangeiros.

No entanto, a divulgação dessas violações por si só não teve o efeito esperado, de impedir que as informações de identificação pessoal (PII) fossem roubadas. A Equifax, após divulgar a maior violação de dados da história dos Estados Unidos em 2017, recuperou o preço de suas ações em menos de um ano. Achamos necessário que as multas por perda de PII sejam expressivas o bastante para fazer com que as empresas pensem duas vezes antes de armazenar esses dados.

O *think tank* de cibersegurança Ponemon Institute estima que o custo de uma violação de dados por registro perdido é de US$14. Esses custos resultantes de divulgação, ações judiciais coletivas, multas estaduais e melhoria da segurança não foram suficientes para que as empresas fizessem as mudanças necessárias nas operações e nos investimentos a fim de evitar as perdas. Se, em vez disso, as empresas tivessem a certeza de que teriam que pagar, digamos, US$1.000 por registro perdido, os incentivos começariam a se alinhar.

Acreditamos também que as empresas deveriam provar que têm os recursos para bancar essas multas. Tentar obrigar as empresas cuja cibersegurança seja duvidosa a fechar as portas não deve ser o objetivo. Mesmo porque algumas empresas, diante da possibilidade de multas elevadas, podem simplesmente decidir arriscar e aceitar que, se foram alvos de um ataque, podem perder tudo.

Para evitar essas consequências, o Congresso deveria tomar emprestada uma ideia da política ambiental e passar a exigir que as empresas que armazenam PIIs comprem títulos de dívidas para cobrir todos os custos sociais da perda. Exige-se que os navios petroleiros que operam em águas norte-americanas tenham um Atestado de Idoneidade Financeira emitido pelo Centro de Fundos de Poluição Nacional da Guarda Costeira dos Estados Unidos, atestando que o proprietário do navio tem os recursos financeiros para cobrir os custos de limpeza de um derramamento de petróleo.

Essas políticas rigorosas fazem com que as companhias desejem nunca ter que arcar com tais custos. Por isso, agora temos navios de casco duplo e outras melhorias, que fizeram os derramamentos de óleo, como o do *Exxon Valdez*, serem coisas do passado. Se tratarmos as informações como tratamos os derramamentos de óleo e exigirmos que as empresas cubram todos os custos sociais da perda de dados, o mercado se encarregará do resto, garantindo que os vazamentos de dados se tornem extremamente raros.

Dependendo do setor e dos danos que o governo está tentando prevenir, variados modelos de regulamentação poderiam ser aplicados de diferentes formas. Entretanto, temos certeza de que a crença de a regulamentação ser um infortúnio para a inovação está equivocada, já que é possível melhorar a colaboração voluntária por meio de um padrão regulatório. Afinal, a ausência de segurança está nos impedindo de nos beneficiarmos plenamente da revolução digital.

Se Washington Não Aprovar a Regulamentação, os Estados Aprovarão

Enquanto os sucessivos presidentes se esquivavam de regulamentações cibernéticas consistentes e coordenadas; enquanto diversas agências e departamentos federais criavam suas próprias regulamentações, a fim de assegurar a cibersegurança de determinados setores; e conforme boa parte do Congresso estava em um impasse no que dizia respeito às regulamentações cibernéticas, os governos estaduais tomaram uma atitude.

Desde 2012, a Califórnia passou a exigir que as empresas tenham programas de cibersegurança e, em 2016, a procuradora-geral, Kamala Harris, concluiu que a falha em implementar os controles críticos de segurança do Center for Internet Security (CIS) "representava uma falta de segurança considerável". (O CIS recomenda que vinte áreas específicas implementem esses controles.) Em setembro de 2018, o governador Jerry Brown assinou o projeto de lei SB-327, exigindo que, até 1º de janeiro de 2020, os fabricantes de dispositivos vendidos na Califórnia implementassem funcionalidades de segurança "consideráveis". Como a economia da Califórnia é a quinta maior do mundo, isso significa que a maioria dos fabricantes de dispositivos será obrigada a cumprir a nova lei.

Para não ficar atrás, outros estados buscaram implementar regulamentações cibernéticas. Em 2018, Ohio promulgou a Lei SB-2020 (a chamada lei safe-harbor), que fornece proteção para empresas após um ciberataque bem-sucedido que obtenha informações pessoalmente identificáveis, se as corporações implementarem um programa de cibersegurança baseado nos controles críticos de segurança da CIS e no Framework de Cibersegurança do NIST. Desde 2017, a regulamentação 23 NYCRR 500, do Departamento de Serviços Financeiros do Estado de Nova York, exige que bancos estrangeiros e estaduais, companhias de seguros e outras entidades financeiras implementem um programa de cibersegurança, tenham um diretor de segurança de tecnologia da informação especializado, autenticação multifator, criptografia, segurança de aplicativos, análise do fornecedor da cadeia de suprimentos, inventário de ativos e monitoramento contínuo ou testes anuais de penetração. A regulamentação também recomenda o Framework de Cibersegurança do NIST e exige que um executivo autorize a eficácia do plano de cibersegurança da empresa.

Algumas dessas regulamentações estaduais são formas plausíveis de orientar as empresas relutantes em implementar as etapas mínimas necessárias para proteger a si mesmas, a seus clientes e à integridade geral do ciberespaço, do qual todos dependemos. Infelizmente, quando se trata de questões críticas, muitas leis variam bastante, sobretudo quando há requisitos legais para notificar o cliente ou o governo a respeito de uma possível invasão. A grande quantidade de regulamentos estaduais combinados com as numerosas regras federais fornece razões às corporações e a seus lobistas para que eles reclamem de que tudo é muito difícil e caro de rastrear, entender e implementar.

Se alguma vez existiu um modelo de comércio interestadual, trata-se da rede de tecnologia da informação das empresas modernas. Com exceção das pequenas empresas, a atividade cibernética corporativa é quase sempre interestadual, envolvendo escritórios em locais diferentes, data centers, fornecedores de TI e clientes. Portanto, há bons argumentos para a criação de uma regulamentação federal unificada e adjunta. Temos somente dois problemas: o Congresso, hiperpartidário e que se preocupa com os feudos jurisdicionais dos comitês dentro de cada ala; e os grupos de lobby, como a Câmara de Comércio dos Estados Unidos, que se opõe cega e precipitadamente a qualquer nova regulamentação cibernética, aderindo ao mantra insidioso de que isso reprime a inovação.

Até que o Congresso e os lobistas comecem a agir em favor dos interesses norte-americanos, corre-se o risco de que quaisquer regulamentações federais unificadas e novas que sejam aprovadas por eles possam, na verdade, atenuar algumas leis estaduais e ser menos eficazes. Desse modo, por ora, estamos em uma posição mais vantajosa com os estados progressistas, como a Califórnia e Nova York, cujas leis acabam se tornando padrões nacionais, já que boa parte das empresas de grande porte está sob suas jurisdições.

Vamos Falar um Pouco de Backbone

Neste livro, argumentamos que, caso as empresas gastem o suficiente, implementem soluções cibernéticas e tecnológicas de última geração e adotem políticas e procedimentos adequados, elas conseguem hoje alcançar um nível bastante alto em cibersegurança. Até mesmo a rede de abastecimento de energia elétrica, as agências governamentais e as Forças Armadas seriam capazes de alcançar uma melhora na segurança. No entanto, na remota possibilidade de isso acontecer, ainda teríamos um problema.

Um agente estrangeiro Estado-nação ainda consegue instaurar o caos ao atacar o próprio backbone da internet, inutilizando-o ou, pelo menos, deixando-o parcialmente disponível. Sem a internet, pouquíssimas engrenagens da economia funcionam. Os outros três problemas podem ser simplesmente resumidos em três acrônimos: DDoS, DNS e BGP.

Nos ataques contra os bancos, os iranianos recorreram a um ataque distribuído de negação de serviço (DDoS). Nos ataques mais recentes, variantes da botnet Mirai usaram milhares de câmeras de vigilância como plataformas para executar um ataque DDoS por inundação — ou seja, inundar a banda de um ou diversos servidores DNS (Sistema de Nomes de Domínio) —, com o objetivo de paralisar grande parte da internet. Pode-se criar e executar facilmente um DDoS mais agressivo que inundaria as conexões da internet, derrubando efetivamente a principal infraestrutura offline. Se o ataque DDoS atingir certo nível, as empresas especializadas em impedir esses tipos de ataques, como Akamai e a Cloudflare, ficariam sobrecarregadas.

Se, como no caso da botnet Mirai, o alvo do ataque DDoS forem endereços específicos de IP relacionados ao DNS e certas empresas especializadas em terceirizar os serviços de pesquisa DNS, parte essencial do backbone da internet não funcionaria. Então, seria impossível que alguns usuários encontrassem suas páginas web, que os e-mails chegassem aos seus destinatários ou, ainda, que os incontáveis dispositivos conectados em rede de nossas casas e escritórios funcionassem. O ataque do botnet Mirai foi relativamente pequeno, se comparado ao que poderia acontecer.

Ao mesmo tempo que o DNS informa ao seu e-mail ou ao servidor de suporte do seu navegador o caminho a percorrer pela internet (ou pela sua intranet corporativa) para encontrar o endereço que está procurando, por trás de tudo isso, existe um sistema totalmente diferente usado pelos Provedores de Serviços de Internet (IPS), que são donos e operam os grandes tubos de fibra óptica, o backbone da internet. Esse sistema, o mesmo que informa à Verizon ou à AT&T como rotear uma mensagem para que ela chegue a um servidor que não está em sua própria rede, se chama BGP (Border Gateway Protocol, mas apenas diga BGP como todo mundo). E o BGP continua sendo a maior falha de segurança na internet, mesmo anos depois de Mudge Zatko testemunhar que ele e outros membros do L0pht poderiam derrubá-lo em trinta minutos.

Pense no BGP como se ele fosse o app Waze. Ele informa ao tráfego da internet qual rota você deve seguir a partir de onde está e para onde quer ir. Se você acessar a internet e se conectar à Verizon nos Estados Unidos e quiser ler uma página do site da Australian Football League, que está em um servidor na Austrália e que, por sua vez, se conecta à internet usando o ISP local da Telstra, a Verizon consultará as tabelas BGP. Assim, ela encontrará a rota para o clube de futebol. Talvez a rota seja: da Verizon à AT&T, da AT&T à Telstra.

Basicamente, o problema é que qualquer provedor de serviços de internet do mundo pode contribuir para o BGP. Mas e se a China Telecom anunciasse na tabela do BGP que o servidor da página do clube de futebol australiano estava na rede deles? Então, seu computador se conectaria à China Telecom enquanto procura a rede da Austrália. E é isso que tem acontecido.

Segundo Chris Demchak, do US Naval War College, e Yuval Shavitt, da Universidade de Tel Aviv, a China Telecom tem feito a maior bagunça nas tabelas do BGP. Por exemplo, durante seis meses, começando em fevereiro de 2016, todo o tráfego do Canadá para a Coreia do Sul foi desviado pela China. Em outubro de 2016, parte do tráfego dos Estados Unidos para a Itália foi extraviado para passar pela China. Em abril de 2017, a rota da Noruega ao Japão foi alterada para passar pela China. Em julho de 2017, foi a rota de conexão da Itália à Tailândia. Deu para entender a situação?

Enquanto passa pela China, esse tráfego (e-mails, por exemplo) pode ser copiado ou enviado para um buraco negro. Os chineses não estão sozinhos nessa. A Rússia e outros países também redirecionam frequentemente o tráfego da internet que não deveria passar por eles. O Irã tem desviado o tráfego para aplicativos de mensagens seguros, como o Signal. Ainda que essas mensagens sejam criptografadas, os metadados "Para" e "De" podem despertar muito interesse da polícia secreta iraniana.

As tentativas da China Telecom de redirecionar o tráfego são, em grande parte, efetivas porque o país opera oito pontos de presença de internet (PoPs) dentro dos Estados Unidos e tem sua própria fibra ótica na Costa Oeste, que percorre desde a cidade de Hillsboro, no Oregon, até Morro Bay, na Califórnia. Nem preciso dizer que a AT&T não tem PoPs na China nem cabos ópticos que percorrem Xangai à cidade de Dalian. A China nunca concordaria com isso, pois, em uma crise, os Estados Unidos poderiam instaurar o caos na internet, pegando as tabelas do BGP e redirecionando o seu tráfego.

Seja lá o que você pense sobre os efeitos possivelmente benéficos ou nocivos da regulamentação da cibersegurança das empresas norte-americanas, o próprio backbone da internet — os cabos de fibra óptica de longa distância, os sistemas de roteamento — deve ser protegido, para que os criminosos tenham mais dificuldade quando tentarem danificar os sistemas de roteamento de DNS e BGP.

Para que isso seja feito, o Federal Communications Commission [Órgão Regulador Federal de Comunicações] (FCC) poderia regulamentar o backbone da internet, o DNS e os sistemas BGP, de modo a exigir algumas funcionalidades básicas de segurança. Só que ele se recusa, mais uma vez, devido à antipatia generalizada à regulamentação, disfarçada pelo medo de que a regulamentação seja um obstáculo à inovação.

Seguro Cibernético — A Máquina de Fazer Dinheiro

Você masca Trident ou Chiclets? Gosta de cream cheese Philadelphia e às vezes o passa nos biscoitos Club Social? Quando ninguém está olhando, você come todos os Oreo do pacote? Ou, quando está tossindo, você come um Halls? Se sim, então você conhece alguns dos produtos de uma grande multinacional de alimentos da qual talvez não saiba o nome — a Mondelēz. Essa produção que atende a todas as necessidades vitais foi completamente paralisada devido ao ataque do NotPetya, que discutimos no Capítulo 2. A Mondelēz, entretanto, tinha um seguro cibernético, e logo supôs que havia transferido o risco, e que a responsabilidade de cobrir parte de seus US$100 milhões em perdas seria honrada. Só que não.

Zurich, a grande companhia suíça de seguros, recusou-se a pagar. Os suíços alegaram que o NotPetya foi um ato de guerra, um ataque perpetrado pelos militares russos e, portanto, não coberto pela apólice de seguro cibernético. Assim, o debate acerca do que é ou não guerra cibernética chegou a um tribunal, e o futuro do seguro cibernético será decidido mediante quem paga pelas perdas do dia em que a produção de Oreo parou.

O desfecho desse caso é importante, pois muitas empresas contam com seguro cibernético como parte de sua estratégia geral de risco. Além do mais, o seguro cibernético poderia desempenhar um papel ainda maior se fosse combinado, de alguma forma criativa, com a regulamentação, como veremos mais tarde. Nos últimos dez anos, temos visto a crescente expansão do mercado de seguros contra riscos cibernéticos. Corporações e até governos municipais tentaram transferir o risco para as seguradoras, adquirindo novas apólices. Os especialistas em cibersegurança tinham bastante esperança de que essa tendência poderia ser uma forma de dar um empurrão nas empresas para que elas buscassem melhorias na segurança, associando a cobertura do seguro a outras medidas mais expressivas. Só que isso infelizmente não aconteceu. Ao contrário, muitas seguradoras têm uma nova fonte de lucro, e essa receita, de fato, tem trabalhado contra as melhorias expressivas de segurança.

De início, as companhias de seguro tradicionais temiam oferecer cobertura ao risco cibernético. Elas recorriam às cláusulas de aditamento nas políticas de acidentes e perdas que as isentavam dos danos do ciberataque. As empresas agiram assim porque não havia dados atuariais: nenhum registro confiável da frequência com que os ataques ocorriam, quais eram as perdas que se acumulam devido a esses ataques ou como os invasores fazem essas violações. Para as seguradoras, acostumadas a prever com mais de 90% de acurácia quando você sofrerá um acidente de carro e quanto isso custará, o ciberespaço era um lugar assustador, uma terra desconhecida.

No entanto, as empresas começaram a adentrar, a um passo de cada vez, nessa terra desconhecida. Elas cobriram alguns tipos de custos e somente montantes baixos. Elas até bancavam uma equipe de resposta a incidentes cibernéticos, apenas para oferecer algum serviço de monitoramento de crédito — bastante ineficaz — após a violação. Talvez elas pagassem alguns custos legais e cobrissem algumas perdas de continuidade operacional do negócio. Mas o que as apólices de seguro não cobriam eram os dois impactos mais caros das violações cibernéticas: danos à reputação e roubo de propriedade intelectual. Se a China roubar seus segredos de pesquisa e desenvolvimento, você que arque com as consequências.

A maioria das seguradoras começou a exigir alguma garantia de que seus segurados haviam tomado medidas mínimas de cibersegurança. Contudo, o que elas nunca faziam era se preocupar em verificar se as empresas estavam de fato fazendo o que alegavam. Segundo um funcionário de uma seguradora com que conversamos, "quando uma empresa abria uma reclamação, sempre podíamos verificar depois se elas estavam seguindo as práticas mínimas que afirmavam seguir; caso contrário, não cobríamos nada".

Claro que as seguradoras podem exigir um software de monitoramento contínuo para verificar o estado de segurança e compliance de uma empresa em tempo real. Isso seria equivalente a fazer um seguro de carro da seguradora norte-americana Progressive, que verifica o comportamento do motorista por um monitor instalado no automóvel. Mas por que as seguradoras não querem esse tipo verificação? Por causa do dinheiro.

Depois de tantos anos vendendo um seguro cibernético com cobertura limitada, boa parte das seguradoras descobriu que este é um negócio bastante lucrativo. Ainda que não vendam tanto seguro cibernético como seguro de vida, acidentes, casa ou carro, a porcentagem dos prêmios do seguro cibernético é muito mais alta. E os pagamentos ao segurado representam uma porcentagem menor do faturamento, em comparação às demais modalidades de seguro. Então, por que mexer em time que está ganhando? Ganhando dinheiro, ainda por cima.

Curiosamente, nos Estados Unidos, a maioria dos seguros não tem regulamentação federal. O seguro de saúde até tinha, mas o governo Trump desmantelou a Affordable Care Act [Lei de Proteção e Cuidado Acessível ao Paciente]. Quase todos os outros tipos de seguro são fiscalizados pela Associação Nacional dos Comissários de Seguros nos cinquenta estados. Alguns estados elegem seus comissários de seguros, como a Califórnia. Em outros, os governadores os indicam. E, em Nova York, o Departamento de Serviços Financeiros atua como entidade reguladora de seguros.

O que preocupa alguns dos comissários de seguros com quem conversamos é a possibilidade do tão discutido "Cyber Pearl Harbor" ou "11 de Setembro Cibernético". Com isso, eles querem dizer que poderia ocorrer um evento cibernético catastrófico em grande escala que não seria coberto por nenhum dos muitos subterfúgios e exceções que as companhias seguradoras colocam em suas apólices. Os comissários temem que um grande evento cibernético faça com que as seguradoras gastem tanto dinheiro, a ponto de falirem e serem incapazes de arcar com os outros danos. Por isso, eles estão começando a pensar em uma nova lei semelhante à Lei de Seguro de Risco ao Terrorismo (TRIA).

Promulgada após o 11 de Setembro, a TRIA fornece um apoio financeiro parcial do governo federal ao setor de seguros, caso um grande ataque terrorista exceda a capacidade financeira do setor de responder a sinistros. Um exemplo de uma possível regulamentação útil seria uma "Lei de Seguro de Risco à Guerra Cibernética". Isso poderia fornecer um apoio financeiro federal ao setor, no caso de um evento cibernético nacional. Seria também a oportunidade para criar alguns padrões de compliance expressivos para as entidades seguradas.

Gostaríamos de sugerir que esse seguro apoiado por uma possível lei fosse válido apenas para empresas que providenciassem os recursos necessários, como um sistema de monitoramento contínuo aprovado para identificação de ativos e avaliação dos patches críticos e de vulnerabilidade. As empresas que deixassem de cumprir esse compliance por mais de trinta dias consecutivos perderiam a cobertura até que corrigissem suas irregularidades. Isso não seria uma lei federal, mas seria um empurrão daqueles.

James Comey versus Tim Cook

Os funcionários estavam ansiosos para a festa de Natal, mas um deles, com a ajuda de sua esposa, começou a atirar em todo mundo. Era 2 de dezembro de 2015, em San Bernardino, Califórnia. Syed Farook e sua esposa, Tashfeen Malik, mataram 14 pessoas e feriram mais 22, antes de serem perseguidos e mortos pela polícia local. Mais do que depressa, o FBI foi acionado para liderar a investigação.

Em fevereiro, o FBI alegou publicamente que não conseguia desbloquear um dos iPhones usados pelos terroristas. Os celulares eram criptografados de um modo que apagava todos os dados após algumas tentativas para desbloqueá-los com um PIN. O diretor do FBI, James Comey, exigiu que a Apple desenvolvesse um software que pudesse ser usado para desbloquear o PIN e os celulares. O CEO da Apple, Tim Cook — com razão, a nosso ver —, se recusou, alegando que não poderia ser coagido a afrouxar a segurança de seus próprios produtos. James Comey levou Tim Cook à justiça.

Nos bastidores, Comey estava militando dentro do governo Obama para que uma nova lei passasse a exigir que as empresas fabricantes de software de criptografia desenvolvessem um meio para que o governo pudesse descriptografá-los. A mesma ideia havia caído por terra vinte anos antes, quando o Congresso rejeitou uma proposta de um chip Clipper (com uma backdoor embutida), que permitiria a um tribunal desbloquear a criptografia a mando do governo ou com mandato judicial. Após meses de lobby no governo, Comey havia perdido. O governo Obama não afrouxaria a criptografia. Mas então o evento de San Bernadino ocorreu, e Comey viu a chance de conseguir que um tribunal lhe desse o que a Casa Branca não queria.

Como alguém poderia rejeitar um pedido do FBI para ajudar na investigação em andamento de um ataque terrorista abominável? Comey e seus apoiadores no Departamento de Justiça alegavam que não estavam buscando um precedente legal, mas estavam preocupados com este caso em específico. No entanto, havia centenas de outros iPhones, envolvidos em outros casos, que o FBI ou a polícia local não conseguia desbloquear. O que se seguiu diz muito sobre o valor da criptografia para a cibersegurança. Em vez de apoiar Comey e o FBI, ex-oficiais de segurança nacional do alto escalão se posicionaram a favor da Apple, incluindo ex-diretores da CIA e da NSA. Nós dois também apoiamos a empresa. Todos estávamos alegando que a criptografia é essencial para proteger as redes e os bancos de dados do setor privado. Se a Apple criasse uma forma de quebrar a criptografia em seus dispositivos, os agentes mal-intencionados também encontrariam uma forma de usá-la.

Em um acalorado debate na Conferência de Segurança RSA em 2016, Dick Clarke declarou que o governo estava querendo criar um precedente ruim e que, na verdade, já tinha meios secretos para desbloquear o telefone. Tudo o que o FBI precisava fazer era "dirigir pela Baltimore-Washington Parkway até chegar em Fort Meade", a sede da NSA. John Carlin, na época procurador-geral adjunto da segurança nacional, negou com veemência que se tratava de criar precedentes e afirmou que o governo não tinha nenhum método para desbloquear o dispositivo. Comey contou a mesma história em audiências no Congresso.

Mas, à medida que o caso Comey versus Cook se desenrolava nos tribunais, o FBI anunciou que havia desbloqueado os iPhones com a ajuda de uma empresa de segurança israelense. O processo judicial foi encerrado. Tarde demais. O inspetor-geral do Departamento de Justiça analisou o que havia acontecido e concluiu que, embora Comey e Carlin negassem que o governo pudesse desbloquear os iPhones, o FBI na verdade tinha essa capacidade desde o princípio. O inspetor-geral se recusou a investigar se Comey havia enganado o Congresso intencionalmente ou se ninguém do FBI se preocupou em dizer a seu diretor, enquanto ele circulava pelo Congresso durante semanas alegando que não tinham essa capacidade, que ele estava errado. A última possibilidade nos parece improvável.

Moral da história: essa tempestade em copo d'água no Capitólio demonstra que até mesmo as autoridades da segurança nacional — aliás, principalmente as autoridades da segurança nacional — acham que a criptografia é indispensável à cibersegurança corporativa, mas que o governo não deveria tomar parte disso. Muitas dessas autoridades nacionais estavam até dispostas a discordar publicamente do FBI para salientar esse ponto. Mas é claro que nenhuma discussão sobre as qualidades da criptografia estaria completa se não mencionássemos o fato de que as redes de muitas empresas estão sendo criptografadas contra a vontade delas. E o governo não tem nada a ver com isso.

Ransomware e Pedido de Resgaste

"Tenho um amigo cuja empresa acabou de ser hackeada. Todos os seus dados foram criptografados. Você acha que eles deveriam pagar o resgate?"

Recebemos muitas ligações como essa. Costumamos responder que sim, que provavelmente você deve pagar, a menos que tenha vários bancos de dados de backup confiáveis. Em seguida, geralmente ouvimos do outro lado da linha: "Certo, mas você sabe onde posso comprar Bitcoin?"

Em 2017 e 2018, houve quase uma pandemia de ransomware na América do Norte e na Europa. Segundo a Royal Canadian Mounted Police, ocorreram 1.600 ataques de ransomware todos os dias no Canadá em 2015. No segundo semestre de 2016, os ataques quase dobraram. Como dissemos, uma pandemia.

Os hackers podem comprar com facilidade kits de ataque para identificar as vulnerabilidades que lhes possibilitam invadir desde páginas da web visíveis ao público até servidores de e-mail em uma rede corporativa. Uma vez dentro da rede, eles podem fazer o deploy de um programa adquirido sem dificuldades na dark web, um software que encontra e criptografa todos os dados armazenados em uma rede, incluindo e-mails, documentos do Word e Excel, Salesforce, Oracle ou arquivos SAP — tudo. Em seguida, o resgate é proposto.

"Quer desbloquear tudo o que criptografamos? Basta nos enviar US$100 mil em Bitcoins." Apesar de o Bitcoin ser considerado um meio seguro para se fazer negócios, pois envolve o registro de um blockchain publicamente visível, ele acabou facilitando o fluxo e a ocultação de dinheiro. Quando se trata de ransomware, o Bitcoin é o ativo supostamente mais difícil de rastrear.

Faramarz Savandi e Mohammad Mansouri sabiam bem como fazer isso. Os dois iranianos desenvolveram seu próprio ransomware, que ficou conhecido como SamSam kit. Os dois invadiram cerca de duzentas redes nos Estados Unidos durante dois anos e embolsaram mais de US$6 milhões em Bitcoin. O prejuízo que o ransomware causou às redes foi estimado em US$30 milhões. Entre suas vítimas, estavam diversos hospitais e unidades médicas (MedStar Georgetown, Kansas Heart Hospital, Hollywood Presbyterian, LabCorps), prefeituras e agências municipais (Atlanta, Newark, Port of San Diego).

A prefeita de Atlanta, Keisha Bottoms, recusou-se a pagar o resgate de US$50 mil. A maioria dos serviços de sua cidade, incluindo algumas funções policiais, ficou inativa por uma semana. E a estimativa de custo para que esses serviços voltassem a operar online era de US$17 milhões. Os dois iranianos também atacaram redes no Canadá e no Reino Unido. Eles continuam foragidos, e acredita-se que vivem muito bem em Teerã. Ainda existem inúmeros outros hackers em diversos países que estão engajados na mesma empreitada lucrativa, que, segundo as estimativas, faturaram mais de US$1 bilhão de dólares nos últimos anos, devido aos milhares de pedidos de resgate feitos por dezenas de grupos de ataque ao redor do mundo.

Mas, voltando às ligações que recebemos. Por que costumamos dizer para pagarem o resgate? Porque existe honra entre os ladrões, e, se você pagar, volta rapidamente a trabalhar. Se esses cibercriminosos não desbloqueassem sua rede assim que o pagamento fosse efetuado e a notícia se espalhasse, ninguém pagaria mais o resgate. Afinal de contas, eles têm uma reputação a zelar. No entanto, às vezes, você pode contornar a situação.

Tudo é uma questão do quanto seu backup é bom e por quanto tempo você pode arcar com os custos de sua rede inativa. Caso faça o backup de seus dados todos os dias, você pode muito bem ter feito backup do software malicioso que infectou sua rede. Os hackers aguardam uma semana ou mais depois de invadirem sua rede para ativar o software de criptografia. Ao agirem assim, eles também entram no seu backup. Se você simplesmente fizer backup depois que seus dados forem criptografados contra sua vontade, isso acontecerá novamente, só que desta vez você também perderá seu backup.

A solução é ter diversos backups, com datas variadas; assim eles são segmentados em módulos independentes, para que tudo não fique armazenado em um arquivo-mestre e a fim de manter os chamados golden disks, os originais limpos dos principais aplicativos, páginas da web etc. Desse modo, você pode tentar restaurar gradualmente sua rede, supondo que sua empresa possa ficar offline por 48 ou 72 horas. Caso isso não seja possível, talvez tenha que pagar o resgate. Como já dissemos há anos, o crime cibernético compensa, pelo menos se você estiver disposto a morar em Teerã ou em alguma cidade semelhante e nunca usar seus ganhos ilícitos para tirar férias em algum lugar agradável que tenha um tratado de extradição com os Estados Unidos.

Andy Ozment, CISO da Goldman Sachs e ex-funcionário da Casa Branca e do Departamento de Segurança Interna, acha que o ransomware pode ser um dos mecanismos regulatórios mais úteis que temos, sobretudo para impor multas às empresas que não investiram no básico de cibersegurança. É um argumento válido, mas achamos que é hora de parar de incentivar os cibercriminosos a usarem o pedido de resgate, e, para tal, é necessária uma lei ou regulamentação governamental que proíba o pagamento do resgate ou institua uma multa para esses casos.

Os ransomwares estão despejando bilhões de dólares na economia clandestina. Como salientou o cofundador da DEF CON, Jeff Moss, mesmo que o destino da maioria desses bilhões de dólares seja a compra de Maseratis e jaquetas de couro nos subúrbios de Moscou, os outros milhões serão usados para comprar mais e melhores ferramentas, ampliar as equipes e atrair mais grupos criminosos para esse tipo de negócio. Precisamos parar de financiar o desenvolvimento de nossos adversários.

Nos próximos três capítulos, veremos como a intervenção governamental inteligente nos mercados poderia solucionar o problema de falsidade ideológica e a crise de mão de obra, bem como proteger a rede de abastecimento elétrico. Analisaremos também como o governo pode desempenhar um trabalho melhor para regulamentar a própria segurança.

Capítulo 8

É VOCÊ MESMO?

Diga-me: quem é você? (Quem é você? Quem, quem, quem, quem?)

Por que eu quero mesmo saber (Quem é você? Quem, quem, quem, quem?)[1]

— PETER TOWNSHEND

Em uma Conferência da RSA, o CEO da Microsoft disse à multidão reunida na plateia: "Não restam dúvidas de que, com o tempo, as pessoas passarão a confiar cada vez menos nas senhas."

Assim, a Microsoft anunciou que estava trabalhando com a empresa de cibersegurança RSA para lançar sua nova tecnologia SecurID no Windows. Internamente, a Microsoft estava migrando para um "sistema de cartão inteligente" e testando um "cartão de

---

[1] N. da T.: No original, *"Tell me who are you? (Who are you? Who, who, who, who?)/'Cause I really want to know (Who are you? Who, who, who, who?)"*, trecho da música "Who Are You", da banda britânica The Who.

identificação biométrico" que possibilitaria o reconhecimento facial, da íris e da retina para conceder acesso aos recursos computacionais.

Mas, logicamente, isso tudo foi em 2004. Bill Gates ainda era o CEO da Microsoft. E ao contrário do que reza a lenda, e temos que lhe dar o crédito, ele nunca sugeriu que as senhas ficariam obsoletas, mas que confiaríamos menos nelas. As soluções que apresentou em sua palestra não tinham como objetivo substituir as senhas, e sim adicionar um segundo fator, um token digital ou um cartão inteligente, para, assim, criar uma camada extra de segurança. Naquela época, o que Bill Gates estava propondo era a autenticação de dois fatores ou mesmo a autenticação multifator: sua senha e um cartão com algum tipo de dado biométrico. Ao digitar sua senha e passar seu cartão, o computador leria os dados biométricos e os combinaria com os dados biométricos que você estava apresentando (sua impressão digital, íris etc.).

No entanto, os obstáculos eram numerosos. Muitas pessoas não gostaram de compartilhar sua biometria. Os dispositivos de leitura não eram confiáveis. Os usuários viviam perdendo os seus cartões. A implementação tinha um alto custo. E, no final, os usuários ainda precisavam se lembrar de uma senha.

Desse modo, as senhas não desapareceram. Elas procriaram. Atualmente, existem cerca de 90 bilhões de senhas em uso em todo o mundo, e esse número está crescendo. Por causa das políticas corporativas e dos estímulos da mídia tecnológica, as pessoas estão criando mais, não menos, senhas. Os aplicativos de gerenciamento de senhas, como o Dashlane, 1Password e LastPass, facilitam bastante criar e se lembrar de senhas exclusivas difíceis de quebrar. Nesses aplicativos, senhas específicas são geradas automaticamente em segundo plano, e a principal forma de autenticação do crescente número de dispositivos inteligentes continua sendo o uso da senha.

Em 2004, quando Bill Gates fez sua palestra, as alternativas disponíveis para as senhas eram meio desajeitadas. Elas atrapalhavam a experiência do usuário e nem sempre funcionavam. Passar a exigir que as pessoas tivessem o mesmo cartão para entrar em um prédio ou para usar um computador gerava problemas, já que elas se esqueciam de tirar o cartão do computador ao saírem do escritório para ir ao banheiro ou ao refeitório, e não adiantava nada repreendê-las.

Quase na mesma época, o governo federal tomou uma atitude semelhante. O presidente Bush assinou a Homeland Security Presidential Directive 12 [Diretriz Presidencial de Segurança Interna 12] em agosto de 2004, que exigia que as agências do governo federal emitissem cartões inteligentes para acesso físico (abrir portas e passar pela segurança) e acesso lógico (acessar os computadores). A diretriz dava às agências um generoso prazo de quatorze meses para implementar o programa. Uma década depois, dados apresentados ao Congresso demonstravam que apenas 62% dos funcionários federais haviam recebido os cartões inteligentes e estavam usando a tecnologia. Mas, após a invasão do Escritório de Gestão de Pessoal dos Estados Unidos, os esforços foram redobrados, e, no ano fiscal que começou em outubro de 2016, as agências federais finalmente alcançaram a meta de 85% desse uso.

O fracasso do governo na implementação desse programa não serviu de inspiração ao setor corporativo para substituir seus sistemas por cartões inteligentes ou buscar melhoria na segurança. Resumindo: essas tecnologias eram muito difíceis de implementar e bastante complicadas de usar. Mas, alguns anos depois dessa palestra de Bill Gates em 2004, surgiu uma nova tecnologia sem a qual as pessoas basicamente não viveriam e quase nunca deixariam de lado: o smartphone.

Eu (Sou Meu) Telefone

O primeiro iPhone chegou ao mercado em 29 de junho de 2007. Pouco mais de um ano depois, os primeiros celulares Android foram lançados. Esses dispositivos resolveriam quanto antes muitos dos problemas que as pessoas tinham com outras ferramentas usadas para autenticação multifator. Eles poderiam ser utilizados para receber mensagens de texto que tinham códigos de segurança secundários. Por volta de 2013, quando os leitores de impressão digital começaram a ser amplamente adotados pelos fabricantes de smartphones, os dispositivos puderam ser usados para atender à tríade da autenticação multifator: 1) algo que você tem (o próprio smartphone, registrado em seu nome); 2) uma coisa que você conhece (a boa e velha senha ou um número único enviado para o seu telefone); e 3) algo exclusivamente seu (sua impressão digital ou, nos dias de hoje, seu rosto, a partir da integração do software de reconhecimento facial). Empresas como a Okta e a Duo, atualmente as queridinhas de Wall Street por causa de suas aberturas de capital bem-sucedidas, tornam a implementação do uso da autenticação multifator e do single sign-on (SSO) de várias localidades nos smartphones relativamente simples.

Ainda assim, apesar de todos esses avanços técnicos, a adoção tem sido lenta e pode até mesmo ser descontinuada. Embora a Microsoft disponibilize gratuitamente a autenticação de dois fatores para seus clientes, há pouco tempo uma pesquisa independente demonstrou que apenas 20% dos assinantes do pacote Office365 da Microsoft estão usando qualquer forma de autenticação multifator. As pesquisas de outras plataformas têm demonstrado resultados semelhantes. E ainda, como observamos, mais de 80% das violações de dados ainda envolvem senhas fracas ou roubadas.

Caso os adversários mais sofisticados não desistam ou abram mão de invadir um sistema ao se depararem com um segundo fator de autenticação, muitos criminosos medíocres seriam obrigados a mirar alvos mais fáceis. Embora o custo de implementar a autenticação multifator seja alto e gere conflitos na experiência do usuário, ela incomoda bastante os adversários. Outra solução técnica dificilmente seria tão efetiva a ponto de frustrar ou desestimular os invasores, além de exigir um alto nível de habilidades. E, ainda assim, por mais que se insista no uso da autenticação multifator, aparentemente isso não faz diferença alguma.

O problema das senhas não acabará até que se combinem duas coisas: a obrigatoriedade da autenticação multifator sem senha para empresas e seus clientes, ou até que a autenticação multifator funcione em segundo plano sem problemas. Estamos começando a ver mais empresas tentando avançar na primeira frente. Os bancos, que arcam com os custos financeiros na hipótese de cibercriminosos esvaziarem seus cofres, têm todo o incentivo de que precisam agora para exigir o uso da autenticação de dois fatores. Muitos estão adotando os modelos de notificação "push", que não exigem que os usuários configurem nada para que a autenticação de dois fatores funcione. Os bancos validam seu número de telefone em segundo plano e lhe enviam uma mensagem de texto com um código exclusivo para que você consiga logar em sua conta.

Os criminosos obviamente têm suas artimanhas para interceptar uma mensagem de texto e usá-la para logar em uma conta, desde comprometer a rede de sistema de sinalização por canal comum (SS7) ou até mesmo os telefones ou computadores que recebem as mensagens de texto. Por isso, o Google, a Duo, a ThreatMetrix e o Departamento de Defesa estão trabalhando separadamente para levar a autenticação multifator muito além de três fatores.

Por meio da inteligência analítica avançada, esses empenhos podem exigir dezenas ou até centenas de fatores para tomar decisões sobre a concessão de acesso individual aos recursos computacionais. À medida que essas tecnologias se tornam realidade, obter acesso às suas contas pode envolver somente o toque em um app ou o clique em um botão de login, ao mesmo tempo que a análise de dados roda em segundo plano para verificar se o dispositivo que você está usando é o mesmo da última vez; se sua localização faz sentido; se a velocidade com que você digita e alterna as letras maiúsculas e minúsculas é consistente com o padrão estabelecido ao longo tempo; e uma série de outros fatores.

Além do mais, a autenticação está se tornando uma espécie de escala móvel, em vez de uma simples decisão binária de sim ou não. Assim que você obtém permissão para entrar em uma rede e usar sua conta, o comportamento fora do padrão será sinalizado, e será solicitado que você faça uma verificação adicional. Se, por exemplo, você não tem o hábito de transferir dinheiro para a Polônia, talvez seja solicitado que você insira uma senha, ou uma operadora humana pode ligar para lhe perguntar algumas coisas sobre sua conta.

Essas medidas provavelmente farão com que a senha, como previsto por Bill Gates, seja menos central para o processo de autenticação. E quem sabe possa haver um pouco de esperança de um futuro sem senha. Na Aetna, Jim Routh está no processo de eliminar as senhas de seus mais de 20 milhões de assinantes do Trusona, um aplicativo de autenticação sem senha. Isso gera outro grande problema: a validação da verdadeira identidade do proprietário da conta.

Identifique-se

As pessoas que trabalham com gestão de identidade e acessos gostam de fazer uma distinção entre "autenticação", "autorização" e "identificação". As soluções citadas por Bill Gates em 2004 — cartões inteligentes e tokens — são soluções de autorização, que permitem ou negam acesso a contas restritas e recursos computacionais. As soluções da Okta, da Duo e outras soluções multifatoriais também se referem à autorização. Elas perguntam se a pessoa (ou dispositivo) que está solicitando permissão para acessar o sistema apresenta as informações e executa as ações necessárias. Em caso afirmativo, elas concedem acesso. Caso contrário, não concedem. O que elas não fazem é confirmar se você é realmente você.

A solução da Okta não valida se seu endereço de e-mail é mesmo seu. Isso fica a cargo do departamento de RH, que exige que você apresente seu passaporte e sua carteira de habilitação. Ao abrir uma conta, seu banco pode exigir o mesmo ou solicitar que você responda a um questionário online com base nas informações que as agências de crédito coletaram a seu respeito. Essas ocorrências são conhecidas como "prova de identidade", em que você comprova que realmente é você e estabelece uma identidade única.

O problema é que essas ocorrências são operações exclusivas para contas individuais. Não existe ainda um meio de comprovar sua identidade (e impedir que outra pessoa afirme ser você) na internet. E é justamente isso que ocasiona uma série de males, desde fraudes na previdência social e em seguros até contas falsas nas mídias sociais para manipular as eleições. Se a autenticação multifatorial frustrasse os adversários assim que eles atacassem, dificultando o roubo de identidade e, consequentemente, impossibilitando que os criminosos se beneficiassem dos cibercrimes, conseguiríamos desestimular essa prática.

Já temos os meios para usar uma única identidade em diversas plataformas da internet, que se chama identidade federada. O Facebook, o Google e outras empresas aproveitaram o fato de que quase todo mundo tem conta em uma dessas plataformas, ou em ambas, para implementar o processo em muitos outros sites (o "Faça login com o Google" é praticamente onipresente). Contudo, nem o Google, nem o Facebook sabem realmente quem é você; logo, a eficácia de realizar a autenticação de que *você* é você mesmo depende das informações fornecidas no registro de suas contas. Apesar de ambas as empresas estarem tentando aos poucos validar as novas contas por meio da verificação dos nomes em relação aos números de telefone fornecidos e, em seguida, por meio do envio de mensagens de texto para esses mesmos números de telefone, os criminosos se provaram habilidosos em burlar esses sistemas. Os celulares descartáveis facilitam tudo isso, assim como os serviços pré-pagos, que fornecem novos números de telefone como se fossem aplicativos online, sem fazer perguntas.

A impossibilidade de provar sua identidade na internet é um problema bastante reconhecido, mas aparentemente sem solução. Quando é necessário provar sua identidade online, quase todos os sites dependem de um método de tentativa e falha de validação das informações históricas a seu respeito. Ao preencher a declaração de imposto de renda, um norte-americano fornece endereço, número de telefone, data de nascimento e número de seguridade social. Assim, qualquer pessoa em posse dessas informações pode solicitar sua restituição, o que levou a quase 600 mil casos de fraude nos Estados Unidos em 2017.

O mesmo vale para as fraudes de seguro, de contas bancárias novas e uma série de outros crimes cibernéticos que impedem o governo de recolher as receitas dos impostos, contribuindo para o aumento do preço dos seguros e para o prejuízo de bilhões à economia. E, a despeito de todas as perdas, ao que parece, o mercado não consegue solucionar esse problema. É neste momento que o governo deve intervir.

Identidade Liberada

Uma das primeiras iniciativas lançadas pelo governo Obama para abordar nossas falhas de cibersegurança foi a National Strategy for Trusted Identities in Cyberspace [Estratégia Nacional para Identidades Confiáveis no Ciberespaço] (NSTIC). Sameer Bhalotra, como primeiro diretor sênior de cibersegurança do governo, liderou essas iniciativas. Ele contou com o apoio de Jeremy Grant, que comandava o escritório do programa NSTIC, desde o início de 2011 até sua saída em 2015.

Os burocratas do governo são muitas vezes acusados de falta de imaginação e de ambição. Mas essas acusações não se aplicam à equipe que elaborou a estratégia NSTIC. O documento é visionário. O texto apresenta breves descrições que realmente o levam a imaginar as possibilidades em que Mary, ou outra pessoa fictícia, usa sua nova credencial online para realizar os tipos de transações que não conseguimos fazer online com facilidade hoje, como conseguir um crédito imobiliário. Sempre com o receio do abuso de poder do governo, sobretudo quando se trata de privacidade individual, a equipe de Obama não propôs o uso óbvio de um cartão de identificação emitido pelo governo com um chip digital. Basta se lembrar da briga por causa da Lei REAL ID — uma iniciativa do governo Bush para fazer com que os estados emitissem carteiras de habilitação seguras — e imaginar o porquê. Os norte-americanos têm uma desconfiança nata em relação às exigências federais de identificação. Nada é mais antiamericano do que cercear a liberdade de ir e vir, como ocorria na União Soviética, em que os cidadãos tinham que apresentar passaportes nacionais ou documentos para circular no próprio país.

Em vez de adotar um cartão de identidade nacional, a equipe do NSTIC adotou uma abordagem baseada no mercado, que forneceria possibilidades de identidade digital confiável para os consumidores usarem online. A estratégia previa uma série de possíveis fornecedores, desde bancos a provedores de identidade independentes. Apesar de ser uma estratégia sólida, havia dois problemas que a equipe NSTIC não conseguia resolver: a validação inicial dos usuários por meio de um evento de verificação presencial e fazer com que as empresas pagassem para usar as novas identidades.

A equipe NSTIC tentou convencer os Correios a fazer a verificação de identidade. Em todos os Estados Unidos, existem 4.800 agências de correio que já processam os pedidos de passaportes, incluindo a prova necessária da identidade feita presencialmente. Sameer Bhalotra se reuniu com o diretor-geral do Serviço Postal dos Estados Unidos e tentou convencê-lo a aderir à ideia. Ele achou que tudo era muito óbvio, pois os Correios já prestavam esse serviço para os passaportes, além de estar desesperado para encontrar novas fontes de receita, já que o serviço postal tradicional estava em declínio por causa da economia digital. Ele pensava que a ideia seria facilmente aceita. Mas não foi. As possibilidades eram bastante remotas, e a proposta não condizia muito com a missão do Correios, de entregar correspondências.

O segundo desafio era fazer qualquer um adotar o uso das novas identidades seguras e exigir que seus funcionários ou clientes as usassem. Bhalotra achava que os bancos seriam naturalmente mais receptivos, pois já precisavam fazer a autenticação dos clientes para abertura de contas-correntes, além de gastarem rios de dinheiro para combater fraudes. Os bancos também não compraram a ideia. Ele tentou incentivar a demanda fazendo com que as agências federais fossem as primeiras a colocar a estratégia em prática. Infelizmente, ninguém da IRS, State, DHS ou HHS — as principais agências que interagem com os cidadãos de maneiras que exigem prova de identidade — abraçou a ideia. Apelar diretamente aos consumidores também não serviria de nada, porque ninguém na comunidade de capital de risco achava que as pessoas queriam pagar por esse serviço.

Claro que nada disso significava que a abordagem era inadequada. Especialmente no governo, não há força mais poderosa do que o momento certo para uma ideia. Em 2011, as tecnologias não eram suficientemente maduras, e a necessidade de soluções era menos evidente. Em 2019, quando quase todos os norte-americanos foram vítimas de roubo de identidade, já tinha passado da hora de colocar em prática as soluções que o NSTIC desenvolveu e testou.

E Jeremy Grant não desistiu. Atualmente, consultor de tecnologia de um escritório de advocacia, ele segue de forma empenhada, no setor privado, muitos dos conceitos que ajudou a desenvolver dentro do governo. Jeremy ajudou a reunir o JPMorgan, o Bank of America, a Wells Fargo e o Citibank, entre outros, para formar a Better Identity Coalition. A ideia é criar uma parceria público-privada que tome como base os bancos de dados que armazenam as carteiras de habilitação nos Departamentos de Veículos Motores (DMV, na sigla em inglês) dos estados e os arquivos da Administração da Previdência Social dos Estados Unidos.

Ao entrevistarem as pessoas e exigirem diversas provas de identidade, os bancos reconhecem que os DMVs fazem um ótimo trabalho. É verdade que existem carteiras de motorista falsificadas, mas, se você verificar os bancos de dados do DMV, conseguirá saber que a carteira nunca foi emitida pelo DMV.

Apesar de todas as falhas associadas ao seu número e sistema de cartão, o Departamento de Seguridade Social é bastante competente em registrar a morte de alguém, assim como o Department of Veterans Affairs [Departamento de Assuntos de Veteranos dos Estados Unidos]. Como assumir a identidade de alguém que já faleceu é uma das técnicas criminosas mais comuns, o acesso aos registros de óbito ajudaria a identificar atividades de identidade fraudulentas.

No entanto, um dos problemas é que boa parte das agências estaduais do DMV tem um nível de cibersegurança precário em suas redes. Se os criminosos e os agentes secretos conseguem invadir o banco de dados do DMV e fazer alterações, talvez usá-lo como fonte de verificação não seja uma boa ideia. Por isso, os bancos estão buscando subsídios federais para ajudar os estados a melhorar a cibersegurança. Até que isso aconteça, talvez os DMVs não sejam a solução. Na melhor das hipóteses, eles assumem o papel de um sistema nacional de carteira de identidade, algo que provou ser politicamente insustentável por décadas, tanto pela esquerda como pela direita norte-americana. Ainda assim, conseguimos encontrar soluções viáveis que atendam às questões de privacidade e liberdades civis, ao mesmo tempo que aperfeiçoamos a identidade com um conceito simples: adesão voluntária das pessoas.

Nem todas as pessoas viajam de avião, mas isso facilita bastante as viagens pessoais e a trabalho. Depois do 11 de Setembro, as coisas ficaram mais difíceis. Os norte-americanos queriam ter certeza de que as outras pessoas no avião eram confiáveis, não terroristas. Logo, quando o governo interveio e colocou funcionários federais nos aeroportos que pediam para verificar seus documentos, ninguém se queixou muito. Mas não era qualquer documento de identificação — tinha que ser um documento emitido pelo governo e difícil de falsificar. Os governos estaduais foram informados sobre os padrões de segurança que deveriam incorporar às carteiras de habilitação e, depois de algumas reclamações, quase todos aderiram a eles.

Contudo, esse sistema gerou longas filas. Assim, ocorreram duas inovações, uma pública e outra, uma parceria público-privada. A Administração para a Segurança dos Transportes (TSA, na sigla em inglês) criou o TSA Pre-Check para pessoas que se dispuseram a preencher formulários, passar por uma verificação de antecedentes, ter sua biometria registrada, ser fotografadas e inseridas em um banco de dados federal. A TSA também autorizou uma empresa privada, a CLEAR, a gerenciar um sistema paralelo de autenticação de viajantes internacionais, por meio de uma combinação de seu cartão de embarque, leitura de íris ou impressões digitais e uma foto.

Ao usar o CLEAR, você se responsabiliza pela autenticação multifator, usando coisas que conhece, para obter o cartão de embarque. Desse modo, este cartão de embarque se torna algo seu. Afinal, sua biometria e sua foto fazem parte de quem você é. Ninguém o obriga a usar o programa CLEAR — na verdade, você teve que pagar por isso. Um sistema de incentivo semelhante existe para os dispositivos E-ZPass em carros.

Os norte-americanos aceitaram esses sistemas, que podem servir como modelos valiosos para incentivar a implementação de sistemas de autenticação mais fortes em outros setores. Podemos usar princípios semelhantes na criação de identidades online seguras. Podemos também apelar para um certo grau de obrigatoriedade governamental. Podemos fazer parceria com empresas do setor privado. As pessoas que optarem por não participar de outras identificações e verificações de antecedentes opcionais ainda serão atendidas, mas estarão sujeitas a mais análises, e o atendimento delas será mais lento.

Uma Nova Proposta de Autenticação: ReallyU

Com base nas lições do NSTIC e em como a identidade é tratada em outros setores, propomos um novo sistema de autenticação para garantir um grau mais alto de proteção de identidade e substituir identificadores desatualizados, como números da seguridade social. Como o ReallyU requer uma combinação de empurrões e grandes empurrões, ele teria que ser aprovado pelo Congresso. Sim, republicanos e democratas teriam que jogar limpo, pelo menos nesta lei.

A lei autorizaria empresas privadas que atendessem a certos padrões a emitir identidades ReallyU para uso online, interagindo com o governo e com as corporações. Com base na adesão voluntária, qualquer cidadão norte-americano poderia escolher uma empresa aprovada para ser seu provedor de serviços de identidade. Em seguida, ele passaria por um processo de prova de identidade que incluiria ser entrevistado no local, apresentar identificação governamental válida, fornecer dados biométricos e ser fotografado. Seria possível também fornecer um endereço de e-mail, número de celular e cartão de crédito ou outras informações bancárias, se assim ele desejasse.

Depois, o provedor ReallyU faria uma verificação de antecedentes para verificar se você é quem afirma ser. Neste processo, o provedor acessaria alguns bancos de dados do governo. Talvez seu provedor seja o Google (eles sabem tudo a seu respeito); talvez a Apple (se você usar um iPhone); quem sabe a Verizon (ou quem quer que seja o seu provedor de celular); ou mesmo a Mastercard ou a Visa, por meio do seu banco (você entendeu). Os provedores seriam pagos cada vez que validassem sua identidade para, digamos, a abertura de uma conta bancária ou para acessar seu registro na Receita Federal.

Cada provedor ReallyU poderia criar sua própria rede de identidade federada, da mesma forma que a Mastercard e a Visa criaram suas próprias redes de pagamento paralelas que incluem uma dose pesada de verificação de identidade. Por lei, as agências governamentais seriam obrigadas a aceitar qualquer uma das redes de identidade federadas aprovadas para transações online. As empresas que têm e-commerce e que operam online poderiam escolher os provedores que desejassem para firmar parceria.

Algo nesse sentido nos forneceria um sistema de identificação online que não seria parecido com uma carteira de identidade nacional, já que não seria administrado pelo governo, e a adesão seria voluntária, não obrigatória. Além desse pequeno empurrão para a regulamentação, o papel principal do governo seria ajudar a criar o mercado, fazendo com que as agências federais que exigem prova de identidade o aceitem e forneçam diversos tipos de serviço preferencial aos adeptos do ReallyU.

Assim que tivesse uma identidade ReallyU, qualquer norte-americano poderia usá-la para se identificar em qualquer empresa ou agência governamental que fizesse parte da rede federada. As agências governamentais envolvidas seriam a Receita Federal, a Seguridade Social, o Medicare, o Veterans Affairs e sistemas de aposentadoria de funcionários federais. Eles também poderiam continuar usando seus sistemas existentes.

No sistema ReallyU, qualquer empresa e agência governamental poderia conferir as informações no banco de dados federado para saber mais sobre determinada pessoa, sempre que ela se conectasse ao sistema para usá-lo. Elas passariam a exigir que a pessoa comprovasse sua identidade de diversas formas, com base em uma variedade de sistemas de dois fatores ou multifator, incluindo identificação facial (por meio de um smartphone ou câmera em seu notebook), impressão digital, leitura de íris ou uma única mensagem enviada para o seu celular ou e-mail. Em segundo plano, o sistema verificaria sua localização, o dispositivo que a pessoa está usando no momento e outras variáveis, da mesma forma que o ThreatMetrix faz agora com muitos bancos e outras instituições financeiras.

Como consumidores, os norte-americanos poderiam trocar de provedor de identidade sempre que quisessem. Todos poderiam basear suas escolhas na segurança, reputação ou em um relacionamento preexistente com a empresa. Poderiam optar por pagar pelo serviço e obter mais controle ou escolher um serviço gratuito (e possivelmente com anúncios de propaganda), embora consideremos que uma solução mais acertada seria as empresas cobrarem uma taxa para cada transação de prova de identidade ou evento de autenticação. Talvez o processo de trocar de provedor precise de regulações governamentais, como aquelas que já existem para o sistema de portabilidade de número de telefone que os norte-americanos usam hoje. Uma abordagem regulatória menos exigente, proveniente de um órgão como o Departamento do Comércio (e não de uma agência de segurança), acertaria o rumo das coisas.

O que aconteceria com o número de seguridade social? Os norte-americanos poderiam mantê-lo, mas não para provar nada. Conforme o ex-oficial cibernético do DHS, Phil Reitinger, tuitou: "O número de seguridade social é um identificador bom e horrível ao mesmo tempo." Supor que apenas um cidadão norte-americano, e apenas ele, saiba seu número de seguridade social é o tipo de coisa que não se sustenta mais.

Então, o que devemos fazer para que o Congresso chegue a um consenso e tudo isso funcione? Fizemos uma pequena lista.

Primeiro, é necessário que o Congresso dos Estados Unidos exija que o Serviço Postal e a TSA passem a oferecer serviços de prova de identidade presencial, não importa o quão relutante o atual diretor-geral dos Correios esteja. Assim como a FedEx e a UPS são concorrentes do Serviço Postal, esse tipo de exigência não colocará o monopólio nas mãos do governo e deve estimular a competição. A legislação deve exigir que o Serviço Postal firme parceria com empresas privadas para emitir e gerenciar as IDs, a parte tecnológica da solução. E o setor privado, sobretudo as empresas tecnológicas do Vale do Silício e seus parceiros de capital de risco, são bons neste quesito. Eles não são bons o suficiente quando se trata de gerenciar empresas físicas, onde a prova de identidade é feita por pessoas reais, mas isso o Serviço Postal já faz.

Segundo, o Congresso precisa exigir que o NIST desenvolva quaisquer padrões que julgue determinantes, para que a transferência contínua dos dados da prova de identidade e a troca de credenciais e, caso necessário, dos padrões existentes funcione.

Terceiro, é necessário que o Congresso obrigue as principais agências, incluindo a Receita Federal, a aceitar o sistema RealIyU. (Acabar com esse negócio de preencher uma declaração de imposto de renda eletrônica respondendo a perguntas "desafiadoras" sobre a declaração do ano anterior.)

Queremos esclarecer que o que propomos não é um conceito novo. Ele baseia-se em ideias e programas desenvolvidos por outras pessoas. No entanto, a nosso ver, estamos em um ponto em que a tecnologia está bastante desenvolvida e, atualmente, seus benefícios são claros. Mascarar a identidade é necessário tanto para o roubo financeiro, por parte dos cibercriminosos, quanto para todos os tipos de atividades maliciosas do governo e de redes corporativas, por parte de serviços secretos estrangeiros e de hackers militares. O roubo de informações de PIIs é um dos cibercrimes mais comuns, e as empresas gastam bilhões de dólares para preveni-lo. Se adotarmos um sistema voluntário de identificação multifator federado para atividades online, conseguimos mitigar esses riscos. Assim, boa parte dos usos criminosos de PIIs não funcionaria mais para acessar cartões de crédito ou fazer outras atividades financeiras, o que desestimula bastante esses roubos.

Embora tudo isso exija uma nova lei, alguns padrões e apoio federais, não seria um sistema de identificação governamental. Seria um sistema de identidade usado por empresas e pessoas que querem proteger suas identidades, ao mesmo tempo que colhem os frutos da economia digital. Seria algo mais parecido com o nosso atual sistema de cartão de crédito. E esse sistema poderia ser desenvolvido a partir das tecnologias existentes, juntando as peças aqui e acolá que já sabemos que funcionam. Precisamos somente de liderança, vontade e pessoas dispostas, que, juntas, joguem limpo, e isso vale também para o Congresso, nem que seja por um breve período de tempo.

Capítulo 9

RESOLVENDO O PROBLEMA DAS PESSOAS

Um assaltante, um espião, um fugitivo, um marginal, um hacker e um professor de piano... e esses caras são os mocinhos.

— SLOGAN DO FILME *QUEBRA DE SIGILO* (1992)

Frank DiGiovanni não é qualquer guerreiro cibernético. Ele é o guerreiro cibernético. Ex-piloto de caça da Força Aérea, ele agora trabalha na Marinha como cidadão comum. As paredes de sua sala no Pentágono são decoradas com uma coleção de memorabilia conquistada ao longo de uma vida inteira defendendo seu país: condecorações militares, fotos das equipes que participou, facas táticas e uma infinidade de *challenge coins*[1] que recebeu das unidades militares em agradecimento e mérito aos seus serviços. DiGiovanni serviu como diretor de Treinamento de Força no gabinete do secretário adjunto de Defesa para Prontidão, foi subchefe de Operações

---

1 N. da T.: As *challenge coins* (moedas de desafios) remontam à tradição militar dos Estados Unidos e de alguns países do mundo. São dadas a militares de determinada unidade que participaram de operações especiais, como símbolo de agradecimento, honra e mérito. Hoje em dia, seu uso também se extende a outros campos de atuação.

Navais no programa Manpower, Personnel, Training and Education (MPT&E), e atualmente é diretor-adjunto do Expeditionary Warfare [Divisão de Força Expedicionárias de Fuzileiros Navais]. Em todas essas funções, DiGiovanni foi encarregado de pensar a respeito de como os militares dos EUA treinam para lutar no ciberespaço. Ele chegou a algumas conclusões dolorosas sobre uma área que muitos concordariam estar debilitada.

Rompendo as Barreiras do Hype

Por causa da preocupação incessante com a crise de mão de obra na área, a comunidade de cibersegurança está aflita. Apesar de todos os relatos sobre o déficit de especialistas em cibersegurança, existem novos programas que pretendem combatê-lo. "A mão de obra em cibersegurança é uma crise industrial!", declara Brian NeSmith, CEO de um provedor de serviços gerenciados de segurança bastante respeitado. De fato, existe uma série de problemas que precisamos resolver para conseguir a mão de obra necessária aos Estados Unidos. Mas temos primeiro que acabar com o hype. As manchetes alardeiam a escassez de mão de obra de 1 milhão ou mais de pessoas. NeSmith menciona números que frequentemente giram em torno de 3,5 milhões de posições não preenchidas até 2021. No entanto, existe um coeficiente importante aqui. Esse número é global, se refere a todo o planeta — 195 países e 7,6 bilhões de pessoas.

Existe uma trindade diabólica de forças cujo interesse é promover a crise. O primeiro grupo dessa trindade são empresas que não gostam dos altos salários que os profissionais de cibersegurança ganham. Atrair mais pessoas para a área criando uma baixa demanda, com o objetivo de reduzir os custos, seria interessante. No Congresso, sempre que surge a questão sobre a reforma da imigração, as empresas tecnológicas, na esperança de ampliar o programa de vistos H-1B para profissionais técnicos, mencionam a crise de mão de obra na cibersegurança como fator determinante.

O segundo grupo é a própria indústria de cibersegurança, que não quer necessariamente mais trabalhadores em campo. As empresas querem que seus clientes comprem mais produtos e serviços, incluindo serviços gerenciados de segurança que terceirizarão a mão de obra, automação do fluxo de trabalho e IA, que substituirão os trabalhadores. O recado é claro: você não pode contratar as pessoas de que precisa. Trate de encontrar uma saída para seu problema.

O terceiro e último grupo que vive insistindo na crise da mão de obra são os programas de treinamento de segurança, que surgem indiscriminadamente em todas as universidades e faculdades comunitárias para competir com os programas das universidades privadas. Todos estão interessados em fazer com que o problema pareça fora de controle. Mas o que os números realmente nos dizem?

O Censo Cibernético

Quando a tarefa de ajudar a solucionar a crise da mão de obra na cibersegurança foi dada à competente equipe do NIST, uma das primeiras coisas que o pessoal fez foi obter uma estimativa precisa, detalhada e útil da força de trabalho e das vagas abertas existentes. Em seguida, o NIST criou um censo online, chamado Cyberseek, sobre a mão de obra e as vagas abertas em cibersegurança, que nos aproxima dos números concretos do problema. Só que esses números nos contam uma história com mais nuances do que aquela que as empresas tecnológicas, os fabricantes de ferramentas e os programas de treinamento querem que acreditemos.

Os cálculos do NIST demonstram que a mão de obra cibernética total nos Estados Unidos é de 768.096 pessoas e que, no período de um ano, 301.873 vagas de emprego foram abertas. Depois, eles calcularam de modo diligente que, para cada 2,5 pessoas empregadas na área de cibersegurança, há uma vaga sobrando. Em escala nacional, em todas as áreas profissionais, existem 6,5 pessoas para cada vaga, então a disputa por vagas no mercado de cibertalentos é acirrada. No entanto, as coisas ficam interessantes quando falamos de certificações. Ao analisar as ofertas de trabalho que exigiam profissionais certificados, o NIST desconsiderou as certificações solicitadas. Em seguida, o NIST comparou essas ofertas de trabalho com os profissionais que têm essas certificações. Os cálculos resultantes sugerem que os programas de treinamento que buscam atrair as pessoas para a área estão resolvendo o problema errado.

Nós dois recebemos com frequência e-mails ou somos abordados em conferências por pessoas que tentam entrar na área de cibersegurança. Muitas vezes, elas não têm ideia de por onde começar e estão mais interessadas nos aspectos políticos da cibersegurança. Em geral, damos o mesmo conselho para todo mundo. Primeiro, estude para ter uma base técnica. No Linux, aprenda a trabalhar via linha de comando, aprenda a linguagem de programação Python e, depois, faça um curso de teste de penetração. No entanto, cada vez mais, conversamos com pessoas que fizeram diversos cursos e tiraram uma série de certificações básicas, mas que, ao se candidatarem a dezenas de vagas de emprego, nunca recebem um retorno sequer.

Ao que parece, não existe demanda para ingressar na área: o mercado ou quer profissionais em uma fase intermediária de carreira, ou experientes. Basta analisar os dados e conversar com os gerentes para comprovar isso. Seja lá qual for a empresa, os responsáveis pela área de cibersegurança primeiramente precisam brigar para conseguir dinheiro. E, caso consigam, precisam brigar para conseguir funcionários. Comumente, as empresas estão dispostas a gastar um bom dinheiro com cibersegurança, mas elas também brigarão para que as equipes tenham o menor número de pessoas possível ou ainda para que tenham um número menor do que o possível. Se um diretor de segurança pode contratar uma equipe, a última coisa que ele deseja é contratar alguém que acabou de entrar na área e que precisará ser treinado por um período de um a dois anos até que a empresa possa realmente extrair algum valor dessa pessoa.

Os dados do Cyberseek demonstram que um total de 167.776 pessoas tirou a certificação básica de segurança CompTIA Security+. Mas existem apenas 33.529 vagas de emprego que exigem essa certificação, ou seja, temos a proporção de cinco pessoas para cada vaga. Se, em termos gerais e econômicos, tivermos 6,5 pessoas para cada vaga, chegamos à conclusão de que a demanda em cibersegurança para profissionais de nível básico não é maior do que a demanda do comércio varejista.

Entretanto, se formos mais além, as proporções começam a mudar significativamente de rumo. Por causa de sua relação tradicional com a NSA, os programas da entidade certificadora Global Information Assurance Certification (GIAC) costumam exigir um nível superior de habilidades. Nos Estados Unidos, há 45.527 profissionais certificados pela GIAC, e há 33.239 vagas que exigem esta certificação. Pode-se supor que quase todas as pessoas que tiraram certificações GIAC já estejam empregadas. No caso dos profissionais com as certificações

CISSP (Certified Information Systems Security Professionals), CISA (Certified Information System Auditors) e CISM (Certified Information Security Manager), há mais ofertas de vagas do que pessoas certificadas. Curiosamente, para aqueles que acreditam que o déficit de *know-how* é apenas técnico, a demanda por auditores com certificação CISA e gerentes com certificação CISM está em alta.

Se o verdadeiro déficit de mão de obra em cibersegurança não reside no ingresso de profissionais na área, e sim na escassez de profissionais experientes, temos um problema mais difícil de resolver. Não adianta atrair milhares de pessoas para a área, que muitas vezes gastam rios de dinheiro em mensalidades e cursos básicos de treinamento, se elas não forem capazes de encontrar empregos e se novos programas de carreira não forem criados.

O Fracassado Mercado da Mão de Obra Cibernética

Podemos ser tentados a concluir que o problema da mão de obra na área de cibersegurança se resolverá com o tempo. Afinal, para que um analista de segurança júnior com uma certificação CompTIA Security+ se torne um CISO, ele tem que percorrer um longo caminho. Porém, ao mesmo tempo que mais campos de atuação indispensáveis à nossa sociedade começam a operar online e mais empresas fecham as portas ou aderem à tendência *digital-first*, as manchetes assustadoras também apresentam um fundo de verdade: o déficit da mão de obra ainda está crescendo, e as forças do mercado sozinhas não estão conseguindo solucioná-lo. Na maioria dos casos, achamos que, quando os mercados fracassam, os governos precisam intervir. Ainda que a intervenção governamental muitas vezes se traduza em medidas regulatórias boas, mas arcaicas, acredito que neste caso isso não ajudará a solucionar a crise. E, embora a cibersegurança seja um problema do século XXI, podemos aprender com dois episódios históricos improváveis: os desafios militares do século XX e as guildas da Idade Média.

Quando Frank DiGiovanni recebeu a tarefa de descobrir como os militares poderiam treinar mais guerreiros cibernéticos (e mais eficientes), antes de mais nada, ele analisou como funcionavam os atuais programas de treinamento militar em campo e chegou à alarmante conclusão: o Departamento de Defesa não sabia quem estava procurando nem como treinar um guerreiro cibernético. Segundo DiGiovanni: "Estávamos realocando pessoas dos departamentos de comunicação e inteligência, em vez de chamarmos quem nasceu na comunidade cibernética. O serviço militar estava tomando o caminho mais fácil, em vez de realocar as tropas em áreas afins e se perguntar: 'Do que eu preciso para fazer este trabalho? Quais são as pessoas com determinadas qualidades que conseguem fazer isso? O que preciso para treiná-las?'"

Conforme DiGiovanni buscava identificar pessoas capazes de se tornar, em suas palavras, guerreiros cibernéticos, ele rapidamente concluiu que os testes básicos de aptidão militar eram falhos. "Os testes que aplicamos às pessoas para avaliar a inteligência simplesmente desconsideram grande parte do que é necessário para ter sucesso."

Ele identificou uma série de qualidades essenciais que estava procurando, com base em entrevistas que conduziu com aqueles que foram bem-sucedidos fazendo o trabalho que ele precisava para treinar seus recrutas — atuando como hackers implacáveis. Ele conversou com dezenas de pessoas. Agora, DiGiovanni sabia que estava procurando pessoas autodidatas, que aprendessem melhor sozinhas do que sentadas em uma sala de aula, que fossem obcecadas por natureza e mergulhassem de cabeça em um assunto novo ("Pode ser qualquer coisa — café, cerveja, carros —, basta ser intensamente curioso"); o tipo de pessoa que fosse totalmente devotada ao trabalho e que nunca desistia de um problema até resolvê-lo.

As pessoas que DiGiovanni procurava também tinham que estar interessadas em "buscar status". Elas poderiam ser "disruptivas", no sentido hacker da coisa, ou "builders", no sentido de cultura builder, desde que quisessem fazer as coisas que outras pessoas não conseguiam. Elas também teriam que ser pessoas orientadas a processo, criativas, mas dentro dos limites. Por fim, esses indivíduos tinham que apresentar uma personalidade semelhante à dos hackers e uma disposição nata para desafiar o status quo a todo momento, atitudes que a cultura militar não costuma incentivar.

Frank DiGiovanni foi procurar candidatos que se encaixassem nessas qualidades entre os militares e o efetivo civil do Pentágono. Mas, quando os encontrou, ele não os colocou em uma sala de aula normal. DiGiovanni realmente acredita que boa parte das competências exigidas não são bem aprendidas sentando-se em uma cadeira para ler um livro, assistir a uma aula ou fazer uma prova. Ele acha que esses modelos tradicionais de aprendizagem são improdutivos para a cibersegurança, apesar de ser o *modus operandi* que os militares usam para treinar a maioria dos recrutas nas missões de cibersegurança. E é como boa parte das universidades está abordando o problema. DiGiovanni, por outro lado, defende a aprendizagem experiencial e guiada "autodidata". Em sua opinião, aprende-se melhor sobre cibersegurança na prática, principalmente quando se trabalha sozinho e recebe a devida orientação.

Talvez o melhor jeito de aprender sobre cibersegurança seja se isolar por uma década no porão ou na garagem de seus pais e mergulhar de cabeça nos códigos e nos estudos, mas os Estados Unidos não podem esperar tanto tempo. Assim, encontrar um modo de identificar estudantes com as habilidades naturais adequadas e, em seguida, direcioná-los para um programa de aprendizagem prática pode ser uma abordagem melhor. Inspirado por essa ideia, DiGiovanni criou o Cyber Operations Academy Course, e seu primeiro passo foi contratar um bando de caras que trabalharam na TAO (Tailored Access Operations) da NSA.

A TAO é a lendária equipe de hackers de elite da NSA. Eles realizam operações focadas contra os alvos mais barra pesada do mundo (outros Estados-nação). Esses hackers são a própria definição de uma ameaça persistente avançada. A TAO contrata uma boa dose de talentos recém-saídos do colégio e, por meio do convincente argumento "venha hackear uns sistemas a serviço de seu país, tudo dentro da lei", recruta muitos profissionais na Universidade de Maryland, MIT e Stanford.

Frank DiGiovanni encontrou uma pequena empresa, a Point3 Security, fundada por um ex-operador da TAO chamado Evan Dornbush e outros ex-colegas do governo, que estava lutando para colocar seu novo sistema de endpoint no mercado. Então, sugeriu o seguinte a eles: "Desenvolvam um curso para mim e fiquem à disposição em um laboratório, para ajudar meus alunos. Quando estiverem empacados em algum problema, deem dicas a eles, ou fiquem à vontade para desafiá-los nos códigos." Assim, a equipe passou a desenvolver uma série de desafios cada vez mais difíceis para os estudantes. Ninguém fazia testes de múltipla escolha nem dava aulas.

Quando os alunos estavam em um beco sem saída, recorriam aos instrutores, que simplesmente respondiam: "Procure no Google."

Como recurso de apoio, havia manuais de programação e publicações da área espalhados em todo o laboratório; contudo, o recurso mais valioso normalmente eram os outros estudantes. O primeiro ano do curso foi pesado. Muitos estudantes, oriundos do DOD e dos efetivos militares e civis, desistiram e retornaram aos seus antigos empregos. No entanto, alguns foram infectados pelo vírus da cibersegurança, adquiriram conhecimento o bastante e, atualmente, têm carreiras prósperas no Exército, no governo federal e, em alguns casos, no setor privado. O que fez do programa um sucesso foi o Pentágono oferecer empregos para aqueles que tiveram êxito.

De sua parte, os caras da Point3 conseguiram finalizar sua tecnologia de endpoint, Odile, e disponibilizá-la no mercado. Eles firmaram uma parceria *white label* com algumas empresas e estão satisfeitos com o produto que desenvolveram. Contudo, eles passam boa parte do tempo comercializando o curso que desenvolveram para o Pentágono. Eles criaram o Escalate, uma série de desafios cada vez mais difíceis que os estudantes podem fazer online. Os três primeiros são gratuitos. Fora isso, os estudantes ou as empresas para as quais trabalham desembolsam US$3 mil por ano para ter acesso ao programa. E, como no curso presencial, os instrutores estão à disposição quando os alunos se encontram em um beco sem saída.

Evan Dornbush, tanto como treinador quanto como gerente de contratação, enxergou o valor da abordagem que Frank DiGiovanni lhe propôs. A Point3 está em franca expansão, e ele ainda quer preencher muitas vagas. "As pessoas chegam com certificações do tipo CISSP", afirma Evan. Ele lhes propõe um desafio no Escalate e todos ficam sentados sem ter ideia de como analisar o malware que ele lançou contra elas. Todos sabem o que é análise de malware e provavelmente tiraram a nota máxima no exame CISSP, mas não sabem como fazer essa análise. "Você quer que eu o contrate como analista de malware se eu lhe dei um malware e você não consegue analisá-lo?"

Claro que a Point3 não é a única empresa que tem uma oferta online como essa. A Immersive Labs, uma empresa do Reino Unido, está adotando uma abordagem parecida e tem diversos clientes em instituições financeiras de grande porte. Esta é uma abordagem melhor, custa menos do que aulas presenciais e pode ser usada para avaliar a competência da atual mão de obra, bem como fornecer treinamento adicional. Logicamente, não é possível formar todos os profissionais altamente qualificados que o mercado exige em um curto espaço de tempo. Para isso, os estudantes que fazem esse tipo de curso à noite e aos finais de semana também precisam ter a oportunidade de trabalhar em problemas reais durante o dia.

É aqui que a instrutiva abordagem que os militares adotaram para novos campos técnicos no século XX entra em cena. Quando o almirante Hyman Rickover criou a Marinha Nuclear, reconheceu que o programa nunca seria bem-sucedido se ele não pudesse garantir que nenhum incidente nuclear aconteceria. E como o Almirante era do tipo controlador, ele escolheu pessoalmente cada oficial que se juntou a seu programa e também decidiu que a Marinha treinaria todos os seus engenheiros nucleares internamente.

Até hoje, não basta você ter um curso de graduação ou mesmo um doutorado em engenharia nuclear para entrar no programa de treinamento da Marinha Nuclear. O único pré-requisito é saber cálculo. Os membros alistados são escolhidos com base em seu desempenho na Bateria de Testes de Aptidão Profissional para as Forças Armadas, que avalia as habilidades, não o conhecimento especializado. Do mesmo modo que fazer aulas particulares de voo não é um requisito nem uma vantagem para se tornar um piloto militar.

Os militares treinaram rapidamente uma mão de obra grande e especializada tanto para a Aviação quanto para a Marinha Nuclear. Por sua vez, essa mão de obra treinada contribuiu para a força de trabalho civil assim que completou seus requisitos de serviço. Nos Estados Unidos, se você for a qualquer usina nuclear ou conversar com qualquer piloto civil, existe uma boa possibilidade de encontrar alguém que primeiro tenha sido treinado pelos militares. Como Frank DiGiovanni salienta, quando a Segunda Guerra Mundial começou na Europa em 1939, o Corpo Aéreo do Exército dos Estados Unidos tinha capacidade para apenas 1.500 aeronaves. Em 1944, o sucessor das Forças Aéreas do Exército tinha 80 mil aeronaves e 2,5 milhões de homens e mulheres a seu serviço. No final da guerra, como muitos pilotos estavam deixando o serviço militar, o crescente mercado de aviação civil os absorveu.

Atualmente, o US Cyber Command tem cerca de 8 mil funcionários. Se existem mais de 300 mil vagas de emprego, os militares norte-americanos que saem das Forças Armadas estão longe de ser a principal fonte de talentos para preencher essa lacuna. Não restam dúvidas de que o Cyber Command precisa crescer, mas, se continuarmos seguindo o caminho no qual o setor privado é responsável pela própria segurança, nunca teremos veteranos qualificados o bastante para a força de trabalho civil. Em vez disso, a abordagem de recrutar, treinar, mobilizar e retreinar precisa ser adotada tanto pelo governo civil quanto pelo setor privado.

No Pentágono, muitos se queixam de que, logo que treinam alguém, o setor privado corre para contratá-lo. Bobbie Stempfley, ex-líder do Gabinete de Cibersegurança e Comunicações do Departamento de Segurança Interna, costumava ironizar que, se o governo é tão ruim em cibersegurança, por que o setor privado constantemente alicia seus funcionários? Mas, em vez de se queixar dessa rotatividade de pessoas, devemos incentivá-la. Talvez não haja uma forma melhor e mais direta de o governo apoiar o setor privado do que recrutar e treinar a mão de obra em cibersegurança que as empresas desejarão contratar desesperadamente. A criação de um programa desse tipo em uma agência governamental civil como o DHS provavelmente atrairia um grupo diferente, e talvez maior, de candidatos que não têm vocação para o serviço militar. Após concluírem o treinamento, os participantes seriam obrigados a servir ao governo durante alguns anos para pagar os custos, mas os empregadores do setor privado poderiam desonerá-los desse serviço ao pagar o governo e contratá-los.

Guildas Cibernéticas

No setor privado, replicar um programa como este seria mais difícil. Normalmente, não é do interesse dos acionistas treinar novos funcionários do zero. Para exemplificar, vamos imaginar uma personagem, tomando como base pessoas reais, que nós conhecemos. Ela é CISO de uma empresa de médio porte que fatura US$3 bilhões por ano e que tem 8 mil funcionários. Ela responde ao CIO, que supervisiona um departamento de TI com cem pessoas. Três anos atrás, ela era diretora de segurança de TI e ninguém se reportava a ela; agora como CISO, ela tem dois subordinados diretos. O conselho da empresa e o CEO estão totalmente engajados na cibersegurança e aumentaram o orçamento dela todos os anos, nos últimos três anos. Nossa CISO pode comprar qualquer ferramenta que quiser, menos contratar pessoas.

Seu CFO controla o quadro de funcionários com mãos de ferro. Funcionários são caros — eles representam compromisso financeiro e legal. Contratar um grupo de pessoas juniores e treiná-las não vai acontecer de jeito nenhum. Quando ela consegue aprovação para contratar alguém, essa pessoa tem que ser um "ninja" ou um "mago", alguém que esteja no nível intermediário de sua carreira e tenha experiência em todas as áreas de operações cibernéticas. Entretanto, um funcionário júnior pode adquirir uma valiosa experiência trabalhando nos problemas desta empresa e pode usar o que aprendeu todos os dias em um programa online como Escalate, quando for estudar à noite (ou durante todas as noites, pois provavelmente ele ficará empacado nos problemas noite adentro). É aqui que as guildas do passado entram em cena.

Obviamente, aprender com a prática não é uma ideia nova. Os programas de aprendizagem prática foram formalizados na Idade Média, mas caíram em desuso nos Estados Unidos, exceto por alguns ofícios especializados (encanamento, carpinteiros e eletricistas muitas vezes ainda contratam e treinam aprendizes). No final do governo Obama, quando uma comissão nomeada pelo presidente analisou o problema da mão de obra, concluiu que o próximo presidente deveria criar um programa nacional de aprendizagem em cibersegurança, com o objetivo de treinar 50 mil novos profissionais de cibersegurança até 2020. Mas o governo Trump não levou essa iniciativa adiante.

Felizmente, alguns dos líderes do setor privado indicados pelo presidente Obama para a força-tarefa perceberam que o programa não precisa ser liderado pelo governo. Ajay Banga, CEO da Mastercard, pressionou a liderança da Microsoft, do Bank of America e da Workday para se juntarem a ele na criação da Cybersecurity Workforce Initiative, com o intuito de cumprir essa meta. Nesse programa, os estudantes que buscam um curso de graduação ou pós-graduação em cibersegurança terão que passar um período de dois anos em tempo integral desempenhando funções relacionadas em agências federais como DOD, FBI, CIA, DHS, no Tesouro e na Administração de Pequenos Negócios. Depois disso, os estudantes farão a transição para vagas ofertadas pelas empresas que participam da iniciativa. No final do programa, os patrocinadores corporativos pagarão todas as dívidas pendentes de empréstimos estudantis de até US$200 mil. Mais de 45 universidades se comprometeram com a iniciativa, como Harvard, MIT e uma série de faculdades e universidades historicamente negras. Os executivos fundadores se comprometeram a contratar no mínimo cinco participantes do programa por ano.

Logicamente, se apenas as empresas fundadoras adotarem o programa e assumirem seus compromissos de contratar cinco estudantes do programa por ano, essa iniciativa não contribuirá muito para preenchermos a lacuna de mão de obra. Alex Niejelow, vice-presidente sênior da Mastercard (e ex-colega de Rob Knake na Casa Branca), que ajudou a moldar a iniciativa com Ajay Banga, espera que o programa cresça rapidamente. "Temos quatro gigantes de tecnologia liderando essa iniciativa; esperamos que o resto do mercado as acompanhe, pois todas as empresas estão enfrentando essa crise."

Esperamos que Niejelow esteja certo, mas, em última análise, acreditamos que o governo precisará fazer duas coisas. Em primeiro lugar, é necessário pressionar o mercado para acabar com a exigência de cursos de graduação para ingresso na área. Em vez disso, precisamos seguir o caminho dos programas profissionais. Hoje, muitos, se não boa parte dos melhores profissionais que conhecemos que trabalham nas áreas mais técnicas de cibersegurança, não são graduados em ciência da computação. Se a segurança nacional dos Estados Unidos precisa que calouros universitários tomem boas decisões em relação a suas carreiras, nós provavelmente estamos perdidos. A nosso ver, um bootcamp, como aquele que Frank DiGiovanni foi precursor, é um caminho melhor para a área do que enfatizar a educação formal. Em segundo lugar, o governo pode precisar subsidiar empresas privadas para que elas forneçam programas para aprendizes, visto que o governo federal sozinho talvez não consiga fornecer as vagas iniciais que preencham essa lacuna.

Certamente, esta abordagem vem com riscos inerentes: podemos treinar centenas de milhares de pessoas em cibersegurança apenas para que sejam substituídas por robôs. No Centro de Operações de Segurança dos Estados Unidos (SOC), a inteligência artificial está ganhando espaço na automação de algumas tarefas básicas realizadas por analistas de nível 1, como monitoramento contínuo das ameaças críticas (*eyes on the glass*). Na verdade, é possível que, em uma ou duas décadas, a força de trabalho em cibersegurança diminua. No entanto, como a Apple, o Google e a Amazon investiram bilhões de dólares em assistentes domésticos digitais que ainda não conseguem nem elaborar uma lista de compras, achamos que demorará bastante para que os profissionais qualificados fiquem sem emprego na área.

Capítulo 10

REDES DE ENERGIA E JOGOS DE PODER

Este é o maior blackout da história dos Estados Unidos. Se isso não é um sinal de que temos um problema a ser solucionado, eu não sei o que é.

— JENNIFER GRANHOLM, EX-GOVERNADORA DO MICHIGAN, *AMERICAN MORNING*, CNN, 18 DE AGOSTO DE 2003

Era o ano de 2003 e muitas pessoas ainda estavam apreensivas com o ataque de 11 de Setembro, ocorrido menos de dois anos antes. "Nova York estava um caos." Pouco antes das 17h do dia 14 de agosto, um produtor desesperado encontrou o apresentador Ted Koppel, do ABC News, no corredor e lhe disse que a rede de televisão ABC havia perdido o contato com a nave-mãe, a Network Control, em Manhattan. "Naquele momento, estávamos rodando toda a rede nacional daqui de Washington." A ABC colocou em prática seu plano de recuperação de desastres e transferiu o controle para D.C. "Temos que seguir em frente", disse o produtor a Ted. "Agora. Ao vivo."

Apesar de a maioria dos habitantes de Washington ter fugido para a praia, por causa das férias escolares e do Congresso, Ted Koppel ainda estava lá. Por mais de vinte anos, Ted foi o âncora do talk show *Nightline*. De segunda a sexta-feira, o programa passava às 23h30, horário da Costa Leste. Mas, naquele dia, ele gravou boa parte do programa noturno no período da tarde na sede da ABC News de Washington. O episódio nunca foi ao ar.

O produtor disse a Ted que havia ocorrido um grande blackout. Nova York estava no escuro, assim como Cleveland, Pittsburgh e boa parte da região Nordeste. Sem mais informações, Ted Koppel se sentou em um banquinho em frente a uma câmera e tentou explicar para o resto do país o que estava acontecendo. O problema era que ele não sabia o que estava acontecendo. Ninguém sabia. Ted estava improvisando, mas, como era um profissional da televisão em uma transmissão ao vivo, ele transparecia calma para os telespectadores nervosos.

Dick Clarke, na época comentarista da ABC News, também estava na sede em D.C. quando o controle da rede nacional foi transferido para um pequeno prédio, em uma rua lateral no centro de Washington. O guarda o impediu de sair do prédio e o encaminhou para o estúdio. Em poucos minutos, ele se encontrava sentado ao lado de Ted Koppel, explicando aos telespectadores que havia três redes de energia elétrica isoladas nos Estados Unidos (conhecidas como Interconnects) — nas regiões Leste, Oeste e no Texas, e dentro delas havia sub-regiões, como a área do Médio Atlântico, conhecida como PJM (Pensilvânia, Nova Jersey e Maryland). "Parece que o pessoal da PJM agiu bem a tempo de nos desconectarem; caso contrário, Washington também estaria no escuro", comentou Dick Clarke.

"Dick, isso não tem nada a ver com terrorismo, né?", perguntou Ted, procurando passar segurança às pessoas.

Dick fez uma pausa. Ele sabia muito sobre a vulnerabilidade das redes elétricas a sofrerem um ciberataque, mas não podia falar disso publicamente. Como o primeiro *Cyber Czar* do país, ele vivia pressionando as empresas de geração e distribuição de energia a implementarem regulamentações de cibersegurança significativas. No entanto, o lobby no setor de energia elétrica discordava com veemência e, em grande parte, levou a melhor. Mas, a National Strategy to Secure Cyberspace [Estratégia Nacional de Segurança do Ciberespaço] de 2003 do presidente George W. Bush, lançada seis meses antes do blackout, enfatizava a necessidade de aumentar a proteção dos controles cibernéticos da rede elétrica.

Assim, ao responder Koppel nas primeiras horas do blackout, Dick sugeriu que não havia como saber naquele momento se a rede havia sido alvo de um ataque, mas que, sim, era possível que atividades maliciosas derrubassem a rede elétrica. Koppel minimizou tal ideia.

Quando uma Árvore Cai em uma Floresta

Uma investigação conjunta entre os Estados Unidos e o Canadá concluiu, um ano depois, que a culpa era de uma árvore. Para sermos justos, era uma árvore enorme, em Ohio, que havia caído e sobrecarregado uma linha de transmissão. E, em meio à investigação, havia um comentário de que um worm, que rodava de modo descontrolado naquele dia, poderia ter deixado a rede de controle mais lenta, e possivelmente ter contribuído para as falhas em cascatas, derrubando os circuitos elétricos que forneciam energia para 50 milhões de pessoas. Ainda assim, ninguém queria afirmar que a rede elétrica poderia ser derrubada por atividades maliciosas da internet. Em retrospecto, o desastre de 2003 não foi um incidente cibernético, no entanto, Dick e outras pessoas sabiam que uma catástrofe como essa poderia ter sido causada por um ciberataque.

Doze anos depois, Ted Koppel também estava convencido disso. Ele escreveu um livro sobre a ameaça de um ciberataque lançar os Estados Unidos nas trevas não por horas, mas por meses a fio: *Ciberataque: Você também pode estar sob ameaça*. Na obra, Koppel afirma que os ciberataques podem deteriorar os transformadores e geradores de energia a ponto de os danos serem irreparáveis, e que existem poucas peças sobressalentes para substituição. Demoram meses para fabricar peças novas.

Mesmo assim, em pleno 2015, alguns críticos acharam que *Ciberataque: Você também pode estar sob ameaça* era um absurdo, um exagero ou muito alarmista. Só que a essa altura, deveriam existir poucas dúvidas. Em 2007, um gerador foi atacado e destruído via internet em um experimento controlado no Laboratório Nacional de Idaho. Em 2015, ao assumirem remotamente o controle da central de operações de uma estação de energia elétrica, hackers russos fizeram com que a central aparentasse o funcionamento normal e, em seguida, derrubaram o circuito de disjuntores em toda a subestação, deixando boa parte da Ucrânia no escuro. Um ano depois, eles atacaram de novo, mergulhando outra região da Ucrânia nas trevas.

Naquela época, roteiristas de cinema e TV, assim como escritores de suspense, haviam abraçado totalmente a ideia de hackers derrubando a rede elétrica. A ideia foi até premissa no filme *Duro de Matar 4.0*, estrelado por Bruce Willis, e na série televisiva *Madame Secretary*, em que um presidente norte-americano retaliava a Rússia deixando Moscou na escuridão invernal. (Em 2017, a ideia de o presidente enfrentar a Rússia parecia mais fictícia do que qualquer ciberataque.)

A Autorregulação É o Bastante?

Entretanto, o setor de energia elétrica persistia negando que houvesse um problema. O órgão autorregulador, o North American Electric Reliability Council (NERC), considerou que suas regras para proteção de infraestrutura crítica (conhecidas por todos no ramo como *"nerk sip"*[1] eram adequadas para proteger a rede contra os hackers. O órgão regulador governamental, a Federal Energy Regulatory Commission (FERC), tendia a ceder à indústria. (Em 2019, no entanto, a FERC assumiu uma posição mais firme e multou a Duke Energy em US$10 milhões por falhas de cibersegurança.)

Na realidade, os lobistas da indústria elétrica eram tão poderosos que somente parte da rede de distribuição de energia estava sujeita a qualquer regulamentação federal. A fiscalização da FERC está restrita ao sistema de distribuição de energia em massa (BPS). Mesmo assim, o grupo industrial conseguiu isentar 90% da rede de distribuição elétrica da regulamentação, com a afirmação de que essas redes eram de "baixo impacto" e não críticas.

Os "últimos quilômetros" dos sistemas de distribuição de energia elétrica são inacessíveis aos órgãos reguladores do governo federal. Os governos estaduais, que mostraram pouco interesse ou competência em regulamentar a cibersegurança das redes de energia, têm

---

[1] N. da T.: Trocadilho com a palavra inglesa *nerk*, que significa algo inquestionável, duvidoso, e NERC, o órgão autorregulador.

autoridade legal sobre elas. As companhias de energia perceberam que os governos estaduais, responsáveis por regulamentar o preço da energia elétrica, estão bastantes relutantes em autorizar aumentos nas tarifas de conta de energia. Logo, veja, não há como as empresas conseguirem o dinheiro para bancar a melhoria na cibersegurança, mesmo se quisessem.

Contudo, a FERC passou a exigir que as companhias de energia relatassem os incidentes cibernéticos nas redes sob sua autoridade. Mas entre 2015 e 2016 ninguém reportou nada. Isso contribuiu para a total incredulidade até mesmo da FERC e da NERC, que iniciaram um processo em 2018 para reduzir o alcance dos incidentes reportados. A FERC chegou a fazer uma proposta mais radical (um comentarista chamou-a de "mudança drástica"), a de que os dispositivos portáteis que se conectam à rede, como notebooks e tablets, atendam aos padrões de cibersegurança. Mas a recém-descoberta coragem da FERC pode não ter sido o bastante ou foi tardia demais.

No segundo semestre de 2017, o Departamento de Segurança Interna estava alertando as companhias de energia elétrica, sem fazer muito alarde, de que havia bons motivos para se acreditar que possíveis nações adversárias estavam tentando penetrar nos controles da rede de distribuição de energia dos EUA. Para algumas empresas que foram notificadas, isso não era nenhuma novidade, pois algumas delas já estavam monitorando essas tentativas há anos. Outras, ao que tudo indica, preferiam ignorá-las. Elas insistiam no mantra de que suas regras eram compatíveis com o *"nerk sip"*, que seus controles não estavam conectados à internet, que não podiam fazer mais nada e que era papel do governo salvá-las contra a ameaça dos exércitos estrangeiros.

Sinal Vermelho

Em meados de 2018, quando a maioria dos norte-americanos passou a aceitar o fato de que a Rússia tinha realmente interferido nas eleições de 2016 e estava hackeando tudo que conseguia nos Estados Unidos, o chefe da comunidade de inteligência dos EUA alertou publicamente que os russos já haviam penetrado com sucesso nas redes elétricas do país. O chefe de análise do sistema de controle industrial do Departamento de Segurança Interna, Jonathan Homer, afirmou:

"Eles [o grupo russo Dragonfly] conseguiram acessar o botão, mas não o pressionaram." Dan Coates, o diretor de Inteligência Nacional e ex-senador republicano, descreveu os ataques russos à rede de distribuição elétrica dos Estados Unidos como tão graves que, figurativamente, "acionaram o sinal vermelho".

Nos bastidores das reuniões que se seguiram à declaração de Dan Coates, as autoridades do governo explicaram que os russos haviam "conseguido passar pelo *air gap* da rede", que as companhias de energia elétrica alegavam ter criado em seus sistemas conectados à internet e em seus controles para as redes de distribuição de energia. Na verdade, poucas empresas haviam implementado o *air gap* de seus sistemas e controles. Quase sempre havia um caminho da internet para a intranet da empresa e outro para os controles das redes de energia elétrica. Em geral, as conexões entre as redes internas da empresa eram segmentadas por firewalls, só que firewalls dificilmente impedem o ataque de hackers sofisticados.

Em 2019, Coates e os chefes de todas as dezessete agências de inteligência dos EUA estavam declarando os incidentes de forma mais explícita. Ao reportarem sua avaliação anual de ameaças ao Congresso, os chefes dessas agências alegaram que a Rússia tinha a capacidade de paralisar a rede de distribuição de energia elétrica dos Estados Unidos, e que a China tinha o poder de derrubar o sistema de gasodutos dos EUA (do qual grande parte da rede de energia depende). Eles deixaram claro que não se tratava de uma possibilidade teórica. Pode-se traçar um paralelo entre o perigo iminente que ronda os Estados Unidos e a metáfora grega da espada de Dâmocles: quanto mais poderoso você é, mais exposto ao perigo você está.

Os hackers russos supostamente estavam no encalço das empresas que forneciam peças ou faziam a manutenção no controle das redes *air gaps* das companhias de energia elétrica. Ao comprometer esses sistemas, eles conseguiram obter as credenciais de login de pessoas autorizadas a ter acesso à rede de controle. Como esse acesso muitas vezes era remoto, por meio de VPNs conectadas à internet, os russos conseguiram se conectar e assumir o controle da rede elétrica. Assim, os russos poderiam se conectar ao controle da rede, acessando os sistemas que mostram o estado da distribuição de energia em enormes monitores nas salas de comando, e enviar instruções para os milhares de dispositivos em campo.

Caso tudo isso lhe pareça um pouco familiar, talvez você tenha lido sobre as especulações de que os Estados Unidos hackearam os controles iranianos das centrífugas nucleares em Natanz. Os iranianos estavam contentes com a aparente certeza de que sua rede de controle também estava bloqueada para a internet por causa de seus *air gaps*. Na verdade, o edifício do pavilhão da centrífuga em Natanz não tinha nenhuma conexão física com a internet. Não satisfeitos com a segurança proporcionada pelos firewalls, os iranianos procuraram proteger a instalação contra os ciberataques dos Estados Unidos ou de Israel eliminando qualquer tipo de conexão com a internet em todos os lugares do complexo. Segundo alguns especialistas, os Estados Unidos hackearam ao infiltrar o software Stuxnet em dispositivos levados para o complexo pelos prestadores de serviço, talvez notebooks ou impressoras.

Ou seja, os Estados Unidos agora são assombrados pela hipótese de que as pessoas nas companhias de energia elétrica possam um dia encarar o painel gigante de monitores de uma sala de comando e simplesmente acharem que está tudo bem, porque as luzes estão piscando, quando, na verdade, seus sistemas podem estar sendo atacados.

Apesar de os norte-americanos saberem há muito tempo que isso poderia acontecer, o fato de o chefe da inteligência dos EUA afirmar publicamente o ocorrido foi o suficiente para ocasionar surpresa e tremenda preocupação em grande parte das autoridades de Washington. Contudo, o presidente Trump não falou publicamente sobre a presença russa nos controles das redes de distribuição de energia dos EUA. Ele mal reconhecia que tentaram influenciar sua eleição, e, quando reconhecia, era esporadicamente. Portanto, não havia nenhuma diretriz presidencial, nenhum plano de ação, nenhuma ameaça pública a Moscou.

Entregues a si próprios para elaborar suas conclusões, os pseudointelectuais políticos de Washington sugeriram uma variedade de abordagens para o problema de ter um possível adversário com a capacidade de lançar grande parte da nação de volta à era pré-elétrica do século XIX — só que pior, pois desta vez estaríamos sem outros artefatos. Keith Alexander sugeriu que era papel dos militares defender a rede de energia elétrica. Mas não disse como isso seria feito. Alguns comentaristas sugeriram que um melhor compartilhamento de informações por parte do governo ajudaria as empresas a encontrar os russos que invadiam suas redes.

E, ao apelar para o manual de estratégias do consultor jurídico Robert Mueller, outros propuseram que os Estados Unidos acusassem formalmente os militares russos e os agentes do Serviço Secreto que haviam realizado as invasões. Talvez conseguíssemos confiscar seus bens nos Estados Unidos e solicitar à Interpol que emitisse mandados de prisão internacionais para eles. As respostas mais ou menos enérgicas vieram daqueles que acreditavam na dissuasão. Segundo eles, caso assumíssemos o controle das redes de distribuição de energia elétrica da Rússia, poderíamos assustar os russos e deixá-los sem ação. Assim como o presidente dos Estados Unidos no episódio da série *Madame Secretary,* poderíamos deixar Moscou em plena escuridão invernal se os russos tentassem provocar um apagão em Washington ou tentassem invadir a Eastern Interconnect (todo o Oeste do Mississippi, incluindo Ontário).

Para nós, todas essas respostas soaram patéticas e, se não fosse um assunto grave que poderia desencadear a morte e a guerra, seria cômico. A Rússia não se importa se aplicarmos sanções penais a seus agentes secretos, pois nenhum deles tem bens nos Estados Unidos. Eles nunca viajam para o exterior com seus nomes verdadeiros e nunca serão capturados por causa de uma lista da Interpol. A Rússia não se intimidará com a ameaça de um blackout por parte dos Estados Unidos. Caso os russos nos ataquem, eles já terão calculado o risco e os custos desse ataque. E outra, na hipótese de um blackout, de os norte-americanos ficarem congelando em uma noite escura, comendo atum enlatado e tentando descobrir como arrombar um caixa eletrônico, nós realmente nos sentiríamos melhor sabendo que os russos estão do lado de lá passando pela mesma coisa? Lembre-se apenas de que *eles* é que têm bastante vodka.

O motivo pelo qual os russos assumiram o controle da rede de distribuição elétrica dos EUA é porque é muito fácil de invadi-la e uma vantagem bastante conveniente. Se eles conseguirão ou não colocar o país de joelhos sem disparar um tiro, ninguém sabe. Essa é a questão.

Temos que reconhecer que esse problema é espinhoso. Nos Estados Unidos, a rede de distribuição de energia elétrica é uma colcha de retalhos composta de centenas de companhias diferentes, de tamanhos e competências bastantes distintos. Cada uma delas tem dezenas de milhares, senão centenas de milhares, de dispositivos conectados à rede elétrica, muitos deles ao ar livre, desprotegidos.

Chegamos a esse ponto ao ignorarmos por quase 25 anos os alertas de especialistas do governo de que nossas redes de energia elétrica estavam se tornando cada vez mais vulneráveis a ciberataques. E esses alertas foram desconsiderados porque tais ataques nunca tinham acontecido antes — o que, em seu livro *Warnings* ["Alertas", em tradução livre], Dick Clark chamou de viés da síndrome de ocorrência inicial.

Levar esses alertas a sério teria sido um inconveniente para os proprietários e operadores das redes de distribuição elétrica. Significava também gastar dinheiro, o que impactaria ou aumentaria as contas de energia elétrica e/ou reduziria a lucratividade da empresa.

Além do mais, como autorregulação normalmente resulta em pouca ou nenhuma regulamentação, solucionar o problema significaria a exigência de regulamentações governamentais e a obrigatoriedade legal de um programa de compliance. Os líderes empresariais costumam resistir a qualquer regulamentação governamental. Eles resistem a regulamentações como leucócitos quando atacam uma doença. "Como o governo saberia o que fazer? Eles nem conseguem proteger suas próprias redes."

Colocamos a tarefa de segurança nacional de implementar a cibersegurança em boa parte das redes de distribuição de energia elétrica nas mãos de cinquenta órgãos reguladores estaduais que definem a tarifa da conta da energia elétrica, alguns dos quais podem estar sujeitos às adulações de grandes concessionárias de abastecimento elétrico e seus lobistas.

Resolvendo Cinco Problemas Espinhosos

A pergunta que não quer calar, e que você deve estar se fazendo agora, é: como vamos nos safar dessa? Podemos começar admitindo que temos um grave problema. Não é mais necessário retratar aqui o panorama do que poderia acontecer, pois você já pode imaginar. No entanto, se temos um grave problema, talvez isso exija disposição para recorrermos a soluções arrojadas. Não se recomenda o meio-termo. Já tentamos isso e não funciona. Então...

Primeiro, devemos colocar alguém do comando que realmente tenha autoridade. Sugerimos que essa pessoa seja um oficial sênior do Departamento de Segurança Interna. Mas, se os norte-americanos se sentem melhor com alguém do Departamento de Energia dos Estados

Unidos, ótimo. Agora, caso ache que os militares deveriam tomar a frente disso, leia o Capítulo 12 depois e veja que os militares já estão ocupados o bastante tentando se defender.

Autoridade verdadeira significa ter a possibilidade de instaurar as diretivas regulatórias exigidas e de obrigatoriedade legal em nível federal, que estejam isentas de prolongados processos de análise legal. Significa autoridade sobre a cibersegurança de cada aspecto das redes de distribuição elétricas: empresas de abastecimento elétrico de grande porte, pequenas cooperativas, distribuição de energia em massa e acesso aos últimos quilômetros dessas redes. Significa autoridade para aumentar as taxas e direcionar os gastos. Ninguém disse que segurança era barato. Ou os norte-americanos preferem comprar um gerador e combustível para todo mundo?

Segundo, lançar um programa sério com as melhores empresas de caça a ciberameaças do setor privado, a fim de encontrar e eliminar implantes estrangeiros, backdoors e acesso remoto aos Sistemas de Controle Industrial (ICS) e aos Sistemas de Controle de Supervisão e Aquisição de Dados (SCADA) das redes de distribuição elétrica. A tarefa não será nada fácil. Pergunte à Marinha dos Estados Unidos se foi fácil tirar os iranianos de sua rede (e, aliás, os russos são melhores nisso).

Terceiro, implementar uma combinação das melhores práticas de cibersegurança de última geração, que sejam bem-sucedidas nas empresas mais seguras dos Estados Unidos. Um grupo de especialistas do setor privado pode desenvolver o conjunto essencial de controles, mas é bem provável que eles recorram a softwares e a equipes de caça a ameaças permanentes; aplicativos de monitoramento contínuo; controles de gerenciamento de acesso privilegiado; microssegmentação; detecção de endpoint; sistemas de remediação; acesso remoto limitado; e controles da cadeia de suprimentos do fornecedor. As equipes privadas terceirizadas devem ser incentivadas a identificar vulnerabilidades e usadas quase que constantemente para monitorar o programa de compliance. Caso o programa de compliance fosse descumprido, isso resultaria em multas severas ou perda da concessão.

Quarto, prepare-se melhor para o pior. Precisamos discutir também como manter a sociedade norte-americana quando uma rede de energia elétrica for derrubada ou paralisada. É necessário um plano de contingência que ajude a mitigar os efeitos mais graves no pior dos cenários possíveis.

Talvez não seja possível impedir um ataque que ocasione um apagão ao sobrecarregar os circuitos dos disjuntores, mas deve ser possível implementar controles melhores nos transformadores e geradores, com o objetivo de evitar que um hacker ultrapasse seus limites e provoque a destruição física. E, no caso de falha, deve haver mais sistema de estoque de reposição ou mais geradores de reserva do que os usados diariamente. Entretanto, essas peças de reposição não devem ser usadas nos dias de pico; elas seriam dedicadas a responder a situações de ataque hostil para restaurar o funcionamento das redes de energia elétrica em sub-redes isoladas.

Quinto, os norte-americanos querem mesmo invadir a sala de comando das redes de distribuição de energia elétrica russas e ameaçar o país de retaliação publicamente? Claro, eu sei, talvez já tenhamos tentado, mas, em caso afirmativo, isso não intimidou nem um pouco a Rússia. Talvez possamos afirmar que a coisa é séria desta vez. E quem sabe a dissuasão funcione, e talvez possamos proteger a rede elétrica existente modernizando-a. No entanto seria bom ter um plano B no caso de a dissuasão não funcionar, e também não conseguirmos fazer com que todas as companhias de abastecimento elétrico protejam suas redes.

De fato, hoje não temos um plano B e isso contribui para a instabilidade da crise. Provavelmente, são os norte-americanos que não têm certeza de que tipo de destruição os russos poderiam causar, já que, da parte deles, não existe incerteza. Como o Dr. Fantástico poderia ter dito: "Precisamos preencher a lacuna da incerteza." Podemos fazer isso reforçando nossas defesas cibernéticas nas redes de distribuição de energia elétrica, e fazendo com que os russos e outros não tenham tanta certeza de qual seria o efeito se tentassem empreender um grande ataque contra nós.

E como seria esse plano B? Seria um programa seguro de microgrid [microrredes elétricas] de fontes diversas (SSDM), com algumas microrredes totalmente financiadas pelo governo federal e outras construídas com incentivos dele. Com o intuito de criar uma coalizão bipartidária para o programa, poderíamos recorrer às justificativas das questões de segurança nacional e das mudanças climáticas. Nossa sugestão para um plano B é:

- Milhares de fontes heterogêneas de geração e armazenamento de eletricidade, que não estariam vinculadas a nenhuma das

três grandes Interconnects nacionais, ou mesmo às sub-redes regionais.
- Instalações de geração de energia que teriam acesso garantido ao combustível, com armazenamento no local ou próximo a ele, ou usariam combustíveis alternativos.
- Fontes alternativas de combustível que englobariam usinas de célula de hidrogênio, energia eólica e solar, hidrotérmica e novos designs de reatores nucleares compactos.
- Métodos inovadores de armazenamento de energia em cada imóvel, como novas baterias de alta capacidade ou central hidrelétrica reversível.
- Redes de microdistribuição que transportariam a energia em novas linhas, de preferência subterrâneas, para instalações importantes que devem ter energia contínua, incluindo bases militares, hospitais e infraestrutura de nível nacional.
- A localização de geradores de energia nas dependências de instalações críticas, como bases militares, na medida do possível.

Ao mesmo tempo que nossa sugestão sobre a SSDM é evolucionária, também é inovadora. Os aspectos evolutivos englobam a construção de grandes usinas de energia alternativa. Já existem grandes usinas solares e eólicas construídas pelo setor privado. Usinas de células a combustível de hidrogênio estão sendo construídas — inclusive nos informaram que um gerador de vinte megawatts está sendo construído em uma fábrica abandonada na Nova Inglaterra, Connecticut.

O DOD já construiu usinas solares e geotérmicas em grande escala em suas bases, como uma usina solar de dezesseis megawatts na Base Aérea Davis-Monthan, nas intermediações de Tucson; uma usina solar de quatorze megawatts na Base Aérea Nellis, nos arredores de Las Vegas; e uma usina geotérmica de 170 megawatts na Estação Aeronaval de Armas de China Lake, na Califórnia.

Os aspectos revolucionários da sugestão SSDM apresentam três enfoques. O primeiro seria a construção de uma nova rede de distribuição de energia elétrica nacional em regime de emergência como uma grande iniciativa do governo, com participação significativa do setor privado. O segundo, a nova rede elétrica não seria interligada, mas consistiria em milhares de fontes de energia destinadas somente a instalações específicas. Como não estaria interconectada nem conectada à internet, mesmo que fosse alvo de um único ou de diversos ciberataques, ela não poderia ser derrubada. O terceiro, e talvez mais importante, a rede seria projetada tendo como foco a cibersegurança — ela não seria uma modernização ou uma coisa que se faz tardia e relutantemente.

Sim, o custo seria alto; no entanto, pense nesse projeto como um sistema de armamento. Sem um sistema como o SSDM, os Estados Unidos estariam indefesos contra um ator de Estado-nação como o GRU (Inteligência Militar Russa), cujo ciberataque nos levaria tecnologicamente ao século XIX — só que, neste caso, não teríamos as ferramentas necessárias que as pessoas do século XIX tinham para tocar a vida em uma sociedade sem eletricidade.

Os Estados Unidos gastaram US$201 bilhões para financiar a Agência de Defesa de Mísseis do DOD entre 1985 e 2017. Somente em 2018, o Congresso aprovou US$11,5 bilhões para defesa antimísseis. Contudo, nenhum especialista em defesa com quem conversamos acha que os Estados Unidos poderiam impedir um ataque de míssil vindo da Rússia. Ao sobrecarregar as linhas defensivas com diversos lançamentos e armadilhas de distração, a Rússia ou a China poderiam derrotar facilmente o sistema de defesa antimísseis norte-americano. No entanto, gastamos uma montanha de dinheiro porque simplesmente não gostamos da ideia de a Rússia ou alguma outra nação ser capaz de atacar nosso território e subjugar nossa sociedade e economia. Agora, recorda-se de que, no início deste capítulo, mencionamos que o diretor de Inteligência Nacional disse que os russos estavam invadindo os controles de nossa rede de abastecimento elétrico?

Nós dois já passamos tempo suficiente no Gabinete Executivo do presidente dos Estados Unidos e sabemos como funciona o jogo; por isso, sabemos também que pagaremos um preço alto por qualquer decisão errada. Se alguns norte-americanos não se importam, eles terão que arcar com as consequências. E já estamos pagando um preço altíssimo pelo nosso programa da Força Aérea para substituir o míssil balístico intercontinental Minuteman (ICBM), cujo planejamento de gastos gira em torno de US$140 bilhões. E todos sabemos que o custo será maior que essa quantia. Não precisamos de ICBMs, mísseis balísticos intercontinentais com cerca de quatrocentas ogivas nucleares posicionados em esconderijos nas fazendas de Wyoming. Eles são lembranças de uma época em que considerávamos seriamente em nos envolver no tipo de uma guerra nuclear que aniquilaria nossa população inteira. E, para tal, ainda temos cinco vezes mais ogivas nucleares nos mísseis em submarinos. Temos também bombardeiros e mísseis de cruzeiro.

Qual tipo de ataque russo é mais provável: aquele que derruba toda a nossa rede de distribuição elétrica (a mesma rede que eles já invadiram e à qual têm acesso) e faz com que nossa sociedade pare de funcionar por meses, ou aquele que usa armas nucleares, correndo o risco de uma possível retaliação que aniquilaria a vida humana? Não tente responder. Foi uma pergunta retórica.

Não estamos dizendo para abandonar todas as iniciativas de proteger nossas redes de abastecimento elétrico. Estamos dizendo que há uma grande possibilidade de que isso não funcione muito bem, então precisamos de um plano B, e logo. Um plano B que nos forneça outra rede de energia elétrica, que os russos não se sentiriam tão confiantes assim para derrubar; uma segunda rede de energia elétrica que manteria a operação de alguns de nossos sistemas mais essenciais, ainda que os russos derrubassem nossas Interconnects.

Talvez alguns leitores estejam pensando que o governo dos Estados Unidos não deveria regulamentar a cibersegurança, pois nem se proteger ele consegue. Eles teriam razão, em partes, como veremos a seguir.

Capítulo 11

ASSEGURANDO AGENTES DO FBI

> As agências não compreendem e não têm recursos para enfrentar o cenário das presentes ameaças.
>
> — GABINETE DE GESTÃO E ORÇAMENTO DA CASA BRANCA,
> "FEDERAL CYBERSECURITY RISK DETERMINATION
> RELATÓRIO E PLANO DE AÇÃO", MAIO DE 2018

Quando olhou para o saguão da Escola de Negócios, o cara esbelto e loiro falou: "Droga, está nevando." Ao ouvi-lo, um simpático professor de cabelos brancos que estava próximo perguntou: "Tem algum problema com isso?" O professor Corey Schou foi um dos pioneiros do ensino sobre cibersegurança nos Estados Unidos. "Neva muito aqui", disse ele, "afinal, estamos em Idaho".

"Eu sei, mas fica difícil praticar salto com vara na neve", explicou o estudante Connor Pate. Ele foi recrutado no ensino médio em Reno, Nevada, pois estava entre os melhores saltadores com vara do país, e aquele era seu último ano na Idaho State University. Como não conseguia praticar naquele dia, ele aceitou o convite do professor Corey Schou para visitar o laboratório cibernético. O professor se lembra de ter gostado de um aluno que ficou bravo por não conseguir treinar. Ele também ficou admirado com o conhecimento do estudante sobre teoria de jogos, assunto que eles conversaram no trajeto até o laboratório.

Uma semana depois, Connor Pate estava se candidatando para entrar no CyberCorps, um programa federal de bolsas de estudos pouco conhecido, que tem ajudado por quase duas décadas a fornecer contingente de defesa cibernética para o governo dos Estados Unidos. No ano seguinte, Pate ingressou no curso de MBA na Idaho State como membro do CyberCorps sem pagar mensalidade e para se especializar em cibersegurança.

No entanto, ele tinha aulas obrigatórias aos sábados, precisava fazer parte de uma equipe que criasse um cyber range, no qual pudesse praticar ataque e defesa cibernéticos, e de um centro de operações de segurança; participar de uma competição cibernética multiuniversitária; e fazer a defesa oral de sua tese. Seu curso de MBA exigia tudo isso e mais um pouco. "Na Idaho State", nos contou Pate, "o CyberCorps é um programa rígido e de elite". O professor Schou admite: "Permitimos que somente uma dúzia de estudantes ingressem, assim eles intercalam as aulas do MBA e do CyberCorps."

O CyberCorps é um programa da Scholarship for Service, financiado pela National Science Foundation, administrado pelo famigerado Escritório de Gestão de Pessoal dos Estados Unidos e assessorado pela NSA e pelo DHS. Criado pelo presidente Bill Clinton em 1999, desde o início faziam parte do programa somente algumas escolas, o professor Cory Schou e a Idaho State. Agora, o programa oferece bolsas integrais em mais de setenta cursos de graduação e pós-graduação e, recentemente, faculdades comunitárias.

Os criadores do CyberCorpys, sobretudo Janet Reno e Dick Clarke, não estavam muito esperançosos de que o programa fosse uma solução de longo prazo para suprir as necessidades de mão de obra das agências federais de cibersegurança. Mas, pelo menos, forneceria ao governo alguns profissionais altamente treinados durante alguns anos, apresentaria aos funcionários federais de cibersegurança as últimas inovações e contribuiria para o aumento da mão de obra qualificada do país como um todo. Os resultados têm sido melhores do que o esperado, em parte porque muitos dos professores envolvidos, como Corey Schou, incentivam os estudantes a servirem seu país.

Schou havia ensinado cibersegurança por quase quinze anos antes da fundação do CyberCorps, além de ajudar o governo a criar padrões de segurança para suas redes vinculadas à segurança nacional. Ele foi o responsável por liderar os empenhos nacionais de criar requisitos de certificação para profissionais de cibersegurança. Era perfeitamente natural que Corey ajudasse a criar os primeiros padrões para as faculdades serem consideradas CyberCorps's National Centers of Academic Excellence [Centros Nacionais de Excelência Acadêmica da CyberCorps] em educação cibernética. Ele também foi um dos primeiros experts da comissão acadêmica a determinar quais universidades eram elegíveis para o programa. (Ele se recusou a analisar a Idaho State, mas sua universidade se tornou uma das sete primeiras a ser aprovadas para o programa.)

Em 1999, os expoentes em educação cibernética não eram as universidades que todo mundo imaginava que seriam pioneiras na área, como o MIT ou Stanford. Universidades como a Idaho State e Tulsa University estavam entre as líderes e eram as melhores na formação de profissionais de cibersegurança tanto na graduação como na pós-graduação. Nesse ínterim, o MIT estava distribuindo diplomas de mestrado em ciência da computação sem exigir que o estudante fizesse ao menos um curso de um semestre em cibersegurança.

Cada um dos Centros Nacionais de Excelência Acadêmica em Educação Cibernética pode organizar um programa específico, mas o conteúdo programático e o corpo docente devem atender aos padrões nacionais. O programa de Cory Schou não faz parte do departamento de Ciência da Computação, e sim da Escola de Negócios, pois ele acredita que os especialistas em cibersegurança precisam entender o gerenciamento de riscos e como as decisões cibernéticas se enquadram nas decisões gerais de negócios. Ao admitir estudantes no programa exclusivo, Schou procura pessoas com experiências diversificadas, não nerds de plantão. Ele restringe seu programa a alguns estudantes a cada dois anos para "criar Bentleys, não Cadillacs".

Os alunos do CyberCorps não têm apenas ensino gratuito por dois anos, mas também recebem US$35 mil por ano para acomodação, alimentação, livros e equipamentos. Em troca, eles se comprometem com um ano de serviço no escritório de cibersegurança de uma agência governamental (elegíveis para órgãos governamentais federais, estaduais, regionais ou dos povos indígenas) para cada ano de bolsa de estudos, ou até dois.

Normalmente, o governo também custeia a viagem dos estudantes do CyberCorps para Washington, D.C., duas vezes. Na primeira, eles vão a uma feira de empregos para conseguir um estágio de verão. Connor Pate conseguiu um estágio de verão no Glenn Research Center da NASA, em Ohio. Na segunda, eles voltam à feira em busca de um novo emprego. Vagas não faltam. Contudo, o salário inicial por ano costuma ser um pouco menor, US$60 mil. Em muitas cidades, o salário inicial por ano para um profissional com as mesmas competências seria de no mínimo US$25 mil a mais.

"Eu não tenho nenhuma dívida de empréstimo estudantil", disse-nos Connor Pate. "E estou aprendendo bem mais do que jamais aprenderia em um estágio de alguma empresa." Em 2018, ele conseguiu um emprego como especialista de cibersegurança civil no Exército dos Estados Unidos e está envolvido em uma série de atribuições de dois anos no Exército, desde operações até pesquisa e aquisições.

Será que, depois que seu compromisso de dois anos terminar, Connor ainda continuará trabalhando nas linhas defensivas para o governo? Sua resposta é: "Sem dúvida. No início, foi esquisito trabalhar em um forte militar como o Fort Belvoir ou ouvir o disparo da artilharia sacudindo meu prédio em Aberdeen [Aberdeen Proving Ground, um centro de pesquisa do Exército]", relembra ele. "Mas então, você começa a trabalhar com algumas pessoas incríveis em problemas complexos. O Exército sempre é alvo de um ciberataque e gasta uma boa grana para se defender." Connor espera ser promovido rapidamente para que seu salário como funcionário do governo não seja menor do que poderia ganhar trabalhando no setor privado.

A natureza motivadora do serviço público nos Estados Unidos, os grandes desafios e os recursos disponíveis de alguns órgãos têm sido suficientes para que muitos dos formandos do CyberCorps permaneçam nos órgãos federais, mesmo após os dois anos de seus compromissos. Alguns, como Steve Hernandez, ex-aluno Idaho State, galgaram rapidamente posições de liderança. Em 2017, Steve saiu do Departamento de Saúde e de Serviços Humanos dos Estados Unidos para assumir uma posição como CISO no Departamento de Educação. Outra ex-aluna da Idaho State, Alma Cole, assumiu a posição de CISO da Alfândega e Proteção de Fronteiras dos Estados Unidos (CBP, na sigla em inglês) em 2018.

Mesmo com o programa CyberCorps Scholarship for Service, ainda é difícil para o governo e para algumas outras organizações bater a concorrência de empresas que oferecem salários maiores, bônus de contratação e outros benefícios. Não raro, os profissionais recrutados pelas empresas privadas acabam trabalhando para o governo federal, só que de formas que se comprovam mais onerosas e que deixam a desejar quanto à memória institucional ou à lealdade. Isso acontece porque o governo recorre às empresas terceirizadas, como a Booz Allen Hamilton, ManTech e a General Dynamics para "somente preencher as vagas", ou seja: funcionários terceirizados que passam o dia inteiro sentados em uma cadeira fazendo o que podemos supor que um funcionário do governo faria.

Os prestadores de serviço não são incentivados a criar redes seguras, já que, se o fizerem, podem ser facilmente substituídos. No entanto, poucos são os obstáculos reais para que eles não protejam uma rede, e poucos são os terceirizados federais que pagam multas ou têm seus contratos cancelados porque não conseguiram proteger a rede de uma instituição.

Funcionários terceirizados não são leais a agências federais para as quais foram designados e muitas vezes são transferidos de uma para a outra. Terceirizadas que apenas preenchem as vagas não costumam entender a cultura e a missão institucional. E também já se comprovou que funcionários de empresas com fins lucrativos são um risco à segurança, no que se refere ao tratamento de informações sigilosas e confidenciais. E, embora seja verdade que o custo real de um funcionário terceirizado que somente preenche uma vaga possa estar na mesma faixa que o custo vigente e integral de um funcionário federal, a remuneração dos líderes corporativos das empresas que prestam serviços para as agências federais é cerca de três, quatro, cinco e até seis vezes maior do que os ganhos dos funcionários federais do Senior Executive Service [Serviço de Executivo Sênior] (SES) que contratam essas empresas.

O que impediu o governo federal de ter sua própria célula forte de efetivo de cibersegurança foi o sistema de serviço público excessivamente rígido. Por causa desse sistema, os empregadores do governo têm dificuldades em demitir os funcionários quando não estão satisfeitos com seu desempenho ou quando concluem o trabalho necessário. Essas normas existem desde o final do século XIX para impedir que os partidos políticos demitam profissionais e os substituam por correligionários. No século XXI, isso ainda é uma preocupação, especialmente devido ao tratamento que Trump destinava aos oficiais de carreira. No entanto, é necessário mudar essas normas de acordo com a nova natureza do trabalho e as novas necessidades do governo.

No final de 2018, o Congresso concordou em alguma coisa. E isso deixou os céticos, que achavam que o impasse partidário impossibilitaria qualquer abordagem bipartidária, em choque. Tanto os dois partidos quanto as duas alas do Congresso concordaram que uma nova agência deveria lidar com a cibersegurança. Autorizou-se que a Agência de Cibersegurança e de Infraestrutura (CISA, na sigla em inglês) existisse dentro do Departamento de Segurança Interna, no mesmo nível de outras agências do Departamento, como o Serviço Secreto, a Guarda Costeira e a Agência Federal de Gerenciamento de Emergências (FEMA, na sigla em inglês).

Na realidade, a CISA é apenas uma reorganização do que já estava no DHS, e não um aumento de recursos, mas a função da nova agência é ajudar os outros departamentos e agências federais civis a proteger seu ciberespaço. A CISA também trabalhará em colaboração com o setor privado, a fim de incentivar e auxiliar empresas e outras organizações. Ainda que esta não seja uma solução definitiva, a criação da CISA foi um passo importante. Muitos outros passos são necessários para proteger os departamentos federais e agências importantes, como o Serviço Nacional de Meteorologia, os Centros de Controle de Doenças, a FDA [Food and Drug Administration — Administração de Alimentos e Medicamentos, em tradução livre] e outras organizações do serviço público que mantêm a sociedade segura e saudável.

Diversas forças-tarefas e comissões de análise sugeriram inúmeras ideias para melhorar a cibersegurança de departamentos e agências federais. Dado o grau de dificuldade de se fazer qualquer coisa em uma época cuja política hiperpartidária impera no Congresso, achamos que começar com poucas ideias não partidárias é mais prático do que tentar solucionar todos os problemas de segurança de TI do governo de uma vez só. Assim, propomos somente dois passos adicionais para reflexão: a criação de uma célula de efetivo profissional de oficiais federais de cibersegurança e a centralização de algumas operações federais de TI.

Primeiro, a célula profissional: hoje, o CyberCorps é um programa para financiar estudos universitários, recrutar funcionários juniores e ajudá-los a conseguir seu primeiro emprego nas instituições.

Gostaríamos que esse programa não fosse apenas um sistema de ingresso na área; pelo contrário, nosso desejo é que ele se tornasse uma célula governamental de funcionários altamente qualificados, que poderiam ser alocados em agências e departamentos federais conforme necessário. A nosso ver, todos pertenceriam a uma organização central, como a nova agência do DHS, a CISA.

O CyberCorps poderia centralizar experts cibernéticos de todos os níveis de habilidade, fornecer-lhes treinamento especializado além do que aprenderam na escola ou no trabalho; criar um programa de educação continuada; estabelecer categorias ou classificações que exijam certificação avançada e experiência; compensá-los de forma diferente do serviço público federal; recompensá-los com bônus de incentivos substanciais; e conseguir demiti-los mais facilmente. Desse modo, o CyberCorps poderia alocar efetivo para departamentos e agências com atribuições de curto ou longo prazo, mantendo a autoridade central de gerenciamento de pessoal.

Os funcionários do CyberCorps também poderiam trabalhar em governos estaduais, locais e em algumas corporações de infraestrutura crítica, atuando em funções em projetos limitados. Com o tempo, os diretores de segurança da informação dos departamentos e agências seriam selecionados entre e pelo CyberCorp.

Esta célula profissional de especialistas federais em segurança de TI teria classificações desde o nível júnior até o nível Senior Cyber Service, baseadas no Senior Foreign Service [Serviço Estrangeiro Sênior] (no Departamento de Estado), no Senior Intelligence Service [Serviço de Inteligência Sênior] (na CIA) e no Senior Executive Service [Serviço Executivo Sênior] em outras partes do governo. Atualmente, esses postos de serviço sênior equivalem aos postos de general e almirante nas Forças Armadas dos Estados Unidos. Para subir na hierarquia do Senior Cyber Service, os profissionais teriam que se qualificar continuamente por meio da experiência de trabalho, testes e programas de educação continuada semelhantes ao National War College (um pré-requisito para se tornar um general do Exército ou almirante da Marinha). Em nosso plano, o DSI administraria um National Cyber College para membros do Senior Cyber Service.

Seria necessário alterar as leis de serviço público para permitir tal ampliação do CyberCorps. Além disso, o atual programa Scholarship for Service teria que passar por mudanças para recrutar, treinar e colocar mais especialistas cibernéticos no novo serviço federal. Em termos concretos, o programa de bolsas de estudo existente talvez precisasse de ampliação do financiamento, treinamento do corpo docente, ambientes como os cyber ranges para treinamento realista, estágios pagos, bônus de contratação e despesas de mudança.

O CyberCorps também pode ser um lugar onde alguns dos problemas do *national security clearance*,[1] associados à contratação para o governo federal, podem ser solucionados. Os dois idealizadores do programa lecionaram em cursos de pós-graduação em algumas universidades e perceberam que, com muita frequência, os alunos têm que aguardar muitos meses após se formarem, antes de começar a trabalhar no governo federal. Eles ficam esperando, sem receber pagamento algum, até que suas *security clearances* sejam concluídas. Passaram-se noves meses desde que o ciberestudante Connor Pate, da Idaho State, se formou em seu MBA até receber uma proposta de emprego remunerada. Connor esperou, mas outros não esperam. Eles acabam aceitando a oferta de emprego atraente do setor privado. O CyberCorps poderia iniciar o processo de *security clearances* assim que os alunos se matriculassem no programa ou enquanto estivessem estudando. O programa também poderia fornecer-lhes um emprego inicial que não exigisse uma autorização ultrassecreta, enquanto eles aguardam a conclusão do processo da *security clearances*.

É bom que as Forças Armadas tenham seu Cyber Command para defender redes militares. A outra metade do governo federal, no entanto, também precisa de sua linha defensiva cibernética. Precisamos de um novo CyberCorps.

Aprendendo com os Governos Estaduais: Nem Todo Mundo Sabe Fazer TI

Nós também centralizaríamos o serviço de TI nas agências civis do governo federal. Nos EUA, as pessoas gostam de justificar a existência de cinquenta governos estaduais com a frase "os estados são laboratórios de inovação". Esse sistema de cinquenta feudos também

---

[1] Espécie de autorização para acessar informações governamentais ou privadas de caráter sigiloso ou confidencial. Para mais informações, acesse: https://searchsecurity.techtarget.com/definition/security-clearance.

oferece uma oportunidade melhor de qualidade de vida do que morar em um estado com um sistema de educação e de saúde precários, mas esse assunto já foge ao escopo deste livro. Uma coisa que diversos estados têm feito com sucesso e que pode servir de modelo para o governo federal é a criação de departamentos de tecnologia da informação. Tivemos o prazer de trabalhar como consultores não remunerados com os departamentos de TI em Nova York e na Virgínia.

A ideia é bem simples. Nenhuma agência estadual (ou, no caso da Virgínia, nenhuma agência da *commonwealth*, porque soa mais elegante, devido ao ponto de partida da colonização inglesa) ou departamento provavelmente terá a capacidade de recrutar profissionais de TI qualificados o bastante para administrar a rede da própria agência de forma eficaz e segura. Além do mais, digamos que a liderança do Departamento de Caça e Pesca provavelmente não esteja interessada em formar boas lideranças para os geeks tecnológicos que administram a rede da agência. Entenda que não temos nada contra o pessoal do Departamento de Caça e Pesca.

Mais uma vez, a solução é transformar todas as funções de TI em serviços que as instituições comprem de uma agência estadual especializada em ciência da computação, gerenciamento de rede, armazenamento de dados e, claro, cibersegurança. Em vez de somente emitir diretrizes e regras de cibersegurança, e esperar que as outras agências considerem as regras importantes o suficiente para gastar dinheiro na implementação, ficaria a cargo do departamento de TI proteger tudo.

Em geral, todos os departamentos de TI estaduais contratam uma ou mais empresas de serviços de TI que de fato administram partes das redes diariamente. O departamento de TI especifica as entregas, os padrões e as funcionalidades de segurança previstas por contrato. Os funcionários estaduais do departamento de TI cuidam dos contratos, fazem o monitoramento, a supervisão e o controle de qualidade. Contudo, esperar que cada uma das quarenta ou cinquenta agências e os departamentos estaduais consigam, por si só, realizar esse tipo de gerenciamento de contrato foge à realidade. Muitos estados descobriram isso e centralizaram a TI.

Por que não aproveitamos os resultados dessa experiência bem-sucedida nos "laboratórios" que são os governos estaduais e testamos em nível federal? Atualmente, há dezenas de departamentos e agências federais independentes, cada uma com autoridade para decidir se administrará sua própria rede de TI ou se delegará para que outro departamento o faça. Caso administrem suas próprias redes, e quase todos fazem essa escolha, os departamentos e agências devem cumprir os padrões de segurança determinados pelo White House's Office of Management and Budget [Gabinete de Gestão e Orçamento da Casa Branca] junto com o Departamento de Segurança Interna. A maioria dos departamentos e agências, no entanto, passa longe de ostentar padrões de segurança.

Na verdade, você não pode culpar o secretário do governo por querer gastar dinheiro, digamos, em um novo complexo de embaixadas em Londres, em vez de comprar um software de detecção e resposta de endpoint (EDR) de última geração. Afinal, em uma grande e nova embaixada, ele poderá dar uma bela festa de inauguração. Além do mais, qual diplomata sabe o que é EDR?

O Government Accountability Office (GAO) [Gabinete de Contabilidade e Auditoria] avalia os departamentos e agências federais, mas, se um desses órgãos receber uma classificação ruim, não existe nenhuma consequência real para as pessoas que o administram. Por exemplo, o secretário de Estado não hesita nem nega uma promoção com base nessa classificação. Assim, claro que a maioria dos departamentos e agências se sai mal na avaliação de cibersegurança e continua com fundos insuficientes para segurança. Se não houver consequências para o desempenho insatisfatório em coisas que os líderes das agências não querem fazer e que não compreendem, o desempenho sempre deixará a desejar. Apesar de normalmente as agências não arcarem com as consequências das falhas e debilidade na cibersegurança, há exceções.

Normalmente, nenhum órgão recebe a pior nota de classificação do GAO, mas, na prática, Katherine Archuleta, ex-diretora do Escritório de Gestão de Pessoal dos Estados Unidos, recebeu a pior nota e foi reprovada por causa do vazamento de dados de quase 22 milhões de norte-americanos. Mas, de certa forma, isso não foi culpa dela. Porém ainda estamos furiosos com tudo que ocorreu. Os dois autores deste livro têm autorizações ultrassecretas de segurança e *security clearances* com codinomes. E o governo gastou centenas de milhares de dólares investigando nossos antecedentes e nossos passos antes de nos considerar pessoas dignas para obtermos as *security clearances*. Os investigadores de segurança percorrem os Estados Unidos para conversar com nossos professores do ensino médio, colegas de quarto da faculdade, amigos de bar, colegas de trabalho, síndicos e vizinhos rabugentos, pedindo-lhes que contem histórias embaraçosas e forneçam informações depreciativas sobre nós. De alguma forma, nós dois conseguimos nossas *security clearances*.

Todas essas entrevistas, junto com registros bancários e fiscais, registros médicos, históricos escolares, pontuação de crédito e outros documentos, foram armazenadas nos bancos de dados no Escritório de Gestão de Pessoal (OPM, na sigla em inglês). Mas então, o Exército de Libertação Popular Chinês fez o download de tudo e enviou para Pequim. Quase um ano depois que o OPM descobriu isso (porque alguém os informou), eles nos avisaram que tinham um pequeno problema. O OPM pediu que clicássemos em um link para obter monitoramento gratuito de pontuação de crédito. Nenhum de nós estava muito inclinado a clicar em um link, ainda mais um sugerido pelo OPM. Poderia ser uma violação de privacidade. Ainda parecemos ressentidos, não é?

Pois bem, Katherine Archuleta era a chefe do OPM na época, e depois que muitas outras pessoas ressentidas exigiram, ela foi obrigada a renunciar. Este foi um caso raro de responsabilidade executiva no governo. Mas, olhando pelo lado dela, esperava-se mesmo que ela vencesse uma guerra contra o Exército Chinês? Archuleta era uma professora de Denver, que se tornou administradora escolar e depois ativista política. Temos certeza de que, quando o pessoal da Casa Branca de Obama lhe ofereceu o emprego no OPM, ninguém lhe disse que poderia haver uma batalha cibernética com um exército estrangeiro. Ela pensou que somente administraria o escritório de recursos humanos (RH) do mais alto escalão do governo federal, e isso já teria sido um desafio suficiente para qualquer pessoa.

E como tradicionalmente o governo só tranca as portas depois que os chineses invadem a casa, quando a poeira baixou, a tarefa de lidar com todo aquele material sigiloso de investigação de antecedentes foi dada ao Pentágono. Isso é uma aposta comum em Washington; atribuir aos militares uma tarefa difícil. Claro, como sabemos e discutiremos mais tarde, os militares também não são os melhores exemplos quando se trata de proteger as redes.

A nosso ver, em vez de pedir que todos os pequenos órgãos governamentais, como o OPM, se defendam do Exército Chinês, faz mais sentido criar um Órgão de Serviços de TI (ITSA, na sigla em inglês) para ter a propriedade e operar as redes de computadores de todas as agências civis. O DOD e a comunidade de inteligência ainda poderiam controlar suas redes — não porque são perfeitos quando se trata de cibersegurança, e sim porque o departamento usaria toda a sua influência para destruir qualquer proposta que colocasse em risco os seus domínios.

Pode haver também exceções para algumas agências civis, como a polícia estadual na Virgínia. O correto seria haver uma exceção, para os programas do Departamento de Energia, devido ao gerenciamento de bombas nucleares, mas quase todas as outras agências civis deveriam estar usando uma série de rede federal e serviços em nuvem administrados por nossa sugerida ITSA.

Nesse sentido, ainda estamos engatinhando. Atualmente, os departamentos e agências podem pedir que uma instituição maior administre suas redes, mas poucos fazem isso. Talvez seja uma questão de prestígio todos administrarem suas próprias redes, semelhante às exigências de status que aparentemente obrigam cada secretário de gabinete a ter a própria escolta de segurança e o típico carro Chevy Suburban preto com faróis azuis. (Será mesmo que existem tantas pessoas que queiram matar o chefe do Órgão de Proteção Ambiental ou do Departamento de Educação dos Estados Unidos? Provavelmente não, mas todo esse destacamento de guarda-costas reduz o tempo de deslocamento no trânsito, proporciona-lhes bons lugares nos melhores restaurantes da capital e ainda evita que enfrentem as filas com o TSA Pre-Check nos aeroportos.)

O governo Obama criou novos cargos na Casa Branca, como diretor de informática (CIO) e diretor de tecnologia (CTO). O presidente Obama chegou a nomear um chefe federal de segurança da informação quando faltavam menos de quatro meses para o término de seu mandato presidencial. O que temos em mente é algo mais ambicioso.

Os departamentos e órgãos federais civis especificariam suas necessidades de TI e, em seguida, comprariam esses serviços de um Órgão Federal de Serviços de TI. Esse órgão forneceria apenas os serviços com altos níveis de segurança, desenvolvidos e integrados pelos especialistas da CyberCorps na nova CISA do DHS. Como fazem os governos estaduais atualmente, o Órgão de Serviços de TI poderia contratar empresas privadas de serviços de TI para fornecer suporte; no entanto, o Órgão de Serviços de TI e a CISA especificariam os requisitos e os padrões e, então, garantiriam que fossem atendidos.

Ao impor que a maioria dos órgãos e departamentos federais compre TI como um serviço de um órgão federal, talvez tivéssemos ganhos de eficiência em termos de custos, padrões mais elevados, melhor gerenciamento e modernização contínua. Alguns podem se opor, alegando que a segurança é mais bem alcançada quando há variedade. Na verdade, isso não se aplica quando a variedade resulta em muitas redes não seguras. Além do mais, um órgão de serviços de TI poderia trabalhar com a variedade de perspectivas, redundância e um sistema heterogêneo que aumentaria a complexidade para um invasor e tornaria a recuperação mais fácil.

No entanto, como pagaríamos pelo ITSA? Ele não precisaria custar mais dinheiro do que gastamos hoje; na verdade, custaria menos, já que proporcionaria economias de escalonamento e outras eficiências. Cada departamento e órgão pagaria pela TI como um serviço com seus orçamentos existentes. O ITSA seria implementado ao longo dos anos, mas acabaria sendo proprietário de todo o hardware, software, nuvens, redes e sistemas de segurança das agências federais civis. E estaríamos mais seguros.

Bipartidarismo: Duas Sugestões Simples

Com base na criação da CISA em 2018, ficaríamos contentes se, nos próximos anos, o Congresso fizer com que todos os funcionários de cibersegurança dos órgãos e departamentos federais civis sejam membros de um novo CyberCorps e, assim, funcionários da CISA. O CyberCorps seria liderado pelo principal CISO federal, o chefe da CISA. Seria uma célula profissional, com postos, atribuições interdepartamentais, educação contínua e testes. Os membros do alto escalão do CyberCorps fariam parte do Senior Cyber Service.

Em suma, o ITSA forneceria software e redes como um serviço para os órgãos federais, e a CISA, por meio de sua nova versão do CyberCorps, tomaria as decisões de segurança e gerenciaria as operações de cibersegurança para as agências federais civis. Nem todo mundo consegue gerenciar os serviços de TI ou assegurar a cibersegurança adequada. Devemos parar de fingir que todas as agências federais conseguem fazer isso.

E, como discutiremos a seguir, devemos parar também de fingir que todos os condados dos Estados Unidos conseguem assegurar que as eleições federais não sofram manipulações da inteligência estrangeira.

PARTE IV
GUERREIROS, DIPLOMATAS E CANDIDATOS

Capítulo 12

FORÇAS ARMADAS, DOMÍNIOS E HEGEMONIA

Depois da terra, do mar, do ar e do espaço, a guerra entrou no quinto domínio: o ciberespaço.

— MATT MURPHY, *THE ECONOMIST*, 1 DE JULHO DE 2010

Patrick Shanahan é o homem que administra a gigantesca corporação que é o Pentágono. Naquele edifício e em unidades militares dos Estados Unidos ao redor do mundo, o ex-executivo da Boeing, conhecido na companhia aérea como "Mr. Fix-it", era conhecido como DEPSECDEF, secretário adjunto de Defesa dos Estados Unidos, até que se tornou o secretário em exercício no final de 2018. Em maio de 2018, ele anunciou as intenções do governo Trump em relação ao quinto domínio: "O Departamento de Defesa garantirá que nossos militares estejam a postos para lutar e vencer qualquer adversário, assumindo a hegemonia do domínio cibernético."

Assumir a hegemonia do domínio: é assim que o Pentágono considera o ciberespaço. Quatro meses após Shanahan declarar essa simples orientação, o Departamento de Defesa elaborou a 2018 DOD Cyber Strategy [Estratégia Cibernética do DOD 2018]:

O Departamento deve agir no ciberespaço durante os conflitos cotidianos para preservar as vantagens militares e defender os interesses dos EUA. Nosso foco serão os Estados que podem representar ameaças estratégicas à prosperidade e segurança dos Estados Unidos, sobretudo a China e a Rússia. Contra-atacaremos para cessar ou interromper as ciberatividades maliciosas em sua origem, incluindo atividades que se enquadram abaixo do nível de conflito armado.

Essa declaração ocorreu alguns dias antes da divulgação da Estratégia Cibernética Nacional da Casa Branca (a primeira desde aquela excelente divulgada em 2003) e da National Security Presidential Memorandum [Memorando Presidencial de Segurança Nacional] (NSPM) 13, uma diretiva secreta que devolveu a tomada de decisões das operações cibernéticas ao Pentágono. (O presidente Obama reprimiu as operações cibernéticas depois do Stuxnet, após divulgar a PPD 20, que supostamente exigia que o presidente aprovasse as ações ciberofensivas expressivas.)

Os críticos do novo plano do Pentágono para assumir a hegemonia do domínio cibernético previram que isso poderia se transformar em uma possível batalha no ciberespaço, sugerindo que as Forças Armadas dos Estados Unidos agiam todos os dias para desestabilizar as atividades cibernéticas sem recorrerem a um conflito armado para justificá-las. As autoridades do Pentágono rebateram argumentando que a estratégia simplesmente admitia a realidade de um conflito diário já existente no ciberespaço contra a Rússia, a China e outros países, mesmo com a ausência de uma declaração de guerra. Ao se envolver de forma mais enérgica contra as unidades cibernéticas russas e chinesas, o Pentágono acredita que pode um dia estabilizar o ciberespaço.

Defesa ou Dominação?

Uma organização destinada à guerra pode contribuir para reduzir as tensões e para mitigar a probabilidade de um conflito? Neste capítulo, abordaremos essa questão. Em termos mais específicos, perguntamos: como os militares norte-americanos podem contribuir para limitar o alcance ou prevenir a guerra cibernética? Como os militares podem reduzir a chance de instabilidade da crise e o agravamento iminente de uma guerra? Parte das ações militares necessárias pode parecer contraintuitiva. Os militares precisam dominar a guerra cibernética, tanto defensiva como ofensivamente.

As forças nucleares dos Estados Unidos e da União Soviética (mais tarde, Rússia) ajudaram a evitar que esses dois países se envolvessem em conflitos militares diretos por mais de sete décadas. O simples fato de essas armas existirem não impediu a Terceira Guerra Mundial, e sim o fato de que elas foram conciliadas com diplomacia, estratégia e controle de armamentos.

Ainda que os líderes reivindiquem a destruição das armas nucleares há décadas, elas continuam existindo aos milhares. O mesmo ocorre com nosso tipo de paz mundial. É uma paz repleta de tensões, rivalidades e conflitos de menor importância que não sinalizam uma condição desejável. Apesar disso, se comparadas às guerras mundiais do século XX, a maneira como as armas, as estratégias e a diplomacia foram conciliadas para prevenir um conflito global foi um sucesso. Hoje, a ausência prolongada de uma guerra mundial entre as superpotências está ameaçada pela ascensão de um novo tipo de arma em um novo domínio, o ciberespaço.

O uso indevido das armas cibernéticas pode desencadear um tipo de conflito de grandes proporções que temos nos esforçado para evitar. Na realidade, o patamar atual dos recursos ciberdefensivos e ciberofensivos dos EUA, aliados aos potenciais adversários, está criando uma situação de alto risco e de instabilidade. As defesas vulneráveis norte-americanas podem ser um convite para que um possível adversário se engaje em ciberataques, e, se os Estados Unidos revidarem, isso pode transformar as tensões descontroladas em uma guerra mais ampla.

Até agora, os estrategistas militares e diplomatas não conseguiram conciliar as armas, as políticas e as medidas de controle de armamentos para lidar com a ameaça à estabilidade global criada pelas armas cibernéticas. Neste e no próximo capítulo, sugerimos como eles podem fazer isso. Este capítulo aborda o que os militares precisam para contribuir para a estabilidade ou paz cibernética.

Na terminologia militar, o ciberespaço é um domínio. As autoridades do Pentágono tradicionalmente enumeram quatro domínios, ou possíveis domínios, de combate: terrestre, marítimo, aéreo e espacial. Há mais de uma década, com o advento do US Cyber Command, as autoridades de defesa acrescentaram um quinto possível domínio de combate à lista: o ciberespaço. O US Cyber Command é uma organização conjunta, formada pelas unidades do Exército, da Marinha, da Força Aérea e dos Fuzileiros Navais. No linguajar do Pentágono, a missão do Cyber Command é assumir a hegemonia no ciberespaço.

Segundo o Pentágono, conquistar a hegemonia do ciberespaço não é algo que ocorre apenas em uma guerra. Se os recursos ciberofensivos e ciberdefensivos norte-americanos forem satisfatórios e efetivamente superiores a qualquer ameaça, pode-se conquistar a hegemonia em tempos de paz. Pelo menos, este é o objetivo a que, na teoria, as Forças Armadas dos EUA se propuseram. Por ora, os EUA não alcançaram a hegemonia no quinto domínio. Na verdade, estamos longe disso, o que, sem dúvida, aumenta a instabilidade que pode levar à guerra.

Em termos concretos, como as Forças Armadas norte-americanas podem diminuir as tensões, evitar a instabilidade da crise, dissuadir ou prevenir uma guerra cibernética de grandes proporções? A nosso ver, os militares basicamente devem ser capazes de se defender tão bem no ciberespaço que poderiam prosseguir com suas operações militares convencionais (ou, em casos extremos, nucleares) sem sofrerem danos expressivos de ciberataques e, assim, dissuadir a atividade inimiga. Eles precisam conciliar os recursos ciberofensivos com a habilidade de conquistar rapidamente uma posição hegemônica para subjugar o inimigo, recorrendo, em partes, às armas cibernéticas nos estágios iniciais do conflito para restringi-lo e encerrá-lo.

A Lista de Atividades do Pentágono

Apesar de essas metas serem boas, dificilmente é possível alcançá-las. A estratégia do Pentágono de 2018 elenca cinco objetivos definidos (veja as notas finais). Gostaríamos de reformulá-los um pouco em cinco missões distintas: 1) defender as próprias redes militares; 2) proteger as empresas que fabricam nossas armas e que formam a base industrial de defesa (DIB); 3) garantir a integridade das armas dos EUA assim que forem implementadas; 4) proteger a infraestrutura privada da qual os militares precisam para realizar seu trabalho; e 5) estar preparado para a ofensiva, visando destruir os inimigos militares em potencial, em parte por meio de operações cibernéticas.

Qual é o desempenho das Forças Armadas dos EUA nessas cinco missões hoje? Como docentes e consultores, descobrimos que, não raro, o melhor jeito de reforçar uma ideia é levar as pessoas a imaginarem e "viverem" a realidade de um futuro próximo que as coloque, junto a seus sistemas, à prova. É igual quando um chefe novo chega à empresa e pergunta: "Como nos sairíamos se isso acontecesse hoje?" Em nosso caso, o "isso" se trata de uma crise político-militar que se transforma em uma guerra civil. A melhor forma de saber como o DOD e o Cyber Command estão lidando com a cibersegurança é perguntar como eles se sairiam se uma catástrofe repentina acontecesse neste exato momento.

Recorremos a um conceito militar que se chama exercícios militares de desenvolvimento de cenários imaginários (TTXs: *tabletop exercises*). Executamos simulações de aprendizagem com alunos de pós-graduação, presidentes corporativos e membros do Gabinete de Segurança Nacional dos Estados Unidos. E, para responder à pergunta sobre o desempenho das Forças Armadas dos EUA nessas cinco missões cibernéticas preliminares, simulamos uma crise político-militar de curto prazo.

Simulação de um Futuro Próximo

Talvez a crise internacional mais provável nos próximos anos seja um conflito entre Irã e Israel. A seguir, temos um cenário de como essa crise poderia evoluir e nossa avaliação de como os atuais recursos cibernéticos das Forças Armadas dos EUA seriam usados.

TEL AVIV, 10 DE NOVEMBRO DE 2019

As sirenes de ataque aéreo soaram às 02h00. Os israelenses acordaram e correram para abrigos antibombas em todo o país. As centenas de foguetes militares e mísseis que atingiram o país foram lançadas de locais escondidos no Líbano e na Síria. Os ataques atingiram bases aéreas, o aeroporto Ben Gurion, o complexo do Ministério da Defesa em Tel Aviv, as usinas de energia elétrica e os portos de Haifa e Ashdod. Ainda que os sistemas de defesas antimísseis de Israel interceptassem um grande número de ogivas que se aproximavam, por causa do alto número de ataques simultâneos, muitos foguetes e mísseis atingiram seus alvos. O dano foi significativo.

O ataque lançado pelo Irã e suas milícias aliadas no Líbano e na Síria foram uma retaliação devido a um ataque aéreo israelense em grande escala contra as forças pró-iranianas na Síria três dias antes. Uma segunda onda de foguetes e mísseis atingiu Israel às 04h00. A Força Aérea Israelense relatou ao ministro da Defesa que estava tendo dificuldade de mobilizar caças para perseguir os lançadores de mísseis móveis. O alcance dos estragos em algumas bases aéreas foi crítico, incapacitando o esquadrão de caças F-16. Drones lançados do Líbano e da Síria mergulharam nos radares de defesa antimísseis israelenses, prejudicando algumas das artilharias antimísseis Arrow, Iron Dome e Patriot.

Assim que amanheceu em Jerusalém, o primeiro-ministro israelense ligou para o presidente dos Estados Unidos. Relutante, pediu ajuda imediata dos EUA. Especificamente, ele solicitou um socorro aéreo de armas críticas e componentes-chave para substituir parte de seu estoque militar que havia sido destruído. Solicitou também que contratorpedeiros antimísseis da Marinha dos Estados Unidos fossem posicionados ao longo da faixa litorânea de Israel para aumentar as defesas sobrecarregadas do país, e que caças-bombardeiros F-35 norte-americanos fossem posicionados para ataques conjuntos contra foguetes móveis e lançadores de mísseis. O presidente concordou imediatamente e instruiu o Pentágono a ajudar. Ele também ordenou um ciberataque aos lançadores de mísseis e contra seu sistema de comando e controle, incluindo um contra os sistemas de lançadores de mísseis móveis no Irã que ainda não haviam sido usados para atacar Israel.

Uma hora depois da ligação do primeiro-ministro, dois contratorpedeiros Aegis da Marinha dos Estados Unidos, próximos da Espanha, deram meia-volta, recorrendo à manobra de flanco, e foram para leste, atravessando o Mar Mediterrâneo. Nos depósitos de suprimentos da Defense Logistics Agency (DLA) [Órgão de Logística Militar dos Estados Unidos] em todo o litoral leste dos Estados Unidos, vagões de trem foram carregados com paletes e preparados para levar a carga às bases aéreas dos EUA. Aeronaves C-17 estavam sendo preparadas para um gigantesco socorro aéreo que mais lembrava a operação dos Estados Unidos para apoiar Israel na Guerra do Yom Kippur em 1973. O longo braço protetor dos Estados Unidos estava mais uma vez se preparando para estender a mão a fim de proteger um Israel sitiado, que surpreendentemente se encontrava subjugado.

WASHINGTON, 12 DE NOVEMBRO DE 2019

O presidente estava furioso. Sua ira era como uma onda de energia que fluía pela linha de videoconferência da Sala de Crise da Casa Branca até o Centro de Comando Militar Nacional do Pentágono. Os foguetes e os mísseis continuavam a atingir Israel. O chefe do Estado-Maior Conjunto dos Estados Unidos acabara de informar ao presidente, por videoconferência, que os dois contratorpedeiros Aegis ainda estavam desativados, seus sistemas de propulsão estavam offline e danificados. Rebocadores estavam a caminho para levá-los ao porto na Itália. Na Virgínia e na Carolina do Sul, os descarrilamentos da Norfolk Southern Railroad ainda impediam que os trens com cargas críticas chegassem às bases aéreas. Os blackouts no Médio Atlântico deixaram a Base Aérea McGuire, em Nova Jersey, e a Base Aérea de Dover, em Delaware, no escuro. O DLA relatou que suas tentativas de fazer o backup dos bancos de dados falharam, após o ataque de um malware wiper contra seu sistema de abastecimento.

Alguns F-35s da Força Aérea dos EUA pousaram em Israel, mas em suas primeiras investidas de combate a partir da Base Aérea Ramat David, todas as quatro aeronaves norte-americanas sofreram falhas no sistema de radar e retornaram à base, pousando em meio a uma chuva de mísseis. Em Huntsville, Alabama, a Raytheon Corporation estava avaliando os danos de uma explosão e de incêndio que tomou conta de sua linha de produção de mísseis Patriot e, por isso, não conseguia enviar peças de reposição. No lado ofensivo, o US Cyber Command informou que acreditava que poderia penetrar e frustrar a força de mísseis iraniana no prazo de uma semana a dez dias. Nunca se tinha estudado como penetrar os sistemas dos lançadores de mísseis controlados pelo Irã na Síria e no Líbano. Isso levaria um bom tempo.

Já havia se passado 55 horas críticas desde que o presidente ordenara ao Pentágono que ajudasse Israel, e basicamente nenhuma ajuda havia chegado. Com o rosto vermelho e resmungando diante do grande monitor que mostrava a liderança do Pentágono, o presidente exigia saber o porquê.

De outro monitor na parede da Sala de Crise do centro de teleconferência, o diretor de Inteligência Nacional falou, acabando com o silêncio do Departamento de Defesa: "Senhor, verificamos que o Irã lançou ciberataques para destruir nossas operações de apoio a Israel." Sentado ao lado do presidente na Sala de Crise, o Conselheiro de Segurança Nacional murmurou: "Sério mesmo, Sherlock?"

"Bem", disse o presidente, voltando-se para seu conselheiro, "o que *você* sugere que façamos agora?".

"As coisas estão muito claras, senhor presidente. O Irã impediu nossa ajuda a Israel por meio de ciberataques. Devemos intensificar nossas ações agora. Vamos lançar ataques convencionais contra o Irã; os bombardeiros B-2 e o porta-aviões devem atacá-los esta noite."

Sem hesitar um segundo sequer, o presidente se voltou para o secretário de Defesa. "Vá em frente. Comece a bombardear o Irã."

Essa ficção é pouco verossímil? Pensamos que não. Acreditamos que, se houvesse uma guerra "cinética"[1] ou tradicional hoje, em que as forças militares dos Estados Unidos se opusessem ao Irã, à Rússia, à China ou até mesmo à Coreia do Norte, o Departamento de Defesa teria dificuldade na

---

1 N. da T.: O termo *Kinetic Military Action* [Ação Militar Cinética] ou *Kinetic War* [Guerra Cinética] é um eufemismo para se referir à guerra militar de ação letal e também para diferenciar a ação militar branda (sanções e diplomacia) da letal.

execução de suas operações e seria totalmente incapaz de conduzir importantes operações ciberofensivas contra alvos militares inimigos.

Nesse cenário, os EUA enfrentariam o Irã e perderiam, pelo menos no primeiro embate. A realidade nua e crua é que o Irã tem recursos ciberofensivos consideráveis. Os obstáculos à entrada de uma força ofensiva de guerra cibernética substancial são poucos. Os países que jamais conseguiriam derrotar os Estados Unidos em uma batalha militar estritamente convencional representam riscos assimétricos expressivos para os norte-americanos no ciberespaço. Para explicitar por que afirmamos isso, analisaremos cada uma das cinco missões cibernéticas que acreditamos que o Pentágono deveria realizar e veremos o que uma potência de médio porte como o Irã poderia fazer contra os Estados Unidos.

Em nosso cenário, o DOD fracassou em sua primeira missão cibernética: proteger sua própria rede. Os hackers penetraram na rede não sigilosa da Defense Logistics Agency e apagaram todo o software, incluindo o backup, usando um wiper que transforma computadores em equipamentos inúteis de metal ao deletar todos os dados armazenados neles. No mundo real, o Irã invadiu a rede de computadores não sigilosa da Marinha dos Estados Unidos em 2003 e conseguiu permanecer na rede por meses, mesmo depois que sua presença foi identificada, apesar das intensas tentativas de expulsar os invasores. O Irã também foi bem-sucedido usando o wiper em um ataque contra a maior empresa de petróleo do mundo, a Saudi Aramco.

Os especialistas em cibersegurança têm alertado as empresas de que os hackers estão colocando ransomwares em backups de banco de dados; assim, uma vez que os operadores de rede tentam ativar seus sistemas de continuidade de negócios, acabam descobrindo que o backup também está inoperante. Essas mesmas técnicas podem ser utilizadas em um wiper, que seria ativado no banco de dados de backup assim que o sistema fosse usado e destruiria todos os arquivos, sistemas operacionais e aplicativos em uma rede.

Mas o risco não se aplica somente às redes não sigilosas do DOD. Em 2008, a Rússia conseguiu acessar o sistema SIPRNet ultrassecreto do Pentágono. Em 2016, a Coreia do Norte foi bem-sucedida ao roubar de uma rede sigilosa os planos de operações combinadas dos EUA-Coreia do Sul, cujo intuito era atacar o Norte e matar suas lideranças.

Atualmente, as autoridades militares norte-americanas operam partindo do princípio de que seus sistemas não sigilosos e secretos foram comprometidos e talvez não estejam disponíveis ou estejam vulneráveis em uma crise. As autoridades esperam que a rede ultrassecreta do Joint Worldwide

Intelligence Communications System (JWICS) seja segura, contudo, sabem que a rede está prioritariamente na mira dos hackers de muitos países.

Como observamos no Capítulo 2, nem mesmo a Agência de Segurança Nacional dos Estados Unidos, que faz parte do Departamento de Defesa, conseguiu proteger a própria rede. Seus arquivos ultrassecretos foram roubados por e de funcionários da Booz Allen Hamilton, que eram terceirizados e trabalhavam na NSA. Se os sistemas de informação da NSA, casa da expertise em cibersegurança do governo norte-americano, estiverem em risco, é bem provável que o mesmo ou coisa até pior esteja acontecendo no DOD.

Em nosso cenário, o DOD também fracassou em cumprir sua missão cibernética de proteger seus próprios sistemas de armamentos. Os motores dos dois contratorpedeiros com defesa antimísseis da Marinha dos EUA foram desativados por um ciberataque contra o controle do seu sistema de propulsão de navios.

E talvez a realidade seja pior do que nosso cenário. Em outubro de 2018, o Government Accountability Office divulgou um relatório bastante preocupante sobre a cibersegurança dos sistemas de armamentos dos Estados Unidos, alegando que um inimigo poderia invadir e desativar muitas armas mais novas do país (ou assumir o controle delas). Apesar de uma eminente comissão de avaliação do Defense Science Board [Conselho de Ciência da Defesa] ter alertado sobre esse problema específico em 2013, cinco anos depois o GAO concluiu que "O DOD ainda está no estágio inicial de tentar entender como aplicar a cibersegurança aos sistemas de armas". Observe que a conclusão não foi que o DOD estava no estágio inicial de solucionar o problema, e sim no estágio inicial de "tentar entender como…".

Neste cenário, os navios da Marinha dos EUA foram hackeados. No mundo real, também, já que os navios da Marinha estão totalmente conectados em rede. Os sistemas de turbina a gás da General Electric nos contratorpedeiros Aegis são bem conhecidos e semelhantes aos motores usados em sistemas civis. Será que um Estado-nação conseguiria invadir o sistema de um navio e ordenar a desativação do sistema principal? A Marinha acha que sim e revelou que seus mais novos navios de combate da classe USS *Freedom* estão vulneráveis a ataques hackers.

Em 2018, informações sigilosas sobre programas altamente confidenciais da Marinha foram roubadas de um funcionário terceirizado que trabalhava para o Naval Undersea Warfare Center, em Rhode Island. Além disso, descobriu-se que um técnico da Marinha era um hacker criminoso. No Pentágono, há uma crença bem disseminada de que as sucessivas colisões dos destróieres da Marinha dos EUA, ocorridas em 2017, resultaram de ciberataques, mas, oficialmente, o DOD nega essa hipótese. A Marinha dos EUA ainda usa o frágil e ultrapassado Windows XP.

Em nosso cenário, a proteção do DIB também foi um problema. Uma instalação corporativa importante, uma unidade da Raytheon que fabrica peças para sistemas antimísseis, pegou fogo e explodiu, impedindo o envio de componentes para Israel. Não temos motivos para acreditar que esta instalação ou empresa específica seja menos ou mais segura do que outras partes do DIB, mas sabemos que os fornecedores de defesa têm sido hackeados constantemente por adversários estrangeiros.

Entre os sistemas de armas comprometidos estão o Extended Area Protection and Survivability System (EAPS), projetado para contra-atacar foguetes, artilharia e morteiros em voo, e os sistemas antimísseis Patriot, THAAD e Aegis. Os bancos de dados que armazenavam informações sobre o modelo do caça-bombardeiro F-35 também foram hackeados. E esses são apenas os sistemas listados em um relatório do Defense Science Board, um grupo de assessores externos do Pentágono.

Quando adversários estrangeiros conseguem hackear as redes de fornecedores privados do Departamento de Defesa, o risco é três vezes maior. Eles podem roubar os projetos de armas, o que pode lhes possibilitar fabricar armas semelhantes. Esse é justamente o intuito da maior parte das invasões contra as empresas da DIB. No entanto, uma vez dentro de uma rede corporativa, os hackers podem camuflar códigos maliciosos nos sistemas operacionais das armas, o que lhes permitiria assumir o controle das armas se e quando estivessem em combate. Por fim, os hackers poderiam agir contra os sistemas de controles de uma fábrica, a linha de produtos ou os sistemas de suporte, para sabotar as operações das instalações.

A quarta missão cibernética que algumas pessoas acham que o DOD deveria assumir é proteger outras empresas — não aquelas que fabricam armas, e sim as que fornecem serviços essenciais ao próprio DOD, como energia elétrica ou transporte ferroviário. Dissemos "algumas pessoas" porque o papel que o Pentágono deveria ter na defesa de empresas de infraestrutura crítica é um tanto controverso.

Em nossa simulação, os blackouts ocorridos em Nova Jersey e Delaware obrigaram as principais bases de socorro aéreo em Dover e McGuire a usar geradores de emergência instáveis. Os trens que transportam peças de reposição e armas para bases aéreas e portos marítimos foram descarrilados, prejudicando bastante o reabastecimento necessário a Israel.

Em nossa realidade atual, o DOD fracassaria em proteger as redes de abastecimento de energia elétrica e sistemas de controle ferroviário porque não tem autoridade legal para tal, do mesmo modo que não tem nenhum programa em operação para proteger os sistemas civis off-base dos quais as bases dependem. A responsabilidade de ajudar as empresas que fornecem "infraestrutura crítica", como energia elétrica e transporte ferroviário, recai sobre o DHS. Apesar de o DHS compartilhar informações com algumas empresas de infraestrutura crítica, o departamento não atua no monitoramento e na defesa de suas redes de informações. Nesse meio-tempo, a Rússia supostamente tem penetrado com sucesso nos sistemas de controle das redes de abastecimento de energia elétrica dos Estados Unidos, conforme discutimos no Capítulo 10.

O Irã, inimigo potencial em nosso cenário, já atacou com sucesso a infraestrutura do setor financeiro norte-americano em 2011 e 2012, usando um simples, mas poderoso, ataque DDoS, com o objetivo de sobrecarregar as redes públicas dos maiores bancos dos EUA. E o ataque não terminou com os CEOs dos bancos solicitando a intervenção do governo norte-americano para defendê-los, e sim com a decisão do Irã, ao concluir que havia sido bem-sucedido e que pararia com os ataques.

A divisão de tarefas entre o DOD e o DHS frustra algumas pessoas do Departamento de Defesa, já que elas acreditam que o DHS e as corporações envolvidas jamais conseguirão fazer o suficiente para proteger a infraestrutura crítica da qual o Pentágono e o país como um todo dependem. Entretanto, um dos maiores problemas em passar a responsabilidade da defesa da infraestrutura crítica para o DOD é decidir onde estabelecer os limites. O DHS elenca dezessete setores como parte da "infraestrutura crítica", incluindo até mesmo o setor de varejo (por exemplo, Walmart, Costco e Home Depot).

E mesmo que o DOD não tenha autoridade para defender essas redes, também não está totalmente claro se muitas das corporações envolvidas querem que os militares bisbilhotem suas redes. O megabanco JPMorgan Chase é uma dessas corporações de infraestrutura crítica bastante visada. Quando alguns dos funcionários de cibersegurança do banco começaram a estudar a possibilidade de um programa-piloto que envolva a participação do DOD para proteger sua rede, nossas fontes nos informaram que o CEO Jamie Dimon e outros funcionários do alto escalão mais do que depressa descartaram a ideia.

Por último, sugerimos que a quinta missão dos militares dos EUA no ciberespaço deve ser ter os recursos para atacar os sistemas militares inimigos usando técnicas cibernéticas. A maioria dos críticos presume que o Cyber

Command consegue, pelo menos, fazer isso bem. Mas a realidade é outra. Obstáculos burocráticos e legais impediram que os guerreiros cibernéticos dos Estados Unidos fossem uma ameaça real e ofensiva durante quase toda a primeira década de existência do Cyber Command.

Em nosso cenário, o presidente, atendendo ao pedido do primeiro-ministro israelense, ordenou ciberataques contra os sistemas de comando e controle dos lançadores de mísseis iranianos, contra os sistemas semelhantes da milícia Hezbollah apoiada pelo Irã e contra os sistemas dos mísseis. O Cyber Command respondeu que só teria capacidade inicial de operação para fazer isso em duas semanas. Mas claro que, nesse ínterim, o Irã e seus aliados da milícia poderiam descarregar todos os seus estoques de mísseis contra Israel. Fomos injustos com os recursos ofensivos do Cyber Command nesta simulação? Achamos que não.

Surpresa: A Ofensiva do Cyber Command Não Foi Suficiente

Há dez anos, em nosso livro *Guerra Cibernética,* discutimos que os militares norte-americanos pareciam estar mais obcecados por desenvolver recursos ciberofensivos do que ciberdefensivos. Como normalmente ocorre em Washington, a mudança acabou sendo radical. Durante grande parte da segunda década do século XX, o Cyber Command seguiu nossos conselhos (sem dúvida foi coincidência, e não porque eles estavam cientes e concordavam com o que havíamos escrito), e focou a defesa. Mas o Cyber Command fez isso excessivamente e acabou desconsiderando muito do que era necessário para estar em condições de lançar uma grande operação ofensiva, se o presidente exigisse. Apesar de as agências de inteligência norte-americanas estarem conduzindo operações secretas no ciberespaço, para nossa grande surpresa, os militares não foram ofensivos o bastante em seus preparativos para a guerra cibernética. Embora os preparativos possam ser um fator de desestabilização, também é verdade que, se um inimigo em potencial sabe que você tem pouca capacidade ofensiva, a dissuasão diminui.

Não basta que o presidente ordene a invasão dos sistemas militares de comando e controle ou dos sistemas de armamento de um adversário em potencial, já que operações como essas não podem ser realizadas imediatamente após uma ordem. Podem demorar meses ou até anos para implementar programas secretos que penetrem nesses sistemas. Ao acessá-los, torna-se bastante difícil manter uma atuação indetectável que seja capaz de ser acionada quando solicitado. Mesmo uma simples atualização do software de um adversário pode destruir completamente uma backdoor que demorou anos para ser desenvolvida.

No governo Obama, apesar de o grupo terrorista EIIS ter sido o principal adversário de combate dos militares norte-americanos, poucos ciberataques, se é que houve algum, foram organizados contra eles. Mas o secretário de Defesa, no final do governo, ordenou que o Cyber Command organizasse a Operação Glowing Symphony para "lançar bombas virtuais" contra o EIIS. Depois, o secretário Ash Carter declarou ao Congresso que estava "bastante desapontado" com a capacidade dessa operação de destruir o grupo terrorista.

O secretário Carter não foi o único a se desapontar com os ciberataques na administração Obama. O próprio Obama ficou decepcionado, assim como muitos de seus principais conselheiros. Eles estavam frustrados com o primeiro grande ataque de guerra cibernética dos Estados Unidos, o famigerado Stuxnet. Conhecido oficialmente como Operation Olympic Games na comunidade de inteligência, de início, a operação parecia um prodígio, tanto no quesito de ação secreta quanto na intrusão cibernética. (O ataque agora é tema de muitos livros e até mesmo de um filme, *Zero Days*, dirigido por Alex Gibney.) Após uma análise aprofundada, a operação tinha sido malsucedida em diversos critérios relevantes.

Supostamente, o ataque era para ser secreto. No entanto, os iranianos identificaram o Stuxnet. O funcionamento do worm deveria permanecer em segredo, mas especialistas cibernéticos europeus e norte-americanos o descompilaram e analisaram publicamente seu design. O ataque deveria ser exclusivo à usina de Natanz, mas o Stuxnet escapou de lá e ganhou vida própria, explorou o mundo, e foi capturado e copiado por cibercriminosos e outros Estados-nação ao longo de sua jornada. O ciberataque secreto deveria provocar danos substanciais ao sistema do programa de enriquecimento de urânio. Ainda que tenha feito com que oitocentas centrífugas precisassem de reparos ou fossem substituídas, o Irã depois construiu 20 mil centrífugas. Por último, o fato de que os Estados Unidos foram a primeira (ou uma das primeiras) nação a destruir uma infraestrutura por meio de um ciberataque nunca deveria ter vindo a público.

Como vimos, após a experiência — alguns diriam fiasco — do Stuxnet, Obama emitiu decretos que impediam quaisquer outras operações secretas importantes sem sua aprovação pessoal. Isso provocou um efeito um tanto dissuasivo. Em uma Casa Branca dominada por advogados, surgiu um debate interinstitucional sobre quais órgãos governamentais dos EUA poderiam agir no âmbito dos ciberataques ofensivos. Os advogados do Pentágono, da CIA e do Departamento de Justiça se engajaram no que alguns formuladores de políticas consideram juridiquês empolado. Ignoraremos os enigmas e os jargões e tentaremos compreender esse debate.

Os militares do Cyber Command não foram responsáveis pelo ataque do Stuxnet. A CIA e a NSA, sim. O ataque foi realizado com base na validade do *Title 50 of the U.S. Code,* o conjunto de leis que rege a comunidade de inteligência norte-americana. Segundo essas leis, as agências de inteligência dos Estados Unidos podem coletar informações secretamente no exterior. Podem também tomar medidas com o objetivo de prejudicar e destruir coisas no exterior, mesmo em tempos de paz, assim que o presidente emite um tipo de documento legal chamado "Presidential Finding", especificando que é do interesse dos Estados Unidos agir dessa maneira. A emissão desse documento é um processo bastante sigiloso, ritualístico, misterioso e normalmente demorado, que envolve horas a fio dos advogados do governo, incluindo o tempo gasto dialogando com um seleto grupo bipartidário de membros do Congresso. Mesmo depois da emissão do documento, sempre que uma ação significativa estiver prestes a ser realizada conforme a autorização, o processo é repetido para a emissão de outro Presidential Finding, também conhecido como Memorandum of Notification (MoN), visando justificar a operação secreta.

Apesar de sua experiência decepcionante com as consequências do Stuxnet, o governo Obama ainda não tinha desistido da ideia de usar armas cibernéticas contra o Irã. À medida que as negociações entre o Grupo P5+1 (EUA, Grã-Bretanha, França, Rússia, China e Alemanha) e o Irã se prolongavam, o governo Obama supostamente autorizou um plano de contingência, chamado Nitro Zeus, para destruir ou prejudicar partes essenciais da infraestrutura iraniana, caso as negociações fossem por água abaixo. Esse ciberataque hipoteticamente acompanhou um ataque convencional e teria sido, pelo menos em parte, executado com respaldo das autoridades militares. No entanto, o Cyber Command não tinha autorização para atacar os sistemas de armamento do inimigo.

O Cyber Command e os militares geralmente têm o respaldo de uma seção de lei diferente daquela que foi usada para autorizar o ataque do Stuxnet. Os militares têm respaldo jurídico do *Title 10 of the U.S. Code.* Os advogados do governo Obama alegavam que os militares não podiam infringir as fronteiras internacionais para penetrar nas redes de computadores de outras nações, ainda mais em tempos de paz, com o propósito de ocasionar danos ou destruição sem uma ordem legal específica do presidente (ou do secretário de Defesa). As unidades de inteligência militar poderiam coletar informações sobre sistemas de outras nações, contanto que tivessem autorização da inteligência e não tivessem a intenção de destruir as coisas. Algumas pessoas das Forças Armadas dos EUA queriam "preparar o campo de batalha" infectando no sistema de armamentos de um possível futuro inimigo um "código logic bomb" [bomba lógica] que poderia ser disparado, no caso de um conflito, para destruir a rede ou a arma inimiga. Até 2018, eles não tinham autorização para fazer isso.

Desse modo, o Cyber Command e suas unidades dos órgãos militares passaram boa parte do tempo, desde a sua criação, tentando se defender de outras nações que estavam tentando se infiltrar em nossas redes e armas militares. Dada a quantidade de ocorrências e de sucesso dos ataques, passar a maior parte do tempo se defendendo era provavelmente a coisa certa a fazer, mas ter pouco ou nenhum recurso ciberofensivo contra os militares inimigos criava um ponto fraco.

Na Estratégia Cibernética do Departamento de Defesa de 2018, o secretário de Defesa James Mattis ordenou que o Cyber Command "contra-atacasse" se unindo à comunidade de inteligência para tentar identificar os sistemas cibernéticos inimigos em potencial, penetrá-los, em alguns casos, e interromper os próximos ataques. Porém, alguns combatentes norte-americanos queriam mais. Por exemplo, caso algum dia lhes fosse ordenado que bombardeassem a Rússia ou a China, eles queriam fazer isso de um modo que os radares de defesa aérea "inimigos" não detectassem nenhum ataque iminente. Eles queriam que os mísseis de defesa aérea dos adversários explodissem na plataforma de lançamento, quando fossem disparados contra aeronaves norte-americanas. (Reportagens sugerem que a inteligência norte-americana pode ter penetrado nos testes de mísseis balísticos iranianos e norte-coreanos e contribuído para que vários deles explodissem na plataforma de lançamento. No entanto, os norte-coreanos supostamente desenvolveram, logo depois, mísseis que não tinham esse recurso específico.) Os combatentes norte-americanos queriam enviar comandos equivocados aos sistemas de comunicação militar de outros países. Afinal, defendiam eles, era isso que a Rússia e a China estavam aparentemente fazendo conosco e, pelo que sabemos, os dois países têm condições de fazer isso neste exato momento. Os Estados Unidos não estão nessa posição, pelo menos não como a maioria dos críticos presumia, e isso se deve em partes às enigmáticas batalhas judiciais.

A National Defense Authorization Act (NDAA) [Lei de Autorização e Defesa Nacional] do ano fiscal de 2019 deixava bem claro que os militares, especificamente o Cyber Command e suas unidades regionais e de serviço (como o Cyber Command das Forças Armadas dos Estados Unidos), podiam tomar medidas em tempo de paz contra os sistemas de possíveis adversários, de modo que conseguissem destruir rapidamente duas operações em caso de combate. Trump então assinou o National Security Presidential Memorandum 13 [Memorando Presidencial de Segurança Nacional 13], uma diretiva vista por muitos como uma forma de dar carta branca aos militares dos Estados Unidos que estavam impedidos de "preparar o campo de batalha". Na descrição da NDAA, essa autoridade se enquadra no âmbito das "atividades militares tradicionais", mas as ações autorizadas estão longe de ser tradicionais. Seguindo o Congresso, a Casa Branca delegou a autoridade para tomada de decisão sobre ciberataques ao Departamento de Defesa.

Na visão de alguns críticos, permitir que unidades militares dos EUA penetrem em sistemas de armamentos inimigos em tempos de paz causa instabilidade. Argumenta-se que essa ação dos EUA em tempos de paz pode resultar em "ataques" de ambos os lados, ou de todos os lados, que podem sem querer provocar um incidente extremamente destrutivo, levando ao agravamento e ao combate aberto entre as grandes potências militares do mundo. Essa preocupação tem fundamento, e, mesmo se a Casa Branca devolvesse a autoridade ao Pentágono, existe a real necessidade de realizar uma análise interinstitucional (inclusive do efetivo da Casa Branca) das ciberoperações planejadas pelo DOD, a fim de evitar erros de cálculo. No próximo capítulo, analisaremos como mitigar as tensões no ciberespaço por meio de acordos internacionais; contudo, uma forma de reduzir a probabilidade de uma guerra generalizada talvez seja reforçar a incerteza.

Tradicionalmente, os estrategistas militares defendem uma maior certeza nas questões político-militares. Segundo eles, certeza é sinônimo de estabilidade. Este era, e continua sendo, o caso da possibilidade de uma grande guerra nuclear, pois a certeza da destruição mútua cria dissuasão. Aprendemos isso nos últimos cinquenta anos. Entretanto, no caso da guerra cibernética, a incerteza pode impedir uma ação militar expressiva.

No contexto de guerra cibernética, para que a incerteza promova a dissuasão, um possível inimigo precisa estar incerto sobre duas coisas. Primeiro, ele deve estar incerto sobre quão bem suas armas convencionais funcionarão.

Segundo, deve estar incerto sobre quão bem nossas defesas cibernéticas funcionarão. A criação desses dois tipos de incerteza aumentará a segurança e o poder de dissuasão dos Estados Unidos.

Caso os potenciais líderes inimigos pensem que existe uma possibilidade efetiva de que suas armas convencionais não funcionem bem e de que os militares norte-americanos podem subjugá-los a qualquer momento, talvez eles sejam dissuadidos de começar uma guerra. Da mesma forma, potenciais líderes inimigos devem duvidar das alegações de seus comandantes militares e de sua inteligência de que conseguem derrotar os militares norte-americanos e prejudicar seriamente a infraestrutura dos EUA por meio de ciberataques. O Cyber Command pode contribuir bastante para criar esses dois tipos de incerteza, mas ainda não o faz.

A culpa não é do Cyber Command. O governo norte-americano como um todo carece de uma estratégia clara, de financiamento adequado, de leis e regulamentos necessários e, o mais importante, de estrutura organizacional e liderança para conciliar os recursos defensivos e ofensivos necessários a fim de aumentar a estabilidade cibernética e impedir a guerra cibernética.

Como discutimos anteriormente neste capítulo, as principais redes do governo norte-americanos já foram penetradas. As redes de empresas que fabricam armas norte-americanas foram comprometidas. Algumas armas dos EUA podem ter "kill switches" ou backdoors inseridos por inimigos em potencial. Atualmente, as armas cibernéticas podem atacar com sucesso a infraestrutura civil de que os militares norte-americanos precisam para entrar em guerra. E as Forças Armadas dos Estados Unidos não têm capacidade de prejudicar significativamente as operações militares de inimigos em potencial.

Se as Forças Armadas dos Estados Unidos não conseguem subjugar um inimigo usando as armas cibernéticas durante uma crise crescente, que já provocou alguns conflitos menores, se não conseguem se defender ou defender nossos aliados de ciberataques incapacitantes, logo essa crise se transformará em uma ampla guerra convencional. Acabamos de ver isso acontecer em nosso cenário fictício. Trata-se da instabilidade de uma crise e da incapacidade de controlar seu agravamento. E, pelo rumo que as coisas estão tomando, é possível que uma crise ocorra com a Rússia, a China, o Irã ou mesmo com a Coreia do Norte.

Sete Passos para a Estabilidade

Como podemos remediar essa triste situação instável? Sugerimos as sete medidas a seguir:

Unidade de Comando

Nas ações bélicas, um dos pilares fundamentais é ter um comandante único e claramente definido para uma operação militar. Todo o efetivo necessário para o êxito de uma batalha deve estar sob o controle desse comandante. Para Alexandre, o Grande, isso significava que tanto a infantaria hoplita quanto a cavalaria faziam o que ele mandava em batalha. Para o falecido amigo de Dick, Norman Schwarzkopf, isso significava que ele controlava os ataques aéreos, as unidades táticas e os porta-aviões na Primeira Guerra do Golfo. Na criação da Marinha Nuclear dos Estados Unidos, isso significava que o projeto, a construção e a operação dos navios movidos a reatores estavam sujeitos ao comando do almirante Hyman Rickover, por décadas.

Hoje, no Pentágono, a política, o comando e a supervisão de alguns assuntos cibernéticos residem em um subsecretário adjunto de Defesa (DASD) na cadeia de políticas, com pouca ou nenhuma responsabilidade por pesquisa, desenvolvimento ou compras. Segundo nosso amigo Eric Rosenbach, que já ocupou o posto de DASD, "Nem sempre fica claro para um general de quatro estrelas, como um comandante do Cyber Command, que ele segue as ordens de um DASD".

É necessário que o DOD tenha um profissional civil bastante experiente, cuja única função seja elaborar políticas claras e que tenha autoridade sobre as operações não apenas do Cyber Command dos EUA, mas também da intranet do Pentágono administrada pela Defense Information Systems Agency (DISA) [Agência de Sistemas de Informação de Defesa] e de sua própria força de contraespionagem interna para ciberataques, o Defense Cyber Crime Center (DC3) [Centro de Crime Cibernético do Departamento de Defesa]. Um funcionário como este deve ter autoridade e ser responsável pelos sistemas de armamentos e suporte existentes nos Estados Unidos, pela aquisição de novos sistemas de empresas industriais de defesa e pela contratação de suporte de infraestrutura crítica de fornecedores civis.

Clareza da Missão

A estratégia 2018 do DOD elenca que o Pentágono pode desempenhar determinadas funções no que diz respeito à defesa do sistema de abastecimento de energia elétrica e de outras infraestruturas críticas essenciais para o DOD Mission Support. Contudo, muitos dos proprietários e operadores dessas redes não estão nada satisfeitos com a possibilidade de os militares fuçarem em seus sistemas. Além do mais, não fica claro se o Pentágono tem um plano ou autoridade judicial para tal. Devido à natureza interconectada da rede de abastecimento de energia elétrica, gasodutos e redes de telefonia, é difícil definir ou proteger somente as partes que servem de suporte ao DOD. Por outro lado, leis e decretos anteriores deram ao Departamento de Segurança Interna o papel de proteger a infraestrutura crítica.

A nosso ver, o debate sobre o papel cibernético do DOD precisa urgentemente resultar em uma nova lei. Ao trabalhar com o Departamento de Segurança Interna, o DOD precisa ter autoridade para exigir e ordenar o cumprimento de altos padrões em sua cadeia de suprimento de fornecedores, incluindo os sistemas específicos de abastecimento de energia e transporte dos quais depende. Isso pode ser feito por meio de uma conciliação de poder regulatório e linguagem contratual. Essa autoridade deve substituir qualquer outra regulamentação federal ou estadual e deve possibilitar que o DOD monitore continuamente o estado de cibersegurança das empresas envolvidas.

O DOD e a comunidade de inteligência devem identificar os ataques às redes de abastecimento de energia elétrica e a uma série de outros setores de infraestrutura crítica. Eles devem ter procedimentos e autoridade para bloquear esses ataques e eliminá-los em sua origem. As indústrias envolvidas, trabalhando com o Departamento de Segurança Interna e com o DOD, devem desenvolver e operar sistemas de monitoramento contínuo para detectar vulnerabilidades e agentes maliciosos dentro dos planos de controle de infraestrutura e da cadeia de suprimentos. Por último, a indústria, as agências estaduais de gerenciamento de emergência e a Guarda Nacional, o DHS e o DOD devem ter planos detalhados e recursos com o objetivo de restabelecer as operações rapidamente, no caso de um ciberataque bem-sucedido à infraestrutura principal.

A clareza da missão também exige que o Pentágono e a comunidade de inteligência não entrem em conflito durante suas operações. Talvez ambos não devessem estar tentando se infiltrar nos sistemas de controle da rede de abastecimento de energia elétrica de Moscou, mas até que cheguemos a um consenso diplomático com a Rússia e outras nações sobre as leis de guerra cibernética, um deles certamente deveria estar focado nisso. Alguém precisa garantir que missões como essas não sejam negligenciadas por causa de uma situação complexa.

Plano de Ação Emergencial para Proteger o Arsenal de Armas dos Estados Unidos

Não podemos esperar por uma guerra de verdade para descobrir que uma arma não funcionará porque um adversário em potencial conseguiu assumir o controle de nossa navegação, comunicação, orientação ou outros sistemas.

Em *Guerra Cibernética,* retratamos um cenário em que os Estados Unidos desfilam com suas armas novas e caras rumo à guerra com um futuro inimigo Estado-nação, e esse inimigo metaforicamente aciona um sistema que incapacita as armas norte-americanas e, em seguida, ataca os Estados Unidos, indefesos. Cinco anos após retratarmos essa cena assustadora, o Pentagon's Defense Science Board escreveu um relatório alarmante com a mesma conclusão. Em 2018, o GAO concluiu que pouco foi feito para proteger as armas norte-americanas contra ataques de hackers. Se isso for verdade, esta é uma crise de proporções extraordinárias, pois significaria que, depois de gastar trilhões de dólares em defesa, podemos estar indefesos.

A maior prioridade do secretário de Defesa deve ser identificar o alcance das vulnerabilidades cibernéticas dos sistemas de armamento dos EUA e da infraestrutura de suporte, para corrigi-lo o mais rápido possível. E talvez isso exija, no mínimo, um desvio sem precedentes de recursos dentro do orçamento anual de US$700 bilhões do Pentágono para testar e corrigir as armas existentes.

Após o projeto inicial de análise e reparo, o Pentágono deve se comprometer com testes regulares em grande escala e monitoramento contínuo de redes e armas a fim de detectar as vulnerabilidades cibernéticas, tanto no DOD quanto em redes de terceiros. Uma vez que erros são identificados, o DOD ou o efetivo corporativo devem ser penalizados e se deve aplicar multas aos terceirizados. Os comandantes dos navios de guerra da U.S. Navy Seventh Fleet envolvidos nas suspeitas colisões com embarcações civis foram punidos, assim como seus superiores. Contudo, quando funcionários de empresas civis terceirizadas colocam em risco os segredos mais valiosos da NSA, as empresas envolvidas continuam a receber contratos valiosos, e sua liderança continua a encher o bolso com enormes somas de dinheiro. Como o almirante Rickover sabia quando se tratava de estabelecer uma cultura de segurança para os sistemas de reatores nucleares da Marinha, deve haver consequências sérias para a inexecução. Isso vale também para o ciberespaço: a cultura de segurança apenas pode ser criada com o estabelecimento de um sistema intolerante a falhas.

Recursos Adequados

O orçamento do DOD é gigantesco. E tem aumentado de forma consistente, mesmo sem levar em conta o custo das operações da prolongada guerra contra o Iraque, o Talibã, a Al-Qaeda e o EIIS. Dentro do orçamento do DOD, os recursos para missões cibernéticas aumentaram exageradamente em relação a outras missões. Contudo, empreender o tipo de operação para garantir a segurança que acreditamos ser necessária às próprias redes, a redes corporativas e a sistemas de armamento do DOD exigirá recursos maiores. Ou seja: mais dinheiro.

No ano fiscal de 2019, o Departamento de Defesa gastou mais de US$700 bilhões. A partir dessa soma colossal de dinheiro, o DOD separou pouco menos de 1% para programas ciberofensivos e ciberdefensivos. Reconhecemos que a forma como alguém determina o que se enquadra nessa categoria é arbitrária. E algumas determinações resultariam em um percentual mais alto, mas, seja lá como alguém o determine, o financiamento que visa substituir os sistemas atuais do DOD por um conjunto altamente defensivo e resiliente de recursos é inadequado.

A tecnologia de sistemas de informação nem sempre reduz o custo dos negócios, como algumas pessoas acreditavam na década de 1990. A dependência do sistema de TI e a necessidade de protegê-lo podem efetivamente aumentar o custo dos sistemas adquiridos, as despesas de capital (CapEx), os encargos financeiros de gerenciá-los e as despesas operacionais (OpEx). Como o DOD, mais do que as organizações mundiais de grande porte, depende da TI, uma enorme porcentagem de suas despesas de capital e operacionais devem ser destinadas a sistemas de TI e cibersegurança. Esses recursos só vêm de uma fonte, de algum lugar no orçamento do DOD, mesmo que isso signifique reduzir o tamanho da estrutura de força convencional. Por exemplo, de nada adianta ter dez porta-aviões se nenhum deles for eficaz em combate por causa das vulnerabilidades cibernéticas. Seria melhor ter seis que funcionassem, mesmo sob ciberataque.

Potencial de Falha no Sistema

Nos Estados Unidos, todas as empresas sabem que precisam gastar dinheiro em recuperação de desastres e continuidade de negócios, mesmo sem um Estado-nação inimigo estar empenhado em atacar e sabotar seus sistemas (ainda que para algumas empresas isso seja um problema). Ainda que a liderança do DOD acatasse tudo o que recomendamos neste capítulo e começasse um programa acelerado para implementar nossas sugestões, os militares dos Estados Unidos ainda teriam armas e infraestrutura de apoio cibervulneráveis nos próximos anos.

Assim, parte da tarefa imediata do Pentágono é desenvolver e implementar capacidade de combate em um ambiente deteriorado. As forças precisam ser capazes de se comunicar sem a internet (ou NIPRNet, SIPRNet ou JWICS) e conseguir coordenar os incidentes quando as frequências forem congestionadas por um inimigo. As armas devem funcionar mesmo que o Sistema de Posicionamento Global não funcione. Os comandantes militares seniores dos EUA sabem disso, mas esse fato não se traduz na capacidade efetiva de realizar as missões do DOD em um mundo onde os ciberataques levaram nossas forças de volta à era pré-internet. Alcançar isso, conforme mencionamos, significará gastar mais dinheiro, não em armas reluzentes e novas, mas em tecnologia antiga e sem graça. Na verdade, para adquirirmos tecnologia antiga e sem graça, precisaremos gastar menos em armas reluzentes e novas.

Aceleração da Hegemonia

Uma forma de controlar quando e como subir alguns degraus rumo à aceleração é conciliar demonstração de força com uma oferta de cessar-fogo e uma ameaça de provocar ainda mais danos se a oferta for ignorada. Para fazer isso, os Estados Unidos precisam executar ciberataques devastadores contra alvos militares e de infraestrutura, ao mesmo tempo que conseguem ficar relativamente imunes às tentativas de fazerem coisas semelhantes contra nós. Hoje, estamos longe disso, mas podemos e devemos ter um roteiro para conquistá-los.

Apoio a Acordos Diplomáticos

Uma maneira de julgar quem são os bons comandantes militares é analisar a importância atribuída aos seus "POLADs", que são conselheiros políticos civis, diplomatas e especialistas do serviço público que o Departamento de Estado oferece a eles, pois quando uma guerra começa, o sistema falha. A paz e a estabilidade são alcançadas e mantidas conciliando sólidas capacidades militares ofensivas e defensivas a uma diplomacia inteligente e ativa. Atualmente, não existe uma diplomacia efetiva com relação ao ciberespaço e à guerra cibernética.

No governo Obama, um grupo de conselheiros de altíssimo nível recomendou ao presidente que a diplomacia da guerra cibernética fosse aprimorada com a criação de um secretário de Estado Adjunto para o ciberespaço. Ameaças globais semelhantes, como terrorismo e narcóticos ilegais, contaram com gabinetes liderados pelo secretário adjunto durante anos, a fim de evidenciar e garantir que as questões fossem listadas entre as principais iniciativas diplomáticas. Obama rejeitou a recomendação de um secretário adjunto para a política de cibersegurança. Trump foi mais além e destituiu o gabinete do Departamento de Estado e o consultor sênior do ciberespaço. E mais, o governo Trump destituiu do Conselho de Segurança Nacional o cargo que coordenava as iniciativas diplomáticas cibernéticas.

Mitigar as tensões no ciberespaço, aumentar a estabilidade e evitar guerras (acidentais ou intencionais) exige a conciliação de sólidas capacidades militares (ofensivas e defensivas) com uma estrutura diplomática. A diplomacia ajuda a determinar o que é uma atividade aceitável e inaceitável em tempos de paz e de guerra. Uma estrutura diplomática cria sistemas internacionais com o propósito de evitar mal-entendidos, lidar com a má conduta mesmo sem guerra e instaurar sistemas e instituições estáveis. No próximo capítulo, abordaremos como alcançar um sistema diplomático como esse.

Capítulo 13

UM ACORDO DE SCHENGEN PARA A INTERNET

O ciberespaço não é um domínio sem fronteiras; ao contrário, todo mundo vive na fronteira.

— MICHAEL DANIEL, EX-COORDENADOR DE
CIBERSEGURANÇA DA CASA BRANCA

Eric Schmidt acredita que a internet se dividirá em duas. No segundo semestre de 2018, durante o jantar em um evento em São Francisco, o presidente do Google e ilustre especialista veterano em tecnologia disse à sua plateia que, em dez anos, uma parte da internet seria dominada pelos Estados Unidos e seus gigantes tecnológicos, e outra, pelos chineses e seus gigantes tecnológicos. O restante do mundo precisaria escolher um lado. E para não ficar atrás desses prognósticos sombrios e pessimistas, o conselho editorial do *New York Times* apostou ainda mais alto e previu que a internet não seria dividida em duas, mas em três, alegando que em um futuro próximo haveria uma internet europeia separada. Estes são apenas exemplos recentes de uma preocupação de longa data na comunidade de cibersegurança de que a internet seria "fragmentada" ou "balcanizada" em internetes nacionais, acabando com a visão do que o governo Obama descreveu como "internet aberta, interoperável, segura e confiável" na International Strategy for Cyberspace [Estratégia Internacional para o Ciberespaço] de 2011.

Os boatos da futura desintegração da internet são provavelmente exagerados. Apesar de a Rússia ter divulgado planos para criar uma "internet independente" [RuNet] até agosto de 2018, os russos ainda estavam testando sua internet autônoma em dezembro de 2019. Desde seu modesto nascimento, a internet evoluiu e continuará a evoluir, se transformando em resposta a novas tecnologias, novos mercados e exigências governamentais. Há dez anos, os dispositivos móveis mal se conectavam à internet. A nuvem era vista como uma tecnologia duvidosa e sem comprovação. Daqui a dez anos, é provável que passemos por mudanças evolutivas semelhantes. É razoável prever que algumas dessas mudanças incluirão a disseminação para outros países do modelo chinês de controle e censura da internet. A guerra pelo futuro da internet possivelmente acontecerá na África, onde a China investiu pesado com o intuito de moldar as redes que está ajudando a construir à sua própria imagem.

Infelizmente, parece justo afirmar que a liberdade na internet será cerceada em boa parte do globo. Independentemente do que ocorra, ainda seremos atormentados por muitos dos problemas que enfrentamos hoje no cenário internacional, como paraísos seguros para cibercriminosos, cooperação internacional precária em investigações e regras pouco claras para ações cibernéticas transfronteiriças envolvendo países terceiros. A menos, é claro, que os Estados Unidos e seus aliados com ideias afins consigam adotar uma nova abordagem para a liderança cibernética global.

Em vez de esperar que a internet desmorone ao nosso redor, uma estratégia alternativa seria excluir aquelas nações que não respeitam a liberdade de expressão ou os direitos de privacidade, que se engajam em atividades subversivas, fornecem refúgios seguros para os criminosos e não respondem a solicitações de repressão ao crime. Em contrapartida, as nações que acreditam na perspectiva de uma internet aberta, interoperável, segura e confiável preservarão e ampliarão suas vantagens de estar conectadas. Mas como isso poderia ser feito? Na prática, podemos usar o modelo da União Europeia de fronteiras abertas dentro do Espaço Schengen.

O Acordo de Schengen criou um bloco de países na Europa em que pessoas e bens conseguem viajar livremente, sem passar pelo controle alfandegário e de imigração. Logo, é possível dirigir da Alemanha para a Espanha sem precisar carimbar o passaporte no caminho. Por meio do aparato de segurança de fronteiras de um país, uma vez no Espaço Schengen, é possível entrar em qualquer outro país. A negociação do Acordo de Schengen foi uma empreitada descomunal, visto que o controle das fronteiras havia estabelecido a soberania dos países nos últimos trezentos anos. Um Acordo de Schengen para a internet possibilitaria o livre fluxo de dados através das fronteiras, demarcando o equilíbrio entre as leis nacionais, de modo que todos os dados que pudessem ser legalmente acessados em um país também o pudessem ser em outros países-membros do acordo. Mas, para que isso ocorra, é necessário criar procedimentos mais sólidos para abordar os malefícios que acompanham as vantagens das fronteiras abertas no ciberespaço.

Há poucos anos, seria difícil implementar essa ideia. Hoje, à medida que a União Europeia parece estar à beira de um desmembramento e a cooperação do eixo EUA-UE atinge um novo patamar, isso é praticamente impossível. Entretanto, talvez esta seja a solução para os problemas comerciais e criminais. A ideia de um Acordo de Schengen para a internet pode ser estapafúrdia o suficiente para funcionar.

Barlow Estava Errado

A internet não é o que seus fundadores achavam que estavam construindo ou o que os primeiros entusiastas tecnológicos imaginavam. O que começou como um projeto com o intuito de conectar mainframes em universidades de pesquisa e se transformou na rede global livre da década de 1990, atualmente, está sendo fragmentado em redes nacionais e corporativas menores. Mas, em um nível mais alto, a internet opera da mesma forma que há trinta anos e usa os mesmos protocolos (um tanto arcaicos) para tal. Ainda existe, ao menos por enquanto, um único Sistema de Nome de Domínio (DNS) global e os dados ainda podem circular, mesmo que não seja livremente, de um país para outro. Porém, como a internet deixou de ser o domínio que as pessoas recorriam para consulta de tópicos esotéricos que dessem significado às suas existências contemporâneas, a antiga visão de que o ciberespaço era um domínio além do alcance do governo e dos regimes políticos nos parece agora bastante ingênua.

O pioneiro da internet John Perry Barlow é apresentado com frequência como o arquétipo dessa visão "tecnoutópica" da internet. Fundador da Electronic Frontier Foundation (EFF), Barlow é uma figura cativante. Steven Levy o descreveu como um "cowboy, poeta, romântico, homem de família, filósofo e, basicamente, o bardo da revolução digital". Quando ele morreu, no início de 2018, a *Rolling Stone* intitulou seu obituário de "John Perry Barlow, Grateful Dead Lyricist, Dead at 70" [John Perry Barlow, Compositor da Banda Grateful Dead, Faleceu aos 70 anos, em tradução livre]. Barlow escreveu clássicos como "Mexicali Blues" com o membro da banda de Bob Weir. Sobre a morte do colega, Weir disse que Barlow estaria vivo nas canções que escreveram juntos. Contudo, o trabalho de Barlow na EFF provavelmente terá um legado mais duradouro. A EFF fez mais do que qualquer organização para ajudar a assegurar a liberdade de expressão e o direito à privacidade online. Contribuiu para as decisões judiciais que tornaram a interceptação de comunicações eletrônicas uma violação da Wiretap Act [lei que regulamenta a escuta telefônica].

Apesar de William Gibson ter inventado a palavra "ciberespaço", foi Barlow quem popularizou seu uso para personificar um reino separado e à parte do mundo físico, no qual as pessoas poderiam ser livres das limitações impostas pelos seus corpos e pela estrutura política que ele chamava de *meatspace*. Pouquíssimas pessoas no mundo tiveram acesso aos bastidores de cada show do Grateful Dead e eram sempre convidadas para o Fórum Econômico Mundial. Porém foi em Davos, em 1996, que Barlow apresentou sua agora famosa "Declaração de Independência do Ciberespaço". Nela, ele exortava os governos a deixarem os habitantes do ciberespaço em paz, declarando: "Vocês não têm soberania no domínio em que nos reunimos."

Mas, claro, isso não era verdade. Como Tim Wu e Jack Goldsmith documentam em seu excelente livro de 2006, *Who Controls the Internet?* ["Quem Controla a Internet?", em tradução livre], não demorou muito para que os governos impusessem sua soberania na internet. Barlow declarou que "Seus conceitos legais de propriedade, expressão, identidade, deslocamento e contexto não se aplicam a nós. Eles são todos baseados na matéria física, e não existe matéria aqui". No entanto, a realidade é que os 1s e 0s dos códigos de computador e os pacotes de tráfego da internet dependem de sistemas físicos e são usados por pessoas em jurisdições soberanas. Isso significa que as instituições polícias podem manipular e controlar o ciberespaço da mesma forma como fazem com a matéria e com os assuntos em seus domínios físicos.

A tendência de controle do governo sobre a internet que Wu e Goldsmith analisaram há mais de uma década apenas se intensificou à época. China, Rússia, Irã, Síria, Birmânia[1] e muitos outros Estados criaram redes nacio-

---

1 N. da T.: Birmânia foi o nome dado a Mianmar pelo governo militar do país e pelos colonizadores ingleses. Ambos os nomes representam a etnia dominante do país, Bramá. A questão aqui é se atentar para a conotação política do uso dos dois nomes. Mianmar é usado pelos simpatizantes do regime militar, ao passo que Birmânia é utilizado pelos simpatizantes pró-democracia.

nais, de modo que a comunicação interna de seus países permanece dentro de suas fronteiras e é possível ao menos inspecionar, filtrar ou interromper a comunicação com o mundo exterior. Nesse meio-tempo, as corporações influentes estão ocupadas dividindo a internet em enclaves comerciais, em que os usuários se conectam a um mundo controlado e idealizado provavelmente pelo Facebook ou Google. Nomes verdadeiros são cada vez mais obrigatórios. Até mesmo as comunicações empresariais, que antes se restringiam aos domínio do e-mail e às plataformas abertas, estão mudando para canais proprietários, como Slack e Skype.

Por um curto período de tempo, o mundo corporativo lutou contra os governos, mas as corporações perderam. As primeiras empresas de internet tentaram convencer os burocratas de que a internet era uma rede aberta e estável e, portanto, uma proposta do tipo "pegar ou largar". Países como França e Alemanha foram informados de que poderiam ou não optar pela internet global; o que não podiam fazer era tentar mudá-la. Esse estratagema funcionou por um breve período, mas os burocratas do governo dificilmente são tão idiotas quanto os tecnólogos presumem que são. Quando o Yahoo disse à França que não poderia filtrar os resultados da pesquisa para o livro *Minha Luta*, o país respondeu ao Yahoo que mandaria seus executivos para a cadeia na próxima vez que pousassem no aeroporto Charles de Gaulle. Mais do que depressa, o Yahoo e outras empresas aprenderam como fazer a geolocalização de seus usuários e não fornecer conteúdo ilegal para esses usuários em locais proibidos.

Igual a todas as outras tentativas de controlar fronteiras, as investidas iniciais para obrigar os provedores de conteúdo a obedecer às leis em diferentes nações foram eficazes apenas em partes. Um especialista dedicado e tecnicamente experiente consegue burlar com facilidade esses controles. Saia da Alemanha por meio de uma rede privada virtual, obtenha um endereço IP dos EUA, e o Google pode disponibilizar sites neonazistas, para o deleite desses indivíduos. Contudo, o Vale do Silício logo percebeu que poderia fazer mais dinheiro adaptando sua visão ao resto do mundo do que tentando obrigar o mundo em geral a adotar a visão de uma internet na qual a liberdade de expressão reinasse suprema. Desde então, a visão de Barlow do ciberespaço como um espaço livre de instituições políticas está morrendo aos poucos.

Barlow Estava Certo

Barlow pode ter sido ingênuo, mas não era desesperançoso. Pelo contrário. "Uma boa forma de inventar o futuro é prevê-lo", dizia. "Então, previ Utopia, esperando dar uma chance à liberdade, antes que as leis de Moore e de Metcalfe entregassem o que Ed Snowden bem chama de 'totalitarismo *turn-key*'."

O que Barlow previu e transmitiu em sua eloquente expressão foi que o crescimento do poder de processamento computacional (Lei de Moore), junto com o crescimento de valor de uma rede conectada (Lei de Metcalfe), inevitavelmente significaria que a internet seria usada como ferramenta de vigilância, em vez de ser usada como um espaço no qual as pessoas fossem mais livres. No entanto, o que Barlow reconheceu foi o que muitos na comunidade militar também reconheceram: o ciberespaço é o único domínio mutável feito pelo homem. Ainda que as leis da física sejam válidas no ciberespaço, elas são normas orientadoras — contanto que você as siga, o domínio pode ser alterado, por um lado, para estabelecer um estado de vigilância ou, por outro, promover a liberdade de expressão.

O governo Obama não poupou energia e esforços para preservar e ampliar a visão norte-americana de uma internet global aberta. David Edelman elaborou a International Strategy for Cyberspace [Estratégia Internacional para o Ciberespaço], legitimando esse conceito. Chris Painter, do Departamento de Estado, conquistou milhões de adeptos, que viajam pelo mundo com o objetivo de promover essa visão. Michele Markoff, outra funcionária do Departamento de Estado, passou a última década tentando convencer os russos e outros parceiros do UN's Group of Governmental Experts [Grupo de Especialistas Governamentais da ONU] a abraçarem essa visão. No entanto, isso não é mais sustentável, pois não é mais verdade. A internet sempre foi uma "rede de redes", uma rede *inter*conectada (entendeu?), mas no início essas redes eram abertas, e pacotes de dados circulavam livres através delas com base na rota ideal; agora, muitas redes ergueram barreiras ao redor de si mesmas.

E os Estados Unidos ainda suportam todas essas redes. A maior parte do tráfego global da internet ainda atravessa os EUA: se um e-mail for enviado de Budapeste para Hanói, ele atravessaria o Atlântico através de cabos submarinos, percorreria os Estados Unidos contíguos e mergulharia no Pacífico, antes de chegar ao Japão e seguir rumo ao Vietnã. Os Estados Unidos ainda são a voz mais forte em diversos fóruns de internet para a preservação da internet global. O ICANN que gerencia o Sistema de Nomes de Domínio global, ainda é uma entidade dos EUA (embora não seja mais controlada pelo governo norte-americano) e promove a visão original norte-americana da internet.

A questão é que essa visão da internet é radicalmente incompatível com a direção que a Rússia, a China e outros regimes autoritários desejam tomar. À medida que retiram suas porções do domínio da internet e continuam a ampliar os controles que impõem aos seus cidadãos e às empresas que fazem negócios por lá, essas nações também estão pressionando para remodelar a internet global à sua imagem. Essa imagem, além de conferir poderes a essas nações, acaba com o modelo de múltiplas partes interessadas que possibilitaria às empresas e aos usuários se expressarem a respeito de como a internet opera. Nesse ínterim, ao controlar o acesso à internet, aos sistemas e às informações em seus próprios países, as nações lideradas por regimes autoritários estão usando a relativa abertura dos Estados Unidos contra o próprio país, usurpando propriedade intelectual, manipulando as eleições e, com frequência, usando a internet para travar conflitos de baixa intensidade contra os norte-americanos. Esses países atuam como refúgios para cibercriminosos ou, no caso da Coreia do Norte, recorrem ao crime cibernético para sustentar seu regime.

Mas as coisas não têm que ser assim. Ao contrário de trabalhar para salvaguardar uma internet global que seja aberta, interoperável, segura e confiável (algo que sempre foi mais ficção do que realidade), poderíamos escolher estruturar a balcanização. Jamais conseguiremos persuadir os chineses e os russos a aceitar nossa visão da internet — não até que os convençamos a aceitar nossa visão de uma sociedade democrática aberta e tolerante, que respeita os direitos de seus cidadãos. A capacidade da internet de moldar as sociedades sempre foi exagerada, ao menos em comparação com a capacidade das sociedades de moldar a internet. Assim, em vez de implorar e suplicar às nações autoritárias para que sigam nossas regras, devemos definir os termos por meio dos quais elas terão acesso irrestrito à internet ilimitada e, nesse meio-tempo, por assim dizer, restringir seu acesso.

Por que um Modelo Schengen Pode Funcionar

Vivemos em tempos inusitados para se tomar como base qualquer coisa que algumas pessoas estão chamando de "experimento europeu", sobretudo no que diz respeito à política de imigração e fronteira. O Reino Unido está negociando sua saída, e um terço dos chamados *leave voters* afirmaram que sair da União Europeia "proporcionou melhor chance de o Reino Unido recuperar o controle sobre a imigração e sobre suas próprias fronteiras". Surpreendentemente, quase metade dos *leave voters*, que alegaram votar a favor da soberania, acreditavam que a adesão à UE significava que o Reino Unido basicamente havia cedido sua autoridade aos burocratas de Bruxelas. Contudo, à medida que os britânicos começavam a ficar apreensivos e receosos de sair da União Europeia, os acordos pós-Brexit sobre as fronteiras e a imigração, pelo visto, permanecerão os mesmos. Isso ocorre porque, a despeito de todos os malefícios que estar conectado à Europa supostamente trouxeram ao Reino Unido, as vantagens superam em muito as perdas (isso é o melhor que podemos esperar das políticas públicas).

No início, apenas cinco dos dez países membros da Comunidade Econômica Europeia concordaram em assinar o Acordo de Schengen, até então um acordo limitado que visava equilibrar a política de vistos e reduzir os pontos de controle nas fronteiras. O objetivo era permitir que as comunidades fronteiriças atravessassem livremente as fronteiras para trabalhar e fazer compras. Cinco anos depois, o acordo foi ampliado, eliminando completamente as fronteiras internas e estabelecendo uma política de vistos unificada. Quatrocentos milhões de pessoas vivem no Espaço Schengen e podem circular livremente por todos os seus 4,3 milhões de quilômetros quadrados. Em 1999, o acordo se tornou parte da legislação da União Europeia, com exceção apenas do Reino Unido e da Irlanda, a pedido deles, e da Bulgária, da Croácia e do Chipre, pois seus controles externos foram considerados insatisfatórios. Ao norte, mesmo os países que não pertencem à UE, como Islândia, Noruega, Suíça e Liechtenstein, escolheram aderir ao Espaço Schengen.

A adesão ao Espaço Schengen exige três requisitos. Em primeiro lugar, as nações devem emitir vistos Schengen uniformes e demonstrar forte segurança nas suas fronteiras externas. Em segundo lugar, elas devem demonstrar que têm habilidade de se coordenar em relação ao cumprimento da lei em outros países Schengen. E, por último, elas devem se conectar e usar o Schengen Information System, um sistema que monitora as entradas e as saídas no Espaço Schengen e gerencia o cumprimento da lei. As regras abarcam como a vigilância transfronteiriça pode ser conduzida e as condições sob as quais uma "perseguição cerrada" através das fronteiras é permitida. Permite-se também extradição mais rápida de criminosos entre os países-membros.

Diferentemente das tentativas de enfrentar o cibercrime cada um por si, o Acordo de Schengen tem um modelo claro de reciprocidade. Quer que seus cidadãos tenham o direito de viver, trabalhar e viajar para qualquer parte da UE? Então, reforce suas fronteiras, emita vistos comuns e coopere na investigação de crimes entre os países. Até o momento, todas as iniciativas com o intuito de reunir a comunidade internacional para enfrentar o cibercrime, espionagem econômica e outros males da era da internet carecem de uma estrutura de incentivos.

A Council of Europe Convention on Cybercrime [Convenção do Conselho da Europa sobre Cibercrime], também conhecida como Convenção de Budapeste, foi a mais bem-sucedida dessas iniciativas e estabelece todas as medidas razoáveis que os países devem tomar para combater o crime cibernético. Fornece modelos de leis, prevê extradições e oferece alguns requisitos de coordenação nominal. Sessenta e um países ratificaram o tratado. No entanto, é difícil encontrar defensores da Convenção de Budapeste, pelo simples fato de que não ela não funciona. A convenção não conseguiu progredir de modo significativo em relação ao cibercrime transfronteiriço.

Acusada por ter um alcance bastante restrito, a Convenção de Budapeste precisa ser substituída por um acordo que forneça vantagens reais aos países que desejem ser membros e implique em consequências efetivas para o não cumprimento de suas obrigações. Um Acordo de Schengen para a internet reforçaria o senso comum de que os Estados Unidos, seus aliados e países com ideias semelhantes precisam continuar exercendo pressão por uma internet única, global e aberta. Mas, em vez disso, esses países trabalhariam em prol de equilibrar não somente as leis que tratam do cibercrime, como também as que definem a atividade legal na internet e promovem o comércio digital. A forma mais vantajosa de atrair os países para o acordo é lhes negar algumas ou todas as vantagens de se conectar à internet da Amazon, do Google, do Facebook e da Microsoft — sem mencionar o acesso aos 700 milhões de consumidores na Europa e nos Estados Unidos.

Na verdade, os Estados Unidos foram mais bem-sucedidos no combate às ações de localização de dados quando elas estavam vinculadas ao comércio. As tentativas de abandonar o NAFTA (Tratado Norte-Americano de Livre-Comércio) e o USCMA (Acordo Estados Unidos-México-Canadá) incluem disposições sobre comércio digital que, entre outras coisas, proíbem os três países de exigirem localização de dados. Além disso, há exigências para que todos os três estabeleçam regras para abordar questões como spam e proteção ao consumidor online. Porém não é possível fornecer os níveis de especificidade necessários e criar mecanismos suficientes para a cooperação transfronteiriça quanto se trata de cibercriminalidade. Como ressalta Michael Geist, da Universidade de Ottawa, se não existem requisitos e mecanismos específicos para garantir a atribuição de responsabilidade, as leis antispam não têm serventia.

Um acordo hipotético deve estabelecer regras comuns sobre como os dados são armazenados e como podem ser acessados pelas autoridades policiais no país onde estão armazenados, no país em que estão os proprietários desses dados e em países terceiros. Ao buscarem equilibrar essas regras, os países-membros estariam facilitando para que as empresas fechassem negócios além das fronteiras nacionais, e as companhias precisariam instituir procedimentos para coordenar o cumprimento da lei. A Lei CLOUD, sancionada em 2018, estabeleceu boa parte dos alicerces, possibilitando que o presidente celebrasse acordos para a facilitação do acesso transfronteiriço a informações eletrônicas, segundo o cumprimento das leis estrangeiras. No entanto, um acordo multilateral forneceria procedimentos mais sólidos e melhores para lidar com as desvantagens das fronteiras abertas no ciberespaço e precisaria incluir o compromisso de livre fluxo do tráfego da internet através das fronteiras nacionais. E tal compromisso não significaria que os países teriam que renunciar à soberania, mas simplesmente, como no caso do Acordo de Schengen, que não exerceriam essa soberania em suas fronteiras. Por exemplo, a venda e distribuição online do *Minha Luta* ainda seria crime na Alemanha, mas o país não tentaria impedir ou colocar um filtro de web nos arquivos da obra que entrassem no país.

Como se percebe, não somos fãs de fronteiras no ciberespaço. A capacidade de filtrar significativamente o tráfego malicioso em nível nacional está além da capacidade tecnológica de hoje. Além do mais, isso exigiria que os governos tivessem a capacidade de descriptografar o tráfego, o que prejudicaria mais a segurança do que ajudaria (sem mencionar a privacidade e as liberdades civis). Assim, a princípio, não sugeriríamos que um Acordo Digital de Schengen envolvesse o "recrudescimento" das fronteiras externas. Ao contrário, nos concentraríamos na promoção das vantagens de participar do acordo e no desenvolvimento de mecanismos para abordar as desvantagens (como a coordenação do cumprimento da lei). Gostaríamos, entretanto, que houvesse uma organização para estabelecer o que alguns já estão chamando de "roteamento Schengen" — restringir todo o tráfego interno aos países-membros ou criar túneis criptografados, quando for inevitável.

Um dia, à medida que se promove o caráter atrativo para fazer parte deste novo Acordo de Schengen Digital, a capacidade de seus membros de excluir países do acordo ou limitar a conectividade deles poderia ser usada para moldar o comportamento de nações problemáticas. Junto com as sanções tradicionais, a redução ou a limitação do tráfego de proliferação nuclear ou dos paraísos que persistem em abrigar os cibercriminosos pode ser uma ferramenta poderosa para recorrigir os malfeitores. Porém, antes que isso aconteça, os países-membros do acordo precisam corrigir suas próprias ações.

Não é nenhum segredo que os Estados Unidos e a China são as principais nações onde ocorre a maioria das atividades cibernéticas maliciosas. E isso acontece, em grande parte, porque existem mais computadores com grande poder de processamento e conectados à velocidade de banda larga altíssima nos Estados Unidos do que em qualquer outro lugar do mundo. Em vez de perder tempo comprometendo redes de máquinas domésticas para construir um botnet, os cibercriminosos agora estão fazendo o que as startups fazem: comprando poder computacional em nuvem da Amazon (a única diferença é que eles usam cartões de crédito roubados para isso). Mas os Estados Unidos carecem de mecanismos sólidos para limitar o uso indevido de sua infraestrutura. Os provedores de serviços de internet norte-americanos não têm os tipos de sistemas para notificar e colocar em quarentena os proprietários de sistemas infectados que os ISPs alemães e escandinavos têm. Por causa disso, a maioria dos ataques DDoS e todas as formas de outros cibercrimes se originam nos Estados Unidos.

Do outro lado do oceano, os países europeus têm travado uma batalha prolongada no que diz respeito à proteção dos dados de seus cidadãos, quando armazenados por empresas norte-americanas, e em relação ao acesso a esses mesmos dados quando ocorre um cibercrime. O acesso aos dados em um país estrangeiro em casos criminais ainda é regido por acordos individuais entre países, conhecidos como Tratado de Assistência Jurídica Mútua, que normalmente estão vigentes há décadas. A Lei CLOUD abordou parcialmente esse problema, porém uma solução mais abrangente ainda é necessária. Como seria essa solução?

Primeiro, seria necessário que o Acordo de Schengen Digital exigisse um equilíbrio mais amplo das leis e tivesse um processo claro para abordar as diferenças. Ao respeitar os valores ocidentais, ele deveria estabelecer a liberdade de expressão na internet como lugar-comum e tratar as exceções caso a caso. Por exemplo, os Estados Unidos não seriam obrigados a aceitar as restrições europeias à liberdade de expressão, mas, como hoje, teriam que aceitar que as empresas norte-americanas devem se empenhar consideravelmente para não vender ou exibir conteúdo proibido nesses países. Ainda que essa abordagem de certa forma legitime o status quo, é uma proteção essencial contra a visão imposta à internet pela China e por outros países como um todo: a de que as nações estrangeiras devem cumprir seus padrões devido ao que eles chamam de "informação de segurança", no sentido mais orwelliano da coisa.

Segundo, seria necessário estabelecer um mecanismo para monitorar a adesão ao Acordo Digital de Schengen. Os países precisariam ser avaliados para saber se suas leis estão atendendo aos requisitos do acordo, e se suas agências de repressão ao crime estão implementando-as. Um modelo desse tipo de avaliação mútua é a Força-Tarefa de Ação Financeira (FATF), que instituiu medidas para lidar com a lavagem de dinheiro.

A FATF foi criada pelos países do G7 em 1989, junto com a Comissão Europeia. Sua primeira iniciativa foi apenas estabelecer um conjunto de quarenta políticas que os países deveriam adotar para combater a lavagem de dinheiro. Seus 37 países-membros respondem por grande parte das transações financeiras globais. A FATF monitora os padrões de seu programa de compliance e ajuda os países a implementá-los. No entanto, ao contrário de uma iniciativa centralizada e opressiva, o monitoramento é feito de forma mútua — os países avaliam os empenhos de outros países e fazem recomendações. A FATF também apoiou a criação do que a organização chama de órgãos regionais no estilo FATF. Esses órgãos FSRBS adotam os padrões da FATF e trabalham para implementá-los em níveis regionais. Uma organização do tipo FATF no centro de um novo tratado sobre a circulação de dados transfronteiriços proporcionaria o que a Convenção de Budapeste nunca conseguiu: um mecanismo para auxiliar e avaliar a adesão às políticas acordadas.

Terceiro, seria necessário que o Acordo de Schengen Digital tivesse mecanismos para monitorar e responder a atividades maliciosas. Nesse caso, a saúde pública nos apresenta um modelo valioso: no alto da hierarquia, a Organização Mundial da Saúde; equivalentes nacionais aos Centros de Controle e Prevenção de Doenças; e equipes que prestam assistência internacional. Uma organização análoga à OMS seria responsável por organizar os empenhos para reduzir os sistemas vulneráveis (o equivalente às vacinações); identificar e tomar as medidas necessárias contra o surgimento de famílias de malwares e botnets, com o objetivo de detê-los antes que provocassem danos generalizados (o equivalente ao monitoramento de pandemias); e coordenar as iniciativas de apreensão e remediação quando a prevenção falhasse (resposta a crises). Os CERTs nacionais seriam responsáveis por contribuir para a organização central e por liderar as iniciativas nessas áreas em seus próprios países. Segundo uma nova lei aprovada na Europa, as CSIRT (equipes de resposta a incidentes de segurança em computadores) nacionais deveriam desempenhar esse papel.

Por último, o Acordo Digital de Schengen precisaria de mecanismos de coordenação do cumprimento da lei muito mais sólidos do que os existentes hoje. Há quase uma década, o Departamento de Justiça dos Estados Unidos criou uma rede de pagers integrada 24 horas por dia, sete dias por semana, entre países com ideias afins. Ainda há funcionários do DOJ que usam um único pager o tempo todo. Basta dizer que o problema cibernético requer uma capacidade de coordenação de cumprimento da lei 24 horas por dia, sete dias por semana. A Interpol também tem se empenhado nesse sentido, mas ainda falta pessoal e autoridade suficientes. É necessária uma capacidade centralizada para receber e mediar solicitações de assistência de cumprimento da lei.

Esse tipo de organização precisa ter capacidade de coordenar solicitações entre todos os países-membros e, quando necessário, entre os países não membros. Terá que ter também autorização para agir como mediadora quando pedidos ilegais forem feitos. Manter e divulgar métricas em tempo real sobre a capacidade de resposta dos países pode ser um tipo de denúncia pública poderoso. Com esse sistema em vigor, os Estados Unidos e outros países que fizessem parte da Espaço Schengen da Internet estariam em condições muito melhores no sentido de pressionar os países não membros a agir com responsabilidade no ciberespaço. No momento, a pressão dos EUA sobre a China para restringir o cibercrime costuma ser recebida com uma resposta um tanto justa do tipo "você primeiro".

Com um respaldo de um sistema análogo ao Schengen, com relatórios de violações mais fortes, pedidos de busca e apreensão simplificados e cooperação rápida no cumprimento das leis, os países-membros teriam uma reação pronta à troca de acusações hipócritas; além disso, as difíceis questões de quando as operações ciberofensivas podem ser empreendidas contra países terceiros seriam respondidas. E essas operações seriam proibidas, já que meios confiáveis de alcançar o resultado desejado (derrubar os principais servidores ou acabar com os bots de uma botnet) seriam estabelecidos pelo acordo e executados mais do que depressa pelos mecanismos em vigor. E, claro, os países que não participassem do acordo e não tivessem mecanismos de cooperação semelhantes, ou não os usassem, seriam um alvo legítimo das operações ciberdefensivas.

No decorrer deste livro, afirmamos que boa parte da responsabilidade de abordar as ciberameaças recai sobre os proprietários e operadores desses sistemas. Argumentamos que a crença de que hoje o crime está em vantagem é exagerada, e que podemos agir a fim de reduzir ainda mais essa vantagem. Mas também sabemos que infelizmente existem ameaças que as empresas não conseguem abordar sozinhas e que o governo tem um papel a desempenhar. Na arena internacional, esse papel fica mais claro, visto que o poder do Estado é mais relevante. A abordagem *ad hoc* que adotamos em relação a governo, diplomacia, repressão ao crime, sanções e desenvolvimento de normas não geraram os resultados que muitos na área acreditam serem necessários.

O Acordo de Schengen começou com somente cinco países-membros concordando com um equilíbrio limitado na política de vistos. Em seguida, foi estendido por um período de quinze anos, até proporcionar o Espaço Schengen que temos hoje. A fim de replicar esse modelo em um novo Acordo de Internet, os Estados Unidos e seus aliados devem continuar a conciliar as leis pertinentes, por meio dos órgãos locais de transações digitais de acordos comerciais, e começar a estabelecer ou solidificar os mecanismos necessários para lidar com a atividade cibernética transfronteiriça maliciosa. Conforme esses órgãos locais de transações digitais prosperam, temos tudo para articulá-los em um tratado multilateral que determinaria regras comuns para todos os países-membros. Em um futuro próximo, talvez essa abordagem resultasse em uma única rede compartilhada, com leis conciliadas que refletissem os valores ocidentais e com mecanismos para lidar com os danos que uma internet livre e aberta necessariamente trará. Apesar de defendermos fervorosamente a visão de uma internet aberta, interoperável, segura e confiável, não estamos mais convencidos de que ela ainda será global. Talvez seja a hora de adotar uma nova abordagem que elenque o uso de ciberataques e operações cujo intuito é influenciar nossos processos democráticos. É sobre isso que falaremos a seguir.

Capítulo 14

PROTEGENDO A DEMOCRACIA

Defendendo os Sistemas Eleitorais contra o Risco Cibernético

Escove os seus dentes. Coma alimentos saudáveis. Averigue suas eleições.

— POORVI VORA, DOCENTE DE CIÊNCIA DA COMPUTAÇÃO,
GEORGE WASHINGTON UNIVERSITY

Adrian Chen havia descortinado o mistério, figurativa e literalmente. Ele estava sentado em um restaurante na rua Savushkina, em Primorsky, um bairro em São Petersburgo, Rússia, espiando, através de uma cortina, um simples edifício comercial do outro lado da rua — um prédio onde as pessoas estavam ocupadas confabulando.

Em junho de 2015, Chen revelou suas descobertas em um artigo visionário na *New York Times Magazine*. Lemos o artigo naquele domingo e o relemos na segunda-feira. Era claro para nós que o artigo parecia importante, mas não imaginávamos o porquê. Em retrospecto, era tão óbvio.

A Pista em Savushkina

O prédio em Savushkina abrigava a Internet Research Agency, uma organização privada russa, supõe-se, que estava atarefada criando vídeos com qualidade bastante profissional e postagens em mídias sociais sobre histórias estritamente aleatórias e fictícias. O mais notável era o empenho midiático bastante inovador para convencer os leitores de que uma determinada instalação de produtos químicos na Louisiana havia explodido. Mas não havia ocorrido explosão nenhuma. Qual era o sentido daquilo?

Naquela época, perguntamos a mesma coisa aos repórteres e ex-oficiais de inteligência. A maioria fez pouco caso. Quando começamos a pressioná-los, as respostas eram do tipo "operações experimentais" ou "ensaios". Mas para quê? Ninguém conseguia adivinhar. Agora já sabemos. Os russos estavam realizando experimentos e tentando verificar se as mídias sociais norte-americanas os impediriam de criar histórias fictícias e promovê-las como verdadeiras. Eles também estavam aprendendo como os norte-americanos acreditavam em tudo que era postado nas redes sociais. E, óbvio, os russos que moravam em São Petersburgo estavam se esmerando para fingir que eram norte-americanos que residiam na Louisiana, entre outros lugares. Eles fizeram tudo isso bem debaixo de nossos olhos e, na maioria dos casos, ninguém percebeu.

Embora as autoridades dos Estados Unidos considerassem problemático os russos fingirem ser norte-americanos online, não estava claro se alguma lei estava sendo infringida. Ainda que as autoridades estivessem focadas nas "fábricas de trolls", elas não estavam cientes de que as atividades da Internet Research Agency eram somente uma pequena parte de um ataque multifacetado à nossa democracia. Nem o motivo dessas atividades era claro.

Contudo, em 2018, o que a Internet Research Agency estava fazendo ficou tão óbvio que o US Cyber Command atacou a rede de computadores da organização, não por acaso, no Dia da Eleição. O ataque dos militares dos EUA a uma organização russa foi um evento raro, talvez sem precedentes — e isso trouxe imensa satisfação a Dick Clarke, que havia defendido esse ataque em uma série de entrevistas na TV.

O governo russo de Vladimir Putin está há anos envolvido em uma "guerra híbrida" não declarada com os Estados Unidos e o

Ocidente em geral. As ferramentas cibernéticas têm sido suas armas mais usadas. Incapaz de aumentar radicalmente o poder militar ou econômico de seu país, ele quer derrubar outros países, de modo que as lacunas entre eles e a Rússia diminuam. Ele quer limitar o poder dos Estados Unidos e da aliança ocidental em relação à Rússia. Sua estratégia é simples: dividir.

Seu intuito é polarizar os norte-americanos, dividir a Grã-Bretanha da União Europeia, afastar a Turquia da OTAN, separar a Catalunha do resto da Espanha, desmembrar partes da Ucrânia do resto do país etc. A guerra híbrida recorre à guerra cibernética de todos os tipos. Inclui também operações clássicas de inteligência para comprar influência, atividade paramilitar e diplomacia. É tudo menos um grande conflito armado. No entanto, vamos nos ater aos componentes da guerra cibernética.

Na década de 1990, quando o potencial para uma guerra cibernética começou a surgir, os militares dos EUA a chamaram de "guerra de informação". O problema com esse termo é que eles já haviam chamado as intensas operações de propaganda da Guerra Fria de "guerra de informação" também. Era um ninho de ratos, pois o Pentágono rotulava duas coisas diferentes com a mesma palavra. Por fim, as operações da rede de computadores foram consideradas como "cibernéticas", para eterna frustração dos puristas da linguagem.

Entretanto, os russos nunca enxergaram a guerra cibernética e a propaganda de forma separada. Desde antes da Revolução Russa, eles eram mestres em espionagem, engano e desinformação. Usavam palavras e frases em russo como ferramentas, como *maskirovka* [doutrina militar russa de camuflagem], *disinformatia* [técnicas de desinformação, conceito usado como propaganda da KGB] e *kompromat* [material comprometedor]. Todos esses conceitos faziam parte da lista de tarefas dos militares russos. O advento das redes de computadores apenas lhes forneceu outro domínio para praticar a espionagem, o engano e a desinformação, quando permitido pelas autoridades civis. Putin não somente permitiu, ele ordenou.

Nas palavras de Alex Stamos, ex-CSO do Facebook, "O sonho [dos adversários dos EUA] é quando a maioria dos norte-americanos afirma [sobre a eleição]: 'Não tenho como escolher em quem votar.'" Se Putin ordena um ataque contra os Estados Unidos para fragilizar o país, intensificando as polarizações internas, ele mina a confiança de seus cidadãos na democracia. Ele foi responsável por desencadear uma guerra híbrida contra vinte ou mais países da ex-União Soviética e da Europa, porém a campanha contra os Estados Unidos foi feita sob medida para tirar vantagem das vulnerabilidades norte-americanas. Neste capítulo, nos concentraremos nos ciberataques à democracia dos EUA.

Defensores da Democracia

Rosenbach e Rosenberger mais parece o nome de um escritório de contabilidade ou nomes em uma lista de chamada de uma aula de direito. Laura Rosenberger e Eric Rosenbach não apenas compartilham sobrenomes semelhantes, como também trabalharam no governo Obama — ela no Departamento do Estado, e ele no Departamento de Defesa. Agora, eles passam seus dias tentando neutralizar os empenhos russos para subverter a democracia dos Estados Unidos.

Como tantos outros norte-americanos de sua geração, Laura Rosenberger viu sua vida mudar em 11 de setembro de 2001.

No último ano da faculdade e pensando no que viria a seguir, ela entrou em estado de choque, como todos os Estados Unidos, naquele dia. Mas, no dia seguinte, ela sabia: "Preciso dedicar minha carreira a fazer minha singela parte a fim de garantir que isso nunca aconteça novamente." Após terminar sua pós-graduação em políticas governamentais e de uma breve passagem por uma organização internacional de paz em Kosovo, Rosenberger ingressou no Departamento de Estado como *fellow* de Gestão Presidencial durante o governo George W. Bush. Sem dúvida, esse programa é a forma mais distinta pela qual o governo dos Estados Unidos recruta seus futuros líderes. Mais do que depressa, Rosenberger provou que podia ser um deles.

Após atuar em assuntos relacionados à Coreia, ela passou a fazer parte do time do NSC [Conselho de Segurança Nacional dos Estados Unidos] e acabou indo para a Ala Oeste, a fim de trabalhar no Comitê de Deputados do NSC. No Comitê, duas autoridades ou diretores operacionais dos departamentos e agências de segurança nacional se reúnem quase diariamente, com o objetivo de formular e implementar políticas em resposta às constantes mudanças globais. Como parte do efetivo de D.C., nome usado pela cúpula do governo federal norte-americano, Rosenberger viu de tudo, incluindo a guerra híbrida de Putin e a invasão militar da Ucrânia No entanto, a resposta dos Estados Unidos foi abaixo do ideal, sobretudo porque o país não reconhecia o que era uma guerra híbrida na época.

"Não entendíamos a situação como um todo, por causa dos tipos de ferramentas que os russos estavam utilizando", ela nos contou. "Ao montarmos o quebra-cabeça, descobrimos como as invasões estavam relacionadas com os Little Green Men (soldados das Forças Armadas da Rússia que usavam máscaras verdes e uniformes militares, se passando por milícias locais ou voluntários civis), com *disinformatia* e com manipulação financeira." Putin, ex-oficial da KGB, orquestrou o uso de todas as ferramentas disponíveis ao Estado russo, com o propósito de invadir e ocupar um grande e valioso pedaço do país vizinho, só que o fez de formas que não pareciam uma guerra tradicional e, assim, nunca desencadeou uma resposta total por parte dos EUA e da OTAN. Funcionou.

"Tive essa experiência na Ucrânia e, então, tudo avançou tão depressa, culminando na eleição [de 2016], e eu, dentro da campanha, observava as mesmas coisas acontecerem mais uma vez." Rosenberger deixou a Casa Branca em 2016 para trabalhar como Conselheira de Segurança Nacional da candidata Hillary Clinton. "Tentávamos alertar tanto a direita quanto a esquerda, mas as pessoas achavam que éramos loucos, alarmistas ou fazíamos aquilo por motivos políticos."

Como tantas pessoas que trabalharam na campanha de Hillary, Rosenberger achava na época, e ainda mais agora, que o governo Obama deveria ter feito mais, com base no que o governo dos EUA sabia sobre a interferência russa, antes que o povo norte-americano fosse às urnas. A própria Hillary tentou entender por que os alertas a respeito disso eram tão poucos e escreveu sobre o viés da síndrome de ocorrência inicial, citando o livro *Warnings*, de Dick Clarke, de 2017. Na primeira vez que um fenômeno ocorre, esse viés cognitivo leva as pessoas a desacreditarem que um fato específico indicado pelos dados seja verdade ou relevante.

Para Rosenberger, assim como para nós, o dia após a eleição lhe forneceu uma breve ideia de como seria entrar em depressão profunda. "Eu mal sabia como me recuperaria daquilo, só queria sumir da face da Terra por um tempo." Mas então, conforme processava os acontecimentos, ela se recordou das coisas que haviam ocorrido e percebeu que antes das eleições nem a campanha de Hillary tampouco a comunidade de inteligência dos EUA estavam totalmente cientes de algumas das ferramentas híbridas de guerra que estavam sendo usadas contra eles.

"Não sabíamos de muitas coisas que estavam acontecendo", disse ela. "Só percebemos que o conteúdo da mídia social e tudo aquilo foram usados depois da eleição." Desse modo, como na tragédia de 11 de Setembro, ela se perguntou o que poderia fazer. O resultado foi a Alliance for Securing Democracy (ASD), uma nova organização não governamental bipartidária, transatlântica, dedicada a expor a contínua subversão russa e a explicar o enfraquecimento das democracias ocidentais.

No centro de Washington, em seu escritório no prédio da German Marshall Fund, Rosenberger gerencia a ASD nos Estados Unidos e na Europa com Jamie Fly, ex-conselheiro de segurança nacional do republicano Marco Rubio. "Eu soube desde o início que isso tinha que ser totalmente bipartidário. A estratégia de Putin é nos dividir; logo, se reagirmos de modo polarizado, faremos exatamente o que ele quer." Juntos, com uma equipe dos dois lados do Atlântico, eles criaram o Policy Blueprint for Countering Authoritarian Interference in Democracies [Modelo de Política para Combater a Interferência Autoritária nas Democracias], um plano de ação para se defender contra a guerra híbrida.

A ASD tem alcance mundial, visto que as operações cibernéticas e de desinformação russas não foram dirigidas apenas aos norte-americanos. Na realidade, os russos as testaram exaustivamente na Europa, antes de mirar os Estados Unidos. "Nossos amigos europeus já vinham nos alertando há muito tempo, e talvez, pensamos, devêssemos começar a lhes dar ouvidos, coisa que não fazíamos." Duas das principais recomendações do Modelo de Política são eliminar as vulnerabilidades cibernéticas e de informações conhecidas e expor atividades em andamento. O que deixa Rosenberger frustrada é que muitas das vulnerabilidades continuam existindo. "Nossa casa foi roubada, vamos pelo menos trancar as portas", desabafou para nós. A questão é que há muitas portas nos Estados Unidos. O país tem mais de 3 mil governos de condados, e cada qual conta com o mínimo de soberania sobre como governa e protege, ou não, o processo eleitoral.

É necessário expor as atividades em andamento pois, segundo Rosenberger, "os russos são muito descarados. Eles costumavam esconder as coisas, agora fazem tudo abertamente". No Twitter, os mesmos personagens farsantes russos que apoiavam ferrenhamente Trump de modo ferrenho em 2016 agora fingem apoiar candidatos de extrema esquerda e causas progressistas nos Estados Unidos, com o objetivo de fomentar a divisão no Partido Democrata e dos norte-americanos de forma mais ampla. A ASD rastreia tuítes, postagens no Facebook e outros conteúdos de mídia social em tempo real, em seu site Hamilton 68. Isso mais parece os grandes monitores dentro de um centro de operações de segurança corporativo, identificando e criticando em público a atividade russa para o mundo ficar ciente.

Apesar de a Alliance for Securing Democracy estar realizando um ótimo trabalho, Rosenberger considera a necessidade do governo intensificar seus esforços. "Temos que quebrar os silos das ciberoperações, de informações e lavagem de dinheiro... E da subversão da sociedade civil... E entendê-los como parte de um kit de ferramentas." O kit usado por Putin. Para tal, ela defende uma iniciativa multifacetada e coordenada por parte do governo dos Estados Unidos, orquestrada pela equipe do Conselho de Segurança Nacional. Quando se trata de problemas complexos e emergentes, ter um "maestro" na Casa Branca sempre nos pareceu a condição indispensável para uma resposta governamental efetiva.

Na Europa, o capitão Eric Rosenbach era um jovem oficial do Exército dos EUA durante as guerras da Bósnia em Kosovo, usando ciberoperações e interceptações de sinal para fornecer informações em tempo real às forças dos EUA e da OTAN nos Bálcãs. Era meados de 1990, e as técnicas para travar uma guerra cibernética estavam ainda sendo idealizadas. Ao deixar o Exército, Eric ficou na Europa e se casou com uma advogada alemã. Enquanto ela advogava, ele trabalhava com cibersegurança para um provedor de internet europeu e aprendeu como corporações inseguras e usuários privados costumavam se comportar online.

Em 2004, após se graduar na Kennedy School of Government de Harvard, Rosenbach foi para Washington e conseguiu uma cobiçada posição no Senate Select Committee on Intelligence [Comitê Seleto de Inteligência do Senado], trabalhando para o senador republicano Chuck Hagel. Mais tarde, foi para o Pentágono, a fim de preencher uma nova vaga como subsecretário adjunto de Defesa de Cibersegurança. Não muito depois, foi promovido a secretário adjunto, e, em 2015, quando seu ex-professor da Kennedy School, Ash Carter, se tornou o SECDEF, Rosenbach passou a ser seu chefe de gabinete. Nessa função, ele presenciou quase tudo o que acontecia com a interminável burocracia do Departamento de Defesa. Com o fim do governo Obama, Rosenbach e o secretário Carter retornaram à Kennedy School para gerenciarem juntos o célebre Belfer Center for Science and International Affairs.

Em fevereiro de 2017, de volta às margens do rio Charles, em Massachusetts, Rosenbach não teve que pensar muito a respeito de como manter o Belfer Center relevante. "Quando estava no Pentágono, assisti a tudo o que os russos estavam fazendo para subverter nossa eleição quase em tempo real. O governo cometeu um erro gigantesco. Aquilo já estava me dando nos nervos." Rosenbach decidiu que criaria um programa a fim de ajudar os governos estaduais e locais a se defenderem de outra onda de ataques. O Defending Digital Democracy Project [Projeto de Defesa da Democracia Digital] resultante é algo que Eric, ainda obcecado pelas siglas no estilo do Pentágono, chama de D3P.

Um ano depois, ele se reuniria com autoridades eleitorais estaduais e municipais de 42 estados no pátio da Kennedy School com o propósito de simular o verdadeiro problema para eles, recorrendo a um tipo de teste de estresse que os jogadores de guerra no Pentágono chamavam de TTX.

No TTX, ao demonstrar como os russos ou outros invasores poderiam tentar interferir no ecossistema eleitoral, Rosenbach e sua equipe colocaram as autoridades eleitorais à prova. A diretora do D3P, Caitlin Conley, major em serviço do Exército dos EUA e graduada na Kennedy School, sabia como conduzir um bom TTX. Ela dividiu as autoridades em quatro estados fictícios e depois condensou meses de ciberataques e operações de guerra híbridas contra a infraestrutura eleitoral dos estados, em uma simulação de três horas. Ninguém terminou a simulação pensando que o problema enfrentado era irrelevante.

A D3P fez mais do que simular jogos de guerra ou limitar suas atividades à Harvard Square. O projeto convidou estudantes de Carnegie Mellon, Tufts, Georgia Tech, Georgetown e outras universidades de renome para desenvolver ferramentas a fim de ajudar a defender a democracia. Em um hackathon de 2018, as equipes dessas escolas competiram por um prêmio em dinheiro pela contribuição mais valiosa para a defesa. A equipe de Rosenbach criou um manual para defender candidatos, campanhas e operações eleitorais estaduais e locais. Entre outras recomendações, o manual descreve cinco medidas primordiais, coisas simples como utilizar a autenticação de dois fatores, que garante 90% de segurança, afirma Rosenbach.

Apesar de Rosenbach ser mais otimista do que nós acerca das habilidades e intenções dos milhares de funcionários eleitorais dos condados, ele concorda que "nenhum funcionário eleitoral deve ser obrigado a se defender contra a iminência dos ciberataques militares russos". No fundo, Rosenbach enxerga esse imbróglio sob a perspectiva de análise de sistemas. Segundo ele: "É importante pensar na infraestrutura eleitoral como um sistema de sistemas interconectados, e qualquer um deles pode ter vulnerabilidades que os russos são capazes de explorar."

O Ecossistema Eleitoral

Nos Estados Unidos, o ecossistema eleitoral tem sete componentes principais: 1) os candidatos, seus dispositivos pessoais e e-mails; 2) as campanhas, organizações temporárias com vida curta, e quase nunca dinheiro suficiente para realizar nem mesmo campanhas de registro eleitoral tradicionais; 3) os dois principais partidos políticos, com seus escritórios nacionais, estaduais e locais; 4) o governo estadual e o governo municipal, que administram registros eleitorais, bancos de dados que indicam quem pode votar e onde; 5) as urnas de votação, em que os votos são emitidos e registrados; 6) os dispositivos e redes, que enviam o total de urnas às autoridades eleitorais em todos os estados para apuração; e 7) as plataformas de mídia social, que as pessoas, a mídia, os partidos e os candidatos usam para discutir as questões eleitorais e políticas. Todos esses sete componentes podem ser e foram alvos dos militares russos.

Não queremos relembrar aqui as histórias dos ataques russos em 2016 ou o intenso papel que a Rússia desempenhou nas eleições de 2018 — e a disputa das eleições de 2020 ainda está bem vívida. Os relatos sobre o que aconteceu e sobre o que está acontecendo são abundantes. Queremos focar soluções. Contudo, antes de fazermos isso, examinaremos a "segurança pelas lentes da diversidade" e as alegações constitucionais usadas por algumas autoridades eleitorais para sustentar que não há necessidade ou base legal para uma ação federal cujo objetivo seja defender o sistema eleitoral.

Segundo a teoria da diversidade, a segurança é a grande força motriz do ecossistema eleitoral dos EUA, pois se assenta no fato de que cada estado norte-americano (e, até certo ponto, cada condado) consegue arquitetar sua infraestrutura eleitoral. Logo, seria necessário uma abordagem contra os ataques exclusiva para o sistema de cada estado. Os defensores desta teoria postulam que, se todos esses sistemas fossem diferentes, os russos nunca seriam capazes de comprometer uma parcela significativa deles. Mas pense bem. Na realidade, o que a diversidade de infraestrutura faz é criar web crawlers, ou rastreadores de redes, para a indexação, cuja segurança é tão precária que isso acaba sendo um convite a ataques.

Além disso, os russos não precisam atacar todas as máquinas ou jurisdições. Eles só precisam comprometer o número suficiente de distritos "certos" para derrubar a eleição. A corrida eleitoral norte-americana costuma ser apertada e geralmente é muito fácil saber com antecedência quais distritos terão peso para um candidato e em quais a disputa será acirrada. Assim, é possível desenvolver uma série limitada de ataques capazes de mudar o resultado da eleição.

Um hacker poderia derrubar o sistema de votação eletrônica,[1] ocasionando filas de espera em locais de votação onde o candidato visado supostamente teria mais votos. Como alternativa, os hackers poderiam também dropar os registros dos eleitores no banco de dados, impedindo que determinadas camadas da população votassem,

---

1 N. da T.: Nos Estados Unidos, apenas alguns estados usam a votação eletrônica (que é diferente da urna eletrônica usada no Brasil). Sete estados recorrem a um sistema misto de votação, e na Flórida existem seis tipos distintos de urnas eletrônicas. Na eleição norte-americana de 2000, devido à confusão provocada pelas cédulas de votação rasuradas, o Congresso sancionou a Lei HAVA (Help America Vote Act of 2002). Diversos estados consideraram o uso de máquinas de votação eletrônica sensíveis ao toque (DRE), mas, na eleição de 2002, esses dispositivos apresentaram problemas, por isso 50% dos norte-americanos desconfiam das urnas e da votação eletrônicas.

ou ainda mudar a zona eleitoral designada, resultando em longas conversas e discussões nas sessões de voto. Quando se deparam com longas filas, os eleitores desistem de votar e retornam para casa, já que o voto nos Estados Unidos não é obrigatório. Vimos isso acontecer em 2004, em Ohio. Muitos apoiadores do democrata John Kerry acham que as longas filas nos distritos pró-Kerry foram intencionalmente criadas pelas autoridades eleitorais republicanas, e podem ter-lhe custado a eleição. Se tivesse vencido em Ohio, Kerry teria derrotado George W. Bush em sua tentativa de reeleição.

Os russos poderiam fazer isso? Muito provavelmente. Sabemos disso, pois o governo dos EUA admite que os russos tentaram invadir mais da metade dos registros de eleitores dos estados. Eles conseguiram? Segundo as autoridades eleitorais, não. Mas como ter certeza? Nenhum dos estados tem as sofisticadas capacidades *threat hunting*, como os grandes bancos norte-americanos. Afinal, "as autoridades estaduais que cuidam da TI não se alistaram para lutar contra os coronéis chineses ou russos", como disse Alex Stamos. Não podemos esperar que nossos burocratas estaduais se defendam de ataques de nível militar.

Mesmo com essa capacidade, sabemos que hackers patrocinados por Estados-nação costumam penetrar em sistemas governamentais e corporativos. Três quartos de todas as corporações que foram atacadas com sucesso não descobriram esses incidentes sozinhas, mas foram informadas posteriormente por terceiros, geralmente órgãos de repressão ao crime.

Se os Estados-nação com frequência penetram nas redes sem serem detectados, o que nos levaria a acreditar que as organizações eleitorais estaduais cujos orçamentos para cibersegurança são escassos e cuja experiência na área é limitada seriam capazes de detectar um ataque que alterou os dados de registro eleitoral? Além do mais, poucos estados dos EUA têm feito auditorias sofisticadas para identificar penetrações ou alterações. Já dizia o velho ditado: ausência de evidência não é evidência de ausência.

Quanto ao argumento de que a Constituição postula que os estados devem decidir "a hora, o local e a conjuntura" das eleições parlamentares, sim, é verdade. A mesma frase tem a palavra "mas" e outra cláusula que afirma que o Congresso pode aprovar leis que regulem o tempo e a conjuntura das eleições parlamentares. O Congresso poderia, usando autoridade outorgada pela Constituição, estabelecer padrões mínimos de cibersegurança para dispositivos de votação, bancos de dados e redes. Inacreditavelmente, mesmo após o desastre de 2016, nada mudou.

Por um lado, o Congresso não tomou nenhuma medida, porque era controlado pelos republicanos que viviam encontrando tudo quanto é motivo a fim de justificar a inação para defender os sistemas estaduais. Os republicanos bloquearam as verbas adicionais para os estados aumentarem a segurança eleitoral. Talvez alguns republicanos pensem que, caso a intromissão russa tenha acontecido, isso ajudou o partido a alcançar a vitória eleitoral de 2016. Talvez um dos motivos mais fortes para essa inércia tenha sido a objeção das autoridades eleitorais estaduais e locais, que enxergam a ajuda de Washington como uma inconveniência, uma justificativa condescendente de seu fracasso em assegurar o voto e uma usurpação dos poderes do governo local. Muitas autoridades eleitorais locais estão em um estado de negação semelhante ao daqueles que não acreditam nos efeitos danosos da mudança climática nos Estados Unidos.

Conjuntos de Soluções para a Segurança Eleitoral

Visto que o ecossistema eleitoral tem diversos componentes, não existe uma solução única e abrangente. Veremos quatro conjuntos de solução independentes.

O primeiro conjunto ressalta os padrões mínimos essenciais de cibersegurança para as eleições federais definidos por lei, aliados ao financiamento federal para alcançá-los. Não estamos sugerindo uma arquitetura de rede ou uma lista de produtos específicos, mas achamos que existem alguns procedimentos que devem (ou não) ser usados, e alguns tipos de produtos que devem ser obrigatórios.

Hoje, apenas alguns fornecedores produzem máquinas de votação. O tempo todo, eles se recusam a permitir que autoridades governamentais analisem seu software em busca de vulnerabilidades que possam resultar em invasões. Isso é simplesmente inadmissível e tem que parar. Embora não possamos determinar quais máquinas de votação devem ser escolhidas, insistimos que todo hardware ou software necessário para conduzir uma eleição tenha sua segurança atestada por meio de uma série de laboratórios de especialistas imparciais e autorizados, como as organizações Underwriters Lab, que atestam o uso e a segurança de torradeiras e outros eletrodomésticos em território norte-americano.

Imaginamos padrões essenciais mínimos de segurança para bancos de dados de registro de eleitores, máquinas de votação, dispositivos e redes que documentam o registro dos resultados, como auditorias dos dispositivos, bancos de dados e dos resultados, antes e após as eleições. Entre esses requisitos, estariam software de monitoramento contínuo, software de detecção de vulnerabilidade, proteção de endpoint, análise de código, software de prevenção de intrusão, software de prevenção de perda de dados, autenticação multifator de usuários e suporte de um provedor de serviços gerenciados de segurança (MSSP). Todos esses procedimentos seriam realizados por empresas certificadas, e por meio de softwares e dispositivos que passaram pelo mesmo processo de certificação exigido pelo Departamento de Defesa. Isso não gerará resultados perfeitos, mas com certeza será melhor do que o ambiente vulnerável e inseguro que temos hoje.

Desse modo, existem prós e contras. Deve-se usar uma cédula de votação de papel reserva, que possa ser auditada. Sem uma prova documentada, é impossível saber se os resultados (conforme registrado pelas máquinas de votação, em sua maioria, inseguras) são precisos. Não se deve usar a votação eletrônica via internet, nem mesmo para eleitores militares que estão servindo no exterior. Ainda que se ganhe um pouco de tempo por não ter que lidar com cédulas de papel e com as DREs, os riscos da votação pela internet são muito maiores.

Em 2013, quando Terry McAuliffe estava concorrendo a governador do estado da Virgínia, ele entrou na cabine de votação, pronto para votar em si mesmo. Ele tocou seu nome na tela, mas nada aconteceu. Ele tentou de novo. E de novo. "Acho que só consegui na terceira vez", nos contou. Com ou sem o próprio voto, ele venceu, mas nunca se esqueceu dessa experiência, e sempre se perguntou quantos eleitores nunca perceberam a falha da urna. Já como governador em 2014, quando McAuliffe tentou votar em Mark Warner na corrida eleitoral para senador da Virgínia, o nome que apareceu na urna eletrônica WINVote foi o do oponente de Warner, o republicano Ed Gillespie.

Não era para isso acontecer. McAuliffe investiu US$1,6 milhão de seu orçamento para que o estado, em vez do governo local, pagasse pela substituição dos três tipos diferentes de DRE usados em alguns condados do estado — máquinas sem backup e que não tinham comprovante de votação verificado pelo eleitor impresso (VVPAT). Devido à curiosa politização do assunto e à influência dos fabricantes de urnas, o projeto não foi aprovado no legislativo. "Alguns achavam que o estado não deveria se envolver em problemas locais", lembra ele. E as empresas das urnas eletrônicas fizeram um lobby e tanto. "Houve férias de verão pagas, uma viagem, um pouco disso, um pouco daquilo..."

Após a interferência russa de 2016, a paciência de McAuliffe com o processo legislativo se esgotou. Ele ordenou a análise de todas as máquinas DRE na Virgínia. "Os condados não queriam entregá-las. Eles estavam com medo de que as hackeássemos facilmente e eles passassem vergonha." Acontece que seus medos não eram infundados. Como disse McAuliffe: "Conseguimos hackear todas."

"Naquele momento, fiz com que o Conselho Eleitoral, que indiquei, votasse para cancelar a autorização de todas as DREs, dois meses antes da eleição de 2017." Mas, desta vez, os condados tiveram que pagar para substituí-las imediatamente. O estado não pagaria mais por isso. Os condados haviam perdido sua chance. "Agora, cada máquina em uso tem um comprovante de votação impresso, verificado pelo eleitor. Isso precisa ser feito em todos os Estados Unidos." Mas, na Virgínia, existem autoridades eleitorais locais que se ofendem com a intromissão em seus reinos, lobistas de empresas de urna eletrônica que pensam que os negócios de seus clientes estão ameaçados, políticos que estão mais do que dispostos a aceitar presentes e contribuições de campanha para fazer vistas grossas e DREs facilmente hackeadas, apesar do que as autoridades locais afirmam.

O segundo conjunto de soluções é ampliar as regras de propaganda das campanhas eleitorais federais e adicionar outros controles às redes sociais. Concordamos com o ponto de vista de Laura Rosenberger: "Se nosso trabalho está focado em proteger a democracia, não vamos enfraquecer a Primeira Emenda em nome dela." Agora, saber quem disse algo, se era uma pessoa real ou um bot, se estava em Moscou ou Cincinnati, é outra história. Da mesma forma, divulgar quem pagou por um anúncio político é uma regra norte-americana consolidada na televisão e no rádio, que pode e deve ser adotada na internet.

Após as audiências no Congresso de 2017 e 2018, Facebook, Twitter e outras empresas de mídia social enfrentaram uma pressão pública crescente para que gastassem tempo e dinheiro tentando identificar bots e trolls com identidades falsas em suas plataformas. Ocorre que identificar esses tipos de usuários sempre foi possível, as empresas já o poderiam ter feito, só que banir contas teria reduzido o número de usuários, o que, por sua vez, teria diminuído um pouco suas receitas de publicidade. Simon Rosenberg e seus colegas do Comitê de Campanha Parlamentar do Partido Democrata (a "D-trip", organização que apoia os candidatos democratas à Câmara de Deputados dos Estados Unidos) exigiram que o Facebook e o Twitter fizessem justamente isso na eleição de 2018.

A D-trip identificou bots e trolls russos usando software open-source desenvolvido na Universidade de Indiana. Em sua primeira tentativa, eles identificaram 110 contas russas fakes no Twitter. Na hora, informaram à rede social, e as contas foram excluídas. À medida que a campanha eleitoral progredia, Simon Rosenberg e a equipe estavam em contato regular com o Twitter e o Facebook, repassando às empresas coisas que seus programas corporativos não estavam detectando. Como as duas empresas estavam queimadas por causa da audiência no Congresso, elas cooperaram. Rosenberg nos disse que, certa vez, "todos trabalharam juntos até derrubarem uma conta em meia hora". Entretanto, nem todo mundo foi tão cooperativo. O YouTube, propriedade da Google Alphabet, não respondeu aos pedidos de Simon Rosenberg e da equipe da D-trip. Em virtude da equipe e do financiamento limitados, Rosenberg nos contou que a unidade D-trip não se concentrava em todas as mídias sociais. Reddit e outras plataformas não foram verificados. Porém, sabemos agora, com base em um relatório do Comitê de Inteligência do Senado, que, em 2016, Reddit, Tumblr, Instagram, Snapchat e uma série de plataformas de mídia social menos conhecidas foram usadas pela campanha de manipulação russa. Solicitar que todas as plataformas façam a coisa certa, sobretudo depois que a opinião pública deixa de prestar atenção à causa, pode exigir leis e regulamentação.

Para assegurar um nível mínimo de análise minuciosa, o Congresso deve, por lei, exigir que as mídias sociais identifiquem e excluam bots e entidades estrangeiras que finjam ser norte-americanas. A Federal Trade Commission, que tem um histórico respeitável de proteção aos consumidores online, está à altura do desafio de instaurar regulamentos que limitem as campanhas de desinformação na internet. À medida que isso for feito, o Congresso deve, no mínimo, passar a exigir que os anúncios políticos online divulguem quem pagou por eles e, em seguida, barrar a monetização estrangeira de anúncios que apoiam candidatos ou causas.

Simon Rosenberg, por sua vez, exigiria que partidos políticos e candidatos assinassem um compromisso público e voluntário de não usar identidades fakes nas redes sociais nem se envolver no tipo de operações de bot e troll iniciadas pelos russos. O compromisso também pode incluir a obrigação de informar o público e as plataformas de mídia social quando os candidatos ou suas organizações tomarem conhecimento de tais operações.

O terceiro conjunto de soluções consiste em relatórios de inteligência e repressão ao crime de operações cibernéticas e de informações estrangeiras quase em tempo real. Hoje, é curioso sabermos que postagens do Facebook e do Twitter supostamente atribuídas a grupos do movimento Black Lives Matter exortavam as pessoas para que não votassem em Hillary Clinton, quando na verdade essas postagens vinham de pessoas brancas na Rússia, e não dos negros de Chicago. Seria importante saber disso antes da eleição. O mesmo vale para as postagens que incentivavam os norte-americanos a votar em Jill Stein, do Partido Verde dos Estados Unidos, porque "Hillary vai ganhar de qualquer maneira". Independentemente de qual seja a inclinação política das pessoas, talvez elas queiram saber que os russos estavam por trás dessas publicações nas redes sociais. Além de exigir que as empresas de mídia social divulguem o que descobrem, o governo deve ser obrigado a fazer o mesmo.

Não raro, os agentes dos órgãos federais de repressão ao crime alegam que não podem revelar o que sabem, porque os fatos foram ou podem ser apresentados a um Grande Júri, como parte da tentativa para indiciar alguém por infringir uma lei. Às vezes, oficiais de inteligência afirmam que não podem tornar público o que sabem por causa da misteriosa, indecifrável e proposital expressão: "fontes e métodos". Eric Rosenbach nos disse que, em relação às decisões de que participou, o medo da comunidade de inteligência de perder valiosas "fontes ou métodos" era, muitas vezes, exagerado ou "mentira deslavada".

Em 2016, autoridades federais alegaram publicamente que houve interferência estrangeira na eleição, porém de uma forma que pouco chamava a atenção dos eleitores e aquém da gravidade do problema. Apesar de o governo saber bastante acerca do envolvimento russo, o alcance total da manipulação russa nas mídias sociais só ficou conhecido após a eleição.

Em 2018, a Agência de Segurança Nacional e o U.S. Cyber Command criaram o "Russia Small Group" para conduzir operações com o objetivo de conter a interferência cibernética russa nas eleições para o Congresso daquele ano. O general Paul Nakasone, chefe de ambas as organizações, informou aos senadores a portas fechadas o que as duas unidades viram os russos fazerem e o que os EUA fizeram para combatê-los. Ainda que os senadores parecessem satisfeitos, um deles, o senador Richard Blumenthal, de Connecticut, observou que, embora os russos saibam o que os EUA faziam para combatê-los, o povo norte-americano não sabia.

A fim de esclarecer o que os serviços de inteligência e os órgãos de repressão ao crime devem fazer, o Congresso deve, por lei, exigir relatórios contínuos e públicos sobre incidentes e atividades que envolvam tentativas de entidades estrangeiras de se passarem por norte-americanos para influenciar as eleições. Em termos específicos, deve existir um relatório minucioso, emitido duas semanas antes de cada eleição federal, baseado em tudo o que qualquer agência do governo dos EUA saiba.

O quarto conjunto de soluções é cooperar e ajudar outras democracias sob ataque russo, ou de outras operações cibernéticas e de informações estrangeiras que visem subverter seus processos democráticos. Os norte-americanos não são os únicos alvos das tentativas russas de semear a discórdia da polarização e dúvida dentro da democracia. Nem sequer éramos o primeiro alvo. Ex-repúblicas soviéticas, ex-nações do Pacto de Varsóvia e aliados da OTAN em toda a Europa foram atacados de modo semelhante.

Com o intuito de agir conforme o princípio de defesa mútua da democracia por outras democracias, os Estados Unidos deveriam fazer com que a coleta de informações sobre essas atividades fosse requisito da coleta de inteligência de alto nível. Como sugerido por Laura Rosenberger, um centro dentro da comunidade de inteligência dos Estados Unidos deve conciliar inteligência e análise, recorrendo a fontes open-sources (não secretas) conhecidas. Ou seja, devemos compartilhar o que sabemos com os alvos estrangeiros e com o público.

Além de compartilhar inteligência, devemos fazer parte de um fórum de democracias que compartilhe melhores práticas, recursos e treinamento para ajudar uns aos outros a identificar, prevenir e refrear as tentativas estrangeiras de minar nossos processos democráticos e instituições. Esse tipo de ajuda mútua e aprendizagem devem ocorrer tanto entre os âmbitos governamentais quanto nos partidos políticos.

Essa aliança de democracias também deve se comprometer com sanções coletivas contra indivíduos, organizações (estamos falando de vocês, russos do GRU) e governos que se engajam na subversão das democracias. As sanções têm muito mais probabilidade de causar impacto se forem coletivas, aplicadas simultaneamente e executadas por muitas nações.

Um dos velhos ditados referentes à discussão de políticas cibernéticas é se será necessário um "Cyber Pearl Harbor" para obrigar os Estados Unidos a fazerem as coisas certas em cibersegurança, ou se teria que acontecer um ataque como o Pearl Harbor mesmo para que as coisas tomassem rumo. Bom, já aconteceu. Isso foi em 2016, quando os militares russos se envolveram em ataques cibernéticos, *desinformatia* e outras técnicas, a fim de atacar o que de mais precioso temos como país, nossa democracia.

Eric Rosenbach acha que algo parecido, talvez até pior, poderia acontecer novamente. "Não vai se parecer com Pearl Harbor ou 11 de Setembro. O grande ciberataque será algo que minará aos poucos nossa democracia, de modo que os norte-americanos serão levados a questionar a viabilidade do nosso sistema. Será algo mais silencioso do que explosivo, porém destroçará o país."

Em 1941, o ataque de Pearl Harbor destroçou os Estados Unidos, mas, em 1942, o país voltou com força total para combater a ameaça. Já passou da hora de perceber que o ataque de um exército estrangeiro contra a nossa democracia, em 2016, tem igual valor e requer o mesmo tipo de comunhão nacional e determinação para contra-atacar. Essa comunhão ainda não aconteceu, mas deveria, e ainda pode. Um conflito cibernético militar em grande escala também pode acontecer; então, vamos voltar nossa atenção para o papel dos militares no ciberespaço.

PARTE V

O FUTURO (PRÓXIMO) NO CIBERESPAÇO

Capítulo 15
INTELIGÊNCIA REAL E ARTIFICIAL

Seja lá quem for que se torne o líder [da IA], será o dono do mundo.

— VLADIMIR PUTIN

Fomos até a Torre Eiffel para analisar o futuro do ciberespaço. Era agosto de 2016, o dia estava quente, mas não estávamos realmente em Paris, e sim no Paris Hotel and Casino, que tem uma réplica da Torre Eiffel, em Las Vegas. Depois de uma reunião em um pequeno salão de festas branco e dourado que mais lembrava Versalhes do século XVIII, fomos conduzidos para um salão maior, um espaço generoso do século XXI repleto de racks de computadores e luzes roxas. Somente uma pergunta se passava em nossas cabeças: a inteligência artificial (IA) era a ferramenta revolucionária que finalmente daria vantagem à defesa cibernética?

Daqui a pouco voltaremos a Las Vegas. Primeiro, falaremos do papel da IA sob o prisma da guerra cibernética. Em todo o globo, as guerras cibernéticas em andamento não são estáticas. Tanto as linhas ofensivas quanto as defensivas estão sempre introduzindo novas ferramentas ou, como no caso da IA, categorias de armas totalmente novas. O advento de novas tecnologias no campo de batalha durante um período de conflito não é de hoje.

Durante a Segunda Guerra Mundial, as nações em conflito passaram seis anos envolvidas nas campanhas mais destrutivas da história da humanidade, assassinando milhões de pessoas e dizimando centenas de cidades. Isso foi possível graças à tecnologia, como tanques e aviões bombardeiros, que evoluíram consideravelmente desde que foram inventados, quando as nações envolvidas se engajaram no mesmo tipo de insanidade em massa que assolou a Europa apenas vinte anos antes.

Quando foram usadas pela segunda vez, essas armas eram bem mais destrutivas, porém apenas modelos mais avançados do mesmo tipo de tecnologia que surgira na Primeira Guerra Mundial. Contudo, à medida que a Segunda Guerra Mundial estava a todo vapor, algumas pessoas trabalhavam frenéticas nos laboratórios. Os alemães progrediram tanto que transformaram foguetes em armas, criando mísseis balísticos (os V-2) resistentes às defesas aéreas, arma capaz de destruir quarteirões inteiros de uma cidade. Os norte-americanos, com a ajuda considerável dos cientistas imigrantes europeus, inventaram as armas nucleares. Eles usavam formação de combate com aeronaves B-29 Superfortress para lançar milhares de bombas convencionais nas cidades japonesas. Mais tarde, passaram a usar as B-29 para lançar uma única bomba nuclear, varrendo do mapa uma cidade inteira e repetindo o processo em intervalos de dias.

As armas nucleares eram uma tecnologia e tinham um resultado qualitativa e quantitativamente diferente do que qualquer outra arma já vista antes. Segundo especialistas, isso inaugurou uma era de guerra completamente nova. E concebeu também um tipo de paz. Quase 75 anos depois que as duas primeiras armas nucleares foram usadas, nenhum outro combate nuclear ocorreu. Entretanto, as armas são usadas diariamente para deter e prevenir determinados tipos de guerra. Os empenhos diplomáticos e das agências de inteligência investidos na tentativa de impedir que outras nações adquirissem armas nucleares foram extenuantes, mas oito nações seguiram os passos dos Estados Unidos e as adquiriram com sucesso, a um enorme custo financeiro.

Assim como as armas nucleares foram desenvolvidas durante a guerra, a IA e as armas cibernéticas quânticas estão sendo desenvolvidas no período atual de hostilidades cibernéticas. Contudo, a semelhança histórica mais importante reside no fato de que as mudanças qualitativas e quantitativas na guerra cibernética geradas por essas duas categorias de armas podem ser tão profundas quanto a mudança ocorrida na Segunda Guerra Mundial: uma bomba convencional lançada de uma aeronave B-29 já tinha um efeito destrutivo, mas uma arma nuclear lançada pela mesma aeronave tinha um efeito brutal.

Talvez seja exagero, sobretudo se considerarmos como a IA tem sido usada até agora na cibersegurança, mas seu uso na guerra cibernética mal começou e os recursos quânticos ainda nem foram empregados no reino da cibersegurança. Além do mais, poucos analistas começaram a explorar como a associação dessas duas novas tecnologias pode contribuir para as iniciativas de proteger o ciberespaço.

Tanto a IA quanto os recursos quânticos foram objeto de bastante alarde, investimento de capital de risco e boatos sobre uma espécie de corrida armamentista com a China. Portanto, neste e no próximo capítulo, exploraremos essas duas novas tecnologias da ciência da computação e, precisamente, o que elas representam para a guerra cibernética.

A Realidade da Inteligência Artificial

Em 2017, quando Vladimir Putin disse a uma plateia de estudantes russos que "Seja lá quem for que se torne o líder da IA, será o dono do mundo", ele mais parecia um consultor pseudotecnólogo da McKinsey. Aparentemente Xi, o presidente da China, concordou com Putin, já que os chineses estabeleceram como meta nacional ser a liderança em IA até 2030. Essas e outras declarações foram o pontapé para uma série de críticas cujo foco era a nova "corrida armamentista da IA" e o que os Estados Unidos deveriam fazer para vencê-la.

Fora da arena militar e da segurança, os Estados Unidos já se habituaram à implementação da IA. A inteligência artificial é amplamente utilizada em várias áreas, como bancos e finanças, logística, publicidade e até mesmo na medicina. Para compreender o que a IA representa para a cibersegurança, faremos um pequeno desvio para analisar o campo da IA de um modo geral, começando pela definição do termo. Via de regra, quando se trata da área de tecnologia de informação, e a subárea de TI em que a cibersegurança faz parte, especificamente, os termos são usados de uma forma meio solta, e as definições comumente utilizadas são difíceis de encontrar.

Em cibersegurança, o *buzzword bingo* é um jogo bastante usado. Pelo menos desde 2012, em conferências de cibersegurança, como a enorme convenção RSA, o termo "IA" tem sido usado de forma despreocupada e imprecisa. A IA, ao que parece, é como bacon — deixa tudo mais saboroso. Assim, reza a lenda que agora ela está integrada a muitos produtos de cibersegurança. O uso frequente e incorreto do termo IA, e especialmente dos subconjuntos de IA, pode ser confuso, ainda mais para os sabichões políticos.

Segundo os historiadores, a IA nasceu em 1956 no seminário Dartmouth Summer Research Project on Artificial Intelligence, um encontro no qual cientistas da computação concordaram que um dia seria possível que máquinas computacionais concebessem coisas que até então só haviam sido feitas por humanos. A IA foi, portanto, concebida em sua origem para simular determinadas atividades cerebrais humanas em computadores. Na prática, boa parte dos usos atuais da IA são tentativas de fazer com que as máquinas façam coisas que os humanos fazem. Mas, para nós, o importante é que a IA passou a fazer coisas que nenhum ser humano conseguia, ou coisas que mesmo grupos de humanos altamente especializados não eram capazes de fazer de modo confiável em um dado período de tempo.

Por meio da IA, as máquinas hoje podem ter uma capacidade visual significativa, a chamada visão computacional. Elas podem ver coisas e traduzir imagens em códigos, classificando ou identificando o que aparece em uma imagem ou em um vídeo. Os carros agora podem ver outros carros, visualizar e entender certos sinais de trânsito e usar o conhecimento que ganham com sua capacidade visual para tomar e implementar decisões como frear, evitando assim um acidente. A IA pode "ver" alguém fazendo algo em um feed de vídeo digital e reconhecer essa ação como um alerta, por exemplo: se há uma mala que foi abandonada em uma plataforma de trem, alerta-se um guarda. A IA pode "ver" um rosto e, talvez, reconhecê-lo e associá-lo a um nome, e até correlacioná-lo a alertas de procurados e fugitivos nos Estados Unidos, os chamados BOLO [*Be on the Lookout*]. Na China, esses tipos de sistemas de reconhecimento facial foram implementados junto com os sistemas de televisão em circuito fechado (CFTV) em grande escala, com o intuito de prender pessoas procuradas com uma rapidez inigualável.

Claro que muitas formas de vida têm capacidade visual; logo, a IA não está fazendo algo exclusivamente humano quando vê coisas e reage a elas, mas os humanos eram únicos em sua habilidade de linguagem e diálogo com outros humanos, antes da IA. Agora, as máquinas podem falar — a IA consegue não apenas reproduzir mensagens gravadas, mas também raciocinar e aprender sobre o que é ou não apropriado falar em determinado contexto. Além disso, as IAs conseguem responder ao que os humanos lhe dizem e, às vezes, dentro dos limites de sua programação, até mesmo responder de forma apropriada e humana. (Se estiver pensando na Siri e em suas limitações, tenha certeza de que existem programas bem mais poderosos funcionando hoje em laboratórios de pesquisa.)

A IA também está sendo usada para possibilitar que as máquinas andem e realizem outros movimentos, identificando o que é um obstáculo e determinando o que fazer para contorná-lo. Fora do laboratório, as máquinas criadas pela Boston Dynamics, ao usarem os programas de IA que orientam a tomada de decisão, conseguiram desviar de obstáculos, com notável destreza.

À medida que a IA começou a processar a vastidão de dados que a tecnologia da informação estava produzindo, o mundo corporativo passou a aceitá-la melhor. A mineração de dados, subconjunto da IA, provou que o software pode ser muito superior às capacidades humanas; pode examinar minuciosamente volumes de dados em segundos, para identificar o que uma grande equipe de humanos demoraria semanas para fazer, como também ler e correlacionar dados de vários bancos de dados, cada um formatado de um modo diferente. A mineração de dados avançada consegue analisar e extrair informações de dados estruturados, como bancos de dados organizados ou planilhas do Microsoft Excel, e dados não estruturados, como uma fotografia, gravação de áudio ou documento de texto.

O primo mais inteligente da mineração de dados e o tipo de IA mais poderoso é o aprendizado de máquina (AM). Vamos pensar da seguinte forma: os aplicativos de AM começaram com a categorização. Os cientistas da computação inserem dados com rótulos que atribuem informações a uma categoria ou outra: este é um cachorro; este é um gato. O software "aprendeu" quais eram as distinções nos dados rotulados e, então, adquiriu a capacidade de classificar os dados sozinho. Esse tipo de AM que exige treinamento se chama aprendizado supervisionado. Outros aplicativos de AM conseguem examinar minuciosamente uma enxurrada de dados e detectar semelhanças e padrões, sem que lhes digam o que procurar. De algum modo, esse tipo de aprendizado não supervisionado simula o aprendizado e o pensamento humanos, cuja maior parte se resume à observação de diferenças e padrões.

Dentro do AM (já se acostumou com essa sigla?), existem dois outros subconjuntos, níveis mais profundos, literalmente, de aprendizado de máquina. O primeiro se chama rede neural artificial. No design de software, os RNAs simulam o modo pelo qual a fiação cerebral humana é estruturada e a forma como os neurônios interagem com outros neurônios para enviar mensagens com impulso nervoso variável, originando os pensamentos dentro do cérebro humano ou fazendo com que partes do corpo se movimentem. Os RNAs conseguem ajustar sua própria "fiação" e coeficiente de correção (ponderação) com base em padrões de dados, a fim de melhorar a si mesmas e suas habilidades preditivas. Por exemplo, um RNA que classifica imagens de gatos ou cães aprenderá, com o tempo, os fatores distintivos dos dois tipos de animais e ajustará sua "fiação" para que suas previsões de cães ou gatos sejam mais exatas. Você também ouvirá a respeito do segundo tipo de AM, chamado de aprendizado profundo. Trata-se de um tipo de RNA que usa diversas camadas de "neurônios" para analisar dados, possibilitando realizar análises muito complexas. Já basta de definições. O que a IA pode fazer defensiva ou ofensivamente na segurança e na guerra?

E Quanto à Inteligência Artificial na Segurança? IA/AM para a Defesa

Atualmente, quando se trata de uma grande rede corporativa, existem entre três e seis dúzias de aplicativos de software de cibersegurança separados em uso, e cada um contribui para a segurança de toda a rede, em uma capacidade específica. Coitado do diretor de segurança da informação, que precisa fazer a seleção dos melhores aplicativos para cada uma dessas dezenas de ferramentas e depois integrá-las. Essa pobre alma terá que selecionar produtos de mais de vinte fornecedores diferentes. Nos últimos três anos, muitos desses fornecedores afirmam que incorporaram a IA em seus produtos e, de fato, muitos fizerem isso em diferentes níveis. Essa tendência de aplicativos de segurança com IA, com função única e "sem igual", é um dos motivos pelos quais o equilíbrio está mudando das linhas ofensivas para as linhas defensivas.

Os produtos de cibersegurança mais difundidos que hoje incorporam a IA são os sistemas de proteção de endpoint. Na verdade, esse tipo de software começou a substituir os pacotes antivírus tradicionais, que foram os primeiros produtos de cibersegurança usados em larga escala há trinta anos. Ao contrário dos sistemas antivírus ou de detecção de intrusão tradicionais, que verificam os pacotes de rede em relação a bad signatures conhecidos (uma abordagem blocklist), os sistemas de proteção de endpoint que usam IA perguntam se o usuário está tentando fazer algo que nunca fez antes. É uma atividade desnecessária ou mesmo não habilitada para a autorização de acesso do usuário? A atividade que se está tentando realizar prejudicaria a rede ou as medidas de segurança? Esses produtos usam padrões de aprendizado, em vez de aplicar blocklist e modificar seu comportamento à medida que aprendem. Este software aprende não apenas com o que analisa em seu endpoint e com o que acontece em outros endpoints na rede, mas também o que acontece em cada endpoint de cada rede onde está implementado. O segundo uso generalizado da IA é em aplicativos conhecidos como gerenciadores de vulnerabilidade. A IA pode analisar relatórios de inteligência sobre novas ameaças, caso estejam em formatos legíveis por máquina, e priorizar automaticamente essas ameaças com base no que já conhece ou logo detectá-las em sua rede. Por exemplo, um gerenciador de vulnerabilidade baseada em IA pode verificar se a vulnerabilidade que o novo ataque explora já foi abordada. Você subiu o patch do fabricante do software ou o exploit relatado está atacando algo que ainda não foi corrigido em sua rede?

Um terceiro uso de IA/AM é em produtos de software de cibersegurança conhecidos como gerenciamento de identidades e acesso (IAM) e gerenciamento de acesso privilegiado (PAM). O software determina se o usuário é quem afirma ser, verificando diversos bancos de dados ao mesmo tempo. A pergunta da IA seria: em que localidade física o usuário está? O usuário já saiu do edifício em que trabalha portando seu cartão de acesso? Os dados de viagem mostram que o usuário não está no prédio, e sim em Londres, hoje? Os dados são oriundos do próprio computador que o usuário costuma logar? O usuário está acessando aplicativos e bancos de dados que costuma usar? O usuário está tentando fazer algo atípico com os dados, como criptografá-los, compactá-los, fazer download ou enviá-los para um destino inadequado? Os movimentos do mouse e o uso estilístico do teclado são consistentes com seus padrões anteriores? Ou o usuário está se movimentando virtualmente de modo muito rápido e perfeito, como um bot?

As respostas a essas perguntas não recorrem aos métodos binários — ao contrário, cada uma delas provavelmente gerará um score relativo à confiança que a IA tem para responder, com base nos dados disponibilizados e com base na acurácia anterior desses mesmos dados. A combinação dos scores ponderados de cada pergunta feita resultará em uma decisão, e o usuário conseguirá logar ou não; poderá executar apenas funções limitadas; será solicitado a fornecer mais provas de identidade; ou será colocado sob observação contínua.

Quando o software de segurança convencional detecta uma possível atividade maliciosa, ele envia uma mensagem para um console de monitoramento de segurança, supervisionado por um ser humano. Infelizmente, hoje, na maioria das redes corporativas ou governamentais, as mensagens de alerta chegam aos sistemas de monitoramento de segurança a um ritmo tão vertiginoso que uma triagem deve ser realizada por humano(s) em um centro de operações de segurança (SOC, na sigla em inglês).

E nós, humanos, podemos nos distrair como ninguém quando estamos trabalhando: comendo, cochilando, indo ao banheiro ou mandando mensagem para um amigo. Entretanto, a IA está sempre atenta e mantém seu nível de atenção. A IA conseguiria priorizar ameaças voltadas a si mesma ou aos humanos no SOC. Caso tenha um bom score e autorização do proprietário da rede, a IA pode tomar medidas para bloquear a atividade maliciosa ou retardar a execução de um comando duvidoso até que um humano responsável possa analisá-lo.

Assim sendo, havia muita esperança depositada nas novas empresas que se precipitaram no mercado alegando usar a IA para impedir ciberataques. Quando o diretor da NSA, Keith Alexander, se aposentou das Forças Armadas, ele mais do que depressa abriu uma empresa de cibersegurança de IA, a IronNet, e angariou mais de US$100 milhões em investimentos. A Darktrace, uma empresa britânica, afirmou que seu software de AM era capaz de aprender sobre um ataque enquanto ele ainda estivesse em operação e alertar os operadores de rede. A Darktrace logo se tornou uma "empresa unicórnio", valendo mais de US$1 bilhão de dólares. Os críticos do IronNet e da Darktrace alegaram que, na verdade, a IA ainda precisava de muita ajuda humana.

Na prática, nenhuma empresa de cibersegurança implementou, até o momento, o que imaginamos ser a grande promessa de IA/AM, a Network Master, um tipo de IA que governa todas as outras. Um programa Network Master IA/AM poderia correlacionar bilhões de ações em milhares de máquinas ao longo de semanas de atividade, utilizando todos os registros de dados de dezenas de programas de software de segurança e sistemas de gerenciamento de rede. Em questão de milissegundos de se chegar a uma conclusão baseada em scores correlacionados de diversas fontes de dados, a Network Master poderia colocar atividades suspeitas em quarentena, criar honeypots, modificar regras de firewall, aumentar os requisitos de autenticação, isolar sub-redes ou mesmo, em uma emergência extrema, desconectar a rede corporativa da internet. Só que isso ainda não existe.

Mesmo que todas essas coisas passem a impressão de que a IA pode fornecer a vantagem decisiva às linhas defensivas para lidar com ataques cibernéticos, a realidade é que ainda estamos bem longe disso. Sim, alguns aplicativos de segurança já existentes, como os mencionados acima, incorporaram técnicas de IA/AM e agora têm um desempenho melhor em algumas tarefas específicas. Porém, a AM que roda em uma rede, identifica e constata ataques que nenhum ser humano detectaria ainda não é uma realidade, devido a uma série de razões técnicas e procedimentais.

Por exemplo, uma IA/AM funciona melhor quando há muitos dados para analisar, sobretudo quando eles estão em uma variedade de bancos de dados e formatos. Desse modo, a IA/AM consegue fazer o que os humanos, é óbvio, não podem: correlacionar de forma rápida bilhões de informações aparentemente não relacionadas para chegar a uma conclusão. A fim de que a maioria dos programas de IA/AM funcione bem, todos esses dados precisam estar em um mesmo lugar, que as grandes corporações chamam de data lake. Mas raramente é assim. Eles estão espalhados. Ou às vezes nem mesmo são coletados ou armazenados, ou não são armazenados por muito tempo, ou são armazenados no formato incorreto. Então, eles precisariam ser convertidos? Sim, em um formato utilizável — por meio do que os cientistas de dados educadamente chamam de "manicuring" e nos bastidores chamam de "data mangling" —, de modo que as engrenagens da IA/AM realizem seu trabalho.

Coletar todos os dados e armazená-los por seis semanas ou mais a fim de identificar os tipos de ataques "low-and-slow"[1] (ataques em intervalos de dias ou semanas, para que não sejam detectados) custaria uma fortuna para qualquer empresa. Somente os endinheirados *e* as corporações com alta aversão ao risco pagariam por isso. Em nossas discussões com operadores de rede em corporações de grande porte, descobrimos que poucas delas têm data lakes gigantes e completos prontamente acessíveis.

Boa parte das operadoras de rede ainda desconfia de programas de IA/AM que ficam perambulando em seus bancos de dados. Talvez seus medos sejam irracionais, mas são uma realidade. Como saber se aquele programa de AM semissenciente não transformará seu software em outra coisa, ou fará algo como deletar o software de um servidor ou desconectar o roteador principal da rede? Embora esses pesadelos nunca tenham se materializado, sempre há uma primeira vez, e será que um analista de segurança paranoico correria esse risco?

Mas se, em vez de permitir o acesso de uma IA/AM ao seu banco de dados ativos, você somente permitir que ela faça uma varredura quase em tempo real, talvez seja necessário replicar seu enorme data lake e, para tal, você precisará de muitos servidores físicos ou da nuvem, o que já é um gasto considerável. Caso faça isso, a IA/AM não será capaz de informá-lo, de fato, sobre um incidente de segurança em tempo real, mas apenas sobre algo que aconteceu antes de você realizar o espelhamento dos bancos de dados. Mesmo assim, conforme os programas de AM estão aprendendo, eles retornam tantos

---

[1] N. da T.: Ataque low-and-slow é um ataque DDoS cujo objetivo é derrubar um serviço provocando lentidão no tráfego dos protocolos HTTP e TCP.

alarmes falsos positivos que estão piorando o problema de monitoramento para todas as pessoas que acompanham os monitores em um SOC.

Para que uma verdadeira Network Master seja criada, duas condições são necessárias, sem contar os enormes desafios de software. Primeiro, alguém ou algum grupo teria que estar disposto a financiar o desenvolvimento. A maioria das empresas de capital de risco ou de private equity normalmente não estaria disposta a apostar nesse tipo de empreitada. Isso provavelmente exigirá uma empresa de tecnologia bem-sucedida disposta a financiar uma "viagem à Lua", ou uma agência governamental disposta a patrociná-la. Em segundo lugar, depois que a IA/AM tiver o desempenho comprovado em redes simuladas, seria necessária uma grande rede cujo proprietário-operador desejasse ser o primeiro a implementá-la em uma rede ativa. Mal conseguimos imaginar quem poderia ser.

Conforme podemos observar, se esses problemas forem superados, tanto a IA como o AM podem ser um tremendo obstáculo para os invasores de hoje. Mas, nesse meio-tempo, eles não estão de braços cruzados. Será que eles também estão testando como usar a IA e o AM? Claro que sim!

Transformando a Senciência Não Humana em Arma? IA/AM em Ataques

Quando a maioria das pessoas pensa em IA, elas não pensam em cibersegurança. Elas pensam em robôs assassinos. Considerando todos os aplicativos existentes de IA que são usados diariamente nos bastidores para fazer coisas boas (como levar milissegundos para tomar uma decisão sobre se uma compra com cartão de crédito que acabamos de fazer online é fraude), os cientistas de dados ficam decepcionados quando (e se) uma pessoa pensa em inteligência artificial e lhe vem à mente o Exterminador do Futuro. Muita gente já internalizou a ideia da IA como arma, ainda que esse tipo de coisa que as pessoas imaginam não exista — exceto em alguns programas experimentais russos.

No campo da guerra cinética, aparentemente os russos, os chineses e o Pentágono são fascinados por enxames semissencientes de drones que conseguem voar por aí, matando primeiro e depois perguntando; drones que se comunicam uns com os outros, decidem como as coisas viram alvos e qual drone perseguirá qual alvo, e assim por diante. Imagine um enxame de vespas inteligentes e furiosas, munidas de explosivos. Uma diretiva do Departamento de Justiça dos EUA proíbe o uso de armas autônomas com

IA que decidam por conta própria se algo ou alguém deve ser atacado. Ainda é necessário um humano nesse circuito para autorizar se uma arma deve matar. Embora isso seja um pouco reconfortante, basta pressionar um botão para que uma IA autônoma assassina não usada em tempos de paz seja ativada em um drone ou em um míssil em tempos de guerra. Em uma guerra de verdade, contra um inimigo próximo, seria difícil resistir a tal ferramenta, sobretudo se o oponente fosse o primeiro a usar armas autônomas com IA para encontrar, encurralar e matar.

No mundo futuro e material, todos esses temores têm a ver com drones e mortes cinéticas, porém a realidade para os especialistas em cibersegurança é mais urgente. O mesmo tipo de software de IA/AM defensivo que discutimos acima pode ser usado de uma forma ligeiramente modificada, com o objetivo de realizar um ciberataque contra uma rede.

Os cibercriminosos e os agentes mal-intencionados não são mais, se é que algum dia foram, adolescentes com os rostos cheios de espinhas que ficavam no porão da casa dos pais hackeando para se divertir e fazer uma grana, enquanto tomavam latas de Red Bull e se empanturravam de pizzas. Os agentes mal-intencionados do ciberespaço de hoje podem ser militares, oficiais de inteligência ou criminosos bem financiados. Todos eles são treinados e apoiados por profissionais da ciência da computação e que dominam IA/AM. Esses criminosos conseguem bancar ajuda extremamente especializada, pois o cibercrime compensa e paga bem.

O uso de IA/AM para ataques não é somente teórico. Em agosto de 2016, a DARPA, a Agência de Projetos de Pesquisa Avançada do Departamento de Defesa, autorizou seis equipes de universidades a desenvolver programas de IA de ataque, a fim de tentar invadir e roubar informações de uma rede altamente protegida, sem nenhuma intervenção humana após o início dos ataques. As equipes se reuniram no Paris Hotel and Casino, em Las Vegas.

Depois que a diretora da DARPA, Regina Dugan, explicou a competição a um seleto grupo de observadores, e a nós, naquela ornamentada sala em estilo Luís XIV do Paris Hotel and Casino, entramos na próxima sala e fomos transportados do século XVIII para o XXI. Lá, sobre as plataformas de um amplo espaço de eventos, havia seis pilhas de servidores. Ao sinalizar, as equipes concorrentes lançaram os ataques de suas máquinas e se afastaram. Durante horas, nenhum humano participou ou supervisionou as atividades. Os programas de IA/AM varreram a rede protegida em busca de falhas e defesas, aprendendo e testando ferramentas e técnicas para invasão, até que tivessem sucesso; depois, foram escalando, aos poucos, as camadas do software de proteção, agindo por conta própria, até alcançarem seu intento — os dados que buscavam —, e os exfiltravam para seus próprios computadores.

Se você estivesse lá esperando que a adrenalina corresse em suas veias, o evento da DARPA foi um balde de água fria. Os servidores nos encaravam, piscando para nós, com seus *fans* silenciosos. Por horas a fio. Finalmente, os juízes da DARPA anunciaram que o software de IA de ataque criado pela equipe da Universidade Carnegie Mellon (CMU) havia quebrado todas as defesas e extraído os dados do alvo. Comemoramos a vitória deles em um dos bares do cassino e concluímos que não havia muitas redes que poderiam se defender com sucesso contra aquele ataque de bots da CMU. Dissemos um ao outro que havíamos acabado de ver o futuro. Esse futuro é agora!

Em um artigo de 2017, cientistas da computação da Universidade Cornell demonstraram que alguém poderia usar uma "rede adversária geratriva" para enganar outro software que se defende contra ataques — em outras palavras, o software que cria um ataque baseado em IA, perfeito para vencer o software defensivo que está tentando detê-lo. Na conferência Black Hat de Cibersegurança de 2018, também em Las Vegas, uma equipe da IBM demonstrou um programa de ataque de IA chamado DeepLocker. Como eles descreveram, o DeepLocker é um malware altamente direcionado e evasivo, baseado em IA, treinado para reconhecer seu ambiente e capaz de desencadear seu comportamento malicioso somente quando detecta seu alvo. O DeepLocker aprende a reconhecer um alvo específico, dissimulando sua carga viral em aplicativos convencionais, benéficos, até que o alvo seja identificado.

Dito de outro modo, assim como os drones assassinos que voam por aí, atirando primeiro e perguntando depois, à caça de alvos para explodir, o DeepLocker varreria a internet procurando os tipos de rede que deveria atacar. Ele agiria camuflado, talvez se passando por um serviço usado pelo provedor de serviços de internet. Em seguida, empregaria, de forma adaptativa, diversas ferramentas e técnicas de ataque, aprendendo sobre as defesas vigentes, até penetrá-las.

Ocorreu-nos que o que a IBM estava demonstrando ao público em Vegas era algo semelhante ao que os Estados Unidos e alguns outros governos já haviam inventado por conta própria — e provavelmente já usado. Os indícios do que pode estar acontecendo a portas fechadas geralmente são oriundos de discussões públicas entre os especialistas em cibersegurança que não estão envolvidos em programas sigilosos.

Por exemplo, um especialista da empresa de cibersegurança Endgame demonstrou em público como a IA ofensiva pode ser usada para "envenenar" o software de IA defensivo, basicamente enganando a tecnologia defensiva envolvida nas fases de aprendizado de máquina. Vamos seguir esta linha de raciocínio: ao criar uma enxurrada de alertas falsos positivos, pode-se enganar o AM e fazer com que o sistema de detecção ignore determinado tipo de ataque. Assim, o verdadeiro ataque, parecido o suficiente com o falso positivo, poderia ser bem-sucedido.

Como alternativa, os sistemas defensivos podem ser atacados repetidas vezes, e, sempre que forem bem-sucedidos em impedir o ataque, a IA pode modificá-lo um pouco e tentar mais uma vez. Assim, o invasor sempre pode alterar sua assinatura o suficiente a fim de que ela não corresponda mais ao que a defesa está tentando bloquear, mas ainda com operacionalidade o bastante para que o pacote de ataque permaneça eficaz. Os hackers têm feito isso de forma manual, testando suas ferramentas de ataque contra antivírus; contudo, a IA/AM faria isso de modo mais rápido e eficaz.

Os hackers também têm outro problema, o big data: toneladas de informações de identificação pessoal roubadas de centenas de empresas. Um especialista da McAfee falou publicamente sobre como a IA poderia ser usada para efetuar uma varredura no tesouro de dados que os hackers já roubaram de diversos bancos de dados. Os dados de somente um banco de dados podem não ser suficientes para um hacker se passar por você, mas, recorrendo à IA, ele consegue realizar a varredura de diversos bancos de dados que hackeou e compilar uma quantidade suficiente de informações para assumir com sucesso a sua identidade online. Talvez ele tenha descoberto sua senha em um site e, mais tarde, a usou para acessar uma rede segura fingindo ser você, que cometeu o erro de usar a mesma senha em vários aplicativos. Você não faz isso, não é?

Potencial Defensivo Negligenciado

Nos próximos três a cinco anos, é provável que vejamos um crescimento ininterrupto no uso da IA e do AM como parte de aplicativos que executarão tarefas defensivas específicas melhor do que estão sendo feitas agora. O uso de IA/AM se tornará mais sofisticado em aplicativos de segurança exclusivos que fazem gerenciamento de acesso de identidade e de acesso privilegiado, proteção de endpoint e varredura de vulnerabilidade. Algumas empresas serão mais bem-sucedidas em integrar a tecnologia em seus aplicativos defensivos do que outras. Empresas como a Illumio já estão começando a utilizar a IA/AM com o objetivo de auxiliar na orquestração de gerenciamento de rede. Algumas operadoras de rede comprarão os melhores produtos; para outras, restarão apenas aplicativos defensivos falhos, e algumas deixarão de comprar produtos de cibersegurança que tenham IA/AM incorporados. Muitos fornecedores alegarão que seus aplicativos de IA/AM farão tudo, mas isso será puro exagero.

É improvável que um controle de cibersegurança baseado em IA/AM para a Master Network apareça em breve, pelos motivos que acabamos de discutir; em um período de três a seis anos a partir de agora, pode até ser. Em contrapartida, o uso da IA/AM para cibercrimes, parecido com os automóveis transformados em armas no DARPA Grand Challenge de 2016, já deve estar em uso e em franca expansão pelas mãos de um pequeno grupo de atores Estado-nação. Se a história recente servir como guia, essa tecnologia acabará chegando às mãos de nações pouco expressivas e de atores não estatais. E esses atores talvez não usem ferramentas de ataque baseadas em IA/AM de modo tão sofisticado quanto os governos dos EUA e da China; no entanto, a IA/AM ainda alcançará um desempenho maior do que o atual em seus ataques.

Em suma, em curto prazo, o uso crescente da IA/AM em software defensivo provavelmente aumentará a capacidade das linhas defensivas, a menos que elas estejam sendo atacadas por um ator estatal sofisticado e determinado, que use a inteligência artificial e o aprendizado de máquina ofensivamente.

Capítulo 16

UM POUCO DE CONSOLO PARA A SEGURANÇA

Aqueles que não se surpreendem quando se deparam pela primeira vez com a teoria quântica nunca conseguirão entendê-la.

— NIELS BOHR

Ele só queria continuar praticando luta livre. Como havia crescido em uma fazenda nos imensos campos abertos de Saskatchewan, Chad Rigetti presumiu que, depois de terminar o ensino médio, ele seria a quinta geração a trabalhar na fazenda da família. Era o que os Rigettis faziam. Até mesmo as fazendas vizinhas à propriedade de seu pai pertenciam e eram administradas por outros Rigettis. Mas, com o fim do ensino médio, Chad achava que não estaria mais em uma equipe de luta livre. Até ser recrutado pelo treinador de luta livre da Universidade de Regina, ele nem pensava em fazer graduação. Chad aceitou estudar, porque isso significava que ele poderia continuar lutando por mais quatro anos. Mal sabia que, ao entrar na universidade, acabaria também lutando com qubits.

Na corrida internacional pela supremacia quântica, os Estados Unidos têm pelo menos quatro concorrentes de peso. Três são gigantes da tecnologia bem conhecidos: Google, IBM e Microsoft. O quarto é a Rigetti, uma startup sediada em um armazém encardido no distrito de Berkeley, Califórnia.

Ainda que a maioria dos norte-americanos, e dos leitores deste livro, tenha dado pouca ou nenhuma atenção à física e à computação quânticas, ambas são importantes para a cibersegurança e, por isso, deveríamos entendê-las melhor. Simplificando, os computadores quânticos logo serão capazes de resolver problemas complexos, que nenhum outro computador convencional conseguiu. É impossível vislumbrar o futuro da guerra cibernética sem compreender as mudanças históricas que estão prestes a acontecer na computação e na TI em geral e, especificamente, na cibersegurança, com o advento da computação quântica.

Mas antes de embarcarmos para Berkeley e de falarmos sobre como a computação quântica pode impactar a cibersegurança, precisamos refrescar um pouco a memória e mergulhar de cabeça no assunto, a fim de entendermos os princípios básicos da computação quântica. A partir de agora, mergulharemos nos níveis mais profundos e ínfimos da existência: o nível quântico. Nível em que achamos que as partículas não podem ser subdivididas em partículas menores.

Compreendendo o Incompreensível e Sua Importância para a Cibersegurança

Talvez a primeira discussão sobre computação quântica e seus impactos na cibersegurança já feita na Casa Branca tenha sido em uma reunião convocada por Dick Clarke em 1999. Naquela época, ele pediu aos especialistas da NSA e da Universidade de Maryland que começassem explicando como um computador quântico poderia funcionar. Infelizmente, eles começaram falando, como muitos físicos quânticos fazem, sobre o experimento do gato de Schrödinger (que está vivo e morto ao mesmo tempo). Caso seja seu primeiro contato com a teoria quântica, recomendamos que evite essa analogia, pois normalmente ela mais confunde as pessoas do que ajuda a explicar o fenômeno quântico.

UM POUCO DE CONSOLO PARA A SEGURANÇA

Achamos melhor começar avisando aos recém-chegados à teoria quântica que as leis da física que conhecemos ou aprendemos de forma implícita, pela observação, não se aplicam ao nível dos menores elementos da matéria. Quando sabemos ou nos é dito como as coisas funcionam em um nível quântico microscópico, a maioria de nós instintivamente não acredita, já que não faz o menor sentido.

Mas, com o propósito de romper as barreiras de nossos vieses cognitivos acerca do que estamos prestes a discutir, pense nos avós de Dick ou nos bisavós de Rob, pessoas nascidas no século XIX. Hoje, se elas fossem ressuscitadas com o conhecimento que tinham quando adolescentes e simplesmente vissem um Airbus A380, um objeto de metal pesando seiscentas toneladas, jamais acreditariam que ele é capaz de voar. E se o vissem no céu, provavelmente pensariam em feitiçaria. Para elas, um objeto de metal de seiscentas toneladas que viaja a 800km/h e ainda alcança uma altitude de 12 mil metros seria inexplicável.

Sinceramente, a maioria das pessoas não entende como as leis da física possibilitam que um Airbus voe. Talvez alguns de nós tenham ouvido algo a respeito de um cara chamado Bernoulli, mas aceitamos que a aeronave voa. Sabemos que é real, que acontece e que não é feitiçaria. Com a computação quântica é a mesma coisa. No futuro, daqui a um século, será tão normal e aceito como voar em um avião é hoje.

E por que a física quântica é tão difícil de entender? Por ora, focaremos as duas propriedades dos objetos muitíssimo pequenos no nível atômico. Primeiro, uma observação: em nível atômico, a matéria (elétrons, fótons) pode se comportar como partícula ou como onda, mas, em experimentos famosos, como o Experimento de Fenda Dupla de Young (veja a nota sobre ele no final do livro e assista ao vídeo indicado), a forma que a matéria assume (onda ou partícula) é determinada pelo fato de ela estar sendo ou não observada em movimento por meio de um sistema de medição, como uma câmera ou um detector de partículas. Isso revela a dualidade singular onda-partícula da matéria, considerada uma das melhores demonstrações da natureza probabilística da física quântica.

A matéria quântica de alguma forma "sabe" que está sendo observada? Provavelmente não. Existe uma variedade de explicações teóricas, mas os experimentos nos passam a impressão de que a matéria sabe quando está sendo observada, e a física clássica não explica esse comportamento.

O qubit, o bit quântico, não apresenta um estado, como positivo ou negativo. Ainda que um bit possa ter o valor entre 0 e 1, quando observado, o qubit pode ter tanto o valor 0 como 1 ou ambos. Essa ambivalência se chama superposição.

Em nível atômico, o segundo fenômeno incomum que ocorre é o entrelaçamento quântico. Por exemplo, quando um feixe de laser atravessa um cristal para disparar um fóton ou quando, de alguma forma, dois qubits são correlacionados, essas partículas quânticas são divididas em duas e passam a ser chamadas de pares entrelaçados. Qualquer mudança em uma dessas partículas alterará instantaneamente a outra. Mas o mais peculiar acontece quando se percebe que esse fenômeno ocorre mesmo quando essas duas partículas estão separadas e relativamente longe uma da outra. Ninguém sabe na verdade como isso ocorre, no entanto as repetidas experiências de laboratório ao longo de muitos anos demonstraram que é real. E as partículas podem estar bem longe, como demonstrado por um experimento de 2017.

No experimento, cientistas chineses criaram dois fótons entrelaçados e os dispararam por meio de um laser. Um foi enviado para o espaço e outro para a superfície terrestre, a uma distância de mais de mil quilômetros. Uma vez no solo, quando a polaridade de um dos fótons foi modificada, o outro mudou simultaneamente. E, apesar do eufemismo, os cientistas chineses afirmaram: "O resultado mais uma vez confirma a interligação de não localidade de entrelaçamento quântico, e rejeita os modelos de realidade que se baseiam nas noções de localidade e realismo." Sim, principalmente o modelo de realidade que se baseia no realismo; afinal, nunca gostamos dele mesmo.

Einstein ficou conhecido por chamar o entrelaçamento de "ação fantasmagórica a distância". Os cientistas ainda discutem o porquê e como isso acontece, e não duvidam mais do fenômeno. Alguns físicos acham que isso abre a porta para novos métodos de comunicação. Os mais visionários, ou talvez fantasiosos, acreditam que pode ser a base de um futuro sistema de teletransporte, mas nem conte com isso para facilitar seu deslocamento. Em 2019, o entrelaçamento quântico abriu as portas para novas possibilidades computacionais.

Em computadores-padrão, os sinais elétricos abrem ou fecham portas, transformando um elétron em um sinal ou "bit" que pode ser 0 ou 1. Por isso, o chamamos de sistema binário: os estados são 0 ou 1. Absolutamente tudo que você usa em seu computador tem como base este princípio: milhares de pequenos sinais 0 ou 1 em seu chip. Como nos computadores normais, os elétrons têm apenas esses dois estados possíveis, é necessário um grande número de bits para codificar um dado. Por exemplo, a letra *m* em binário é 0110110, e a palavra "Olá" é 01001111 01101100 11100001. São muitos dígitos apenas para dizer olá.

Cada qubit, como aqueles feitos de elétrons, íons ou fótons, tem diversos valores potenciais (não apenas 1 ou 0) simultaneamente, com base em características como spin ou polaridade. E aqui reside a vantagem revolucionária. Com alguns qubits, bem mais informações podem ser codificadas. A cada qubit adicionado, a capacidade de informação codificada dobra. Se um qubit codifica dois valores, dois codificam quatro; três codificam oito; e quatro codificam dezesseis. Quando tivermos 64 qubits, poderemos codificar mais de 1 milhão de terabytes de dados. O melhor jeito de exemplificar esse volume gigantesco de dados para os leigos é usar uma analogia: a Biblioteca do Congresso dos Estados Unidos tem cerca de 15 terabytes, e uma cópia de todos os livros do mundo teria cerca de 60 terabytes. Logo, 64 qubits seria o equivalente a todos os livros existentes no mundo e mais um pouco.

Em 2019, Chad Rigetti estava tentando implementar 128 qubits em sua máquina. Seria um equipamento que poderia codificar mais do que todos os dados que circulam globalmente pela internet em um ano, para depois processar esses dados da maneira desejada.

Cada qubit pode ter diversos valores ao mesmo tempo. Ao explorar esse estranho fenômeno, um computador quântico pode processar dados usando todos os valores possíveis para cada um de seus qubits quase simultaneamente. Por outro lado, os computadores clássicos são sequenciais — eles serializam os dados. Em um segundo, um computador quântico pode fazer algo que um computador clássico levaria quatro séculos. Por exemplo, digamos que estamos analisando um problema matemático complexo e recorremos ao ENIAC, o primeiro computador operacional inventado no campus da Universidade da Pensilvânia em 1946. Como o ENIAC tem o poder computacional de processamento de um computador científico moderno, ainda precisaríamos de 330 anos para processar o que 128 qubits podem processar em um segundo. Computadores quânticos de 128 qubits logo serão capazes de solucionar problemas matemáticos que nenhum computador convencional jamais foi capaz de resolver. Isso possibilita quebrar códigos, desenvolver novos materiais e medicamentos e, quem sabe, simular o cérebro humano.

Conseguiu assimilar? Quando um computador quântico conseguir trabalhar com trezentos qubits, ele terá recursos superiores a quaisquer especificações computacionais de qualquer problema conhecido hoje. "Os usos mais interessantes desse tipo de computação serão coisas com as quais ainda nem sonhamos", disse Rigetti. Apertem os cintos!

A Dificuldade para que a Computação Quântica Funcione

No último parágrafo, as palavras-chaves foram: "Quando um computador quântico conseguir..." Ainda não é consenso se alguém realmente já conseguiu implementar os qubits de forma prática. Mas os especialistas concordam que algumas pessoas estão simulando o que um computador quântico faria, outras estão implementando os princípios quânticos em dispositivos especializados e outras já estão rodando sistemas experimentais. Entretanto, os sistemas experimentais ainda apresentam muitos problemas.

Na computação tradicional, os 0s e 1s são facilmente gerados por meio de pulsos elétricos que circulam em camadas de silício. Mas com os qubits a coisa é mais difícil. Isso costuma requerer muitos equipamentos para resfriar o computador quântico próximo ao zero absoluto. Apesar de as pessoas estarem trabalhando duro em conjuntos de chips quânticos que funcionem em temperatura ambiente, a maioria dos computadores quânticos, como os do Google e da IBM, ainda se parece com algum tipo de projeto da Feira de Ciências da escola ou com um filme de ficção científica da década de 1950 ambientado em um laboratório de algum gênio do mal, com tonéis de gases super-resfriados e um emaranhado de tubos e fios.

O principal obstáculo é que os qubits, mesmo quando criados e mantidos na temperatura de zero absoluto, têm vida curta. Eles apresentam o efeito de descoerência — ou seja, perdem sua superposição em frações de segundo. A interferência e o ruído do ambiente podem alterar com facilidade o estado pretendido de um qubit. Além do mais, até o momento, boa parte dos computadores quânticos geram resultados errados na maior parte o tempo e precisam ser modificados por meio de computadores clássicos ou convencionais. A atual corrida para viabilizar o uso dos computadores quânticos gira em torno destes dois problemas: descoerência e correção de erros.

Jim Gable e Wil Oxford, da Bra-Ket, uma dentre as muitas startups de computação quântica, acreditam que estão prestes a solucionar ambos os problemas usando o que chamam de fotônica pura — dito de outro modo, luz, em vez de elétrons e íons, como as outras empresas fazem. O objetivo é desenvolver chips de computador quânticos que manipulem partículas únicas de luz no silício, pois eles acreditam que isso reduzirá a taxa de erro e manterá a coerência por, pelo menos, um segundo.

Desenvolver chips de computação quântica usando fotônica e operar em temperatura ambiente também é a abordagem de Christian Weedbrook da Xanadu, uma startup canadense. Com o intuito de vermos esse chip, fomos a Toronto, onde a Xanadu está tentando conceber essa magia em uma antiga fábrica têxtil. A sala do outro lado do corredor ainda tinha as máquinas de rolamentos têxteis, mas no laboratório quântico, Weedbrook estava tentando espremer fótons dentro de chips. Tivemos que observar bem de perto para ver o chip quântico Xanadu, que era do tamanho da unha de uma criança, mas estava funcionando em temperatura ambiente.

Xanadu e Bra-Ket estão entre as dezenas de startups quânticas. Poucas são tão bem financiadas quanto a Rigetti, que já arrecadou US$120 milhões em investimentos. Na realidade, a Rigetti criou o que chama de ecossistema de startups afiliadas, para que possa um dia oferecer o *full stack*, desde chips quânticos em nuvem até uma App Store de software quântico para resolver determinados tipos de problemas. Entretanto, por ora, Rigetti ainda está focado em manter um qubit ativo por tempo útil o suficiente para criar software e hardware que gerarão resultados com menos erros.

Apenas comprovaremos que alguém conseguiu fazer isso, pelo menos de forma experimental, quando se provar que um computador quântico é capaz de fazer algo que nenhum outro computador clássico jamais fez, como resolver uma equação até então insolúvel. É provável que alguém em Las Vegas aposte alto nisso, quando a supremacia quântica for conquistada. Em 2017, o Google alegou que alcançaria a supremacia quântica em 2018. Em 2018, disse que estava próximo, mas não informou nenhuma data. Chad Rigetti nos contou: "A computação quântica vai pegar as pessoas de surpresa. Chegaremos lá bem rápido."

A corrida para a supremacia quântica é principalmente entre os Estados Unidos e a China. Sabe-se que o governo chinês investe bilhões de dólares em computação quântica, incluindo o planejamento de uma "Cidade de Pesquisa Quântica". Em 2018, o Congresso dos EUA autorizou um programa de pesquisa de US$1 bilhão, embora ainda não tenha o dinheiro necessário. Os governos, cientistas e capitalistas de risco por trás da nova indústria quântica obviamente pensam que estão no rumo certo para virar o jogo.

Seja lá quem ganhe a corrida da computação quântica, será capaz de desenvolver um ecossistema de chips e aplicativos conforme suas próprias regras. No entanto, a liderança na computação quântica provavelmente mudará com a mesma frequência que o *pole position* em uma corrida de Fórmula 1. Ainda que recursos limitados possam ser desenvolvidos e mantidos a sete chaves por um tempo, as conquistas concretas terão que ser avaliadas por todos, a fim de maximizar o potencial de avanços na computação quântica. Entretanto, muitos especialistas da indústria quântica e autoridades de segurança nacional com quem conversamos supõem que existem programas secretos de computação quântica em laboratórios governamentais na China, nos Estados Unidos e na Rússia

Computação Quântica e o Anel Decodificador Mágico

O que acendeu o interesse dos governos pela computação quântica foi medo, esperança, de quebrar códigos secretos. À medida que aprendiam mais a respeito, outras possibilidades despertaram a atenção. Se fosse possível quebrar a criptografia com facilidade, a situação da cibersegurança estaria muito pior hoje. A criptografia não é somente uma ferramenta que os governos usam para transmitir mensagens secretas a espiões e soldados. Ela é onipresente, funciona nos bastidores de nossos navegadores, e-mails, bancos de dados, caixas eletrônicos e muito mais. Sem a criptografia, seria quase impossível se defender com sucesso contra hackers. Então, devemos ter medo de que a pesquisa em computação quântica coloque em risco a cibersegurança?

Se você acha que física quântica é complicada, é porque não conhece os cálculos por trás da criptografia moderna. Simplificaremos as coisas mais uma vez. A maioria dos códigos de criptografia toma como base um processo matemático chamado fatoração: por quantos números inteiros se pode dividir um outro número maior? Logo, para o número 12, os fatores são 1, 2, 3, 4, 6 e 12. Você até consegue fazer esse cálculo de cabeça, porém é mais difícil calcular quando o número fatorado não tem dois dígitos (como o número 12), e sim centenas.

A maioria dos algoritmos de criptografia utiliza fatores (fatores primos, para ser mais preciso) de números muito grandes como base. Parte-se do pressuposto que, mesmo que um supercomputador moderno teste todas as permutações, ele não poderia adivinhar corretamente os fatores que estão sendo usados como base para um código de criptografia específico sem milhares de anos de tempo de execução. Caso os computadores quânticos já funcionassem, eles fariam em segundos o que os computadores normais levam milhares de anos para processar, e seria possível quebrar a criptografia moderna.

Com essa esperança em mente, existem boatos de longa data de que os governos estão coletando e armazenando mensagens criptografadas de outras nações que ainda não conseguem quebrar. Quem sabe um dia, talvez nos próximos anos, a computação quântica possibilite que a China, a Rússia, o Reino Unido ou os Estados Unidos leiam mensagens que interceptaram anos antes, sejam correspondências antigas de outras pessoas, sejam notícias de ontem. Isso pode ser interessante e até útil no campo da contrainteligência e rastreamento de espiões e suas fontes. Se e quando acontecer, nem espere que isso seja anunciado em público. Este é um aspecto da computação quântica em que ninguém reivindicará o primeiro lugar na linha de chegada.

Quanto à quebra de códigos criptografados usada atualmente, lembre-se de que, quando tivermos um computador quântico funcionando, ele será como os supercomputadores de hoje: não estará disponível para todos. Entretanto, ninguém está defendendo que os supercomputadores não são importantes. Na verdade, eles são necessários seja lá quais forem os seus usos, incluindo projetos de armas nucleares. Os computadores quânticos também pertencerão e serão operados somente por governos e algumas empresas de grande porte. Os governos poderão usá-los para revolucionar muitos aspectos da ciência e da tecnologia, incluindo a cibersegurança. Caso não trabalhe para esses governos ou para as poucas empresas que terão um computador quântico funcional e queira usá-lo, você terá que acessar máquinas quânticas em nuvens operadas pela IBM, Google, Microsoft e, provavelmente, pela Rigetti. E, sinto informar, mas essas empresas não alugarão uma nuvem quântica para você descriptografar os códigos do Citibank.

Além do mais, os criptologistas, matemáticos que vivem no mundo abstrato dos códigos, há anos enxergam a computação quântica como uma ameaça. Eles desenvolverem algoritmos de codificação chamados Quantum Resistant,[1] sistemas de criptografia que são mais complexos, alguns dos quais usam abordagens totalmente diferentes da fatoração de números longos. É seguro supor que os principais governos vêm utilizando métodos de criptografia Quantum Resistant há algum tempo.

Na prática, o National Institute of Standards and Technology (NIST) tem trabalhado aberta e publicamente com os principais criptologistas acadêmicos com o intuito de criar um novo padrão de criptografia Quantum Resistant, que poderia ser usado por bancos e outras organizações comerciais e do setor privado. O NIST espera ter um padrão pronto em 2024. Algumas pessoas acham que será tarde demais.

Um dos novos métodos explorados emprega uma forma de computação quântica para transmitir mensagens seguras. Algoritmos quânticos criptografados para lidar com a computação quântica. Você se recorda de que, no nível quântico, as coisas mudam de estado quando observadas? Essa propriedade pode viabilizar a transmissão de códigos ou mesmo das próprias mensagens, de forma que o destinatário tenha

---

[1] N. da T.: Criptografia pós-quântica, também chamada de quantum-proof e quantum-safe.

certeza de que o conteúdo não foi quebrado, observado ou copiado (conhecido como regra de não clonagem ou teoria da não clonagem).

As empresas, incluindo a Hewlett Packard, estão tentando comercializar a distribuição quântica de chaves (QKD), uma forma de enviar um "one-time pad" (chave de uso único) que ambas as pontas de uma comunicação poderiam usar para criptografar e descriptografar. No passado, esses códigos simétricos eram arriscados porque alguém poderia interceptar e copiar o code book. Por meio da QKD, o envio do one-time pad como mensagem baseada em fótons quânticos elimina esse risco, porque possibilita saber se alguém observou um pedaço de código quântico. Infelizmente, até o momento, as mensagens QKD, compostas de fótons, só podem ser transmitidas a um distância limitada, pelo fato de a energia em um fóton diminuir com o tempo e a distância.

Na computação clássica, as mensagens compostas de fótons atravessam o país em cabos de fibra óptica, mas os fótons são "impulsionados" ou retransmitidos diversas vezes em sua vertiginosa jornada. O método usado para impulsionar os sinais de fóton no backbone da internet hoje observa e reproduz o fóton; logo, seria possível quebrar a segurança da QKD. Resolver esse problema de conseguir transmitir mensagens quânticas a distância é alta prioridade de pesquisa, no entanto, os especialistas não estão dispostos a estabelecer um prazo para solucioná-lo. Se alguém for bem-sucedido na empreitada, a computação quântica, longe de acabar com a criptografia, pode viabilizar um método de comunicação altamente seguro.

Nesse ínterim, os bancos e outras organizações comerciais e do setor privado terão que abrir mão dos sistemas de criptografia que usam agora e implementar sistemas Quantum Resistant. Se ainda faltam dois ou dez anos, é uma questão de discussão e suposições, porém o governo tem que passar a exigir que tal mudança seja realizada até determinada data, por meio de regulamentação e de um novo padrão de criptografia.

Isso se assemelha ao Bug do Milênio (Y2K), mas no âmbito da criptografia: uma época em que todos serão forçados a atualizar seus softwares a fim de garantir que um hacker com acesso a um computador quântico não consiga invadir uma máquina e causar problema.

Esta ainda não é uma ameaça urgente e imediata. Contudo, acontecerá mais cedo do que a maioria de nós imagina.

A Verdadeira Promessa da Computação Quântica

Vamos supor que Chad Rigetti, seus gigantescos concorrentes corporativos ou os chineses consigam fazer com que um computador quântico opere mais do que em um experimento científico. O que faremos com essa máquina? Konstantinos Karagiannis, da BT, tem monitorado como as pessoas estão se preparando para usar os computadores quânticos, analisando o que o software está escrevendo e quais algoritmos foram desenvolvidos. "Até agora, apenas dois dos sessenta algoritmos quânticos que conheço estão relacionados à criptografia", disse ele. Muitos dos algoritmos de não criptografia são para aprendizado de máquina, o que, conforme vimos, tem consequências expressivas para a cibersegurança.

Karagiannis acha que "para a IA progredir ainda mais, talvez tenhamos que usar a computação quântica a fim de integrar todos os pequenos programas de IA" que realizam tarefas únicas em uma rede de computadores. Chad Rigetti está animado com a possibilidade. "Há uma conexão muito profunda entre o aprendizado de máquina e a computação quântica. Eles poderiam trabalhar juntos de uma forma elegante e descomplicada."

Descobrimos que existe uma quantidade colossal de trabalhos acadêmicos prevendo o casamento entre a computação quântica e o aprendizado de máquina. NASA, Stanford e Google se uniram para criar o QuAIL, o Quantum and AI Laboratory, em Palo Alto. Mesmo antes de haver um computador quântico operacional de verdade, as equipes do MIT e da Universidade de Toronto estavam ocupadas programando aplicativos de aprendizado de máquina nas novas linguagens de computador desenvolvidas para a computação quântica.

Agora, pense no capítulo anterior, em que dissemos que IA/AM estava proporcionando alguns recursos de função única e "sem igual" à defesa de rede, mas ninguém ainda tinha feito orquestração e defesa de rede em tempo real sem um humano no circuito, usando uma Network

Master baseada em IA/AM. Em vez disso, sugerimos que o AM já pode estar sendo usado como uma ferramenta para ataques à rede hoje.

No entanto, se fosse possível integrar um computador quântico que realmente funcionasse a alguns aplicativos baseados em AM e orquestração para rodar e defender uma clássica rede de computadores, talvez pudéssemos lidar com os milhões de ações que ocorrem simultaneamente em uma rede e seus periféricos, levando em consideração todos os dados armazenados na rede, o que está acontecendo em tempo quase real em outro lugar do ciberespaço e corrigindo ou escrevendo código em tempo real. Em suma, você pode ser capaz de criar "uma IA para governar todo mundo" em uma rede. É possível ser bem-sucedido ao defender uma rede — ou ao atacá-la.

E é nesse ponto que a chamada corrida armamentista quântica pode se concretizar. Se um algoritmo de ataque fosse programado em um novo código quântico, aproveitando o poder computacional de uma máquina quântica operacional, seria possível desenvolver uma ferramenta que coletaria tudo o que se sabe a respeito de uma rede, realizar uma simulação e identificar a melhor forma de atacá-la. Na realidade, talvez fosse possível desenvolver uma série de ataques otimizados para uma variedade de redes e lançá-los mais ou menos de forma simultânea, de modo que a nação ou o grupo de nações-alvo simplesmente fosse transportado para a era pré-industrial em questão de segundos ou minutos.

Claro que uma equipe de humanos teria bastante dificuldade para executar um ataque incapacitante como esse, porém um computador quântico operacional baseado em AM/computação quântica e ainda por cima customizado seria capaz de fazer isso. C. L. Max Nikias, ex-residente da Universidade do Sul da Califórnia, previu que "seja lá quem conseguir viabilizar essa tecnologia primeiro, será capaz de paralisar as defesas e redes de abastecimento de energia tradicionais e manipular a economia global".

Talvez isso pareça absurdo, mas, visto o que sabemos das tendências da Rússia, China e dos militares e serviços de inteligência dos Estados Unidos, quando eles se derem conta do que um computador quântico operacional pode fazer, provavelmente não demorará muito para que todos comecem a pensar desse jeito. Será que primeiro eles criarão linhas de defesa de rede potencialmente quânticas?

Improvável. Os militares pensam primeiro nas armas ofensivas — faz parte da natureza deles.

Suponha que um computador quântico funcional e operacional com 128 qubit já esteja rodando em 2020, como previu Chad Rigetti, e que dezenas de aplicativos de AM e orquestração têm sido desenvolvidos para rodar perfeitamente até 2022. A essa altura, talvez seja possível desenvolver um sistema Network Master IA/AM com o objetivo de defender uma rede grande e complicada. Talvez essa iniciativa, se bem financiada, progrida até 2024.

Nesse meio-tempo, as pessoas estão usando processadores em tudo quanto é coisa e conectando-os às redes a um ritmo nunca visto. Poucos estão pensando em segurança, como veremos no próximo capítulo.

Capítulo 17

5G E IOT

Ineficiência e Falta de Segurança

O 5G terá um impacto semelhante ao do advento da eletricidade ou da invenção do carro, afetando economias inteiras e beneficiando as sociedades como um todo.

— STEVE MOLLENKOPF, CEO DA QUALCOMM,
CES KEYNOTE, 6 DE JANEIRO DE 2017

Você mora em uma cidade nos Estados Unidos? Em caso afirmativo, em algum momento de 2020 ou provavelmente em 2021, perceberá algo novo em sua rua. Ou, em termos mais precisos, talvez aconteçam diversas coisas novas. Pode ser que apareça uma caixa cinza-claro no poste próximo à sua casa. Outra caixa pode aparecer no poste de iluminação na rua. Nas calçadas, talvez apareçam caixas semelhantes às do Serviço Postal, onde o carteiro apanha as correspondências a ser entregues. Mas essas caixas não serão dos Correios, e sim de alguma "operadora de telefonia". Quando isso ocorrer, o 5G terá chegado perto de você. E com isso chegará também um novo conjunto de riscos cibernéticos. A quinta geração da tecnologia de telefonia móvel (5G) sobrecarregará a Internet das Coisas (IoT), e nenhuma delas será segura.

Se a Verizon, AT&T, Sprint e outras operadoras seguirem em frente com seus planos, elas inicialmente desembolsarão um quarto de trilhão de dólares para instalar transmissores 5G nos postes junto com transformadores elétricos, que parecem caixas do Serviço Postal, nas cidades norte-americanas. Em escala mundial, a instalação da infraestrutura 5G pode custar até US$5 trilhões. E o processo não será como a mudança do 3G para o 4G. Talvez ninguém se lembre de quando isso ocorreu, já que a mudança do sinal do celular aparentemente foi mínima. Com o 5G, todos notarão a diferença.

Antes mesmo que o 5G bata à sua porta, todos já o conhecerão, pois as "operadoras telefônicas" gastarão milhões em publicidade, para que todo mundo saiba sobre a "revolução" 5G. E, sinceramente, apesar de a maioria das propagandas sobre as revoluções tecnológicas ser exagero, quando se trata do 5G, talvez o uso da palavra "revolução" seja justificável. A quinta geração tecnológica de telefonia móvel, o 5G, não será apenas duas vezes mais veloz que o atual 4G. Ele pode ser até dez vezes mais rápido.

Em muitos aspectos, embora o 5G tenha mais recursos do que a tecnologia existente, ele deixa a desejar em um critério. As frequências das ondas 5G não percorrem distâncias longas. Por isso, as caixas de transmissão ficarão em uma altura menor e mais próximas de você; logo, será possível ver mais dessas caixas do que as atuais torres 4G.

Essas novas caixas onipresentes também serão capazes de lidar com mais dispositivos de forma simultânea. O padrão internacional 5G exige a capacidade de suportar 1 milhão de dispositivos a cada $1km^2$. Em sua casa ou apartamento, os dispositivos, como sua TV, notebook ou câmeras de vigilância ocultas, podem se conectar sem fio diretamente à torre 5G e, assim, à internet. A mesma coisa pode acontecer em um edifício empresarial, onde elevadores, máquinas de venda automática, câmeras de vigilância, impressoras e copiadoras podem se conectar diretamente. Basta ligá-los na tomada e eles estarão conectados à internet. Talvez seja possível se livrar completamente do Wi-Fi, ainda que isso seja motivo de discussão entre os especialistas.

O único consenso entre os especialistas em telecomunicações é que o 5G possibilitará conectar mais dispositivos, direta ou indiretamente, à internet e fornecerá a todos eles os recursos para serem mais velozes. Não teremos mais latência nem buffering, o que viabiliza a conexão de mais tipos de dispositivos, inclusive daqueles que exigem conectividade confiável e instantânea com a Internet das Coisas, como os veículos autônomos.

Para que os veículos autônomos, também conhecidos como carros sem motoristas, atinjam seu potencial completo, os diversos sensores e dispositivos de cada um deles terão que se comunicar instantaneamente com veículos próximos, sensores na estrada, sinais de trânsito e semáforos. E, para que tudo isso seja possível, os veículos precisarão de conexões 5G rápidas, sem buffer e capazes de lidar com muitos dispositivos em um espaço pequeno. Desse modo, o 5G em breve baterá à sua porta, assim como um mundo de bilhões de dispositivos que conversam entre si.

As Controvérsias sobre a Segurança do 5G

Caso já tenha ouvido a mídia falar do 5G, provavelmente foi sobre a controvérsia de sua segurança. O governo norte-americano percebeu, um pouco tarde, que muitos equipamentos novos 5G seriam instalados em todos os Estados Unidos e no mundo, e que a empresa com maior probabilidade de fabricar esses equipamentos era a Huawei. Logo, o Pentágono e a Agência de Segurança Nacional dos Estados Unidos, que nunca confiaram nessa empresa chinesa de dispositivos para a internet, acharam que seus produtos poderiam estar repletos de bugs camuflados e backdoors, permitindo o acesso do governo chinês. Por sua vez, a Huawei, seus advogados e lobistas negaram as acusações com veemência.

A Huawei era uma mera empresa que fabricava réplicas baratas e de baixa qualidade da tecnologia norte-americana (a princípio, fabricava roteadores de internet quase idênticos aos fabricados pela gigante norte-americana Cisco). Agora, a empresa tem suas próprias criações, que são produtos de alta qualidade vendidos por um preço muito mais barato do que o dos seus concorrentes norte-americanos e europeus. Na maior parte do mundo, os roteadores de internet da geração anterior fabricados nos Estados Unidos foram substituídos pelos da Huawei. Geralmente, isso não ocorre nos Estados Unidos, onde a pressão do governo fez com que as gigantes de telecomunicações comprassem de fornecedores norte-americanos ou europeus, ainda que mais caros.

Ao que parece, antes que altos escalões do governo dos EUA percebessem, a Huawei estava fechando contratos para instalar a tecnologia 5G em todo o mundo. Alarmado, um funcionário de Trump da Casa Branca, um general da Força Aérea dos EUA, sugeriu publicamente que o governo norte-americano deveria passar a operar a rede 5G do país. As críticas das operadoras de telefonia e do Congresso foram imediatas e enérgicas. O general se desligou rapidamente da equipe da Casa Branca, porém o medo de que a Huawei passasse a ser dona da infraestrutura global 5G só aumentava.

Em 2019, a questão havia assumido tamanha importância para o governo Trump que o secretário de Estado Mike Pompeo estava viajando mundo afora, pressionando os compradores em potencial da Huawei e obtendo respostas contraditórias. Alguns dos aliados próximos dos Estados Unidos, sobretudo entre o conhecido grupo Five Eyes (Austrália, Canadá, Nova Zelândia, Reino Unido e Estados Unidos), começaram a declarar que proibiriam a Huawei de competir pelo desenvolvimento da infraestrutura 5G, mas boa parte do resto do mundo ainda estava comprando dos chineses.

No entanto, talvez toda essa discussão sobre a segurança do 5G esteja caminhando para o rumo errado, já que, pelo menos, pode haver uma segunda questão a respeito da segurança do 5G que também é importante, mas é pouco discutida: devem existir requisitos de segurança para a rede 5G? Em caso afirmativo, quais seriam esses requisitos e como defini-los? Não se trata da preocupação de que as empresas, além da Huawei, possam camuflar backdoors e bugs; o medo é que os hackers consigam fazer isso.

A equipe profissional da Federal Communications Commission estava tão apreensiva com a possibilidade de o 5G ser suscetível a hackers que publicou 132 perguntas sobre sua segurança ao setor de comunicações. As perguntas giram em torno de segurança e autenticação 5G, criptografia, segurança física, ataques DDoS, gerenciamento de patches e segmentação de risco. Em seguida, abordaram o 5G e a Internet das Coisas.

O quadro técnico da FCC começou constatando o óbvio: "A expectativa de que as redes 5G sejam usadas para conectar a infinidade de dispositivos, sensores e outros componentes que serão partes da Internet das Coisas (IoT) é enorme. A diversidade e a complexidade previstas dessas redes, como elas se interconectam e a abrangência do grande número de seus componentes discretos levantam preocupações sobre o gerenciamento eficaz das ciberameaças."

E as constatações não pararam por aí, visto que "alguns dispositivos IoT terão recursos de segurança limitados". Não me diga! "Isso impactaria negativamente a segurança geral da rede 5G?" Fala sério! "Aprendemos alguma lição com os ataques DDoS de outubro de 2016?" Pode apostar que sim! E eles são aterrorizantes, conforme analisaremos daqui a pouco.

Mas por que os especialistas do quadro técnico da FCC tiveram que perguntar essas coisas publicamente? Porque os comissários da FCC — quem decide sobre a regulamentação — se negam a regulamentar a internet. As pessoas nomeadas pelo Partido Republicano, incentivadas pelos provedores de internet, argumentaram que simplesmente não podem regulamentar a internet, mesmo que isso seja necessário, e não podem regulamentar a segurança 5G, porque a lei não lhes concede essa autoridade. Conversa fiada.

Além do mais, se a leis em vigor realmente não concedessem à FCC autoridade para regulamentar a internet, os comissários poderiam recorrer ao Congresso. Mas não o fizeram. Na verdade, eles alegaram que isso restringiria a inovação e que, se alguém regulasse qualquer coisa associada à internet, as consequências seriam desastrosas. Ou seja, o 5G está chegando e nem ele, nem a Internet das Coisas têm nenhum regulamento de segurança. Prepare-se e aperte os cintos.

IoT: Exploração Agrícola

Mesmo que os veículos autônomos ainda não tenham começado a circular em sua rua, eles já estão sendo usados em algumas fazendas. Nossa história preferida sobre IoT, que evidencia como ela está se infiltrando em todas as esferas cotidianas e ao mesmo tempo expondo as vulnerabilidades aos hackers globais, tem a ver com a exploração agrícola. Se você já abriu alguma vez o capô do seu carro para tentar fazer a manutenção do motor de combustão interna, deve ter se deparado com uma caixa lacrada impenetrável a quaisquer tentativas de manipulá-la. A mesma coisa ocorre com os típicos tratores norte-americanos mais novos da John Deere.

Esses tratores mais novos são equipados com conexão via satélite ou Wi-Fi que fornece ao motorista dados de localização precisos, possibilitando condução, fertilização e aragem automatizadas. Toda essa conectividade também permite que os dados retornem a John Deere; assim, a administração central sabe quando algo de errado está acontecendo com um de seus tratores verdes. Parece uma boa ideia.

Aparentemente, o que acontecia era que qualquer problema com um trator tinha que ser resolvido por uma equipe de reparo de uma das concessionárias da John Deere. Os donos desses tratores caros e modernos ficavam de braços cruzados nas fazendas, esperando pelo pessoal da manutenção com as chaves digitais que abrem o motor e o equipamento de diagnóstico digital para conectar ao veículo. Claro que essa manutenção tinha um custo, e, se o problema em um dos tratores exigisse mais trabalho, o custo era maior ainda. Esta é a parte da história em que um fazendeiro de Iowa conhece um cibercriminoso que fala russo, e um simples problema local assume proporções globais.

Não se sabe como, os fazendeiros irritados com todo esse processo descobriram que hackers na Ucrânia poderiam ajudá-los a "desbloquear os sistemas" de seus tratores, ou seja, poderiam burlar os sistemas instalados de fábrica que impediam o acesso dos proprietários dos tratores, para, assim, identificar a origem do problema e resolvê-lo por conta própria. Ao pagar uma pequena quantia em um site ucraniano, os fazendeiros conseguiam fazer o download de uma ferramenta de software que hackeava os sistemas de seus próprios tratores. Um cara chamado Wyatt conhece um tal de Ivan e... bem-vindo a uma aldeia global na qual os dispositivos IoT estão se tornando onipresentes, seguidos pelos hackers.

Você Fala TI, Eu Falo TO, SCADA...

Parte da dificuldade de entender os problemas relacionados à IoT e de como resolvê-los reside na terminologia. Como geralmente acontece em tecnologia, muitos termos são usados de forma indiscriminada ou em definições normalmente aceitas e compreendidas. Em IoT, confundem-se algumas tecnologias e termos parecidos. Veja:

> **TI e TO**: Tecnologia da informação e tecnologia operacional. O primeiro é basicamente a internet e as redes de computadores e dispositivos projetados para ela. O último é o mundo dos controles de máquinas industriais que precederam a internet e que em geral usam um tipo de software completamente diferente.
>
> **ICS e SCADA**: Estes dois tipos de software geralmente pertencem ao mundo da tecnologia operacional. O primeiro se refere aos sistemas de controle industrial, softwares de empresas como Siemens, Johnson Controls e General Electric. O ICS é utilizado nas máquinas industriais das fábricas. Já o software SCADA pode ser considerado um subconjunto de programas referente aos controles de supervisão e aquisição de dados. Em geral, o SCADA roda em pequenos sensores que apenas indicam dados como temperatura, voltagem ou níveis de pressão. Com base nesses dados, alguns controles reagem automaticamente para evitar sobrecargas e, claro, explosões.

A sigla SCADA é usada com frequência para se referir ao software que roda nas redes de abastecimento de energia elétrica. É utilizada também para se referir ao software de controle em outras redes, como ferrovias, dutos e instalações petroquímicas.

O ataque do Stuxnet às centrífugas nucleares iranianas foi um ataque a um software TO ou ICS desenvolvido pela Siemens. O intuito do ataque era fazer com que o software de controle provocasse danos irreparáveis nos próprios dispositivos. Funcionou por um tempo, e isso supostamente destruiu oitocentas centrífugas. Nesse caso, os dispositivos não são tecnicamente dispositivos IoT, pois, como tática defensiva, os iranianos fizeram questão de que a usina nuclear não estivesse de forma alguma conectada à internet. Moral da história: ainda que um dispositivo não esteja conectado à internet, ele pode ser alvo de um ciberataque.

Conversão à Tecnologia Operacional

Talvez o Stuxnet tenha feito o mundo se converter à TO e ao ICS. Durante anos, os especialistas e agentes que desenvolveram e programaram os softwares TO não queriam se envolver com a internet e suas inerentes ciberameaças. Eles estavam convencidos de que as ameaças e os agentes mal-intencionados no ciberespaço não seriam capazes de atingi-los e, se conseguissem, não seriam capazes de prejudicá-los. Só que tudo isso mudou, e John Livingston observou a mudança.

Livingston era sócio da importante empresa de consultoria de gestão McKinsey. Depois de comandar os escritórios da consultoria em Singapura e na África do Sul, ele assumiu o posto na sede de Chicago para gerenciar o departamento de soluções telecom e wireless. Como John observou o advento da IoT e, após uma análise mais profunda, percebeu uma resistência em usar sensores e análises em sistemas industriais. "Não posso instalar sensores", disse-lhe um cliente, "por causa da cibersegurança". Os clientes industriais queriam RSSF (redes de sensores sem fio), mas sabiam que usar essas redes sem ser capaz de protegê-las era uma receita para o desastre. Desse modo, Livingston começou a procurar e encontrou uma empresa chamada RK Neal, em Kentucky. Era uma pequena empresa de controles industriais que estava comercializando um software de segurança para concessionárias de abastecimento de energia elétrica.

Como planejava expandir o alcance da empresa para além das concessionárias de energia elétrica, John saiu da McKinsey e se tornou CEO de uma empresa renomeada, agora chamada Verve. O órgão de autorregulação do setor de energia elétrica (o NERC) elaborou padrões de cibersegurança para algumas partes da rede de abastecimento elétrico, e a Verve oferecia um pacote de software que atendia aos requisitos de compliance do NERC, já que conhecia bem a rede elétrica e suas vulnerabilidades. "Se quiser derrubar a rede de abastecimento de energia elétrica, não é ela que você ataca primeiro", Livingston nos disse. "Você ataca os gasodutos. Eles são menos protegidos do que a rede elétrica." E como muitas usinas de energia substituíram o uso de carvão pelo gás natural, se você interromper o abastecimento de gás natural, consegue derrubar o abastecimento de energia elétrica. Segundo Livingston, o sistema de gás natural é "muito mais distribuído, por causa das estações de compressão, gaseificação e satélites de comunicações com modems wireless para PLCs". Perguntamos a ele qual é o nível de segurança desses dispositivos. "A segurança simplesmente não existe. Eles até usam senha, mas é só isso." O que poderia dar errado? Lembre-se do Capítulo 10, em que a avaliação de ameaças da comunidade de inteligência dos EUA alegou, em janeiro de 2019, que o governo chinês tinha o poder de derrubar o sistema de gasodutos dos EUA.

Em março de 2018, dez meses antes dessa avaliação pública, a indústria de gás natural despertou. O alerta soou para a Energy Services Group, nome pouco conhecido. Mas, como acontece em muitos setores que analisamos, a ESG é aquela empresa da qual você nunca ouviu falar e que acaba sendo um fornecedor determinante para a maioria das empresas de grande porte do setor. Quando a ESG foi hackeada, as coisas começaram a dar errado nas grandes empresas de gasodutos, como na Duke Energy, Boardwalk Pipelines e na Energy Transfer Partners. A ESG fornecia a rede que todas elas usavam para comprar e vender gás, cobrar clientes e outras atividades essenciais. As empresas de gás natural se desconectaram da ESG com o objetivo de evitar que a invasão infectasse seus sistemas de controle, reconhecendo que um ataque por meio da internet poderia se espalhar para os sistemas de gasodutos dos Estados Unidos.

Poucos meses depois, a cidade de Lawrence, Massachusetts, e as cidades vizinhas de North Andover e Andover, uma hora a noroeste de Boston, estavam em chamas. Quase ao mesmo tempo, o serviço de emergência recebeu centenas de chamadas. Em todos os lugares, as casas pegavam fogos espontaneamente. Em questão de minutos, os três corpos de bombeiros tinham mais casas incendiadas do que caminhões de bombeiros. Eles recorreram à ajuda de cidades e vilas em todo o leste de Massachusetts. Os caminhões de bombeiros correram pela Interestadual 495 em comboios escoltados pela polícia estadual.

Eles se depararam com uma cena que mais parecia um bombardeio da Luftwaffe, saída da Segunda Guerra Mundial. Em todos os lugares, havia mais de setenta imóveis em chamas, seus telhados foram pelos ares e as paredes tinham desabado. Não houve apenas incêndios — primeiro, as coisas começaram a explodir. A suspeita logo recaiu sobre o sistema de gás natural das residências e o fornecedor local, a Columbia Gas. A polícia e os bombeiros, temerosos de que ocorressem mais explosões, ordenaram que todos deixassem as casas que eram abastecidas pela Columbia Gas. Milhares de pessoas tiveram que encontrar outro lugar para pernoitar, ao mesmo tempo que as equipes de emergência inspecionavam e limpavam centenas de casas. Passaram-se muitas semanas, o outono gélido havia acabado de começar na Nova Inglaterra, até que o aquecimento fosse restabelecido na maioria das casas.

Naquela noite de setembro de 2018, entre as centenas de equipes de emergência que foram para Lawrence, estavam os membros da equipe do National Transportation Safety Board [Conselho Nacional de Segurança nos Transportes dos Estados Unidos, NTSB]. Famoso por investigar acidentes aéreos em todo o mundo e os frequentes descarrilamentos de trens nos Estados Unidos, o NTSB também tem jurisdição sobre os sistemas de gasodutos. A conclusão foi que uma empresa terceirizada que trabalhava para a Columbia Gas havia desencadeado uma sobrepressão, ao sobrecarregar o sistema com muito gás. Ninguém nem sequer pensou na hipótese de uma invasão, e sim que aquilo era somente um erro estúpido. Entretanto, no mundo TO e SCADA, os boatos corriam soltos. Desta vez não era uma invasão, mas o que impediria que algum cibercriminoso fizesse isso de propósito e tivesse o mesmo resultado? Nada.

John Livingston foi mais discreto conosco ao descrever a atitude do setor de gás natural. "A liderança está ciente", disse ele com prudência, "mas você tem que convencer o CEO e o CFO, ou o conselho, do contrário, nada acontece". E quando se toma alguma providência, "leva de 18 a 24 meses entre aderir as novas práticas e implementar as soluções". Note que estamos falando de uma simples implementação de controles de segurança. "Se o sistema de controle industrial estiver vinculado à rede corporativa", afirma Livingston, ao se referir aos sistemas de computador conectados à internet de uma empresa, "consertá-los é um esforço hercúleo".

Quando sua equipe de implementação da Verve chega a uma empresa, a primeira tarefa que lhes é atribuída é o gerenciamento de ativos. "A maioria das pessoas não sabe o que tem" em suas redes TO. Se você não sabe quantos dispositivos tem, é difícil protegê-los.

Longe de nós querer implicar com a indústria de gás natural. Mas, como se trata de um setor antigo, ele é um bom exemplo de como os softwares TO rodaram em dispositivos ultrapassados por anos e, agora, estão sendo conectados a redes TO e TI. Acontece que aproximar tecnologia operacional e tecnologia da informação é como encostar matéria e antimatéria. Isso possibilita que os hackers façam coisas como tentaram fazer em uma instalação petroquímica saudita, e que John Livingston descreveu como "tentar matar pessoas".

Quais São as Novidades? Sensores Onipresentes e Suas Conexões

Como se não bastassem os problemas dos sensores e dispositivos antigos dos sistemas de tecnologia operacional, a novidade é o advento e o crescimento vertiginoso de sensores já projetados para serem conectados à internet. Sua próxima geladeira pode seguir essa tendência. Neste caso, bem-vindo ao mundo da Internet das Coisas.

O que sabemos acerca desses dispositivos IoT é que eles parecem estar se multiplicando rapidamente. A Gartner, consultoria de TI conhecida por apresentar hipóteses fundamentadas que se tornam fatos geralmente aceitos, estimou que havia 8,4 bilhões de dispositivos IoT em 2017. Isso representa um aumento de 31% em relação à estimativa do ano anterior. A estimativa para 2020 é de 20,4 bilhões de dispositivos. Dito de outro modo: há alguns anos, para cada ser humano do planeta Terra, havia cerca de um desses dispositivos. Nos próximos anos, haverá cerca de três dispositivos IoT para cada ser humano. Caso os humanos se reproduzissem nesse ritmo, o ecossistema do planeta mais do que depressa entraria em colapso. Existe a apreensão de que os dispositivos IoT, se usados de forma maléfica, possam ocasionar um efeito semelhante nas redes.

Que tipo de dispositivo pode ser considerado como IoT? Qualquer dispositivo eletrônico que tenha algum tipo de chip de computador ou processamento computacional e esteja conectado a uma rede conectada à internet.

Os locais em que são usados variam bastante, desde marca-passos cardíacos, carros autônomos, monitores de segurança em refinarias e fábricas de produtos químicos, câmeras de vigilância, vagões de metrô e sistemas de metrôs de aeroporto, drones, disjuntores em subestações de energia elétrica, robôs de solda em linhas de montagem, sensores em máquinas de venda automática de Coca-Cola, sensores e controles de sistemas de climatização de edifícios, elevadores com sistema de autodiagnóstico e assim por diante.

Em geral, os dispositivos IoT costumam ser apenas sensores e diagnósticos que acionam um software para fazer coisas como frear o carro ou o trem, solicitar que um humano venha e reabasteça a máquina de Coca-Cola, realize uma manutenção preventiva em um motor a jato ou elevador ou envie um impulso para o coração, no caso de marca-passos. Eles costumam usar pouco software, espaço de armazenamento ou processamento computacional. Entretanto, esses dispositivos IoT economizam uma enorme quantia de dinheiro para os proprietários e operadores de fábricas, edifícios empresariais e redes de diversos tipos. Por que não usá-los então? Podemos começar com um motivo: a maioria desses dispositivos não é segura e muitos deles jamais serão.

Quais Danos um Pequeno Widget de IoT Pode Causar?

Quais? Voltemos à instalação saudita mencionada por John Livingston. Em algum momento de 2018, um agente malicioso invadiu o sistema de monitoramento de segurança em uma instalação petroquímica na Arábia Saudita e derrubou os sistemas IoT que detectavam quando os dutos e tanques estavam prestes a explodir por sobrepressão ou outros incidentes. "A única coisa que evitou uma explosão foi um erro no código dos hackers", concluíram os especialistas após o ocorrido. Caso existam dispositivos IoT projetados para detectar explosões iminentes e desligar coisas, é necessário hackear esses dispositivos, se quiser desencadear uma explosão. Descobriu-se que fazer isso nas instalações da Arábia Saudita era fácil, pois, pasmem, os dispositivos aparentemente não tinham qualquer sistema de segurança.

Esse é justamente o problema com muitos dispositivos IoT. É possível acessá-los pela internet e derrubá-los ou, em alguns casos, acioná-los mesmo sem permissão. O ex-vice-presidente dos EUA Dick Cheney queria que seu marca-passo ou desfibrilador em seu peito fosse modificado de forma que não pudesse ser ativado remotamente pela internet. Neste caso, a paranoia de Cheney era justificada. Alguns estudos evidenciaram possíveis problemas com esses dispositivos. Em 2017, a Food and Drug Administration, que regulamenta os produtos relacionados à saúde, ordenou que a Abbott Laboratories-St. Jude Medical reparasse seus marca-passos e desfibriladores implementados, devido ao "risco de controle de terceiros" de iniciar um choque ou descarregar as baterias.

Na realidade, a FDA está considerando regulamentações que exijam que todos os dispositivos médicos "tenham patches", ou seja, que o software desses dispositivos passe a ser atualizado e corrigido quando necessário. A FDA também pensa em exigir um "BOM" (bill of materials)[1] para cada dispositivo, listando o software e o hardware envolvidos e sua procedência. (O dispositivo do soro para a infusão por gotejamento tem algum software open-source que pode ser hackeado?) Segundo a FDA, essa atitude proativa é uma grande reviravolta, já que, durante anos, não era permitido que dispositivos médicos aceitassem patches de segurança sem testes prolongados, complexos e caros. Por causa disso, muitos dispositivos médicos estavam rodando versões antigas do Microsoft Windows, repletas de vulnerabilidades conhecidas. E muitos deles ainda estão.

Outras Formas Ruins de Usar a IoT

Como os dispositivos IoT têm pouco software e costumam ter chips de computador, dificilmente há espaço o bastante para adicionar um software de segurança, como gerenciamento de acesso de identidade ou proteção de endpoint. Assim, caso consiga invadir uma rede e acessar o dispositivo (ou se apenas conseguir acessá-lo fisicamente), basta executar um comando que o sistema obedecerá. Em geral, o dispositivo não tem como saber se o comando é autêntico e proveniente do centro de operações de rede da empresa ou se é malicioso e vem de algum cara do GRU em Sverdlovsk.

O inofensivo, indefeso e não muito inteligente dispositivo IoT pode ser utilizado pelos hackers de formas interessantes. Primeiro, o dispositivo IoT pode ser usado como uma porta de acesso à rede corporativa. Vá até o dispositivo, conecte seu notebook ou seu pen drive e talvez consiga invadir a empresa.

Segundo, você pode usar o dispositivo IoT para executar um ataque DDoS por inundação ICMP, executando o ping e sobrecarregando um site com tanta frequência que nenhum outro tráfego consiga passar. O alvo pode estar em qualquer lugar ou na mesma rede do dispositivo. Até agora, o caso mais famoso desse tipo de ataque aconteceu em outubro de 2016 e envolveu babás eletrônicas, uma embaixada latino-americana em Londres, centenas de grandes corporações dos Estados Unidos (Amazon, PayPal e

---

[1] N. da T.: BOM é uma lista de materiais que compreende a descrição exata da estrutura de um produto, cujo cadastro evidencia quais componentes, quantidades e sequência de materiais serão empregados para a fabricação deste mesmo produto.

Twitter entre elas) e uma empresa pouco conhecida em um parque industrial em New Hampshire.

Dyn, a empresa em New Hampshire, é provedora de DNS para diversas empresas de grande porte. É uma empresa como a ESG: atende todos os setores, ninguém nunca ouviu falar, mas na prática é essencial (e pode representar o calcanhar de Aquiles) para uma corporação gigante de peso. No dia 21 de outubro de 2016, a partir da 7h, os servidores da Dyn foram inundados por milhões de pings, dificultando o acesso dos clientes aos principais servidores DNS da empresa. Como consequência, derrubaram a internet na América do Norte.

Os pings eram provenientes de centenas de milhares de dispositivos IoT, incluindo câmeras de vigilância, câmeras de segurança sofisticadas e uma série de outros dispositivos. Todos esses dispositivos foram infectados por uma botnet maliciosa, um malware que se orientou pelo mundo à procura de dispositivos IoT desprotegidos para infectar e assumir o controle de sistemas. Seu nome? Mirai.

As suspeitas de quem lançou a botnet Mirai recaíram sobre os apoiadores do hacker Julian Assange na América do Norte, que tem sido associado ao hackeamento russo da eleição de 2016 nos EUA. Segundo as más-línguas, os Estados Unidos estavam pressionando o Equador para expulsar Assange de sua embaixada em Londres, onde ele se refugiou depois que mandados de prisão foram emitidos contra ele. A organização de Assange (o WikiLeaks) acabou exigindo publicamente que seus apoiadores "parem de derrubar a internet nos Estados Unidos. Vocês já se fizeram entender". Ao que tudo indica, os hackers pensaram que, se derrubassem a internet nos Estados Unidos, o governo norte-americano abriria mão de prender o seu herói. (Quatorze meses depois, três homens foram indiciados nos Estados Unidos por cibercrimes usando a botnet Mirai.)

Ou seja, é possível: 1) assumir o controle de dispositivos IoT desprotegidos e usá-los para causar danos (desencadear o aumento da pressão do gás); 2) usar o dispositivo a fim de atacar a rede em que está; 3) usar o dispositivo para lançar ataques em outro lugar; 4) armazenar dados ilícitos no dispositivo (pornografia infantil, segredos roubados, ferramentas de ataque); ou 5) usar o poder de processamento computacional adicional do dispositivo para minerar Bitcoins.

Protegendo um Trem em Movimento

Proteger os sistemas IoT é como tentar pintar um trem em movimento. A implementação de bilhões de dispositivos está a todo vapor e talvez se acelere ainda mais. Será impossível manter todos esses dispositivos seguros. Como Lênin certa vez perguntou: "Que fazer?" Os passos que sugerimos provavelmente só teriam efeito se fossem parte da campanha contínua de alguma autoridade pública do alto escalão, que passasse a conscientizar líderes corporativos, designers de dispositivos e órgãos de regulamentação governamentais.

Em primeiro lugar, empresas ou outros proprietários de rede devem proibir que qualquer dispositivo IoT se conecte à internet ou à intranet a menos que seja comprovadamente seguro.

Segundo, os líderes corporativos devem iniciar um inventário de quais dispositivos IoT já foram vinculados às suas redes e desabilitar as conexões com a internet; isso inclui impressoras, fotocopiadoras e outros equipamentos de escritório que "se conectam" ao seu fabricante ou provedor de manutenção. Os freezers de alimentos da Target que se conectavam à empresa prestadora de serviços de climatização acabaram sendo responsáveis pela demissão do CEO e o do CIO da empresa.

Em terceiro lugar, os órgãos de regulamentação governamentais deveriam ter impedido a implementação de dispositivos conectados à internet que não fossem seguros. Mas eles não fizeram isso. Atualmente, precisam insistir que nenhum dispositivo IoT novo tenha permissão para operar em um ambiente regulamentado até que uma avaliação de segurança de terceiros determine que o dispositivo não representa uma ameaça. Em seguida, precisam usar seus poderes regulatórios a fim de exigir que todos os dispositivos existentes sejam adaptados com sistemas de segurança ou substituídos por dispositivos recém-desenvolvidos e criados considerando a segurança desde o início. Por exemplo:

- O Departamento de Transporte dos Estados Unidos criticou a emissão de regulamentos que exigem tais garantias para carros autônomos. Ao mesmo tempo, no entanto, esse departamento, sem levar em consideração a segurança, exige que os operadores de trem instalem novos sensores IoT que podem literalmente interromper o funcionamento dos trens em seus trajetos.

- A FDA afirma que os novos dispositivos devem ter patches, mas e todos os dispositivos antigos que estão em uso? O órgão deve emitir regulamentos exigindo que todos os dispositivos médicos IoT sejam protegidos ou substituídos até uma determinada data.

- Os regulamentos da Federal Aviation Administration têm um alto padrão de segurança física e idoneidade das peças de aeronaves, no entanto esse mesmo padrão não se estende ao download do enorme volume de dados referentes às aeronaves e aos sistemas de cada voo. A FAA deve definir um padrão mínimo para o download dos dados de cada voo; como são analisados; por quanto tempo são armazenados em um data lake; e que tipo de análise contínua de IA dos dados acumulados é realizada, com o objetivo de identificar sinais de comprometimento.

- A FERC deve passar a exigir que qualquer dispositivo de diagnóstico ou de alerta existente em qualquer parte da rede de abastecimento de energia elétrica ou de gasodutos seja física e virtualmente isolado do "plano de controle" da rede e colocado em uma rede separada. Os firewalls de hardware ou software podem ser colocados entre os dispositivos IoT e os sistemas de controles. Talvez sejam necessários diodos físicos, dispositivos que restringem os fluxos de dados em uma direção. Não deve ser permitido que dispositivos futuros se conectem à rede, a menos que se comprovem estar imunes aos ataques maliciosos.

- Por último, especialistas do governo, das universidades e do setor devem trabalhar juntos a fim de definir novos padrões de segurança mais exigentes para os dispositivos IoT e desenvolver procedimentos básicos para testes contínuos. Sugerimos que os padrões englobem a capacidade do dispositivo de lidar com a autenticação de dois fatores, de modo que apenas usuários autorizados possam lhes dizer o que fazer. Gostaríamos de acrescentar o uso de um agente de endpoint no dispositivo para monitorar e impedir atividades suspeitas.

Portanto, esteja ciente de que um cara em Kiev consegue derrubar o sistema de um trator; uma garota em Pequim talvez consiga assisti-lo em sua câmera e ouvi-lo em seu dispositivo pessoal; ao passo que uma equipe de hackers em Moscou provavelmente consegue explodir o sistema de abastecimento de gás natural ou incendiar a sua residência. Como os audaciosos repórteres da TV sempre perguntam às vítimas de desastres: "Qual é o sentimento diante disso?"

Por ora, temos que aceitar que o que o pessoal de cibersegurança chama de "superfície de ataque" — o alvo que pode ser hackeado — está crescendo consideravelmente. As oportunidades para o ataque estão crescendo, mais uma vez. O problema para as linhas defensivas está ficando cada vez mais complexo devido à insegurança do 5G e da IoT. Apesar de estarmos progredindo na proteção de redes corporativas e governamentais, e a despeito da promessa da IA e da computação quântica, o problema continua aumentando, já que nem o governo tampouco o setor de TI impedirão que uma nova tecnologia seja implementada, mesmo não sendo segura.

PARTE VI
O CAMINHO QUE VOCÊ DEVE SEGUIR

Capítulo 18

REDUZA SEUS PRÓPRIOS RISCOS

Cibersegurança Pessoal

Senhas são como roupas íntimas. Não deixe que as pessoas as vejam, troque-as com frequência e não as compartilhe com ninguém.

— ANONYMOUS

Uma jovem no auditório pontua: "Obrigada por suas considerações sobre as linhas defensivas do Pentágono em uma guerra cibernética, mas e eu? Como posso me defender?" Em cada palestra, cada sessão de autógrafos, cada jantar de família, alguém fará essa pergunta objetiva. Já que abordamos os passos que corporações, governos e militares devem seguir, falaremos do que você deve fazer para se proteger.

O que Você Valoriza?

Assim como fazemos quando prestamos consultoria para corporações de grande porte, começamos perguntando aos CEOs: o que é importante para você? Nem sempre a resposta é óbvia. Talvez ache que suas informações de identificação pessoal (PII) sejam importantes. Você não gostaria que estranhos soubessem seu número da seguridade social, data de nascimento ou número de telefone. Na verdade, eles já sabem. O número de seguridade social de todos os norte-americanos já foi comprometido. Por causa disso, achamos que nenhuma organização deve usar esse número como meio de autenticá-lo. Até o Medicare concorda e, há pouco tempo, deixou de usar a seguridade social como identificação de pacientes.

As PIIs foram roubadas tantas vezes que a taxa de aceitação no serviço de monitoramento de pontuação de crédito gratuito, que os norte-americanos recebem após uma violação de dados, é de cerca de 15%. Ou seja, cerca de 85% das pessoas informadas de que suas informações de identificação pessoal foram comprometidas não fizeram absolutamente nada. E essa é possivelmente a resposta adequada. Entretanto, se um norte-americano estiver com medo de que alguém use sua PII para conseguir um empréstimo ou um cartão de crédito em seu nome, ele pode acessar cada uma das principais agências de pontuação de crédito (incluindo a famigerada Equifax, que, como vimos, sofreu um vazamento de dados de PII de proporções épicas em 2017) e "bloquear" seus relatórios de crédito. Assim, ninguém consegue acessar sua pontuação de crédito a fim de conseguir um empréstimo sem oferecer provas adicionais de que a pessoa é, de fato, ela mesmo.

Logo, se não é com as PIIs que alguém deve se preocupar, com o que é então? Talvez, com as senhas.

Nos dias de hoje, a maioria das pessoas tem dezenas de contas online: companhias aéreas, bancos, e-mail, seguros, mídia social, serviços públicos etc. É necessário ter uma listas dessas senhas. Sempre que precisar de uma, acrescente-a à lista. Dentro de um mês, apostamos que ficará atônito com o número de contas que tem, e apostamos que a maioria das credenciais de segurança de sua conta serão as mesmas ou variações de um determinado assunto, como o seu aniversário ou o de um ente querido. Nesse caso, você tem um problema. Caso um site ou aplicativo que usa seja hackeado, e provavelmente será, o hacker saberá seu nome de usuário (ou endereço de e-mail) e senha. Então, ele usará essa combinação de nome de usuário e senha em uma variedade de sites de grandes bancos. E continuará insistindo, até encontrar o seu. *Nunca use a mesma senha em mais de um site.*

Caso sua senha seja "senha" ou "123456" ou alguma outra coisa desmiolada, talvez você deva ficar na esquina e simplesmente distribuir seu dinheiro para os sem-teto. Pelo menos, estaria fazendo uma boa ação.

Se a sua senha tiver seis ou menos letras e/ou números, também será muito fácil para o hacker quebrá-la usando um programa de "força bruta". Como o nome sugere, o método de força bruta simplesmente tenta todas as combinações de letras, números e símbolos até obter a combinação certa, a uma taxa de milhões de tentativas por segundo. As senhas mais longas são melhores e confundem essas ferramentas. O desejável é uma senha de no mínimo oito caracteres, porém quanto mais caracteres, melhor. Gostamos das senhas de dez caracteres que combinam letras maiúsculas e minúsculas, números e símbolos do teclado, como #, ^, * e +. Para uma senha de oito caracteres que usa diferentes tipos de caracteres, existem 645.753.531.245.761 combinações possíveis. São muitas senhas para um hacker adivinhar.

Talvez você esteja se perguntando como conseguirá se lembrar de todas essas senhas, ainda mais quando são longas e complexas. Você não lembrará, é óbvio, a menos que tenha algum tipo de memória fotográfica excepcional. Talvez você anote suas senhas em um adesivo amarelo e as coloque sob o mousepad ao lado do computador. É onde sempre as procuramos quando atendemos um cliente novo. Normalmente, basta passarmos por uma dúzia de salas, antes de encontrarmos uma senha embaixo de um mousepad ou na gaveta de uma mesa. Mesmo em casa, não é uma boa ideia escrever suas senhas em um pedaço de papel. Você nunca sabe quem pode estar observando sua mesa.

Em vez disso, sugerimos o uso de um gerenciador de senhas. A Apple tem um gerenciador integrado nos Macs e nos iPhones. Ou você pode pagar uma pequena taxa e assinar um serviço de gerenciamento de senhas, como LastPass, Dashlane ou Zoho. Desse modo, só precisa se lembrar da senha que usa para tal serviço, já que ele armazenará as vinte ou trinta senhas que utiliza. E, melhor ainda, esse serviço gerará senhas longas, complexas e exclusivas para cada conta diferente que você tiver. Ao logar em um site com seu celular ou notebook, o gerenciador automaticamente inserirá sua senha. Esses serviços sincronizam as senhas de todos os seus dispositivos, sejam eles notebooks, desktops ou celulares.

Agora, para ter segurança em dobro, use uma senha *e* outra coisa, um fator adicional. Muitos serviços hoje permitem a autenticação de dois fatores para acessar a conta. Isso é usado no Facebook, iTunes, Office 365 e na maioria das instituições financeiras. Em geral, o segundo fator é um número que o site enviará por mensagem de texto para o seu celular. Você também pode comprar um pen drive USB ou outro dispositivo que precise usar, além de sua senha, para se autenticar. O problema desses dispositivos é que, como aconteceu com Rob Knake, se você o perder, vai se dar mal, pois suas senhas serão bloqueadas para sempre. Embora essas soluções não sejam infalíveis, provavelmente são melhores do que sua proteção atual.

Bancos, Ações e Cartões de Crédito

As informações da conta de cartão de crédito de todo mundo são roubadas. A culpa não é sua. Você não fez nada de errado. *Eles* fizeram — as pessoas que gerenciam as lojas físicas, as lojas online, os restaurantes ou os hotéis. Nos Estados Unidos, uma praga assolou os postos de gasolinas e restaurantes: hackers colocaram scanners físicos [no Brasil, os famosos "chupa-cabras"] dentro dos leitores de cartão de crédito, de modo que, conforme o leitor de cartão lia seu cartão, ele também copiava seus dados (os cartões mais novos com chips dificultam muito esse tipo de ataque). Muitos estabelecimentos, ainda que supermodernos, podem deixar a desejar na cibersegurança.

É inconveniente ter que atualizar o número do cartão de crédito em todos os lugares que descontam parcelas mensais do seu cartão. Vale a pena manter uma lista de todos os lugares nos quais você compra; assim, se isso acontecer (e acontecerá), em mais ou menos uma hora, você conseguirá atualizar todas as suas contas e seus dados.

Quase sempre o banco responsável pelo seu cartão de crédito pagará por isso; os bancos não cobrarão de você a TV nova que alguém comprou no Walmart em Daytona Beach com seu cartão de crédito. Nos Estados Unidos, quando se trata de cobranças não autorizadas, o dono do cartão de crédito só paga o equivalente a US$50. Os bancos atualmente já consideram a fraude de cartão de crédito como um custo de negócio, por isso, nem se preocupe, essas instituições já avaliaram as perdas previstas e ainda estão ganhando rios de dinheiro.

Anos atrás, quando as fraudes de cartão de crédito começaram a sair de controle, todos os bancos adquiriram softwares de inteligência artificial que tomam decisões rápidas em background e identifica se é você ou não que está comprando uma TV no Walmart da Flórida. Mas, com as cobranças fraudulentas de cartão de débito, a história é outra. Nos EUA, caso denuncie a fraude em até dois dias (úteis), você é responsável pelo pagamento de até US$50 em perdas. Se denunciar depois de dois dias, terá que arcar com US$500 das perdas, e caso demore mais de sessenta dias, terá que pagar o valor total.

E no caso de a IA cometer algum erro, essas proteções podem ser um belo de um incômodo. E se você realmente for ao Walmart da Flórida e seu cartão for recusado na finalização da compra? Felizmente, a maioria dos bancos lhe permite conversar com um humano antes de viajar para algum lugar inusitado (você está indo mesmo para a República do Chade, na África Central?) ou antes de comprar alguma coisa muito cara (seu primeiro cruzeiro no Caribe e você está gastando US$10 mil?). Não raro, é possível solicitar ao banco para que ele não processe cobranças fora do país ou acima de uma determinada quantia em dólares sem que antes você os contate e lhes dê autorização.

Caso esteja apreensivo de que alguém consiga as informações de seu cartão de crédito, você pode recorrer às duas técnicas seguintes: 1) usar apenas o cartão de crédito, não o cartão de débito, e 2) ter um limite de gasto baixo na linha de crédito associada ao cartão, por exemplo US$1.000 por mês (ou mais, dependendo de quanto você pode esbanjar).

Para todas as transações bancárias e de ações online, certifique-se de que sua instituição financeira permitirá que você use a autenticação de dois fatores, conforme analisamos antes. Quando se trata de transações acima de um determinado valor, solicite que um humano lhe telefone e faça diversas perguntas de segurança. Ao definir as perguntas de segurança, lembre-se de que a resposta certa é aquela que você quer usar para essa finalidade. Se a pergunta for em que cidade você nasceu, não use sua cidade natal verdadeira. Essa informação geralmente consta nos registros públicos. Onde você nasceu? Em Mos Eisley, Planeta Tatooine do filme *Star Wars*. Qual é o seu time favorito? Se você nasceu no Rio de Janeiro, não responda Flamengo ou Botafogo. Tente um time da série C do Campeonato Brasileiro, como Santa Cruz. Lembre-se de sua resposta ou a registre na seção de notas do gerenciador de senhas.

Quando se trata de segurança, trapacear pode ser útil. Você pode espalhar informações falsas a seu respeito. Crie uma data de aniversário falsa em suas contas nas mídias sociais. Não é necessário informar a data do seu aniversário às empresas de mídia social, mas dá para usar uma data fictícia. Deixe que todos a vejam. Faça questão de que seja uma data irreal. A única desvantagem é quando todos os seus amigos do Facebook enviam mensagens de feliz aniversário no mês errado, mas, quando isso acontecer, divirta-se com sua farsa, porque ela funciona.

Configurações de Segurança

Provavelmente, você pode fazer com que seu notebook ou outro dispositivo seja mais seguro do que é no momento. Quase sempre seu sistema operacional precisa de uma atualização de segurança. Ainda mais se você estiver usando alguma versão antiga, como Windows 98, XP ou Vista. Deixe de usá-las imediatamente. Não tem mais atualizações nem patches para essas versões. Compre o Windows 10. Se usa Mac, obtenha o SO mais recente clicando na maçã no canto superior esquerdo, em Sobre este Mac, e em atualização de software. É de graça.

Ative as atualizações automáticas de software, para não ter que fazer isso sempre que precisar usar sua máquina. O mesmo vale para seu navegador. O Chrome é a melhor escolha de navegador da web, e o Microsoft Edge não é lá uma escolha prudente — a Microsoft não tem um bom histórico quando se trata de segurança de navegador. Da mesma forma, pare de usar softwares com má reputação de segurança, como o Adobe Flash.

Você deve usar um antivírus? Sim. Faça o download do Sophos, McAfee ou Symantec. Seja lá o que for usar, ative as atualizações automáticas. E ainda assim, a partir do momento em que um vírus novo aparecer, esses antivírus podem ter dificuldade em protegê-lo. Então, como não ser infectado?

O e-mail é uma das formas mais comuns de infecção. Você pode receber um phishing ou um spear phishing, e-mails que tentam se passar por um remetente ou empresa legítima. Os golpistas enviam e-mails de phishing para milhares (ou até milhões) de usuários de uma só vez, porém cada vez mais estamos vendo e-mails phishing altamente sofisticados sendo enviados para pessoas específicas. As tentativas de phishing podem ser e-mails falsos de redefinição de senha "da" Microsoft, Google, Apple ou Facebook, informando que você precisa fazer login para receber uma mensagem ou que precisa abrir um anexo. Alguns desses e-mails são elaborados de modo tão engenhoso que é praticamente impossível distingui-los de um e-mail verdadeiro da empresa ou da pessoa em questão.

Independentemente do quanto um e-mail pareça inofensivo ou autêntico, *não* clique em qualquer link ou abra qualquer anexo contido nele sem primeiro verificar o endereço de e-mail do remetente ou passar o mouse sobre o link, para ter certeza de que ele será direcionado para o site a que afirma ir. Caso o e-mail não seja legítimo, basta excluí-lo. Se for, o remetente entrará em contato novamente com você. Basta um erro, e você pode perder tudo em seu dispositivo. (Lembra-se do funcionário ingênuo, Dave, do Capítulo 4?)

Uma vez que seu dispositivo é comprometido, o invasor pode usar o processamento computacional dele para executar um ataque DDoS por inundação em outra rede ou roubar seu processamento em segredo, com o objetivo de minerar criptomoedas, como Bitcoin. Desse modo, embora não estejam roubando seus dados, arquivos ou seu dinheiro, eles estão prejudicando alguém em algum lugar com o seu computador. Sem que você saiba, sua máquina estará sendo usada para fazer coisas ruins.

Espreitando Seus Movimentos e Seus Passos

Talvez não seja um risco de segurança propriamente dito, mas é aterrorizante pensar que alguém pode estar observando-nos. Ninguém quer que um oficial russo do GRU, que está postando propaganda do Partido Verde no Facebook e procura um pouco de diversão em um turno maçante em pleno inverno de Moscou, veja o que está acontecendo em sua casa.

Seu dispositivo móvel tem câmeras. É mais do que provável que você tenha uma câmera em seu notebook, desktop ou em ambos. Milhões de norte-americanos instalaram câmeras de segurança dentro de suas casas a fim de vigiar funcionários ou animais de estimação. Webcams e câmeras de segurança são sistemas reconhecidamente inseguros, logo, não é nada difícil para os hackers obter acesso a essas câmeras e seus microfones para assisti-lo ou ouvi-lo. Essas câmeras podem até parecer "desligadas" quando não estão.

Há inúmeros casos de invasão desses dispositivos. Parte disso se deve à falta de tecnologia ou desenvolvimento de software do fabricante da câmera, que, por tabela, é somente uma consequência dos baixos padrões relacionados à cibersegurança no mundo da Internet das Coisas. Boa parte dessas câmeras vem com microfones e alto-falantes embutidos, de modo que você consegue gritar com a molecada que pisa no seu gramado ou ouvir seu bebê chorar.

Não temos nenhuma certeza de que suas câmeras de segurança são seguras, mas se conseguir acessá-las por meio de um navegador sem logar em nada ou inserir qualquer senha, pode apostar que se alguém, seja lá por qual motivo, quiser acessá-las e assisti-lo, esse alguém consegue fazer isso com facilidade. Caso suas câmeras tenham autenticação, recorra às práticas recomendadas mencionadas anteriormente para escolher uma senha.

O que dá para fazer a respeito? Para começar, coloque uma fita adesiva (ou use um Post-it) na câmera do seu notebook ou desktop quando não estiver usando o FaceTime ou Skype, ou use uma tampa webcam, que pode ser encontrada facilmente na internet (e agora é onipresente no mundo da cibersegurança). Mais uma vez, a probabilidade de que alguém fique sentado assistindo o que acontece em sua casa o dia inteiro é mínima, contudo, se estiver preocupado, desligue as câmeras ao chegar em sua residência. Quando não estiver usando o computador, desligue-o. Caso seja *realmente* paranoico e tenha uma máquina com bateria removível, tire-a quando não for usá-la.

Acesse as configurações de seu dispositivo móvel e decida quais aplicativos podem usar uma conexão de celular. É nesse mesmo lugar que você decide quais aplicativos têm autorização para acessar sua câmera ou microfone. Desative todos. O Instagram não precisa de acesso ao seu microfone o tempo todo. Nenhum app precisa. Claro, alguns aplicativos precisam de acesso a essas coisas, mas você sempre pode restabelecer o acesso quando eles solicitarem.

Na verdade, esteja ciente de onde deixa seu celular quando estiver conversando ou fazendo atividades privadas. Você pode colocá-lo em outro cômodo se estiver preocupado com a possibilidade de alguém ouvi-lo, o que é totalmente válido quando você viaja para o exterior. Ao redor do mundo, existem nações com poderes de vigilância de amplo alcance, e elas não hesitariam em começar a espioná-lo por meio de seu celular, assim que você entrasse no país. Por causa disso, muitos profissionais da comunidade de cibersegurança levam notebooks baratos na mala quando viajam para fora do país.

E quanto à Alexa, Siri e seus companheiros? Apesar de seus fabricantes darem garantias atrás de garantias de que não estão gravando todas as suas conversas ou enviando seus dados para a nave-mãe, ao que tudo indica, os hackers podem invadi-los e fazer justamente isso. Agora, se for paranoico, esses dispositivos de assistência doméstica não representam um problema, já que uma pessoa paranoica nunca compraria um.

Faça Backup

Como Dick Clarke teve seus e-mails da Casa Branca exibidos em plena rede nacional, ele é um pouco mais cuidadoso do que a maioria das pessoas com o que escreve, mas qualquer um pode vacilar. E também há a possibilidade de o computador de outra pessoa ser hackeado e seu e-mail estar nele.

A princípio, se você não quer que suas afirmações sobre algo sejam exibidas no jornal do horário nobre, em um processo judicial ou em uma discussão acalorada na hora de dormir com seu parceiro, não as escreva. Se tiver que escrever, use Signal, Wickr ou algum outro aplicativo de mensagens criptografadas. Caso opte por usar um desses aplicativos de mensagens seguros, configure-o de modo que o app delete as mensagens após um curto espaço de tempo. Caso contrário, elas podem ser lidas por qualquer pessoa que desbloquear seu celular ou o do destinatário.

Por que você tem o equivalente a cinco anos de e-mails no seu iPhone e notebook? Delete-os e guarde somente alguns meses de e-mails de cada vez. Por um acaso, você é um acumulador digital e acha que precisará consultar os e-mails algum dia ou que seu biógrafo gostará de usá-los para aquele grande livro que escreverá sobre você? Se insiste em salvar todas as suas observações inteligentes para o futuro, transfira-as para um disco rígido ou pen drive separado e apague-as de seus dispositivos.

Na realidade, se tiver coisas armazenadas no HD externo, faça backup de tudo em seu computador: e-mails, documentos e, o mais importante, fotos. Ninguém mais tem fotos impressas, logo, se você perder suas fotos digitais, elas podem ser perdidas para sempre. Faça backup de tudo pelo menos uma vez por mês, como se estivesse pagando seus boletos mensais. No entanto, faça questão de desconectar seu HD externo quando não o estiver usando. Se o seu backup estiver sempre conectado, ele pode ser hackeado tão facilmente quanto o seu computador. Caso você seja alvo de um ransomware ou wiperware, seu backup também pode ser comprometido. Portanto, sempre o deixe desconectado de sua máquina e só o conecte quando fizer seu backup diário, semanal ou mensal.

Sim, você pode fazer backup de tudo na nuvem, e cada vez mais as pessoas estão fazendo isso. No entanto, lembre-se de que você estará à mercê das práticas de segurança e autenticação do provedor de nuvem, bem como da força de sua senha. Não basta definir uma senha correta e usar um provedor de serviços em nuvem com um bom histórico de segurança. Você estará seguro, mas os riscos ainda existem.

No geral, achamos que a melhor política é armazenar o mínimo de arquivos possível em seus dispositivos. Armazene tudo em um HD externo, em uma unidade de nuvem segura ou, para os realmente paranoicos, em um notebook que nunca seja usado para se conectar à internet.

Perda de Dispositivo

A realidade nua e crua é que, como todos somos dependentes de nossos dispositivos móveis, quando perdemos um deles, nos sentimos impotentes e não temos ideia do que fazer, nem para onde correr. Existem alguns passos simples para aliviar a dor da perda, mas você deve segui-los com antecedência — agora e neste exato momento.

Primeiro, use a criptografia de disco, para que ninguém consiga abrir seu dispositivo sem uma senha longa ou autenticação biométrica.

Segundo, como dissemos antes, faça backup de tudo para que você consiga restaurar rapidamente todos os seus dados em seu dispositivo substituto até comprar um novo.

Terceiro, a maioria dos dispositivos atualmente permite ativar um rastreador GPS para saber onde ele se encontra.

Quarto, defina suas configurações para que consiga deletar remotamente todos os dados de seu dispositivo. Quem tem iPhone pode configurá-lo de modo a deletar tudo de forma manual (ainda que seja necessário se conectar à internet para executar o comando), ou de modo que as informações do dispositivo sejam completamente deletadas após uma série de tentativas de desbloqueio malsucedidas.

Não raro, talvez seja prudente dar a um amigo muito chegado acesso a algumas de suas contas. Você pode configurar seus backups em nuvem para que ele consiga acessá-los no caso de acontecer alguma coisa com você. Você pode escolher "contatos confiáveis" no Facebook, que receberão códigos de segurança para ajudá-lo a recuperar o acesso à sua conta, caso esqueça a senha. Hoje em dia, algumas pessoas estão anexando as senhas de suas diversas contas ao próprio testamento, especialmente suas contas de investimento ou bancárias. Mórbido, nós sabemos, mas você pode querer facilitar as coisas para aqueles que têm que lidar com essa situação, seja repentina ou esperada. Seus ativos digitais às vezes são tão importantes quanto seus ativos físicos, se não mais.

Sabemos que tudo isso pode ter feito alguns leitores correrem para suas máquinas com o intuito de simplesmente atirá-las pela janela (a propósito, remova os discos rígidos primeiro e os destrua fisicamente), mas isso não é necessário. Para a maioria das pessoas, a pior coisa que acontece quando são hackeadas é que precisam obter cartões de crédito novos e informar a todos os provedores de serviços.

Conclusão: não se preocupe tanto com os riscos cibernéticos pessoais a ponto de deixar de aproveitar todas as coisas maravilhosas que a internet oferece à sociedade moderna, só porque as ameaças espreitam nas sombras. Além do mais, como já afirmamos ao longo deste livro, podemos reduzir o alcance dos riscos que os agentes mal-intencionados podem causar no ciberespaço. Poderíamos adotar a resiliência cibernética como nação. Falaremos sobre isso em nosso capítulo final.

Capítulo 19

TUDO FEITO, EXCETO O CÓDIGO

O melhor momento para plantar uma árvore foi há vinte anos. O segundo melhor momento é agora.

— PROVÉRBIO CHINÊS FALSO

Em 2011, o governo Obama divulgou sua Estratégia Internacional para o Ciberespaço. Era um documento consistente, que tomava como base o trabalho feito nas universidades, na comunidade *think-tank* e no trabalho de um grupo de especialistas de países com ideias semelhantes que se reuniam há anos para discutir como abordar os conflitos no ciberespaço. Quando quatro especialistas de longa data na área — Matt Devost, Jeff Moss, Neal Pollard e Robert Stratton — analisaram o documento, chegaram a uma conclusão simples: "Tudo feito, exceto o código." Eles escreveram um artigo reiterando seus argumentos, chamado "All Done Except the Coding: Implementing the international strategy for cyberspace" [Tudo Feito, Exceto o Código: Implementando a estratégia internacional para o ciberespaço, em tradução livre]. Em síntese, a estratégia estava certa; a parte difícil era implementá-la. Eles observaram que o documento "abordava justamente a necessidade de incentivos inovadores para o setor privado cumprir as metas de segurança nacional", porém "o desafio, claro, é como alcançar isso".

Logo, o desafio é, obviamente, o mesmo que enfrentamos hoje. Sabemos qual é a estratégia. O que precisamos fazer agora é trabalhar para implementá-la. Tudo o que resta é a programação do código. Só que esta, infelizmente, é a parte mais difícil. Durante vinte anos, tivemos a estratégia certa, a questionamos e acabamos retrocedendo. E ainda assim, durante vinte anos, falhamos em implementá-la, ao mesmo tempo que procurávamos em vão por uma alternativa que nos isentasse do trabalho árduo. É como se, após elaborar uma estratégia de dissuasão nuclear na Guerra Fria, nunca tivéssemos chegado a construir a tríade nuclear. Agora, é necessário reunir os recursos e a determinação política a fim de superarmos esse fracasso.

Em geral, ao ensinarmos políticas de cibersegurança, advertimos nossos alunos de que elaborar uma política é fácil, o difícil é implementá-la. Gostaríamos de conseguir dizer que já fizemos a parte difícil, mas falar é mais fácil do que fazer. Quem nos dera que o governo e as empresas tivessem levado as ameaças mais a sério desde o princípio e que tivéssemos alicerces mais sólidos para construir um futuro cibernético resiliente. No entanto, ainda assim, somos otimistas de que os Estados Unidos e as mentes afins de outras nações mundo afora consigam solucionar esses problemas.

Começamos este livro relembrando os enormes prejuízos que a atividade maliciosa no ciberespaço já provocou, a crescente militarização dos ataques em rede e o potencial para atividades mais significativas. Não queremos assustar ninguém sem necessidade, mas as coisas podem piorar, e a instabilidade no ciberespaço pode transformar a guerra no quinto domínio em um combate tradicional. Visto que nossa sociedade e economia dependem das redes, as atividades prejudiciais severas no ciberespaço ainda podem mudar nosso modo de vida durante um bom tempo, mesmo durante a recuperação pós--ataque. As coisas não precisam ser assim.

Ainda podemos correr atrás do prejuízo. Podemos utilizar as tecnologias existentes e basicamente a mesma estratégia de resiliência que vários governos dos EUA adotaram, mas não implementaram. Nesta obra, reiteramos e elaboramos essa estratégia básica com alguns detalhes novos, porém nenhum deles tem uma abordagem revolucionária. Ao contrário, analisamos incentivos, desincentivos, empurrões e grandes empurrões com o intuito de fazermos a estratégia básica de resiliência funcionar. Isso não significa que a implementação das ideias será simples, fácil ou sem custos.

A estratégia de resiliência tem como objetivo estabelecer um processo contínuo para reduzir riscos e vulnerabilidades, ao mesmo tempo que se desenvolvem sistemas que restrinjam os possíveis danos. Como um grande furacão ou uma tempestade que pode causar um deslocamento regional por um curto período de tempo, podemos reduzir a ameaça de uma guerra cibernética que coloque em perigo nosso modo de vida.

Ao longo deste livro, recorremos muitas vezes ao modelo de trabalho no sentido de mudar a vantagem dos adversários em relação às linhas defensivas. Essa iniciativa deve ser o objetivo final de nossa política nacional norte-americana e de países e empresas que pensam na mesma forma. No final das contas, o que queremos é conseguir ignorar os ciberataques. Em vez de agravá-los, queremos ser capazes de freá-los e seguir com nossas vidas.

Não interessa o quão seguros nossos sistemas possam ser, as forças que impulsionam as pessoas a atacá-los nunca deixarão de existir. Um futuro no qual os sistemas sejam mais difíceis de hackear, em que a probabilidade de um ataque bem-sucedido seja menor e existam consequências para quem ataca pode fazer com que possíveis invasores saiam de cena. Podemos vislumbrar um futuro no qual identificar uma vulnerabilidade zero-day exigiria milhões de dólares em esforço, mas renderia pouca coisa em troca. Pode chegar o dia em que até mesmo os grupos criminosos mais bem financiados tentarão invadir as empresas todo santo dia, durante anos a fio, sem nem conseguir um centavo sequer. Porém, mesmo que conseguíssemos alcançar esses resultados, ainda que a maioria dos cibercriminosos desista do jogo e decida fazer algo útil com suas habilidades técnicas, ainda haverá aqueles que tentarão nos prejudicar no ciberespaço.

Assim sendo, devemos reconhecer o que todos na área já sabem — que não existe um estado final, um local de sossego ou um local de pouso no Mar da Tranquilidade na Lua em que possamos hastear uma bandeira. Devemos adaptar e melhorar continuamente as capacidades de empresas e do ecossistema como um todo. O objetivo é simplesmente alcançar um estado de melhoria contínua, em que os sistemas se tornam cada vez mais seguros e o esforço para atacá-los se torne mais custoso, leve mais tempo e ocasione maior risco de falha e condenação.

Acima de tudo, acreditamos que o necessário é uma mudança de mentalidade. Precisamos aceitar que alcançar a resiliência cibernética não é uma mera "responsabilidade compartilhada". Pelo contrário, exige que o governo responsabilize os proprietários e operadores de redes e sistemas para que esses ativos se tornem resilientes. O governo tem, sim, seu papel a desempenhar, mas a responsabilidade principal é do setor privado. Precisamos parar de fingir que as linhas ofensivas têm uma vantagem intransponível e reconhecer que basta uma simples mudança de mentalidade, como a técnica da kill chain e avanços tecnológicos, como detecção de endpoint e computação em nuvem, para começar a igualar o campo de batalha.

Proteger nossos países, nossos negócios e a nós mesmos no ciberespaço está longe de ser impossível. Temos a estratégia e as ferramentas — agora só precisamos trabalhar duro. O que nos falta é consenso nacional, vontade e definição de prioridades. Os EUA, como nação, têm que fazer escolhas quando se trata de como vivemos na era do ciberespaço: segurar as pontas, reduzir os riscos de modo significativo agora ou lidar com esses problemas mais tarde a um alto custo. Postergar uma decisão já é, por si só, uma decisão — e bem perigosa.

Glossário

Acordo de Schengen: Tratado de 1985 assinado por cinco dos então dez Estados-membros da Comunidade Econômica Europeia que aboliu os controles nas fronteiras internas e é a base para a livre circulação de cidadãos da União Europeia entre os países da UE. O acordo original foi substituído pela Convenção de Schengen em 1990, que adotou uma política comum de vistos. Em 1999, as regras de Schengen foram incorporadas à legislação da União Europeia.

Agência de Cibersegurança e de Infraestrutura dos Estados Unidos (CISA): Unidade do Departamento de Segurança Interna dos EUA, criada no final de 2018 a partir da National Protection and Programs Directorate [Diretoria de Programas e Proteção Nacional] (NPPD), a fim de ajudar o setor privado e as agências governamentais civis dos EUA com seus sistemas de cibersegurança. A CISA também é, em partes, responsável pela segurança física dos principais componentes da infraestrutura não relacionados à tecnologia da informação.

Ameaças Persistentes Avançadas (APT): Termo usado para descrever os ciberagentes ofensivos mais habilidosos, geralmente os Estados-nação, que conseguem empreender campanhas de ataques de longo prazo até mesmo contra os alvos mais difíceis.

Aprendizado de Máquina (AM): O emprego de algoritmos para treinar progressivamente os modelos de software, visando concluir uma tarefa específica com mais eficácia. O aprendizado de máquina normalmente é usado para identificar e-mail de spam, classificar imagens ou, no caso da cibersegurança, detectar tráfego de rede malicioso com base nos dados de uso de rede anteriores.

Ataques Distribuídos de Negação de Serviço (DDoS): Operação cibernética ofensiva em que uma rede é incapacitada devido a uma inundação de solicitações por um grande número de dispositivos. Em geral, os ataques DDoS são executados por uma botnet composta de dezenas de milhares de máquinas, possibilitando que os agentes da ameaça derrubem sites ou redes de tamanho considerável.

Ator de Ameaça: Entidade que, com regularidade, se envolve em penetração não autorizada de redes de computadores para acessar e exfiltrar informações ou para se envolver em atividades destrutivas na rede.

Autenticação: Procedimento que verifica se um usuário é quem ele afirma ser.

Autenticação de Dois Fatores (2FA): Um meio de comprovar a identidade do usuário para ter acesso a um dispositivo, aplicativo, rede ou banco de dados. Via de regra, a autenticação de dois fatores exige que os usuários forneçam algo que sabem e comprovem a posse de algo que têm. Os exemplos desses fatores são senhas (que atendem ao requisito de conhecimento) e códigos de login de uso único enviados ao celular de um usuário (que atendem ao requisito de propriedade). A autenticação multifator (MFA) às vezes pode ir além e incluir um procedimento de identificação biométrica, como impressão digital, leitura da íris ou reconhecimento facial.

Autenticação Multifator (MFA): Um processo de autenticação que emprega mais de um fator para conceder a um usuário acesso a um dispositivo, aplicativo, rede ou banco de dados. A autenticação multifator geralmente exige que os usuários forneçam algo que eles sabem, algo que eles têm e algo que são. Exemplos desses fatores são senhas (que atendem ao requisito de conhecimento), códigos de login únicos enviados para o celular do usuário (que atendem ao requisito de propriedade) e impressões digitais (que atendem ao requisito de inerência). Os softwares modernos de gerenciamento de identidade e acesso usam autenticação multifator, com o intuito de impedir que os agentes da ameaça obtenham acesso autenticado a uma rede de forma maliciosa.

Backdoor: Porta de acesso para um sistema de computador ou rede cuja existência é conhecida somente por um pequeno número de pessoas. Uma backdoor pode ser implementada intencionalmente em um software por seus desenvolvedores, para depuração, ou sob as ordens de um governo, ou pode ser até mesmo criada por um ator de ameaça que explorou com sucesso uma vulnerabilidade no sistema ou software.

Base Industrial de Defesa (DIB): Organizações privadas e operadas por empresas que fabricam armas e sistemas de apoio utilizados pelas Forças Armadas.

Border Gateway Protocol (BGP): Um protocolo de internet usado para tomar decisões sobre o roteamento de informações entre os principais ISPs (também chamados de Provedores de Serviços de Informação de Nível 1), como Verizon, AT&T, China Telecom, British Telecom, Deutsche Telekom e Japan Telecom. As tabelas do BGP divulgadas por esses provedores enumeram a quais empresas e instituições eles se conectam e o tráfego de roteamento de cada uma delas. O BGP é um sistema inseguro sujeito à manipulação.

Botnet: Rede de dispositivos que foi adulterada por um agente malicioso e pode ser utilizada para executar operações em grande escala de forma coordenada, especialmente ataques de negação de serviço distribuído (DDoS). Dispositivos que pertencem a uma botnet geralmente "enviam solicitações" para um servidor de comando e controle muitas vezes ao dia para receber instruções.

Bug do Milênio (Y2K): Refere-se ao empenho internacional anterior ao dia 1º de janeiro de 2000, para modificar o software do computador a fim de evitar um mau funcionamento esperado nessa data. Acreditava-se que a falha em modificar tal software a tempo resultaria em falha generalizada de dispositivos e máquinas controlados por software às 12h01 da data 01/01/2000.

Centro de Análise e Compartilhamento de Informações (ISAC): Um consórcio de empresas em um determinado setor, criado com o objetivo de compartilhar dados sobre ameaças à segurança de computadores e práticas recomendadas de segurança.

Centro de Operações de Segurança (SOC): Local físico em uma empresa onde especialistas em segurança de computador monitoram a rede em busca de sinais de intrusão ou outras ameaças.

Chief Information Officer (CIO): Diretor de tecnologia da informação mais sênior em uma organização, uma posição que se tornou cada vez mais comum a partir dos anos 1980. O CIO normalmente se reporta ao CEO, mas pode estar subordinado ao COO (Chief Operating Officer/Diretor de Operações).

Chief Information Security Officer (CISO): Diretor de segurança da informação mais sênior em uma organização. Em geral, o CISO se reporta ao CIO, ao gestor de riscos (Chief Risk Officer) ou ao CEO, e normalmente é responsável por gerenciar tecnologias de segurança e garantir o compliance, de acordo com os regimes de regulamentação aplicáveis.

Ciclo de Vida de Desenvolvimento Seguro (SDLC): Um conjunto de procedimentos desenvolvidos pela Microsoft para garantir que o software foi desenvolvido de maneira segura.

Computação Quântica: Computação que explora fenômenos da mecânica quântica, como a superposição realizada em partículas chamadas qubits. A computação tradicional opera digitalmente com bits que estão no estado 0 ou 1. Os qubits podem ter diversos estados simultâneos, e os computadores quânticos podem operar por meio deles, considerando a probabilidade de o qubit estar em um determinado estado.

Criptografia: Embaralhamento de informações de modo que elas fiquem ilegíveis para aqueles que não têm a chave de criptografia necessária para decodificá-las. A criptografia de tráfego impede que aqueles que o interceptam possam lê-lo. Atualmente, a maior parte da criptografia é obtida usando a criptografia de chave pública, cuja força reside no fato de que é necessário determinar os fatores primos de um número muito grande para se quebrar o código. Mesmo que se empreguem todos os recursos computacionais disponíveis, a criptografia moderna não pode ser quebrada em uma escala de tempo significativa para a vida humana.

Cyber Command: Comando unificado dentro do Departamento de Defesa dos Estados Unidos cuja função é gerenciar e coordenar as ciberoperações ofensivas e defensivas das Forças Armadas dos Estados Unidos. O US Cyber Command foi criado em 2009 e é formado por unidades do Exército, Marinha, Força Aérea e braços do Corpo de Fuzileiros Navais das Forças Armadas dos EUA.

Cyber War Risk Insurance (CWRIA/Seguro de Risco de Guerra Cibernética): Proposta feita neste livro para uma Lei de Seguro de Risco de Guerra Cibernética [Cyber War Risk Insurance Act], tomando como base as linhas de um programa governamental existente e elaborada para respaldar um seguro comercial no caso de um grande ataque terrorista.

Data Lake: Um repositório no qual os dados são armazenados em um formato bruto ou transformados. As informações contidas em um data lake podem ser consultadas e normalmente são úteis para fins de business intelligence ou business analytical.

Departamento de Pesquisa e Projetos Avançados dos Estados Unidos (DARPA): Gabinete do Departamento de Defesa dos Estados Unidos que financia as pesquisas e os experimentos de universidades e laboratórios de uma forma nova, conhecido inclusive por financiar pesquisas que levaram à criação da internet.

Diretiva de Decisão Presidencial (PDD): Declaração formal de política assinada pelo presidente dos Estados Unidos que visa elencar as decisões que envolvem um conjunto de questões de segurança nacional. Tradicionalmente, os presidentes do Partido Democrata usam siglas que começam com P para este fim, e os do Partido Republicano utilizam siglas parecidas que começam com N, como NSPM 13 para Memorando de Política de Segurança Nacional. Os documentos da era Bush são as Diretivas Presidenciais de Segurança Nacional e as Diretivas Presidenciais de Segurança Interna. Os documentos do governo Obama são Diretrizes de Política Presidencial.

D-Trip: Apelido do Comitê de Campanha Parlamentar do Partido Democrático (DCCC), organização do Partido Democrata dedicada à eleição de membros para a Câmara de Deputados dos Estados Unidos.

Endpoint: Um dispositivo conectado a uma rede, normalmente um desktop ou notebook. O software de segurança de endpoint monitora a atividade do dispositivo em busca de atividades incomuns ou proibidas. O software EDR (Endpoint Detection and Response) é normalmente um agente instalado no dispositivo.

Estado Islâmico do Iraque e da Síria (EIIS): Nome amplamente usado para se referir a uma organização terrorista que se autodenomina simplesmente Estado Islâmico, e à qual governos árabes chamam de Daesh. O grupo ocupou e controlou grandes cidades durante o período 2013–2017 na Líbia, na Síria e no Iraque, e tinha células em outros lugares, incluindo Iêmen e Afeganistão. Até a publicação deste livro, o grupo ainda opera em células clandestinas e em áreas remotas no Oriente Médio.

Exército de Libertação Popular da China (PLA): As Forças Armadas da República Popular da China e do Partido Comunista da China.

Exploit: Um método pelo qual um ator pode tirar vantagem de uma vulnerabilidade em um software, hardware ou sistema de computação. Os exploits podem assumir a forma de um script curto, um software desenvolvido engenhosamente ou uma sequência de comandos. Via de regra, eles são utilizados para obter persistência não autorizada em uma rede ou conceder permissões administrativas de acesso para o ator da ameaça, possibilitando a espionagem ou outras formas de cibercrime.

Força-Tarefa de Ação Financeira (FATF): Uma organização internacional governamental de Estados-nação criada para combater a lavagem de dinheiro internacional por meio da criação de padrões jurídicos e bancários.

Gerenciamento de Acesso Privilegiado (PAM): Veja Gerenciamento de Identidade e Acesso (IAM). O software PAM protege dados extremamente confidenciais e envolve uma prova de identidade mais extensa para acessá-los.

Gerenciamento de Identidades e Acesso (IAM): Uma classe de software usada para autenticar usuários de rede, a fim de impedir o acesso não autorizado a dados ou serviços. Os produtos modernos de gerenciamento de identidade e acesso geralmente se integram aos bancos de dados de diretório de usuários, com o objetivo de gerenciar permissões, e utilizam autenticação multifator para uma camada extra de segurança.

GRU: Departamento Central de Inteligência das Forças Armadas da Rússia. O GRU é um serviço russo de inteligência militar e operações especiais, cujo chefe se reporta ao Ministério da Defesa. Tem sido responsável por uma série de atividades cibernéticas de ampla repercussão, principalmente a campanha de hackers e desinformação relacionada à eleição presidencial de 2016 nos EUA.

Honeypots: Arquivos em uma rede desenvolvida para atrair hackers de modo que suas atividades e técnicas possam ser observadas. Esses arquivos normalmente são populados com dados que parecem reais, mas não são.

Informações de Identificação Pessoal (PII): Informações sobre uma pessoa que podem ser usadas sozinhas ou junto com informações de outras fontes para identificar o indivíduo. São elas: números de segurídade social, endereços, datas de nascimento, números de passaporte, entre outras.

Instituto Nacional de Padrões e Tecnologia dos Estados Unidos (NIST): Órgão dentro do Departamento de Comércio dos Estados Unidos conhecido por elaborar normas e procedimentos (padrões) geralmente aceitos. Antes, chamava-se Bureau of Weights and Measures [Agência de Pesos e Medidas dos Estados Unidos].

Internet das Coisas (IoT): Interconexão digital de dispositivos não tradicionais à internet. Inclui, mas não se restringe a, dispositivos como aparelhos "inteligentes", equipamentos médicos conectados, dispositivos eletrônicos de monitoramento de infraestrutura e muito mais. Em geral, os dispositivos da Internet das Coisas são caracterizados por sua natureza rudimentar e, muitas vezes, não têm uma interface de usuário front-end robusta. No contexto da cibersegurança, os dispositivos da Internet das Coisas são reconhecidamente inseguros e, quando usados em uma empresa ou em outro ambiente confidencial, podem representar um risco de segurança substancial para uma organização.

Malware: Software malicioso que faz com que computadores ou redes se comportem de modo não intencional. Os exemplos de malware incluem ransomware, cavalos de Troia, vírus, keyloggers e worms.

Máquinas de Votação Eletrônica Sensíveis ao Toque (DRE): Termo usado para descrever uma classe de urnas eletrônicas que não criam um comprovante de votação verificado impresso para permitir a auditoria dos votos emitidos.

Microgrid Diversificada Segmentada Segura (SSDM): Proposta feita neste livro para criar um sistema de geração de eletricidade local, incluindo o uso de fontes alternativas de energia. A SSDM não seria conectada a redes regionais ou nacionais.

Míssil Balístico Intercontinental (ICBM): Um foguete localizado em terra, guiado, capaz de viajar mais de 5 mil quilômetros para posicionar e detonar uma ou mais armas nucleares em um ou mais alvos inimigos.

Nuvem: Infraestrutura computacional gerenciada e mantida por terceiros. O uso da nuvem possibilita que as organizações comprem apenas armazenamento de dados e capacidade computacional de que precisam em um determinado momento. Os provedores de serviços em nuvem exploram economias de escala com o objetivo de minimizar o custo de seus serviços, e o uso da nuvem também permite que seus clientes evitem gastar dinheiro montando sua própria infraestrutura computacional.

Órgão de Autorregulação do Setor de Energia Elétrica dos Estados Unidos (NERC): Associação de empresas de geração e distribuição de energia elétrica que cria padrões e diretrizes de autorregulação para o setor de abastecimento de energia nos Estados Unidos e no Canadá. O NERC busca prever e impedir a regulamentação governamental, que, nos Estados Unidos, seria elencada pela Federal Energy Regulatory Commission (Comissão Federal Reguladora de Energia Elétrica dos Estados Unidos — FERC).

GLOSSÁRIO

P5+1: Os cinco membros permanentes do Conselho de Segurança das Nações Unidas (China, França, Rússia, Reino Unido e Estados Unidos) e a Alemanha, que foram as nações que negociaram o acordo de restrições ao desenvolvimento nuclear com o Irã.

Patch: Atualização de software enviada aos usuários da internet pelo desenvolvedor, geralmente para corrigir um erro no código que pode ocasionar o uso indevido do software.

Ransomware: Uma forma de malware que criptografa arquivos críticos do sistema ou dados do usuário e os usa para pedido de pagamento de resgate, instruindo muitas vezes o usuário a enviar um pagamento em criptomoeda ao agente do malware, antes que a chave de criptografia seja liberada.

ReallyU: Sistema proposto neste livro para verificar uma identidade online ou pessoalmente, usando um sistema multifator federado desenvolvido por consórcios de empresas privadas, mas também usado por agências governamentais.

Redes Privadas Virtuais (VPN): Caminho criptografado ou "túnel" pela internet, normalmente oriundo de um local remoto, como da casa de alguém, para acessar a principal rede de uma organização. As VPNs são consideradas um meio seguro para acessar bancos de dados corporativos e aplicativos externos e podem envolver um gateway corporativo que examina o status de segurança do computador remoto antes de conceder acesso.

RSA: Um dos primeiros sistemas de criptografia de chave pública. É também o nome da maior conferência e exposição anual do mundo sobre cibersegurança, realizada em São Francisco. As conferências RSA também ocorrem na Ásia, na Europa e no Oriente Médio. Ela foi criada por uma empresa fornecedora de criptografia de cibersegurança, a RSA Corporation, agora uma divisão da Dell. A sigla se refere aos nomes dos cofundadores: Rivest, Shamir e Adleman.

Sistema de Controle Industrial (ICS): Termo genérico usado para descrever uma coleção de controladores lógicos programáveis (PLCs ou CLPs, em português), Sistemas de Controle de Supervisão e Aquisição de Dados (SCADA) e vários outros dispositivos de controle utilizados para gerenciar os processos industriais. Os sistemas de controle industrial interpretam os dados dos sensores com funções de comando e traduzem essas entradas em ações que manipulam dispositivos como válvulas, reguladores, atuadores, relés ou interruptores.

Sistema de Nomes de Domínio (DNS): Sistema que alicerça a internet e que converte nomes de domínio nos endereços IP aos quais estão associados. O DNS atua como um diretório distribuído, em que os servidores DNS de baixo nível contêm somente as informações de roteamento para pequenas organizações, e os servidores DNS de nível mais alto contêm informações de roteamento para os principais sites, serviços e domínios de nível superior, como .com, .net ou .org.

Sistemas de Controle de Supervisão e Aquisição de Dados (SCADA): Software para redes de dispositivos que controlam sistemas de máquinas, como válvulas, bombas, geradores e transformadores. O software SCADA coleta informações sobre as condições e atividades do sistema e pode usar esses dados para informar seus sistemas de comando.

Softwares e Soluções Tecnológicas como Serviço (SaaS): Modelo em que um cliente compra uma assinatura para usar um software por determinado tempo, em contraste com o modelo de licença, que o cliente a compra e tem acesso a uma versão do software. Nos modelos de SaaS, o software é usado online, em vez de ser instalado nas próprias máquinas dos clientes.

Stuxnet: Nome popular do software supostamente desenvolvido e utilizado pelos Estados Unidos para destruir determinados objetos físicos, sobretudo centrífugas de enriquecimento nuclear em Natanz, Irã.

Suporte de Provedor de Serviços Gerenciados de Segurança (MSSP): Empresa que terceiriza para outras empresas parte do monitoramento de segurança de sua rede.

Tabletop Exercise (TTX): Em geral, uma reunião em volta de uma grande mesa de conferência, utilizando um cenário fictício com o intuito de simular uma reunião que ocorreria se um evento real ou uma série de eventos acontecesse, normalmente chamado de evento de gerenciamento de crise. Os TTXs são usados para treinar o pessoal em suas funções e responsabilidades em caso de crise, a fim de identificar lacunas na preparação ou segurança de uma organização.

Tailored Access Operations (TAO): Agência de Segurança Nacional dos Estados Unidos incumbida da tarefa de penetrar em redes estrangeiras de tecnologia da informação e atacar alvos de notável importância ou dificuldade. Em 2017, a TAO foi reorganizada e renomeada como Computer Network Operations.

Tecnologia da Informação (TI): O uso de computadores para armazenar, recuperar, transmitir e manipular dados.

Tecnologia Operacional (TO): Hardwares e softwares projetados para facilitar os processos de fabricação e operações de infraestrutura.

Vulnerabilidade Zero-day: Ferramenta de ataque de software que nunca foi usada antes e para a qual ainda não existe defesa. Uma ferramenta de ataque zero-day é um exploit que utiliza uma vulnerabilidade previamente desconhecida em software ou hardware. *Zero Days* é também o nome de um documentário de 2016 sobre o Stuxnet, dirigido por Alex Gibney.

Wiper: Às vezes representado como wipr, é uma ferramenta de ataque de software que deleta todos os dados encontrados em um dispositivo ou rede, de forma que os dados deletados não possam ser recuperados.

Agradecimentos e Informações

Como observamos ao longo desta obra, a mão de obra cibernética está bastante limitada. Observamos isso pessoalmente ao tentarmos agendar um horário com muitas das pessoas que aparecem ou influenciaram o que escrevemos. Não raro, as reuniões eram canceladas à medida que surgiam incidentes ou as manchetes das notícias. Desse modo, somos gratos àqueles que reservaram um tempo para compartilhar seus insights e experiências conosco.

De um lado, este livro ficou mais ou menos um ano em desenvolvimento, desde nosso primeiro editor na Penguin Press, Warren Bass, autorizar o projeto até finalizarmos o manuscrito com o altamente competente Emily Cunningham (agradecemos a ambos). Por outro, demoramos cerca de dez anos para escrevê-lo.

Desde quando escrevemos *Guerra Cibernética*, continuamos a aprender e debater o assunto com inúmeros profissionais da área. Tantas pessoas contribuíram para o nosso pensamento que fica difícil listar todas aqui, mas somos gratos à comunidade bipartidária de formuladores de políticas que se preocupam bastante com esta questão, e ao grande grupo de profissionais e tecnólogos que, paciente (e às vezes nem tanto), nos explicou os meandros técnicos de como o ciberespaço funciona.

Entre as muitas pessoas que nos ajudaram com conselhos, pesquisas ou nos concederam entrevistas estão Ed Amoroso, Konstantinos

Karagiannis, Wil Oxford, Bob Brennan, Jim Gable, Seth Lloyd, Bob Ackerman, Peiter Zatko, Terry McAuliffe, Eric Rosenbach, Chad Rigetti, Chris Weedbrook, Ray Rothrock, Chris Coleman, Simon Rosenberg, Jim Livingstone, Laura Rosenberger, Corey Schou, Phil Dunkelberger, Joe Weiss, Connor Pate, Erin Michelle Perri, Aaron Ach, Aaron Rinehart, Casey Rosenthal, Dan Guido, Adam Shostack, Michael Sechrist, Todd Inskeep, Bill Rose, Bill Phelps, Evan Wolff, John Woods, Phil Venables, Rohan Amin, Jason Healey, Chris Day, Norm Laudermill, Malcolm Harkins, Dmitri Alperovitch, Dustin Hillard, Dave Aitel, Andy Ozment, Neal Jenkins, Sameer Bhalotra, Sounil Yu, Frank DiGiovanni, Evan Dornbush, Larry Zelvin e Alex Niejelow.

Rob Knake reconhece plenamente que muitas de suas opiniões sobre o que a nação precisa fazer para se proteger foram forjadas no cadinho do ciberespaço da era Obama no Conselho de Segurança Nacional. Assim, eles tomaram emprestado os insights (não necessariamente nessa ordem) de Howard Schmidt, Miriam Perlberg, Sameer Bhalotra, David Edelman, Peter Lord, Andrew Scott, Robert Novy, Jennifer Silk, Andy Ozment, Tom Donahue, Ryan Gillis, Chris Finan, Eric Greenwald, Ari Schwartz, Aaron Cooper, Megan Stifel, Alex Niejelow, Samara Moore, Nathaniel Gleicher, Michael Daniel, Dan Prieto e Earl Crane.

A equipe da Good Harbor Security Risk Management tem sido fonte constante de ideias, comentários, pesquisas e incentivo. Este livro não teria sido possível sem o trabalho diligente de Tyler Pedigo, pesquisando e editando. Obrigado também ao presidente da Good Harbor, Emilian Papadopoulos, bem como a Evan Sills, Jake Gilden, Paul Kumst e Reda Baig.

Rob Knake gostaria de agradecer a Jim Lindsay e Adam Segal, do Council on Foreign Relations, e a Stephen Flynn e Phil Anderson, do Global Resilience Institute da Northeastern University, por apoiarem seu trabalho nesta obra. Akash Patel da Northeastern forneceu valiosas análises de dados.

Gostaríamos também de agradecer àqueles que nos ajudaram e nos aconselharam, mas preferem não ser identificados. Eles sabem quem são e que somos gratos.

Visto que nós dois trabalhamos como consultores cibernéticos e consultores de investimentos cibernéticos, também buscamos ideias em nossos empregos diários. E, para que ninguém pense que temos um conflito de interesses de qualquer afiliação anterior ou atual, visando ao esclarecimento total de nossas funções, temos as seguintes relações: Dick Clarke é consultor do Paladin Capital Group, uma das principais empresas de capital de risco de cibersegurança nos Estados Unidos. Clarke foi e ainda é membro do conselho de diretores corporativos ou dos conselhos consultivos das seguintes empresas cibernéticas: Akamai, Bit9 + Carbon Black, MultiPlan, PGP, TruSTAR, Red 5, Veracode, Nok Nok Labs, Wickr, HawkEye 360, BlueCat Networks e Versive. Também prestou consultoria para um grande número de empresas, dentre elas as seguintes empresas de ciberprodutos: Symantec, Microsoft, RSA, McAfee e SRA. Ele tem pequenos investimentos pessoais em diversas empresas cibernéticas de capital aberto, incluindo a Apple.

No que se refere às empresas mencionadas neste livro, Rob Knake assessora a Oracle Corporation, da qual a Dyn Corporation é subsidiária. Ele foi consultor da Cylance e já trabalhou para a Microsoft, Northrop Grumman e Booz Allen Hamilton Corporation, bem como prestou consultoria no Departamento de Segurança Interna, além de ter trabalhado lá.

O conteúdo deste livro foi submetido à Casa Branca para revisão interagências, a fim de evitar qualquer divulgação não autorizada de informações confidenciais.

Notas

Capítulo 1: No Banco de Trás da Besta

5   O investimento em cibersegurança cresceu: Gertrude Chavez-Dreyfuss, "Venture Capital Funding of Cybersecurity Firms Hit Record High in 2018: Report", Reuters, 17 de janeiro de 2019: www.reuters.com/article/us-usa-cyber-investment/venture-capital-funding-of-cybersecurity-firms-hit-record-high-in-2018-report-idUSKCN1PB163.

5   O seguro cibernético foi, por muito tempo, um produto marginal: "Aon: U.S. Cyber Insurance Premiums Rise 37%, to $1.84B", *Claims Journal*, 11 de julho de 2018: www.claimsjournal.com/news/national/2018/07/11/285644.htm.

6   Uma das características positivas do ciberespaço: Para uma discussão sobre a maleabilidade do ciberespaço como um domínio feito pelo homem, veja Dorothy Denning, "Rethinking the Cyber Domain and Deterrence", *Joint Force Quarterly* 77 (abril de 2015): ndupress.ndu.edu/portals/68/documents/jfq/jfq-77/jfq-77_8-15_denning.pdf, e Joseph S. Nye Jr., "Cyber Power", Belfer Center, Harvard Kennedy School, Harvard University, maio de 2010: www.belfercenter.org/sites/default/files/files/publication/cyber-power.pdf.

8   algumas estimativas: "How Big Is the Digital Economy?", Bureau of Economic Analysis, U.S. Department of Commerce: www.bea.gov/sites/default/files/2018-04/infographic-how-big-is-the-digital-economy.pdf.

9   A McKinsey estima que: James Manyika, "Digital Economy: Trends, Opportunities and Challenges", McKinsey Global Institute Research, maio de 2016: www.ntia.doc.gov/files/ntia/publications/james_manyika_digital_economy_deba_may_16_v4.pdf.

11 no final do governo Obama: "Stewardship of IANA Functions Transitions to Global Internet Community as Contract with U.S. Government Ends", ICANN, 1º de outubro de 2016, www.icann.org/news/announcement-2016-10-01-en.

11 Diretiva de Decisão Presidencial 63: Presidential Decision Directive/NSC-63, Critical Infrastructure Protection, 22 de maio de 1998: fas.org/irp/offdocs/pdd/pdd-63.htm.

14   **As melhores estratégias podem ser resumidas em:** Pegamos essa ideia emprestada de Jason Healey, da Columbia University, que a atribui ao ex-conselheiro de Segurança Nacional Brent Scowcroft.

14   **Essa é a ideia correta:** Jason Healey exigiu uma estratégia "dominante na defesa" em um relatório do Conselho Atlântico de 2017. Veja Jason Healey, "A Nonstate Strategy for Saving Cyberspace", Atlantic Council Strategy Papers, janeiro de 2017: www.atlanticcouncil.org/images/publications/AC_StrategyPapers_No8_Saving_Cyberspace_WEB.pdf.

15   **a palavra "resiliência":** Veja, por exemplo, a Ordem Executiva 13636 do governo Obama, que declarava: "É política dos Estados Unidos aumentar a segurança e resiliência da infraestrutura crítica da nação." "Executive Order — Improving Critical Infrastructure Cybersecurity", Casa Branca, 12 de fevereiro de 2013: obamawhitehouse.archives.gov/the-press-office/2013/02/12/executive-order-improving-critical-infrastructure-cybersecurity; ou a estratégia cibernética nacional do governo Trump, que "promoveu uma economia dinâmica vibrante e resiliente", um de seus pilares, Casa Branca, setembro de 2018: www.whitehouse.gov/wp-content/uploads/2018/09/National-Cyber-Strategy.pdf.

15   **um conceito mal definido e vago:** Uma ideia tão vaga e aberta de resiliência cibernética é perigosa. Se o conceito significa apenas aceitar que as perdas ocorrerão e se recuperar depressa, então ele se torna parte da atitude derrotista na área. Ao usar uma definição limitada, a Equifax, que perdeu cada um de seus mais de 100 milhões de registros de relatórios de crédito de indivíduos, era totalmente resiliente. O incidente nunca impediu a empresa de coletar mais dados nem de vendê-los. Um ano após o vazamento, as ações da empresa haviam recuperado todas as perdas. Ainda que, nesse meio-tempo, qualquer pessoa que tenha comprado na queda e vendido suas ações antes que os resultados do terceiro trimestre fossem divulgados tivesse algo para comemorar, todas as outras pessoas impactadas pelo vazamento de dados teriam ridicularizado qualquer executivo da empresa que alegasse ser resiliente.

16   **Para que a resiliência seja um conceito útil:** Em seu livro *Antifrágil*, Nassim Taleb sugeriu que a "antifragilidade" era a próxima evolução além da resiliência — que queremos forjar negócios e sociedades que sejam, nas palavras de Max Cleland, "fortes nos lugares destroçados". A antifragilidade é o conceito adequado, mas de desenvolvimento fraco. Apesar de conceito em *A Lógica do Cisne Negro*, o livro anterior de Taleb, ser amplamente utilizado nas escolas de negócios e salas de reuniões, a antifragilidade nunca foi. É lamentável, porque é um conceito útil.

16   **Rodin define a resiliência como:** Judith Rodin, *The Resilience Dividend: Being Strong in a World Where Things Go Wrong* (Nova York: PublicAffairs, 2014), 3.

Capítulo 2: EternalBlue, a Guerra Eterna

18   **empresas de cibersegurança norte-americanas que analisaram o Petya:** Equipe de Resposta de Segurança, "Petya ransomware outbreak: Here's what you need to know", Symantec Blogs/Threat Intelligence, 24 de outubro de 2017: www.symantec.com/blogs/threat-intelligence/petya-ransomware-wiper.

19   **os danos lhe custaram quase US$900 milhões:** Andy Greenberg, "The Untold Story of NotPetya, The Most Devastating Cyberattack in History", *Wired*, 22 de agosto de 2018: www.wired.com/story/notpetya-cyberattack-ukraine-russia-code-crashed-the-world.

20   **o NotPetya foi uma operação:** Ellen Nakashima, "Russian Military Was Behind 'NotPetya' Cyberattack in Ukraine, CIA Concludes", *The Washington Post*, 12 de janeiro de 2018: wapo.st/2AV5FxW.

21   **sem a aprovação dele:** David E. Sanger, "Trump Loosens Secretive Restraints on Ordering Cyberattacks", *The New York Times*, 20 de setembro de 2018: www.nytimes.com/2018/09/20/us/politics/trump-cyberattacks-orders.html.

21   **o presidente Trump baniu essas restrições em 2018:** Dustin Volz, "White House Confirms It Has Relaxed Rules on U.S. Use of Cyberweapons", *The Wall Street Journal*, 20 de setembro de 2018: www.wsj.com/articleswhite-house-confirms-it-has-relaxed-rules-on-u-s-use-of-cyber-weapons-1537476729.

NOTAS

22 **Uma das recomendações:** A recomendação 30 do NSA Review Group diz: "Recomendamos que a equipe do Conselho de Segurança Nacional gerencie um processo entre agências para analisar com regularidade as atividades do governo dos EUA em relação a ataques que exploram uma vulnerabilidade antes desconhecida em um aplicativo ou sistema de computador. Eles são frequentemente chamados de ataques de 'Zero-day', porque os desenvolvedores não tiveram nenhum dia para solucionar e corrigir a vulnerabilidade. Em geral, a política dos EUA deve garantir que os Zero-days sejam bloqueados rapidamente, de modo que as vulnerabilidades subjacentes sejam corrigidas no governo dos EUA e em outras redes. Em raríssimos casos, a política dos EUA pode autorizar por pouco tempo o uso de um Zero-day para coleta de informação de alta prioridade, após análise do alto escalão das agências envolvendo todos os departamentos apropriados." Veja "Liberty and Security in a Changing World", Report and Recommendations of the President's Review Group on Intelligence and Communications Technologies, 12 de dezembro de 2013.

22 **disponibilizou um patch para o problema:** Ellen Nakashima e Craig Timberg, "NSA officials worried about the day its potent hacking tool would get loose. Then it did", *The Washington Post*, 16 de maio de 2017: www.washingtonpost.com/business/technology/nsa-officials-worried-about-the-day-its-potent-hacking-tool-would-get-loose-then-it-did/2017/05/16/50670b16-3978-11e7-a058-ddbb23c75d82_story html?utm_term=.7e5d51abc00e.

23 **aparentemente deixava a unidade da NSA:** Josh Gerstein, "Judge Won't Release Ex-NSA Contractor Accused Of Hoarding Classified Data", *Politico*, 21 de outubro de 2016: www.politico.com/story/2016/10/hal-harold-martin-nsa-classified-data-230168.

23 **A Kaspersky nega que isso aconteceu:** Shane Harris e Gordon Lubold, "Russian Hackers Stole NSA Data on U.S. Cyber Defense", *The Wall Street Journal*, 5 de outubro de 2017: www.wsj.com/articles/russian-hackers-stole-nsa-data-on-u-s-cyber-defense-1507222108.

25 **reclamou que ninguém no governo dos EUA:** Brad Smith, "The Need for Urgent Collective Action to Keep People Safe Online: Lessons from Last Week's Cyberattack", *Microsoft Blog*, 14 de maio de 2017: blogs.microsoft.com/on-the-issues/2017/05/14/need-urgent-collective-action-keep-people-safe-online-lessons-last-weeks-cyberattack.

25 **documentos Vault 7:** Semantic Security Response, "Longhorn: Tools used by cyberespionage group linked to Vault 7", Blog oficial da Symantec, 10 de abril de 2017: www.symantec.com/connect/blogs/longhorn-tools-used-cyberespionage-group-linked-vault-7.

25 **grupos de hackers chineses conhecidos como APT 3 e APT 10:** Andrew Griffin, "Wikileaks Files Detail CIA 'Umbrage' Project, which Would Allow Spies to Pin Attacks on Other Countries", *Independent*, 8 de março de 2017: www.independent.co.uk/life-style/gadgets-and-tech/news/wikileaks-files-cia-umbrage-hacker-secret-spies-explained-countries-donald-trump-russia-a7618661.html.

26 **"imprudentes e inconsequentes":** Essa citação é atribuída ao secretário de defesa britânico Gavin Williamson, dita em uma reunião com o secretário de defesa dos EUA, Jim Mattis, e outros ministros da defesa em Bruxelas, em 2018.

26 **interrompeu a programação de uma rede de televisão francesa:** Joseph Menn e Leigh Thomas, "France Probes Russian Lead in TV5Monde Hacking: Sources", Reuters, 10 de junho de 2015: reut.rs/1IGfCBo.

27 **"os sinais de alertas estão claros":** Em 13 de julho de 2018, DNI Coats fez essas declarações sobre as ciberameaças representadas pela Rússia, em um evento do Instituto Hudson.

28 **os sistemas bancários online dos oito maiores bancos norte-americanos foram paralisados.** David Sanger, "US Indicts 7 Iranians in Cyberattacks on Banks and a Dam", *The New York Times*, 24 de março de 2016: www.nytimes.com/2016/03/25/world/middleeast/us-indicts-iranians-in-cyberattacks-on-banks-and-a-dam.html.

28 **um vazamento químico letal, a ser planejado posteriormente:** Clifford Krauss e Nicole Perlroth, "A Cyberattack in Saudi Arabia Had a Deadly Goal. Experts Fear another Try", *The New York Times*, 15 de março de 2018: www.nytimes.com/2018/03/15/technology/saudi-arabia-hacks-cyberattacks.html.

28 **interromperem as atividades cibernéticas de outras nações:** Robert Chesney, "The 2018 DOD Cyber Strategy: Understanding 'Defense Forward' in Light of the NDAA and PPD-20 Changes", *Lawfare*, 25 de setembro de 2018: www.lawfareblog.com/2018-dod-cyber-strategy-understanding-defense-forward-light-ndaa-and-ppd-20-changes.

Capítulo 3: Dois Tipos de Empresas?

33 **Se temos dados:** Nick Theodore, "'We Have Data, Let's Look at Data'", Virtual Store Trials, 7 de junho de 2017: https://casestudies.storetrials.com/we-have-data-lets-look-at-data-e8a06e2e3331.

34 **Não tardou para que a CrowdStrike descobrisse:** Joseph Menn, "China Tried to Hack U.S. Firms Even After Cyber Pact: CrowdStrike", Reuters, 19 de outubro de 2015: www.reuters.com/article/us-usa-china-cybersecurity-idUSKCN0SD0AT20151020.

34 **escreveu Alperovitch no blog da CrowdStrike:** Dmitri Alperovitch, "The Latest on Chinese-affiliated Intrusions into Commercial Companies", Crowdstrike.com, 10 de outubro de 2015: www.crowdstrike.com/blog/the-latest-on-chinese-affiliated-intrusions-into-commercial-companies.

37 **opositor ferrenho das regras da era Obama:** Rob Knake e Aitel têm uma rivalidade de longa data sobre o processo VEP. É complicado. Para uma análise aprofundada, veja Ari Schwartz e Rob Knake, "Government's Role in Vulnerability Disclosure". Cyber Security Project, Belfer Center, Harvard Kennedy School, Harvard University, junho de 2016: www.belfercenter.org/sites/default/files/legacy/files/vulnerability-disclosure-web-final3.pdf; Dave Aitel e Matt Tait, "Everything You Know About the Vulnerability Equities Process Is Wrong", *LawFare*, 18 de agosto de 2016: www.lawfareblog.com/everything-you-know-about-vulnerability-equities-process-wrong.

37 **Somente alguns meses após a publicação de *Guerra Cibernética*:** Para uma análise minuciosa do Stuxnet, veja Kim Zetter, *Countdown to Zero Day: Stuxnet and the launch of the world's first digital weapon* (Nova York: Crown, 2014); para a versão do filme, veja o documentário Zero Days de 2016 de Alex Gibney.

40 **só na China existem 77 grupos APTs:** APT Groups and Operations é uma planilha pública do Google, mantida por Florian Roth, o CTO da Nextron Systems, uma empresa alemã de cibersegurança. O banco de dados pode ser acessado em: docs.google.com/spreadsheets/d/1H9_xaxQHpWaa4O_Son4Gx0YOIzlcBWMsdvePFX68EKU/edit#gid=361554658.

41 **o Departamento de Saúde e Serviços Humanos dos EUA:** O portal de vazamento e violações do Departamento de Saúde e Serviços Humanos está disponível em: ocrportal.hhs.gov/ocr/breach/breach_report.jsf.

41 **Quando Inskeep e outros pesquisadores:** A apresentação destes dados por Inskeep na Conferência RSA 2018 pode ser acessada em: www.rsaconference.com/events/us18/agenda/sessions/10891-evidence-based-security-the-new-top-five-controls. Knake aconselhou a Booz Allen Hamilton neste projeto.

44 **Em nossas análises de informações públicas sobre incidentes de cibersegurança:** Esta análise foi realizada por Akash Patel no Global Resilience Institute da Northeastern University.

44 **É paradoxal que, em 2013:** Ellen Nakashima, "U.S. Notified 3,000 Companies in 2013 About Cyberattacks", *The Washington Post*, 24 de março de 2014: www.washingtonpost.com/world/national-security/2014/03/24/74aff686-aed9-11e3-96dc-d6ea14c099f9_story.html?utm_term=.fd69b9890c2e.

NOTAS

44 **Keith Alexander, ex-diretor da NSA:** Veja a palestra de Alexander no American Enterprise Institute, Washington, D.C., 9 de julho de 2012: www.youtube.com/watch?v=JOFk44yy6IQ.

45 **"Você basicamente está lidando com o pessoal do Mossad:** James Mickens, "This World of Ours", Usenix.org, janeiro de 2014: www.usenix.org/system/files/1401_08-12_mickens.pdf.

46 **O framework do NIST:** O Framework de Cibersegurança do NIST está disponível gratuitamente para o público em: www.nist.gov/cyberframework.

46 **NIST 800 Series de publicações especiais:** NIST Special Publication 800-series General Information, 21 de maio de 2018: www.nist.gov/itl/nist-special-publication-800-series-general-information.

47 **Quando Inskeep analisou o relatório do ano passado:** "2017 Data Breach Investigations Report", 10 ed., Verizon: www.ictsecuritymagazine.com/wp-content/uploads/2017-Data-Breach-Investigations-Report.pdf.

Capítulo 4: Ciber Kill Chain

49 **"Intelligence-Driven Computer Network Defense":** Eric Hutchins, Michael Cloppert e Rohan Amin, "Intelligence-Driven Computer Network Defense Informed by Analysis of Adversary Campaigns and Intrusion Kill Chains", Lockheed Martin Corporation, 2011: www.lockheedmartin.com/content/dam/lockheed-martin/rms/documents/cyber/LM-White-Paper-Intel-Driven-Defense.pdf.

58 **Gagnon divulgou o gráfico:** Matriz ATT&CK: https://attack.mitre.org (não tem & no endereço online).

Capítulo 5: Pilha de Tecnologia

63 **não foi desenvolvido para ser usado:** Pete Johnson, "#gluecon 2013 Day 2 Recap", 7 de junho de 2013, *Nerd Guru (blog)*: https://nerdguru.wordpress.com.

66 **Essa matriz tenta registrar tudo:** A apresentação de Yu da Matriz de Defesa Cibernética na Conferência RSA de 2016 pode ser acessada em: www.rsaconference.com/writable/presentations/file_upload/pdil-w02f_understanding_the_security_vendor_landscape...-final.pdf.

70 **"Solving Cybersecurity in the Next Five Years":** A apresentação de Yu na Conferência RSA 2017 pode ser acessada em: www.youtube.com/watch?v=NckLpAEwkJE.

70 **pegou emprestado um conceito da Força Aérea:** Para uma análise aprofundada do ciclo O.O.D.A, veja Daniel Ford, *Vision So Noble: John Boyd, the OODA Loop, and America's War on Terror* (n.p.: CreateSpace Independent Publishing Platform, 2010).

73 **DevOps, abreviação para desenvolvimento e operações:** Para um tipo de explicação simpática do DevOps (em uma nova forma), veja Gene Kim, Kevin Behr e George Spafford, *O Projeto Fênix: Um romance sobre TI, DevOps e sobre ajudar o seu negócio a vencer* (Alta Books, 2017).

74 **De acordo com dados da Spamhaus:** The "Spamhaus Botnet Threat Report 2017" colocou a Amazon em segundo lugar em sua lista, atrás do provedor de hospedagem francês OVH. Veja: www.spamhaus.org/news/article/772/spamhaus-botnet-threat-report-2017; os dados contínuos do Spamhaus fornecidos em www.spamhaus.org/statistics/net mostraram a Amazon como a quarta pior spammer em 15 de janeiro de 2019.

75 **como derrotar um ator APT:** A apresentação de Rob Joyce sobre "Disrupting Nation-State Hackers" na conferência USENIX Enigma 2016, em 17 de janeiro de 2016, pode ser acessada em: www.youtube.com/watch?v=bDJb8WOJYdA.

77 **Amoroso, membro da Cyber Task Force:** "Building a Defensible Cyberspace", Report of the New York Cyber Taskforce, Columbia School of International and Public Affairs, 2 de novembro de 2017: sipa.columbia.edu/sites/default/files/3668_SIPA%20Defensible%20Cyberspace-WEB.PDF.

78 **Essas vulnerabilidades, apelidadas de Spectre e Meltdown:** Para uma discussão mais completa sobre Meltdown e Spectre, veja Josh Fruhlinger, "Spectre and Meltdown Explained: What They Are, How They Work, What's at Risk", CSO Online, 15 de janeiro de 2018: www.csoonline.com/article/3247868/vulnerabilities/spectre-and-meltdown-explained-what-they-are-how-they-work-whats-at-risk.html.

78 **pesquisadores da CrowdStrike descobriram:** Veja Jason Geffner, "VENOM: Virtualized Environment Neglected Operations Manipulation", Crowdstrike.com, 21 de maio de 2015: venom.crowdstrike.com.

80 **Mudge Zatko era o líder do L0pht:** Para uma análise aprofundada, veja Dennis Fisher, "'We Got to Be Cool About This': An Oral History of the LØpht", Duo.com, 6 de março de 2018: duo.com/decipher/an-oral-history-of-the-l0pht.

81 **examinou uma amostra:** A apresentação em PowerPoint desta pesquisa de Mudge Zatko no CanSecWest 2013 pode ser acessada em: cansecwest.com/slides/2013/CanSecWest-Final-Mudge_v1-no-notes.pptx.

84 **Ao definir e verificar formalmente:** Ainda há muitos problemas a serem resolvidos nos métodos informais. Para uma análise extensiva, veja Kathleen Fisher, "Using Formal Methods to Eliminate Exploitable Bugs", 24º Simpósio de Segurança USENIX, 13 de agosto de 2015: www.usenix.org/conference/usenixsecurity15/technical-sessions/presentation/fisher.

Capítulo 6: Resiliência Cibernética: A Melhor Ideia Ruim que Tivemos

87 **Os sites dos bancos norte-americanos, como JPMorgan:** *United States of America v. Ahmad Fathi.* Tribunal Distrital dos Estados Unidos, Distrito Sul de Nova York, 24 de março de 2016: www.justice.gov/opa/file/834996/download; Rob Knake também escreveu sobre esses ataques em "Obama's Cyberdoctrine", *Foreign Affairs*, 6 de maio de 2016: www.foreignaffairs.com/articles/united-states/2016-05-06/obamas-cyberdoctrine.

88 **"Gostaríamos que eles agissem":** Siobhan Gorman e Danny Yadron, "Banks Seek U.S. Help on Iran Cyberattacks", *The Wall Street Journal*, 16 de janeiro de 2013: www.wsj.com/articles/SB10001424127887324734904578244302923178548.

90 **Esse estudo, divulgado em 1997:** "Critical Foundations: Protecting America's Infrastructures", Report of the President's Commission on Critical Infrastructure Protection, outubro de 1997: fas.org/sgp/library/pccip.pdf.

91 **O presidente Bush rescindiu a PDD 63:** Homeland Security Presidential Directive HSPD 7, 17 de dezembro de 2013: www.energy.gov/oe/downloads/homeland-security-presidential-directive-hspd-7-december-17-2003.

91 **Quando um grupo bipartidário liderado por Jim Lewis:** "Securing Cyberspace for the 44th Presidency", relatório da comissão CSIS, Commission on Cybersecurity for the 44th Presidency, Center for Strategic and International Studies, dezembro de 2008, csis-prod.s3.amazonaws.com/s3fs-public/legacy_files/files/media/csis/pubs/081208_securingcyberspace_44.pdf.

91 **Assim que o presidente Obama assumiu o cargo:** "Cyberspace Policy Review: Assuring a Trusted and Resilient Information and Communications Infrastructure", Casa Branca, 29 de maio de 2009: fas.org/irp/eprint/cyber-review.pdf.

93 **Ao reconhecer as ciberameaças:** Emily Glazer, "J.P. Morgan CEO: Cybersecurity Spending to Double", *The Wall Street Journal*, 10 de outubro de 2014: www.wsj.com/articles/j-p-morgans-dimon-to-speak-at-financial-conference-1412944976.

94 **Conforme Daniel explicou:** Apresentação de Michael J. Daniels na Conferência RSA 2013, "007 or DDOS: What Is Real-World Cyber Policy?", https://obamawhitehouse.archives.gov/sites/default/files/docs/2013-02-28_final_rsa_speech.pdf.

96	Ao escrever para o *Financial Times*: Keith Alexander, "A Transatlantic Alliance Is Crucial in an Era of Cyberwarfare", *Financial Times*, 4 de setembro de 2018: www.ft.com/content/c01a7f94-af81-11e8-87e0-d84e0d934341.
97	**Alan Charles Raul, ex-vice-presidente:** Alan Charles Raul, "Cyberdefense Is a Government Responsibility", *The Wall Street Journal*, 5 de janeiro de 2015: www.wsj.com/articles/alan-charles-raul-cyberdefense-is-a-government-responsibility-1420502942.
97	**avaliações de impacto de privacidade:** "Privacy Impact Assessments", 24 de agosto de 2015: www.dhs.gov/privacy-documents-national-protection-and-programs-directorate-nppd.
98	**Comprehensive National Cyber Initiative:** "The Comprehensive National Cybersecurity Initiative", https://obamawhitehouse.archives.gov/issues/foreign-policy/cybersecurity/national-initiative.
98	**Enhanced Cybersecurity Services:** www.dhs.gov/enhanced-cybersecurity-services
98	**Essa realidade técnica:** Joel Hruska, "UK Introduces Law to Ban Civilian Encryption, But Government Policies Recommend Its Use", ExtremeTech.com: 4 de novembro de 2015: www.extremetech.com/extreme/217478-uk-introduces-law-to-ban-civilian-encryption-but-government-policies-recommend-its-use.
99	**Ninguém prestou muita atenção até:** Corey Bennet, "John Bolton, Cyber Warrior", *Politico*, 1º de abril de 2018: www.politico.com/story/2018/04/01/john-bolton-cyber-hawk-russia-451937.
101	**A Active Cyber Defense Certainty Act:** www.congress.gov/bill/115th-congress/house-bill/4036/text.
102	**Em seu livro clássico *The Causes of War*:** Stephen Van Evera, *The Causes of War: Power and the roots of conflict* (Ithaca, N.Y.: Cornell University Press, 1999).
103	**Allan Friedman e Peter Singer argumentaram:** Allan Friedman e Peter Singer, "Cult of the Cyber Offensive", *Foreign Policy*, 15 de janeiro e 2014: www.foreignpolicy.com/2014/01/15/cult-of-the-cyber-offensive.
103	**um grupo de executivos de segurança:** "Building a Defensible Cyberspace", New York Cyber Task Force, Columbia School of International and Public Affairs, 2 de novembro de 2017: http://sipa.columbia.edu/sites/default/files/3668_SIPA%20Defensible%20Cyberspace-WEB.PDF.

Capítulo 7: Empurrões e Grandes Empurrões

111	**a Casa Branca entregou ao Congresso:** "Fact Sheet: Cybersecurity Legislative Proposal", Casa Branca, 12 de maio de 2011: obamawhitehouse.archives.gov/the-press-office/2011/05/12/fact-sheet-cybersecurity-legislative-proposal.
112	**da Comissão CSIS:** "Securing Cyberspace for the 44th Presidency", A Report of the CSIS Commission on Cybersecurity for the 44th Presidency, The Center for Strategic and International Studies, dezembro de 2008: https://csis-prod.s3.amazonaws.com/s3fs-public/legacy_files/files/media/csis/pubs/081208_securingcyberspace_44.pdf.
113	**Seehra mostrou um exemplar do livro:** Richard Thaler e Cass Sunstein, *Nudge: Como tomar melhores decisões sobre saúde, dinheiro e felicidade* (Objetiva, 2019).
115	**Há vinte anos, quando o então presidente Bill Clinton:** "Defending America's Cyberspace: National Plan for Information Systems Protection", Casa Branca, 2000: https://fas.org/irp/offdocs/pdd/CIP-plan.pdf.
115	**para a surpresa de todos:** U.S. Department of Homeland Security Cybersecurity Strategy, 15 de maio de 2018: www.dhs.gov/sites/default/files/publications/DHS-Cybersecurity-Strategy_1.pdf.
118	**Regulation E of the Electronic Fund Transfer Act:** Robert K. Knake, "No, the FDIC Doesn't Insure Your Bank Account Against Cybercrime (and Why That Is OK)", The Council on Foreign Relations, 2 de dezembro de 2015: www.cfr.org/blog/no-fdic-doesnt-insure-your-bank-account-against-cybercrime-and-why-ok.

119 **Ponemon Institute:** "2017 Cost of Data Breach Study", PonemonInstitute.org, junho de 2017: info.resilientsystems.com/hubfs/IBM_Resilient_Branded_Content/White_Papers/2017_Global_CODB_Report_Final.pdf.

119 **navios petroleiros que operam em águas norte-americanas:** Robert K. Knake, "To Prevent Another Equifax Breach, Treat Data Leaks Like Oil Spills", Council on Foreign Relations, 8 de setembro de 2017: www.cfr.org/blog/prevent-another-equifax-breach-treat-data-leaks-oil-spills.

120 **Desde 2012, a Califórnia passou a exigir:** "California Attorney General Concludes That Failing to Implement the Center for Internet Security's (CIS) Critical Security Controls 'Constitutes a Lack of Reasonable Security'", Center for Internet Security, 22 de fevereiro de 2016: www.prnewswire.com/news-releases/california-attorney-general-concludes-that-failing-to-implement-the-center-for-internet-securitys-cis-critical-security-controls-constitutes-a-lack-of-reasonable-security-300223659.html.

120 **Em setembro de 2018:** Adi Robertson, "California Just Became the First State with an Internet of Things Cybersecurity Law", TheVerge.com, 28 de setembro de 2018: www.theverge.com/2018/9/28/17874768/california-iot-smart-device-cybersecurity-bill-sb-327-signed-law.

120 **Em 2018, Ohio promulgou a lei:** Michael Kassner, "Ohio Law Creates Cybersecurity 'Safe Harbor' for Businesses", TechRepublic.com, 3 de janeiro de 2019: www.techrepublic.com/article/ohio-law-creates-cybersecurity-safe-harbor-for-businesses.

120 **Departamento de Serviços Financeiros do Estado de Nova York:** Nate Lord, "What Is the NYDFS Cybersecurity Regulation? A Cybersecurity Compliance Requirement for Financial Institutions", DigitalGuardian.com, 3 de janeiro de 2019: digitalguardian.com/blog/what-nydfs-cybersecurity-regulation-new-cybersecurity-compliance-requirement-financial.

123 **Segundo Chris Demchak:** Chris C. Demchak e Yuval Shavitt, "China's Maxim—Leave No Access Point Unexploited: The Hidden Story of China Telecom's BGP Hijacking", *Military Cyber Affairs* 3, no. 1, Article 7 (2018): doi.org/10.5038/2378-0789.3.1.1050.

123 **redirecionam frequentemente o tráfego da internet:** Justin Sherman, "Hijacking the Internet Is Far Too Easy", *Slate*, 16 de novembro de 2018: slate.com/technology/2018/11/bgp-hijacking-russia-china-protocols-redirect-internet-traffic.html.

125 **Zurich, a grande companhia suíça de seguros:** Steve Evans, "Mondelez's NotPetya Cyber Attack Claim Disputed by Zurich", Reinsurance News, 17 de dezembro de 2018: www.reinsurancene.ws/mondelezs-notpetya-cyber-attack-claim-disputed-by-zurich-report.

130 **Segundo a Royal Canadian Mounted Police:** "Ransomware: Recognize, Reject, and Report It!", Royal Canadian Mounted Police, Scams and Frauds, acessado em 15 de janeiro de 2019: www.rcmp-grc.gc.ca/scams-fraudes/ransomware-rancongiciels-eng.htm#fn1.

130 **Os dois iranianos:** "SamSam Subjects", Wanted poster, Federal Bureau of Investigation, acessado em 15 de janeiro de 2019: www.fbi.gov/wanted/cyber/samsam-subjects.

130 **recusou-se a pagar o resgate de US$50 mil:** Chris Teale, "Atlanta Mayor Says Cyberattack Came As 'Surprise' to City, Residents", SmartCitiesDive.com, 11 de maio de 2018: www.smartcitiesdive.com/news/atlanta-cyberattack-surprise-Keisha-Lance-Bottoms/523323.

Capítulo 8: É Você Mesmo?

133 **"a confiar cada vez menos nas senhas.":** Munir Kotadia, "Gates Predicts Death of the Password", CNET, 25 de fevereiro de 2004: www.cnet.com/news/gates-predicts-death-of-the-password.

135 **O presidente Bush assinou:** Homeland Security Presidential Directive HSPD 4: National Strategy to Combat Weapons of Mass Destruction [Unclassified Version], Casa Branca, dezembro de 2002, www.hsdl.org/?abstract&did=860.

139 **Assim, qualquer pessoa em posse dessas informações:** "Key IRS Identity Theft Indicators Continue Dramatic Decline in 2017; Security Summit Marks

NOTAS

2017 Progress Against Identity Theft", Internal Revenue Service, 8 de fevereiro de 2018: www.irs.gov/newsroom/key-irs-identity-theft-indicators-continue-dramatic-decline-in-2017-security-summit-marks-2017-progress-against-identity-theft.

139 **Uma das primeiras iniciativas:** "National Strategy for Trusted Identities in Cyberspace", Casa Branca, abril de 2011: www.hsdl.org/?view&did=7010.

141 **Jeremy ajudou a reunir o:** Veja Better Identity Coalition, About Us, www.betteridentity.org.

Capítulo 9: Resolvendo o Problema das Pessoas

157 **50 mil novos profissionais de cibersegurança:** "Report on Securing and Growing the Digital Economy", Commission on Enhancing National Cybersecurity", 1º de dezembro de 2016: obamawhitehouse.archives.gov/sites/default/files/docs/cybersecurity_report.pdf.

Capítulo 10: Redes de Energia e Jogos de Poder

160 **a National Strategy to Secure Cyberspace** [Estratégia Nacional de Segurança do Ciberespaço] **de 2003 do presidente George W. Bush:** "The National Strategy to Secure Cyberspace", Casa Branca, fevereiro de 2003: www.us-cert.gov/sites/default/files/publications/cyberspace_strategy.pdf.

161 **que um worm:** "Final Report on the August 14, 2003 Blackout in the United States and Canada: Causes and Recommendations", U.S.-Canada Power System Outage Task Force, U.S. Department of Energy, abril de 2004: www.energy.gov/sites/prod/files/oeprod/DocumentsandMedia/BlackoutFinal-Web.pdf.

161 **um gerador foi atacado:** Emanuel Bernabeu e Farid Katiraei, "Aurora Vulnerability: Issues and Solutions", Dominion, 24 de julho de 2011: www.smartgrid.gov/files/Aurora_Vulnerability_Issues_Solution_Hardware_Mitigation_De_201102.pdf.

162 **deixando boa parte da Ucrânia no escuro:** Jim Finkle, "US Firm Blames Russian 'Sandworm' Hackers for Ukraine Outage", Reuters, 7 de janeiro de 2016: reut.rs/1OebtCB.

162 *Duro de Matar 4.0*, **estrelado por Bruce Willis:** No filme, Bruce Willis enfrentou um vilão ex-especialista em cibersegurança do governo, que Manohla Dargis acredita ter sido inspirado em Clarke. Manohla Dargis, "Pick Your Poison: Fists or Fireballs", *The New York Times*, 27 de junho de 2007: www.nytimes.com/2007/06/27/movies/27hard.html.

163 **reduzir o alcance dos incidentes reportados:** "FERC Requires Expanded Cybersecurity Incident Reporting", Federal Energy Regulatory Commission, 19 de julho de 2018: www.ferc.gov/media/news-releases/2018/2018-3/07-19-18-E-1.asp.

171 **Agência de Defesa de Mísseis do DOD:** "Historical Funding for MDA FY85-17", U.S. Department of Defense Missile Defense Agency, acessado em 8 de janeiro de 2019: mda.mil/global/documents/pdf/FY17_histfunds.pdf.

171 **o Congresso aprovou US$11,5 bilhões:** Mike Stone, "U.S. Missile Defense Agency Budget Boosted to $11.5 Billion", Reuters, 22 de março de 2018: reut.rs/2GdhC8R.

171 **gira em torno de US$140 bilhões:** Jeff Daniels, "Competition to Replace US Nuclear Missiles Is Down to 2 Companies, but Uncertainties Remain", CNBC, 22 de agosto de 2017: cnb.cx/2xaP8oY.

Capítulo 12: Forças Armadas, Domínios e Hegemonia

190 **operações cibernéticas ao Pentágono:** Ellen Nakashima, "White House authorizes 'offensive cyber operations' to deter foreign adversaries", *The Washington Post*, 20 de setembro de 2018: www.washingtonpost.com/world/national-security/trump-authorizes-offensive-cyber-

operations-to-deter-foreign-adversaries-bolton-says/2018/09/20/b5880578-bd0b-11e8-b7d2-0773aa1e33da_story.html?utm_term=.2f0bcf5cfe4f.

190 **O presidente Obama reprimiu as operações cibernéticas:** David E. Sanger, "Pentagon Puts Cyberwarriors on the Offensive, Increasing Risk of Conflict", *The New York Times*, 17 de junho de 2018: www.nytimes.com/2018/06/17/us/politics/cyber-command-trump.html.

192 **elenca cinco objetivos:** "1. Garantir que a Joint Force possa cumprir suas missões em um ambiente cibernético com conflito; 2. Fortalecimento da Joint Force, conduzindo operações ciberespaciais que aumentem as vantagens militares dos EUA; 3. Defender a infraestrutura crítica dos EUA das ciberatividades maliciosas, que, por si só ou como parte de uma campanha, podem ocasionar um incidente cibernético significativo; 4. Proteger informações e sistemas do DOD contra ciberatividades maliciosas, incluindo informações do DOD em redes não pertencentes a ele; e 5. Ampliar a cooperação cibernética entre o DOD e demais agências, no setor e internacionalmente." Veja "Summary: Department of Defense Cyber Strategy 2018", U.S. Department of Defense, setembro de 2018: media.defense.gov/2018/Sep/18/2002041658/-1/-1/1/CYBER_ STRATEGY_ SUMMARY_FINAL.PDF.

196 **o Irã invadiu:** Julian E. Barnes e Siobhan Gorman, "U.S. Says Iran Hacked Navy Computers", *The Wall Street Journal*, 27 de setembro de 2013: www.wsj.com/articles/us-says-iran-hacked-navy-computers-1380314771.

196 **foi bem-sucedido usando o wiper:** Lily Hay Newman, "The Iran Hacks Cybersecurity Experts Feared May Be Here", *Wired*, 18 de dezembro de 2018: www.wired.com/story/iran-hacks-nuclear-deal-shamoon-charming-kitten.

197 **relatório bastante preocupante:** "Weapon Systems Cybersecurity", Report to the Committee on Armed Services, U.S. Senate, GAO-19-128, Government Accountability Office, outubro de 2018: www.gao.gov/assets/700/694913.pdf.

197 **navios de combate da classe USS Freedom estão vulneráveis a ataques hackers:** Andrea ShalalEsa, "Cyber vulnerabilities found in Navy's newest warship: official", Reuters, 23 de abril de 2013: www.reuters.com/article/us-usa-cybersecurity-ship/cyber-vulnerabilities-found-in-navys-newest-warship-official-idUSBRE93N02 X20130424.

197 **Naval Undersea Warfare Center, em Rhode Island:** Ellen Nakashima e Paul Sonne, "China hacked a Navy contractor and secured a trove of highly sensitive data on submarine warfare", *The Washington Post*, 8 de junho de 2018: www.wash ingtonpost.com/world/national-security/china-hacked-a-navy-contractor-and-secured-a-trove-of-highly-sensitive-data-on-submarine-warfare/2018/06/08/6cc396fa-68e6-11e8-bea7-c8eb28bc52b1_story.html.

198 **usa o frágil e ultrapassado Windows XP:** Jeremy Hsu, "Why the Military Can't Quit Windows XP", *Slate*, 4 de junho de 2018: slate.com/technology/2018/06/why-the-military-cant-quit-windows-xp.html.

198 **Entre os sistemas de armas comprometidos:** Caitlin Dewey, "The US Weapons Systems That Experts Say Were Hacked by the Chinese", *The Washington Post*, 28 de maio de 2013: wapo.st/18qIQBk.

201 **Congresso que estava "bastante desapontado":** Ash Carter, "A Lasting Defeat: The Campaign to Destroy ISIS", Belfer Center, Harvard Kennedy School, Harvard University, outubro de 2017: www.belfercenter.org/publication/lasting-defeat-campaign-destroy-isis.

201 **sem sua aprovação pessoal:** David E. Sanger, "Trump Loosens Secretive Restraints on Ordering Cyberattacks", *The New York Times*, 20 de setembro de 2018: www.nytimes.com/2018/09/20/us/politics/trump-cyberattacks-orders.html.

202 **A CIA e a NSA:** James Bamford, "NSA Snooping Was Only the Beginning. Meet the Spy Chief Leading Us into Cyberwar", *Wired*, 12 de junho de 2013: www.wired.com/2013/06/general-keith-alexander-cyberwar.

NOTAS

202 **autorizou um plano de contingência:** David E. Sanger e Mark Mazzetti, "U.S. Had Cyberattack Plan if Iran Nuclear Dispute Led to Conflict", *The New York Times*, 16 de fevereiro de 2016: www.nytimes.com/2016/02/17/world/middleeast/us-had-cyberattack-planned-if-iran-nuclear-negotiations-failed.html.

203 **eles não tinham autorização para fazer isso:** Robert Chesney, "The 2018 DOD Cyber Strategy: Understanding 'Defense Forward' in Light of the NDAA and PPD-20 Changes", *Lawfare*, 25 de setembro de 2018: www.lawfareblog.com/2018-dod-cyber-strategy-understanding-defense-forward-light-ndaa-and-ppd-20-changes.

203 **Estratégia Cibernética do Departamento de Defesa de 2018:** "Department Of Defense Cyber Strategy Summary", Departamento de Defesa dos Estados Unidos, 2018: https://media.defense.gov/2018/Sep/18/2002041658/-1/-1/1/CYBER_STRATEGY_SUMMARY_FINAL.PDF.

203 **testes de mísseis balísticos iranianos e norte-coreanos:** David E. Sanger e William J. Broad, "Trump Inherits a Secret Cyberwar Against North Korean Missiles", *The New York Times*, 4 de março de 2017: www.nytimes.com/2017/03/04/world/asia/north-korea-missile-program-sabotage.html.

204 **autoridade para tomada de decisão sobre ciberataques ao Departamento de Defesa:** Dakota S. Rudesill, "Trump's Secret Order on Pulling the Cyber Trigger", *Lawfare*, 29 de agosto de 2018: www.lawfareblog.com/trumps-secret-order-pulling-cyber-trigger.

Capítulo 13: Um Acordo de Schengen para a Internet

213 **O ciberespaço não é um domínio sem fronteiras:** Entrevista do autor com Michael Daniel, 2019.

213 **Eric Schmidt acredita que:** Lora Kolodny, "Former Google CEO Predicts the Internet Will Split in Two—And One Part Will Be Led by China", CNBC, 20 de setembro de 2018: www.cnbc.com/2018/09/20/eric-schmidt-ex-google-ceo-predicts-internet-split-china.html.

213 **o conselho editorial do *New York Times*:** Conselho editorial, "There May Soon Be Three Internets. America's Won't Necessarily Be the Best", *The New York Times*, 15 de outubro de 2018: www.nytimes.com/2018/10/15/opinion/internet-google-china-balkanization.html.

214 **"internet aberta, interoperável, segura e confiável":** "International Strategy for Cyberspace: Prosperity, Security, and Openness in a Networked World", Casa Branca, maio de 2011: https://obamawhitehouse.archives.gov/sites/default/files/rss_viewer/international_strategy_for_cyberspace.pdf.

214 **Apesar de a Rússia ter divulgado planos:** Tracy Staedter, "Why Russia is Building Its Own Internet", IEEE Spectrum, 17 de janeiro de 2018: spectrum.ieee.org/tech-talk/telecom/internet/could-russia-really-build-its-own-alternate-internet.

214 **testando sua internet autônoma em dezembro de 2019:** Catalin Cimpanu, "Russia to disconnect from the internet as part of a planned test", ZDNet, 11 de fevereiro de 2019: www.zdnet.com/article/russia-to-disconnect-from-the-internet-as-part-of-a-planned-test.

217 **Quando o Yahoo disse à França:** Para uma análise excelente a respeito desse assunto, veja Tim Wu e Jack Goldsmith, *Who Controls the Internet?: Illusions of a borderless world* (Nova York: Oxford University Press, 2006).

218 **UN's Group of Governmental Experts:** Elaine Korzak, "UN GGE on Cybersecurity: The End of an Era?", *The Diplomat*, 31 de julho de 2017: https://thediplomat.com/2017/07/un-gge-on-cybersecurity-have-china-and-russia-just-made-cyberspace-less-safe.

220 **"proporcionou melhor chance de o Reino Unido":** Asa Bennett, "Did Britain really vote Brexit to cut immigration?", *The Telegraph*, 29 de junho de 2016: www.telegraph.co.uk/news/2016/06/29/did-britain-really-vote-brexit-to-cut-immigration.

221 **As tentativas de abandonar o NAFTA:** Para uma visão geral dessas disposições, veja Anupam Chander, "The Coming North American Digital Trade Zone", Council on Foreign Relations, 9 de outubro de 2018: www.cfr.org/blog/coming-north-american-digital-trade-zone.

221 **Como ressalta Michael Geist:** Michael Geist, "How the USMCA falls short on digital trade, data protection and privacy", *Washington Post*, 3 de outubro de 2018: www.washingtonpost.com/news/global-opinions/wp/2018/10/03/how-the-usmca-falls-short-on-digital-trade-data-protection-and-privacy.

222 **A Lei CLOUD:** Para uma visão geral concreta do Cloud Act, veja Jennifer Daskal e Peter Swire, "Why the Cloud Act is Good for Privacy and Human Rights", *Lawfare*, 14 de março de 2018: www.lawfareblog.com/why-cloud-act-good-privacy-and-human-rights.

Capítulo 14: Protegendo a Democracia

227 **Escove os seus dentes:** Andy Greenberg, "Hacked or Not, Audit This Election (And All Future Ones)", *Wired*, 3 de novembro de 2016: www.wired.com/2016/11/hacked-not-audit-election-rest.

227 **Chen revelou suas descobertas:** Adrian Chen, "The Agency", *The New York Times*, 2 de junho de 2015: www.nytimes.com/2015/06/07/magazine/the-agency.html.

228 **o que a Internet Research Agency estava fazendo:** Ellen Nakashima, "US Cyber Command Operation Disrupted Internet Access of Russian Troll Factory On Day of 2018 Midterms", *The Washington Post*, 27 de fevereiro de 2019: https://www.washingtonpost.com/world/national-security/us-cyber-command-operation-disrupted-internet-access-of-russian-troll-factory-on-day-of-2018-midterms/2019/02/26/1827fc9e-36d6-11e9-af5b-b51b7ff322e9_story.html.

229 **"O sonho [dos adversários dos EUA]":** Alex Stamos, "The Battle for the Soul of the Internet", National Security and Technology Congressional Briefing Series, Washington, D.C., 15 de novembro de 2018.

232 **um plano de ação para se defender contra a guerra híbrida:** Jamie Fly, Laura Rosenberger e David Salvo, "The ASD Policy Blueprint for Countering Authoritarian Interference in Democracies", German Marshall Fund of the United States, 26 de junho de 2018: www.gmfus.org/publications/asd-policy-blueprint-countering-authoritarian-interference-democracies.

235 **criou um manual:** "Cybersecurity Campaign Playbook", Belfer Center, Harvard Kennedy School, Harvard University, novembro de 2017: www.belfercenter.org/publication/cybersecurity-campaign-playbook.

237 **os eleitores desistem de votar e retornam para casa:** Michael Powell e Peter Slevin, "Several Factors Contributed to 'Lost' Voters in Ohio", *The Washington Post*, 15 de dezembro de 2004: www.washingtonpost.com/wp-dyn/articles/A64737-2004Dec14.html.

237 **os russos tentaram invadir:** Cynthia McFadden, William M. Arkin e Kevin Monahan, "Russians Penetrated U.S. Voter Systems, Top U.S. Official Says", NBC News, 7 de fevereiro de 2018: www.nbcnews.com/politics/elections/russians-penetrated-u-s-voter-systems-says-top-u-s-n845721.

237 **"as autoridades estaduais que cuidam da TI":** Stamos, "The Battle for the Soul of the Internet".

243 **o povo norte-americano não sabia:** Ellen Nakashima, "U.S. cyber force credited with helping stop Russia from undermining midterms", *The Washington Post*, 14 de fevereiro de 2019: www.washingtonpost.com/world/national-security/us-cyber-force-credited-with-helping-stop-russia-from-undermining-midterms/2019/02/14/ceef46ae-3086-11e9-813a-0ab2f17e305b_story.html?utm_term=.5f7a07722e31.

Capítulo 15: Inteligência Real e Artificial

247 **Seja lá quem for que se torne o líder:** Vladimir Putin fez esses comentários no Dia Nacional do Conhecimento Russo ao palestrar para estudantes na região de Yaroslavl, da Federação Russa, em setembro de 2017: https://ruptly.tv/#/videos/20170901-032.

250 **a IA nasceu em 1956:** James Moor, "The Dartmouth College Artificial Intelligence Conference: The Next Fifty years", *AI Magazine* 27, no. 4 (dezembro de 2006): 87–89.

256 **proíbe o uso de armas autônomas:** "Autonomy in Weapon Systems", Department of Defense Directive Number 3000.09, U.S. Department of Defense, 8 de maio de 2017: www.esd.whs.mil/Portals/54/Documents/DD/issuances/dodd/300009p.pdf.

258 **"rede adversária gerativa" para enganar outro software:** Omid Poursaeed et al., "Generative Adversarial Perturbations", *CVPR* (2018): vision.cornell.edu/se3/wp-content/uploads/2018/03/2387.pdf.

258 **um programa de ataque de IA chamado DeepLocker:** Marc Ph. Stoecklin, com Jiyong Jang e Dhilung Kirat, "DeepLocker: How AI Can Power a Stealthy New Breed of Malware", IBM.com, 8 de agosto de 2018: securityintelligence.com/deeplocker-how-ai-can-power-a-stealthy-new-breed-of-malware.

Capítulo 16: Um Pouco de Consolo para a Segurança

263 **Experimento de Fenda Dupla de Young:** "The Quantum Experiment that Broke Reality", Space Time, PBS Digital Studios, 27 de julho de 2016: YouTube, youtu.be/p-MNSLsjjdo.

264 **cientistas chineses criaram dois fótons entrelaçados:** Juan Yin et al., "Satellite-Based Entanglement Distribution over 1200 Kilometers", *Science* 356, no. 6343 (junho de 2017): 1140–44.

268 **o governo chinês investe bilhões de dólares:** Stephen Chen, "China Building World's Biggest Quantum Research Facility", *South China Morning Post*, 11 de setembro de 2017: www.scmp.com/news/china/society/article/2110563/china-building-worlds-biggest-quantum-research-facility.

270 **Métodos de criptografia Quantum Resistant:** "Post-Quantum Cryptography", National Institute of Standards and Technology, CSRM.NIST.com, acessado em 4 de janeiro de 2019: csrc.nist.gov/projects/post-quantum-cryptography.

Capítulo 17: 5G e IoT

276 **um quarto de trilhão de dólares:** Hillol Roy, "Tackling the Cost of a 5G build", Accenture.com, 3 de agosto de 2018: www.accenture.com/us-en/insights/strategy/5G-network-build.

278 **publicou 132 perguntas:** "Promoting Unlicensed Use of the 6 Ghz Band", Notice of Proposed Rulemaking, Federal Communications Commission, 2 de outubro de 2018: https://docs.fcc.gov/public/attachments/DOC-354364A1.pdf

278 **"A expectativa de que as redes 5G":** Federal Communications Commission, "Fifth Generation Wireless Network and Device Security", *Federal Register* 82, no. 13 (23 de janeiro de 2017): 7825–7830: www.govinfo.gov/content/pkg/FR-2017-01-23/pdf/2017-01325.pdf.

280 **fazendeiros irritados com todo esse processo descobriram que hackers:** Jason Koebler, "Why American Farmers Are Hacking Their Tractors with Ukrainian Firmware", Motherboard. vice.com, 21 de março de 2017: motherboard.vice.com/en_us/article/xykkkd/why-american-farmers-are-hacking-their-tractors-with-ukrainian-firmware.

285 **uma instalação petroquímica na Arábia Saudita:** David E. Sanger, "Hack of Saudi Petrochemical Plant Was Coordinated from Russian Institute", *The New York Times*, 23 de outubro de 2018: www.nytimes.com/2018/10/23/us/politics/russian-hackers-saudi-chemical-plant.html.

285 **"risco de controle de terceiros":** Carta de advertência para Abbott Laboratories da Food and Drug Administration, 12 de abril de 2017: www.fda.gov/iceci/enforcementactions/warningletters/2017/ucm552687.htm.

288 **emissão de regulamentos que exigem tais garantias:** Colin Dwyer, "Department of Transportation Rolls Out New Guidelines for Self-Driving Cars", National Public Radio,

12 de setembro de 2017: www.npr.org/sections/thetwo-way/2017/09/12/550533833/department-of-transportation-rolls-out-new-guidelines-for-self-driving-cars.

Capítulo 18: Reduza Seus Próprios Riscos

295 **Gostamos das senhas de dez caracteres:** "How to Choose a Password", Office of Information Security, University of Cincinnati, acessado em 6 de janeiro de 2019: www.uc.edu/infosec/password/choosepassword.html.

297 **cobranças fraudulentas de cartão de débito:** "Lost or Stolen Credit, ATM, and Debit Cards", Consumer Information, Federal Trade Commission, agosto de 2012: www.consumer.ftc.gov/articles/0213-lost-or-stolen-credit-atm-and-debit-cards.

Capítulo 19: Tudo Feito, Exceto o Código

305 **Estratégia Internacional para o Ciberespaço:** "International Strategy for Cyberspace", Casa Branca, maio de 2011: obamawhitehouse.archives.gov/sites/default/files/rss_viewer/international_strategy_for_cyberspace.pdf.

305 **chegaram a uma conclusão simples:** Matthew G. Devost, Jeff Moss, Neal A. Pollard e Robert J. Stratton III, "All Done Except the Coding: Implementing the International Strategy for Cyberspace", *Georgetown Journal of International Affairs*, 2011, 197–208: www.jstor.org/stable/43133830?seq=1#page_scan_tab_contents.

Índice

Símbolos

5G, 275-290
   frequências das ondas, 276
   requisitos de segurança, 278
   revolução, 276
   segurança, 277
2018 DOD Cyber Strategy, 189

A

Acordo de Schengen, 214-226
   Digital, 222-224
acordos pós-Brexit
   fronteiras, 220
Active Cyber Defense Certainty Act, lei, 101
advanced persistent threats (APT), 48
air gap, 164
All Done Except the Coding, artigo, 305
Alliance for Securing Democracy (ASD), 232
ameaças persistentes avançadas (APT), 33
aprendizado de máquina (AM), 251
aprendizado profundo, 252
armas cibernéticas, 248
   uso indevido, 191
armas nucleares, 248
ataque à energia elétrica
   autoridade, 167
   plano B
      sugestão, 169-170
   práticas de cibersegurança
      melhores, 168
   preparação, 168
   programa de caça a ciberameaças, 168
ataques DDoS, 223
   low-and-slow, 255
autenticação, 137-146
   multifator, 136
autorização, 137

B

balcanização, 219
BGP, 123
Bill Clinton, 3-4
Bitcoin, 6
blockchain, 6
bots e trolls
   redes sociais, 241
British National Health Service
   ciberataque, 18
Bug do Milênio (Y2K), 271

C

Chad Rigetti, 265
CIA, 24
ciberataque
   constrangimento público,
      como resposta ao, 28

ÍNDICE

contra-ataque, 13
imputação de responsabilidade, 13
Longhorn, grupo, 25
NotPetya, 19–21
NSA, 24
Stuxnet, 21
VM escape attack, 78
WannaCry, 18–19
cibercrime, 257
ciberdefensores, 52
   computação em nuvem, 77
   mentalidade dos, 57
ciberespaço, 90
   agentes mal-intencionados, 257
   característica positiva, 6
   cultura de segurança, 209
   Exército dos EUA e o, 12
   futuro do, 247–260
   guerra, 191–192
      militares, 191
   hegemonia, 192
   quinto domínio de um conflito, 6
   software com código mal escrito, 80
   vigilantismo no, 13
cibersegurança, 4
   aumento do investimento em, 5
   compartilhamento de informações, 59
   computação quântica e a, 262–266
   crise de mão de obra em, 148–150
   e o uso de IA, 249
   kill chain, 52
   primeira estratégia nacional de, 7
   resiliência cibernética, 14–16
   seguro cibernético, 5
   vantagem competitiva, 9
Ciclo de Vida de Desenvolvimento Seguro (SDLC), 81
ciclo O.O.D.A, 70
CISA, 178
código logic bomb, 203
Comando Cibernético do Pentágono, 24
computação em nuvem, 77
   o perigo da, 78
computação quântica, 263–274
   criptografia, 269
   problemas para viabilização, 267
comunicações empresariais, 217
concentração de risco, 78
conflito cibernético militar, 244
Convenção de Budapeste, 221–222
Corey Bennett, 99
corrida armamentista
   da IA, 249
   quântica, 273

criminosos virtuais, 6
CrowdStrike, 34
Cyber Command, 199
CyberCorps, programa, 174–186
cyber moonshot, 10
Cybersecurity Workforce Initiative, 157

D

D3P, 234–235
Dave Aitel, 35–37
David Edelman, 218
DBT, prática, 118
DDoS, ataques, 38
década da identificação, 1980, 71
Declaração de Independência do Ciberespaço, 216
DeepCoder, projeto, 83
departamentos de TI estaduais, 181
descoerência, efeito de, 267
DevOps, 73–74
dilema de equidade, 22
diplomacia, 211
dissuasão por negação, 15–16
distribuição igualitária, 11
distribuição quântica de chaves (QKD), 271
divulgação de atividade maliciosa, 44
Dmitri Alperovitch, 33
DOD, 81
   papel cibernético, 207

E

economia digital, 8
ecossistema eleitoral, 235–238
   D-trip, 241
   interferência, 234
   segurança eleitoral, 238–240
Ed Amoroso, 79
EDR, software, 182
Edward Snowden, 22
Einstein, programa de defesa, 97–98
energia elétrica
   ciberataque, 162
   Rússia, 166
entrelaçamento quântico, 264
Equation Group, 24
Eric Rosenbach, 230
Escritório de Gestão de Pessoal (OPM), 183
Espaço Schengen, 220
   da Internet, 225
estado de melhoria contínua, 308
Estratégia Internacional para
   o Ciberespaço, 305

ÍNDICE

estratégia NSTIC, 139
EternalBlue, 22–30
Experimento de Fenda Dupla de Young, 263
experimento europeu, 219
exploit
  zero-day, 22

F

Fancy Bear, 20
ferramentas de acesso remoto (RATs), 38
Five Guys, 22
fontes e métodos, 242
Forças Armadas do Irã, 28
forças nucleares
  Estados Unidos e União Soviética, 191
Força-Tarefa de Ação Financeira (FATF), 224
fotônica pura, 267
Frank DiGiovanni, 147–158
  Cyber Operations Academy Course, 153
fronteiras, 217
FSRBS, órgãos, 224

G

Gabinete de Informação e Assuntos Regulatórios (OIRA), 113
George Kurtz, 34
gerenciamento de eventos e informações de segurança (SIEM), 72
Government Accountability Office (GAO), 182
Greenlight, software, 82–83
GRU (Departamento Central de Inteligência das Forças Armadas da Rússia), 20
  Fancy Bear, hackers do, 20
  Ucrânia, ataque do, 20
guerra
  cibernética, 20–21
    anos 1990, 229
    solução, 10
  cinética, 195
  de informação, 229

H

hackers, 5
  big data, 259
  como agem, 40
  falhas causadas por, 8
  lulz, 41
  objetivo de, 38
  programa de força bruta, 295
  Shadow Brokers, grupo fictício, 24
  TAO, equipe de, 153

Harold Martin, 23
Home Depot, modelo de negócios, 94–96
Huawei, 277

I

IA/AM
  dados, 254
IaaS (Infraestrutura como Serviço), 76
ICS, software, 280
identidade federada, 138
identificação, 137
informação de segurança, 223
informações de identificação pessoal (PII), 294
inteligência analítica avançada, 137
inteligência artificial (IA), 247–260
  aprendizado de máquina (AM), 251
    aprendizado profundo, 252
    aprendizado supervisionado, 251
    rede neural artificial, 251
  gerenciamento de acesso privilegiado (PAM), 253
  gerenciamento de identidades e acesso (IAM), 253
  mineração de dados, 251–253
  na cibersegurança, usos da, 252–253
  sistemas de proteção de endpoint, 252
  surgimento, 250
Inteligência Militar Russa. *consulte* GRU (Departamento Central de Inteligência das Forças Armadas da Rússia)
internet
  Acordo de Schengen para, 215
  desintegração da, 214
  fragmentada, 213
Internet das Coisas (IoT), 275–290
  sensores, 284
iPhone, 135
Irã e Israel
  conflito, 193
IXP (internet exchange points), 88

J

James Comey, 128
James Mickens, 45
Jason Healey, 104
Jerry Brown, 120
Jim Routh, 42
John Bolton, 99
John Livingston, 281
John Perry Barlow, 215–218
Julian Assange, 24

K

Kamala Harris, 120
Kaspersky, antivírus, 23
Katherine Archuleta, 183
kill chain, processo, 50–62
  etapas da, 51

L

Laura Rosenberger, 230
leave voters, 219
LEET, alfabeto, 104
Lei
  CLOUD, 222–223
  de Metcalfe, 218
  de Moore, 218
  de Seguro de Risco ao Terrorismo (TRIA), 127
  HAVA, 236
  REAL ID, 140
  SB-2020, 120

M

malware
  DeepLocker, 258
  Mirai, 287
  NotPetya, 9
  Stuxnet, 37
  wiper, 19
matéria quântica, 263
Matriz ATT&CK, 58
Matriz de Defesa Cibernética, 66–67
M.E.Doc
  software, 20
mercado de seguros
  risco cibernético, 125
Metasploit, ferramenta, 48
Michael Sulmeyer, 102
Microsoft
  ataque de malware, 18
  Ciclo de Vida de Desenvolvimento Seguro (SDLC), 81
  SecurID, 133
MITRE Corporation, 56
modelo de realidade
  realismo, 264
modelo Schengen, 219–223
  roteamento Schengen, 222
Mondelēz, 125
Mudge Zatko, 80–82

N

NAFTA, 221
National Defense Authorization Act (NDAA), 203
national security clearance, 180–186
nerk sip, 162–163
Network Master IA/AM, 254
Nitro Zeus, plano de contingência, 202
nuvem
  o perigo da computação em, 78
  segurança na, 74–80
  vantagens da tecnologia em, 77

O

Operação Glowing Symphony, 201
Órgão de Serviços de TI (ITSA), 184

P

parceria público-privada, 11
pastores visionários, empresas de capital de risco, 69
Pentágono, 189
  domínios de um conflito, 6
phishing
  forma de infecção, 299
POLADs, 211
política cibernética dos EUA, 12
preferência ofensiva, 4
  no ciberespaço, 4–10
Presidential Decision Directive (PDD 63), 11
Presidential Policy Directive 20, 21
Presidential Policy Directive 63 (PDD 63), 91
Projeto Manhattan, 10
  cibernético, 10
prova de identidade, 138

Q

Quantum Resistant, algoritmos de codificação, 270
qubit, 264–267

R

ransomware, 131
  ataques de, 130
  backups de banco de dados, 196
ReallyU, sistema de autenticação, 143–146
recursos ciberofensivos e ciberdefensivos, 200
rede neural artificial, 251
redes privadas virtuais (VPNs), 21

red teams, 43
resiliência cibernética, 14-16
root-servers, 90
roteamento Schengen, 222
Rússia
　espionagem, engano e desinformação, 229
Russia Small Group, 243

S

SamSam kit, 130
sanções coletivas, 244
Sandworm, 26
SCADA, software, 280
setor privado
　responsabilidade, 308
síndrome de ocorrência inicial, 231
sistema binário, 265
sistemas de detecção de intrusão (IDS), 72
smartphone, 135
Sounil Yu, 66
spear phishing, golpe de e-mail, 53-55
SSDM
　sugestão, 170
superfície de ataque, 290
supremacia quântica, 268
Symantec, empresa de cibersegurança, 25

T

Tanium, 67
tecnologia da informação (TI), 280-281
tecnologia operacional (TO), 280-284

teoria da diversidade, 236-237
teoria do VEP, 37
Terceira Guerra Mundial, 191
Tim Cook, 128
Todd Inskeep, 41
totalitarismo turn-key, 218
Tratado de Assistência Jurídica Mútua, 223
TTX, teste de estresse, 234-235
turismo financeiro, 69

U

UMBRAGE, programa da CIA, 25
USCMA, 221

V

vantagem ofensiva, 9. Consulte preferência
　ofensiva
Vault 7, documentos, 25
veículos autônomos, 276
Verizon Data Breach Investigations Report
　[VDBIR], 47
violência, 8
vírus
　Petya, 18

W

WannaCry, ataque global, 28
web crawlers, 236
William Gibson, 216
Wiretap Act, 216

Este livro foi impresso nas oficinas gráficas da Editora Vozes Ltda.,
Rua Frei Luís, 100 – Petrópolis, RJ.